신앙생활 알아가기
Doctrine for Christian Living

 기독교문서선교회 (Christian Literature Center: 약칭 CLC)는 1941년 영국 콜체스터에서 켄 아담스에 의해 시작되었으며 국제 본부는 미국 필라델피아에 있습니다.
국제 CLC는 59개 나라에서 180개의 본부를 두고, 약 650여 명의 선교사들이 이동도서차량 40대를 이용하여 문서 보급에 힘쓰고 있으며 이메일 주문을 통해 130여 국으로 책을 공급하고 있습니다. 한국 CLC는 청교도적 복음주의 신학과 신앙서적을 출판하는 문서선교기관으로서, 한 영혼이라도 구원되길 소망하면서 주님이 오시는 그날까지 최선을 다할 것입니다.

신앙생활 알아가기
Doctrine for Christian Living

김환동 지음

CLC

서문

신앙생활을 할 때 하나님의 말씀인 성경의 기본적인 교리를 비롯해, 기초적인 성경 지식을 제대로 아는 것은 아주 중요합니다. 왜냐하면 기초적인 성경 지식(교리)을 제대로 알아야 성경 중심의 바른 신앙생활을 할 수 있고, 거짓 선생들이나 이단들의 잘못된 가르침이나 유혹에 넘어지지 않을 수 있기 때문입니다. 하나님의 백성이 하나님의 말씀을 정확히 알지 못하면 신앙생활을 제대로 할 수 없습니다(참조. 신 6:1-9; 시 119:1-176; 잠 22:6; 호 4:6; 마 28:18-20; 요 8:43-47; 딤후 3:16-17; 히 4:12-13; 벧후 1:20-21; 계 1:1-3, 22:18-19 등).

사람들에게 이 세상에서 제일 불쌍한 사람들이 누구냐고 물으면, 가난하고 배고픈 사람들, 아픈 사람들, 고통당하는 사람들, 고아들 등 인간적으로 볼 때 어렵고 힘든 사람들이 가장 불쌍한 사람들이라고 대답할 것입니다. 그러나 세상에서 가장 불쌍한 사람들은 세상적인 것이 없거나 세상적으로 힘든 삶을 사는 사람들이 아니라, 하나님의 말씀을 듣지 못하는 사람들과 예수 그리스도를 믿지 않아 영원한 지옥을 향해 가고 있는 사람들입니다(참조. 암 8:11; 막 9:42-50 등). 또한 사람들에게 이 세상에서 가장 어리석은 사람들이 누구냐고 물으면, 지식이 없는 사람들, 자기 밖에 모르는 이기적인 사람들, 무능력한 사람들, 사리분별을 못하는 사람들 등 인간적으로 볼 때 지식적인 수준이 낮거나 자기 중심적으로 사는 사람들이라고 대답할 것입니다. 하지만 세상에서 가장 어리석은 사람들은 자신이 구원을 받았고 하나님의 말씀을 안다고 말하면서도, 하나님께 감사하지 않거나 하나님의 말씀을 지켜 행하지 않는 사람들입니다(약 1:22-27, 2:14-26 등).

이 책은 예수 그리스도가 누구신지 모르거나 예수 그리스도를 믿지 않는 불쌍한 사람들을 가르치고, 그리스도인이라고 말하면서도 하나님의 말씀을 제대로 몰라 세상적인 것을 추구하며 살아가는 어리석은 사람들에게 도움을 주고자 만들었습니다. 사람들이 하나님의 말씀에 대한 지식이 없으면 예수 그리스도를 통한 구원을 받을 수 없고, 결국 이로 인해 그 사람들은 영원히 망할 수 밖에 없기 때문에 예수 그리스도와 그분의 말씀에 대해 배우는 것은 너무나도 중요한 일입니다(호 4:6; 딤후 3:16-17 등). 다시 말해 이 책은 교회에 다니지만 구원의 확신이 없는 사람들, 예수 그리스도를 믿고 구원을 받은 지 얼마 되지 않은 초신자들, 그리고 구원을 받고 교회를 다닌 지 오래 되었지만 신앙생활에 필요한 기초적인 성경 지식(교리)에 대해 잘 모르는 사람들을 위해, 신앙생활을 하는 데 꼭 알아야 하는 30개의 기초적인 성경 주제들을 문답식 공부를 통해 습득할 수 있도록 구성되어 있습니다.

이 책의 내용을 52주 동안 공부하는 사람들은 신앙생활에 필요한 기초적인 성경 지식(교리)을 얻게 되고, 그로 인해 가정, 교회, 사회에서 성경 중심의 신앙생활을 하는데 도움이 될 것을 확신합니다. 물론 이 책을 제대로 이해하고 더 큰 유익을 얻기 위해서는, 주제별로 제시되는 질문들에 대한 대답을 성경을 통해 확인하는 작업을 반드시 하기를 권해드립니다. 혹시라도 이 책을 공부하면서 잘 이해가 되지 않는 것들이 있다면, 섬기는 교회의 목회자들에게 문의하여 도움을 얻게 되기를 바랍니다. 이 책을 공부하는 모든 사람들이 하나님의 말씀인 성경을 기준으로 신앙생활의 기초가 제대로 세워지고, 신앙생활에 그 지식들을 직접 활용함으로써 하나님을 기쁘시게 하는 복된 신앙인의 삶을 살게 되기를 바랍니다.

또한 이 책을 만들 수 있는 믿음과 지혜를 주시고, 선교와 목회 현장에서 사용하게 하시는 하나님께 감사와 영광을 돌립니다. 끝으로 이 책을 쓸 수 있도록 아이디어와 조언을 해 주신 선교사님들과 목회자님들, 영어사역팀의 모든 분들, 그리고 출판을 할 수 있도록 도움을 주신 모든 분들께 마음 깊이 감사를 드립니다.

신앙생활 알아가기
Doctrine for Christian Living

한국어

신앙생활 알아가기
Doctrine for Christian Living

한국어 목차

제 1과	성경 1	10
제 2과	성경 2	13
제 3과	하나님 1	16
제 4과	하나님 2	19
제 5과	예수 그리스도 1	22
제 6과	예수 그리스도 2	25
제 7과	예수 그리스도의 죽으심 1	28
제 8과	예수 그리스도의 죽으심 2	31
제 9과	예수 그리스도의 부활 1	34
제 10과	예수 그리스도의 부활 2	37
제 11과	성령 하나님 1	40
제 12과	성령 하나님 2	43
제 13과	인간 1	46
제 14과	인간 2	49
제 15과	죄 1	52
제 16과	죄 2	55
제 17과	구원 1	58
제 18과	구원 2	61
제 19과	회개 1	64
제 20과	회개 2	67
제 21과	하나님의 자녀 1	70
제 22과	하나님의 자녀 2	73
제 23과	교회 1	76
제 24과	교회 2	79
제 25과	예배 1	82
제 26과	예배 2	85

제 27과	찬양 1	88
제 28과	찬양 2	91
제 29과	기도 1	94
제 30과	기도 2	97
제 31과	주기도문	101
제 32과	사도신경	105
제 33과	십계명 1	110
제 34과	십계명 2	113
제 35과	헌금 1	116
제 36과	헌금 2	119
제 37과	복음 1	122
제 38과	복음 2	125
제 39과	전도와 선교 1	128
제 40과	전도와 선교 2	131
제 41과	세례 1	134
제 42과	세례 2	137
제 43과	주의 성찬 1	140
제 44과	주의 성찬 2	143
제 45과	교회의 직분 1	146
제 46과	교회의 직분 2	149
제 47과	천사	152
제 48과	마귀	155
제 49과	마지막 때	158
제 50과	최후의 심판	161
제 51과	천국	164
제 52과	지옥	167

01 성경 - 1

성경은 성령 하나님의 감동을 받은 사람들이 예수 그리스도를 중심 주제로 기록한 하나님의 계시(말씀)입니다(참조. 눅 24:27, 44; 요 5:39, 20:30-31; 딤후 3:15-17; 벧후 1:20-21 등). 성경은 하나님의 말씀을 통한 모든 만물(인간 포함)의 창조부터 삼위일체 하나님과 그분의 사랑과 은혜, 인간의 타락(불순종의 죄를 범함), 죄를 지은 인간의 구원과 하나님의 나라, 예수 그리스도를 통한 구원과 구원받은 사람들의 삶, 죽음 이후에 받게 될 심판, 그리고 천국과 지옥 등에 대해 기록되어 있습니다. 성경은 모든 그리스도인들의 삶의 기준이며, 성경을 제대로 이해하고 깨닫기 위해서는 성령 하나님께 기도로 도움을 요청해야 합니다.

1 성경은 어떤 책일까요?

성경은 하나님의 말씀으로, 하나님의 말씀인 성경은 _____입니다(삼하 7:28; 시 12:6-7, 119:160; 요 17:17; 딤후 3:15-17; 벧후 1:20-21 등. 참조. 요 1:1-18; 히 1:1-3).

성경은 하나님의 특별 계시입니다. 성경은 하나님의 말씀으로 진리이고, 구원받은 사람들의 삶의 기준입니다. 성경은 성령의 감동을 받은 사람들을 통해 기록된 완전하고 권위 있는 책입니다(벧후 1:20-21). 성경은 내용과 글자 한 자에 이르기까지 성령의 영감으로 쓰였습니다(완전축자영감. 렘 1:9; 겔 3:4; 요 10:35; 고전 2:13; 딤후 3:16-17; 벧후 1:20-21). 다시 말해 성경 각 권은 인간 저자를 통해 쓰였지만, 그 내용은 성령 하나님께서 의도하신대로 정확히 기록되었습니다(참조. 벧전 1:12; 벧후 1:20-21 등). 그러기에 하나님의 말씀인 성경(원본 기준)은 오류가 없는 완전한 책이자, 시대와 상황에 따라 변하지 않는 진리입니다. 그리고 하나님께서 영원하시기에 하나님의 말씀도 영원합니다(참조. 시 119:89; 벧전 1:23-25 등).

2 성경은 두 부분으로 되어 있는데 무엇일까요?

구약성경과 _____입니다(참조. 렘 31:31-34; 눅 24:27, 44; 히 1:1-2, 8:8-13 등).

구약성경과 신약성경에 기록된 모든 말씀은 반드시 다 이루어질 것입니다(참조. 마 5:18 등). 구약성경은 옛 언약(약속)으로 예수 그리스도께서 이 세상에 인간의 몸을 입고 오실 것에 대한 기록이며, 신약성경은 새 언약(약속)으로 예수 그리스도의 나심, 생애와 공적인 사역, 십자가에서의 죽으심과 부활, 승천과 이 세상에 다시 오심, 그리고 최후의 심판에 대한 기록입니다(창 1:1-계 22:21). 사실, 구약성경은 예수 그리스도에 대한 예언을 중심으로 기록되어 있고, 신약성경은 예수 그리스도에 대한 예언의 성취(앞으로 예수 그리스도를 통해 성취될 예언 포함)를 중심으로 기록되어 있습니다. 또한 구약성경과 신약성경은 교훈과 책망과 바르게 함과 의로 교육하기에 유익한 책이며, 그리스도인들이 온전하고 선한 일을 하면서 살 수 있게 하기 위해 하나님께서 주신 책입니다(딤후 3:16-17).

3 구약성경과 신약성경은 각각 몇 권이며, 그 각권의 이름은 무엇일까요?

1) 성경은 총 66권으로, 구약성경 39권과 신약성경 27권입니다.

2) 구약성경(39권)

   ① 율법서(5권): 창세기, 출애굽기, 레위기, 민수기, _____

   ② 역사서(12권): 여호수아, 사사기, 룻기, 사무엘 상/하, 열왕기 상/하, 역대 상/하, 에스라, 느헤미야, 에스더

   ③ 지혜서 또는 시가서(5권): 욥기, 시편, 잠언, 전도서, 아가

   ④ 예언서(또는 선지서)(17권)

   - 대예언서(대선지서)(5권): _____, 예레미야, 예레미야 애가, 에스겔, 다니엘
   - 소예언서(소선지서)(12권): 호세아, 요엘, 아모스, 오바댜, 요나, 미가, 나훔, 하박국, 스바냐, 학개, 스가랴, 말라기

3) 신약 성경(27권)

   ① 복음서(4권): 마태복음, 마가복음, _____, 요한복음

   ② 역사서(1권): 사도행전

   ③ 서신서(21권)

   - 바울서신(13권): 로마서, 고린도 전/후서, 갈라디아서, 에베소서, 빌립보서, 골로새서, 데살로니가 전/후서, 디모데 전/후서, 디도서, 빌레몬서
   - 일반서신(8권): 히브리서, _____, 베드로 전/후서, 요한 1, 2, 3서, 유다서

   ④ 예언서(1권): 요한계시록

성경은 총 66권, 즉 39권의 구약과 27권의 신약으로 이루어졌습니다. 성경 외에 외경이나 위경을 비롯해 그 어떤 책도 하나님의 계시인 정경이 될 수 없습니다. 그러기에 하나님의 교회와 그리스도인들은 오직 성경만을 정경으로 사용해야 하고, 그 어떤 책에도 성경과 동일한 권위를 부여하면 안 됩니다(참조. 딤후 3:15-17; 벧후 1:20-21). 성경은 성경으로 해석할 때, 오류가 없이 본질에 맞게 해석할 수 있습니다. 사실, 예수 그리스도, 예수 그리스도의 제자들, 그리고 초대교회의 성도들은, 그 당시 신약성경이 아직 기록되지 않았기 때문에 구약성경만을 정경으로 사용했습니다..

---

4 성경은 누가 기록했고, 어떤 언어로 기록했을까요?

1) 성경은 _____의 도우심을 받은 40여 명의 사람들이 기록했고,

2) 구약은 _____와 아람어로 기록되었으며,

3) 신약은 코이네 그리스어(헬라어)로 기록되었습니다(참조. 스 4:8, 6:18, 7:12-26; 단 2:4-7:28; 막 5:41, 7:11, 34, 15:34; 벧후 1:20-21 등).

성경은 성령의 감동을 받은 40여 명의 저자들(모세부터 사도 요한까지)에 의해 1,500여 년에 걸쳐 기록되었습니다. 구약성경은 B.C. 4-5세기경 에스라와 공회원들에 의해 정경으로 확정되었고, 신약성경은 A.D. 397년 칼타고 총회에서 정경으로 확정되었습니다. 성경의 장을 구분한 사람은 랭튼이며, 절을 구분한 사람은 스테파누스입니다. 성경 전체에 장과 절을 붙여서 처음 나온 성경은 스테파누스의 라틴역 불가타 성경으로 A.D. 1555년에 출판되었습니다.

5. 성경은 누구를 증언하기 위해 기록한 책일까요?

성경은 _____가 누구신지 증언하기 위해 기록한 책입니다(눅 24:27, 44-45; 요 5:39, 20:30-31 등).

성경은 창세기부터 요한계시록까지 예수 그리스도(이 세상을 말씀으로 창조하심, 여자의 후손으로 인간의 몸을 입고 이 세상에 오심(성육신, 탄생), 공적인 사역과 가르침들, 고난과 십자가의 죽으심, 부활, 승천, 재림, 그리고 최후의 심판 등)를 주제로 기록되어 있습니다. 성경은 예수 그리스도를 통한 구원, 즉 구속사적인 관점으로 기록되어 있습니다. 그리고 성경은 삼위일체 하나님(성부 하나님, 성자 하나님, 성령 하나님)이 누구신지에 대해, 그리고 하나님의 계획과 사역, 하나님의 뜻과 섭리, 하나님의 사랑과 은혜를 가르쳐 주시기 위해 쓰였습니다. 그리스도인들이 성경을 읽을 때나 해석할 때는 예수 그리스도 중심(구속사적인 관점)으로 읽고 해석해야 합니다(참조. 눅 24:27, 44; 요 5:39 등).

토론 및 적용 질문

1. 당신은 성경이 완전한 하나님의 말씀이며, 성경의 원본을 기준으로 한 글자의 오류도 없는 책이라고 믿습니까?
2. 당신은 어떤 일을 하려고 할 때나 무엇인가를 결정해야 할 때, 성경을 기준으로 결정하고 행합니까? 또한 당신의 삶에 어떤 일이 일어나면 그것을 성경적으로 분별할 능력이 있다고 생각합니까?
3. 당신은 성경을 더 알고, 더 이해하기 위해 어떤 노력을 하고 있는지 나눠봅시다. 또한 당신이 성경을 읽을 때 잘 이해되지 않는 말씀들은 어떻게 해결하는지 나눠봅시다.

해답

1. 진리 2. 신약성경 3. 신명기, 이사야, 누가복음, 야고보서 4. 성령 하나님, 히브리어 5. 예수 그리스도

성경 - 2

하나님의 말씀인 성경을 읽고 듣는 것을 통해 믿음을 얻게 됩니다(롬 10:17; 계 1:3 등). 그러나 그 말씀을 읽고 듣는 것으로만 그쳐서는 믿음이 자라지 않습니다. 믿음이 자라 성숙한 신앙생활을 하기 위해서는 하나님의 말씀을 읽고 들을 뿐만 아니라, 그 말씀을 삶에서 실천해야 합니다(마 7:24-29; 약 1:22-27 등). 그리스도인들은 하나님의 말씀을 읽고 듣고 배워 선과 악을 분별할 줄 알 뿐만 아니라, 항상 하나님의 말씀과 선을 행하며 살아야 합니다(참조. 딤후 3:16-17; 히 5:12-14 등). 그리스도인들은 하나님의 말씀인 성경을 제대로 알고 이해하기 위해서, 항상 성령 하나님의 도우심을 구한 후 성경을 읽고 듣고 배워야 합니다.

1. 성경의 가장 중요한 내용은 무엇일까요?

하나님의 영광, 그리고 _____와 예수 그리스도를 통한 구원입니다(눅 24:27, 44; 요 5:39, 20:30-31; 엡 1:3-14; 요일 5:20; 계 4:11 등).

성경에는 하나님이 누구신지, 하나님께서 말씀으로 인간을 포함한 모든 만물을 창조하심, 하나님의 형상과 모양으로 지음 받은 인간, 하나님과 인간 사이의 언약, 죄로 인한 인간의 타락, 타락한 인간을 위한 하나님의 구원의 계획, 예수 그리스도와 하나님의 나라, 예수 그리스도를 믿는 사람들의 구원, 구원받은 사람들이 어떻게 살아야 하는지, 죽음 이후에 있을 최후의 심판, 그리고 영원한 천국과 지옥을 비롯해 하나님의 뜻과 영광에 대해 기록되어 있습니다(참조. 창 1:1-계 22:21; 요 1:1, 14; 요일 1:1-2 등).

2. 하나님께서 사람들에게 성경을 주신 목적이 무엇일까요?

하나님께서 사람들에게 성경을 주신 목적은 사람들이 하나님의 말씀인 성경을 읽음으로 하나님의 뜻을 제대로 알 수 있게 하고, 예수 그리스도를 믿어 구원을 받게 하며, _____이 어떻게 살아야 하는지 알려주기 위해서 주셨습니다(시 19:7-11; 요 20:30-31; 롬 15:4; 딤후 3:15-17; 계 1:1-3 등).

사람들은 성경을 통해 예수 그리스도를 믿어야 하고, 그분을 믿어 구원받은 후에는 하나님의 말씀인 성경에서 요구하는 대로 살아야 합니다(참조. 요 5:39-47, 6:60-69; 행 17:11-12; 빌 4:8-9; 요삼 1:4; 계 1:1-3 등). 그렇게 살기 위해, 날마다 성경을 읽고 묵상하고 배우는 것과 그 말씀을 삶에서 지켜 행하는 것이 중요합니다(시 19:7-11; 딤후 3:15-17 등). 그리스도인들이 성경을 읽거나 들을 때 성령 하나님께 도움을 구하면, 성령 하나님께서 그 말씀의 의미를 깨달을 수 있도록 도와주십니다(요 14:15-26 등. 참조. 롬 16:25-27; 고전 2:9-16; 엡 3:3-12; 딤후 3:15-17; 계 1:1-3 등). 그러나 사람들 중에는 성경의 진리를 듣고 믿고 순종하는 삶이 아닌, 쓸데없는 이야기나 거짓된 이야기에 귀를 기울이고 따르게 될 것이라고 말씀합니다(참조. 요 8:39-47; 롬 1:25; 딤전 6:5; 딤후 4:2-4; 약 3:14-16; 요일 4:5-6 등). 물론 안타깝게도 그리스도인들 중에는 하나님의 말씀을 듣기만 하고, 그 말씀을 행하지 않음으로 자신을 속이며 사는 사람들도 많습니다(약 1:19-27).

3 성경을 읽고 지키는 사람들이 얻게 되는 유익은 무엇일까요?

성경을 읽고 지키는 사람들이 얻게 되는 유익은 ____를 알게 되고, 하나님의 뜻대로 바르게 살게 되며, 하나님의 __을 받게 되는 것입니다(시 19:7-11; 마 4:4; 눅 11:28; 딤후 3:15-17; 히 4:12-13; 계 1:3 등).

성경을 읽고 지키는 사람들은 하나님을 사랑하며 살게 되고, 하나님의 사람으로 온전하게 되며, 선한 일을 행할 능력을 갖추게 되고, 하나님이 주시는 새 힘을 얻게 되며, 지혜롭게 되고, 기쁨으로 살게 되며, 믿음이 자라고, 영적으로 성숙하게 됩니다(마 4:4; 요 14:21; 딤후 3:15-17; 요일 5:3 등). 그러므로 그리스도인들은 하나님의 말씀인 성경을 반드시 읽고 들으며, 그 말씀을 지켜 행하며 살아야 합니다(시 1:1-2; 마 7:24-27; 요 14:21; 롬 10:17; 계 1:3 등). 다시 말해 그리스도인들은 성경을 기준으로 하나님께 예배와 찬양을 드리고, 기도와 전도를 하며, 다른 사람들과 관계를 맺고, 모든 말과 생활을 해야 합니다. 즉 성경대로 믿고 성경대로 살아야 합니다. 그리스도인들이 성경을 그 말씀의 본질에 맞게 제대로 알아야 하는 이유는, 성경 말씀에 맞게 살 뿐만 아니라 자녀들이나 다른 사람들에게 성경 말씀을 바르게 가르치고, 믿지 않는 사람들에게 예수 복음을 제대로 전해야 하기 때문입니다.

4 성경을 읽을 때 제대로 이해하려면 누구의 도움이 필요할까요?

성경을 읽을 때 제대로 이해하려면 _____의 도우심이 필요합니다(요 14:26, 16:13; 고전 2:6-16 등).

성경은 성령의 감동으로 쓰여진 책이기에, 성경의 최고 해석자는 바로 성령 하나님이십니다(참조. 요일 2:27). 성경을 제대로 이해하고 해석하기 위해서는 성령 하나님께 말씀을 정확히 이해하고 그 본질을 깨닫게 해 달라고 기도할 뿐만 아니라, 더 명확하게 기록되어 있는 성경의 다른 구절들을 참고해야 합니다(참조. 벧후 1:20-21, 3:16 등). 그리스도인들이 성경을 제대로 읽고 깨닫기 위해서는 그 말씀의 본질을 찾는데 집중해야지, 자신이 원하는 생각을 덧붙여 너무 주관적으로 읽거나 도덕적인 면이나 윤리적인 면만 부각시켜 읽으면 안 됩니다(참조. 마 5:1-7:29; 고전 4:6). 그리스도인들이 성령 하나님의 도우심으로 성경을 읽게 되면 하나님의 말씀의 본질을 정확히 깨닫게 되고, 진리로 영혼이 살아나며, 지혜롭게 되고, 믿음이 자라며, 말씀이 꿀보다 달게 느껴져 죄를 버리고 말씀을 더 사모하며 살게 됩니다(참조. 시 19:7-11, 119:1-176; 잠 1:1-7; 행 17:10-12; 롬 10:17; 벧전 2:1-3 등).

5 성경을 사람들이 원하는 대로 해석하거나, 성경의 내용을 추가하거나 빼버려도 될까요?

1) _____. 성경은 성령 하나님의 도우심으로만 해석해야 하며,

2) 성경의 내용을 추가하거나 빼버리면 하나님께 ___을 받습니다(신 4:1-2, 12:32; 잠 30:5-6; 렘 26:2; 막 7:1-13; 고전 4:6; 벧후 1:20-21; 계 22:18-19 등).

그리스도인들은 기록된 하나님의 말씀인 성경의 범위를 벗어나는 삶을 살면 안 됩니다. 왜냐하면 하나님께서는 성경에 다른 내용을 추가하는 사람들에게 성경에 기록된 재앙을 내리시겠다고 하시며, 성경에 있는 말씀을 하나라도 빼는 사람에게는 천국에 들어갈 특권을 빼앗아버리겠다고 하시기 때문입니다. 그 뿐만 아니라, 그리스도인들은 하나님의 말씀인 성경을 이해하기 힘든 부분도 있음을 알고, 그것을 억지로 해석하려는 잘못을 범하지 말아야 합니다(벧후 3:16 등). 그리스도인들은 이단들이나 거짓 선생들처럼 자기 마음대로 성경 말씀을 왜곡하거나 추가

하거나 빼버리면 절대 안 됩니다. 그리스도인들은 마귀가 이단들과 거짓 선생들을 이용해 성경을 제대로 이해하거나 해석하지 못하도록 끊임없이 방해할 것임을 알고, 늘 깨어 성령 하나님께 기도하며 성경을 읽고, 바른 영적인 리더들에게 열심히 성경을 배워야 합니다.

토론 및 적용 질문

1. 당신이 성경을 읽을 때 잘 이해하는 방법과 재미있게 읽을 수 있는 방법을 알고 있다면 무엇인지 나눠봅시다.

2. 당신은 읽고 들어 알고 있는 성경 말씀을 어떤 방법으로 자신의 삶에 적용하는지 구체적으로 나눠봅시다. (지금 생각나는 성경 구절 한두 개를 소개하고, 그 구절을 어떻게 적용하는지 나눠봅시다)

3. 당신이나 가족들 중에 이단에 빠진 적이나 이단에서 하는 교육을 받아본 적이 있었다면 나눠봅시다.

해답

1. 예수 그리스도 2. 구원받은 사람들 3. 진리, 복 4. 성령 하나님 5. 아니오, 벌

03 하나님 - 1

하나님은 영이시고 전능하시며, 모든 만물의 창조주이시고 주인이시며, 사랑과 은혜가 충만한 분이십니다. 하나님께서 사람 안에 하나님을 알 수 있는 지식을 주셨기에, 사람들이 하나님을 없다고 하거나 모른다고 하는 것은 마귀의 속임수에 넘어져 핑계를 대는 것입니다(참조. 롬 1:18-32; 요일 5:20 등). 물론 사람들이 전능하시고 완전하신 하나님을 다 알 수는 없습니다(참조. 신 4:12; 욥 11:7; 시 139:6; 딤전 6:16; 요일 4:12 등). 사람들이 예수 그리스도를 믿고 구원을 받게 되면 하나님의 자녀가 되어, 성경을 통해 하나님의 존재에 대한 확신을 갖게 되고, 하나님이 누구신지 더 잘 알아갈 수 있습니다.

1 하나님은 어떤 분이실까요?

1) 하나님은 __이시고(창 1:2; 요 4:24; 고후 3:17 등), 2) 하나님은 스스로 존재하시며(출 3:13-15 등), 3) 하나님은 완전하시고(시 18:30, 19:7 등), 4) 하나님은 ___하시며(신 33:27; 대상 23:25; 시 146:10; 딤전 1:17; 유 1:25; 계 1:8 등), 5) 하나님은 모든 것을 아시고(대상 28:9; 욥 34:21; 시 139:1-24; 마 6:31-32; 히 4:12-13; 요일 3:20 등), 6) 하나님은 완전한 능력이 있으시며(창 17:1; 시 50:1-2; 사 9:6; 고후 6:18; 계 1:8 등), 7) 하나님은 변하지 않으시고(민 23:19; 말 3:6; 히 6:17-18; 약 1:17 등), 8) 하나님은 인간과 모든 만물을 만드신 창조주요, 만물의 주인이십니다(창 1:1-31; 신 10:14; 느 9:6; 시 146:6; 요 1:1-3; 골 1:15-23 등. 참조. 고전 8:6; 히 1:2).

하나님께서는 영이시기에 어디에나 존재하십니다. 그리고 그분은 영원히 스스로 존재하시고, 완전한 인격과 성품을 가지고 계시며, 전능하시고 완전하시며, 영원한 생명을 가지고 계시며, 그 완전하심이 변하지 않으시고(자신이 하신 말씀이나 약속을 바꾸지 않으시고, 거짓말을 하지 않으시며, 후회하지도 않으심), 모든 만물을 말씀으로 창조하셨습니다. 그 뿐만 아니라, 하나님께서는 지금도 그 모든 만물을 다스리시고 지켜 보호하시며, 인간에 대한 구원의 계획을 가지시고 그것을 성취하십니다(창 1:1-31; 민 23:19; 시 90:2; 사 57:15; 렘 10:10, 23:23-24; 요 4:24; 고후 3:17; 약 1:17; 요일 3:20 등).

2 하나님은 도덕적으로 어떤 분이실까요?

1) 하나님은 ____하시고(레 11:44-45, 19:2; 삼상 2:2; 벧전 1:15-16; 계 4:8 등. 참조. 사 6:1-3, 12:6), 2) 하나님은 _____이시며(시 136:1-26; 요일 4:7-19 등. 참조. 요 3:16; 롬 5:8), 3) 하나님은 의로우시고(출 9:27; 렘 9:23-24; 요 17:25; 롬 3:26 등), 4) 하나님은 진실하시며(시 146:6; 롬 3:4, 15:8 등), 5) 하나님은 선하십니다(시 25:8, 34:8; 막 10:18 등).

하나님께서는 죄가 없으신 완전히 거룩한 분이십니다. 그분은 모든 일을 선하게 행하시고(악이 전혀 없으심), 완전히 의로우시며(의롭지 못한 것이 하나도 없으심), 진실하시고(거짓이 없으심), 사랑이시며(진리 안에서 사랑하심), 자비로우시고, 긍휼하십니다(삼상 2:2; 딤후 2:13 등). 그리스도인들은 하나님의 도덕적인 성품을 닮아가기 위해 거룩한 삶(죄 없는 삶과 구별된 삶), 사랑하는 삶(하나님을 사랑하고 이웃을 자기 몸처럼 사랑하는 삶), 의로운 삶(성경을 기준으로 옳게 사는 삶), 진실한 삶(마귀의 자녀처럼 거짓된 삶을 살지 않음), 선한 삶(성경을 기준으로 선을 행하고 악을 행하지 않는 삶), 그리고 하나님의 말씀(성경)을 지켜 행하는 삶을 살아야 합니다.

③ 하나님 외에 다른 신이 존재할까요?

아니오. 하나님은 오직 한 분만 존재하십니다. 물론 하나님은 세 인격(성부, 성자, 성령)으로 계시는데, 이것을 가리켜 _____ 라고 합니다(창 1:1-31; 민 6:24-26; 마 3:13-17; 요 1:1-18; 고후 13:13; 갈 4:4-6; 엡 4:4-6; 딤전 2:5 등).

성경은 하나님께서는 모든 사람들에게 하나님을 알만한 지식을 주셨지만, 어리석은 사람들은 하나님이 없다고 말을 하거나 하나님이 없는 것처럼 각자 자기 마음대로 산다고 말씀합니다(시 14:1; 롬 1:18-32 등. 참조. 삿 17:6). 또한 성경은 하나님을 아는 지식과 하나님의 말씀을 듣고 그 말씀에 순종하는 것이 제사(예배)드리는 것보다도 중요하다고 말씀합니다(삼상 15:22; 호 6:6). 하나님께서는 삼위일체, 즉 본질, 의지, 존재에 있어 하나이십니다(막 1:9-11, 9:2-9; 요 14:1-31; 골 1:11-14 등). 그리스도인들이 삼위일체 하나님에 대한 신앙을 고백할 수 있도록 짧게 요약하여 정리된 것이 사도신경입니다. 그리스도인들은 그 어떤 경우에도 우상숭배를 하지 말아야 하고, 자신의 마음과 삶에서 하나님보다 더 사랑하거나 우선하는 것이 결코 있어서는 안 됩니다(출 20:3-6; 사 42:8; 마 6:24; 딤전 6:9-10; 약 4:4; 요일 5:21 등).

④ 하나님은 언제부터 존재하셨을까요?

하나님은 ___ 전부터 스스로 존재하셨고, 앞으로도 영원히 스스로 존재하실 것입니다(출 3:13-14; 시 90:2, 93:2; 딤전 1:17; 히 13:8; 계 4:8-9 등).

하나님께서는 영원 전부터 시간을 초월하여 현재, 그리고 영원 속에 스스로 존재하십니다(시 90:2, 102:12; 엡 3:21). 하나님 이외의 모든 피조물들은 하나님을 통해서만 존재합니다. 하나님께서는 생각(롬 11:33-34), 의지(단 4:35; 롬 9:19; 엡 1:5; 계 4:11), 권능(시 115:3), 계획(시 33:11)을 비롯해 모든 면에서 스스로 존재하십니다. 하나님께서는 자신 이외의 그 어떤 존재에게도 의존하지 않으십니다. 물론 사람들을 포함한 모든 피조물들은 스스로 존재할 수 없기에, 하나님을 의지하며 살아야 합니다(신 10:20; 시 71:16 등).

⑤ 하나님은 어디에 계실까요?

하나님은 _____ 계십니다(시 139:7-10; 잠 15:3; 렘 23:23-24; 행 17:27-28 등).

하나님께서는 영이시기에 공간을 초월하여 모든 곳에 동시에 존재하실 수 있습니다(왕상 8:27; 사 66:1; 시 139:7-10; 렘 23:23-24; 행 7:48-49, 17:27-28). 이 세상에 하나님을 피하여 숨을 수 있는 존재는 하나도 없고, 하나님 몰래 어떤 일을 할 수도 없습니다(욥 11:7-11; 렘 23:23-24; 히 4:13

등). 또한 영이신 하나님께서는 모든 사람들과 피조물들에게 동시에 나타나실 수 있고, 그들이 하는 모든 일을 아십니다(겔 11:4 등). 그러기에 그리스도인들은 어느 곳에서든지 영과 진리로 하나님께 예배를 드리며 살아야 하고, 어느 곳에서든지 항상 하나님과 함께 있음을 의식하면서 살아야 하며, 어느 곳에서든지 하나님이 보시기에 합당한 선한 모습으로 살아야 합니다.

토론 및 적용 질문

1. 당신은 눈에 보이지 않으시는 영이신 하나님을 어떻게 만나며 살고 있는지 나눠봅시다.
2. 당신이 하나님께 받은 사랑과 은혜 중에 가장 기억에 남는 사랑과 은혜는 무엇인지 나눠봅시다.
3. 당신이 하나님의 뜻을 알기 위해, 그리고 하나님의 말씀에 순종하기 위해 어떤 노력을 하는지 나눠봅시다.

해답
1. 영, 영원 2. 거룩, 사랑 3. 삼위일체 4. 영원 5. 어디에나

04 하나님 - 2

창조주요 전능하신 하나님을 아버지라고 부르는 특권을 가진 그리스도인들은, 이 세상을 사는 동안 하나님의 자녀답게 믿음으로 하나님을 기쁘시게 하는 삶을 살아야 합니다(요 1:12; 롬 8:14-17; 갈 4:1-7; 히 11:6 등). 또한 그리스도인들은 예수 그리스도를 통해 하나님께 가까이 나아갈 수 있음을 알고, 적극적으로 하나님께 가까이 나아가야 합니다(요 14:6; 히 7:19 등). 물론 하나님께서는 거룩하신 분이시기에 그분을 가까이 하려면 죄를 멀리하고 마음을 깨끗하게 해야 합니다(약 4:8). 그리스도인들은 하나님께 받은 사랑과 은혜를 기억하여 하나님께 감사와 찬양을 드리고, 그분의 말씀에 순종해야 합니다.

1 하나님께서는 모든 것을 하실 수 있을까요?

하나님께서는 __를 짓는 것 외에 모든 것을 하실 수 있는 능력이 있습니다(창 18:14; 렘 32:17; 마 19:26; 막 14:36 등).

하나님께서는 전지전능하셔서 모든 것을 하실 수 있고, 모든 것을 아시며, 부족한 것이나 불완전한 것이 없고, 끝이나 한계가 없는 완전하신 분입니다(출 15:11; 신 28:1-48; 욥 34:21; 시 96:4-6, 145:3, 147:5; 사 57:15; 겔 11:5; 고전 1:25; 히 4:13; 요일 3:20 등). 하나님께서는 자신의 뜻 안에서 모든 것을 행하시는 분으로, 이 세상에서 일어나는 모든 일에 관여하십니다(시 127:1, 135:6; 잠 16:9; 엡 1:11 등). 물론 사람들이 죄악을 저지를 때는 허용하시지만, 결국 그 죄악을 저지른 사람들을 벌하십니다. 또한 하나님께서는 하나님의 자녀들이 합력해서 선을 이루어 갈 수 있도록 도와주시고, 그들에게 항상 좋은 것을 주십니다(롬 8:26-28; 약 1:17 등).

2 이 세상과 사람들의 주인은 누구실까요?

이 세상과 사람들의 주인은 _____이십니다(창 1:1-2:25; 신 10:14; 요 1:3; 롬 11:36, 14:8; 고전 3:21-23, 10:26; 골 1:15-17 등).

하나님께서는 자신의 영광을 나타내시고, 그들에게 영광과 찬양을 받으시기 위해 말씀으로 인간을 비롯한 모든 만물을 창조하셨습니다(참조. 창 1:1-2:25; 시 24:1-10; 사 43:7 등). 그리고 하나님께서는 지금 그 모든 것들을 지키시고, 다스리시며, 인도하고 계십니다(대상 29:11; 시 23:1-6, 121:1-8; 골 1:15-17 등). 그리스도인들은 주인이신 하나님을 믿고 의지해야 하며, 그분께 영광과 찬양을 드려야 하며, 어떤 상황에서도 그분의 말씀에 순종해야 합니다(참조. 출 19:5; 시 119:33-35; 요 14:21; 고전 6:19-20, 10:23-33; 갈 5:16-26; 약 2:14-26 등).

3 사람들이 하나님께 나아갈 수 있는 방법은 무엇일까요?

_____를 믿는 것입니다(요 14:6; 행 4:11-12; 골 1:20-22; 딤전 2:5 등).

예수 그리스도께서 "내가 길이요, 진리요, 생명이다. 나를 통하지 않고는 하나님 아버지께로 올 사람이 없다"(요 14:6)라고 말씀하셨기에, 사람들은 오직 예수 그리스도를 통해서만 하나님 아버지께 나아갈 수 있습니다(참조. 요 1:18; 요일 4:12-16 등). 구원받은 사람들이 하나님께로 나아갈 수 있도록 하신 것은, 하나님의 사랑과 긍휼하심 때문입니다(요 3:16, 14:6; 롬 5:6-8, 8:35-39; 엡 2:1-10; 요일 4:8 등). 또한 그리스도인들이 하나님을 알 수 있는 방법은, 하나님의 영이신 성령 하나님을 통해서 알 수 있습니다(고전 2:10-16 등). 그리스도인들은 자신의 선한 행위나 능력으로 구원을 얻은 것이 아님을 알고, 항상 하나님의 은혜에 감사하며 살아야 합니다(고전 12:3; 엡 2:8-9 등).

4 하나님께서 죄로 죽어가는 사람들에게 베풀어 주신 은혜와 사랑은 무엇일까요?

하나님의 아들(독생자)이신 예수 그리스도를 십자가에 달려 죽게 하심으로, 예수 그리스도를 믿는 모든 사람들을 ___해 주신 것입니다(요 3:14-17; 롬 5:6-8; 빌 2:6-8; 딛 2:11; 요일 4:7-16 등. 참조. 엡 2:8-9).

하나님께서는 아담과 하와가 죄를 지어 죽게 되었을 때, 그들을 불쌍히 여기심으로 여자의 후손(예수 그리스도)을 통해 그들을 구원해 주시겠다고 약속하셨습니다(창 3:15; 갈 4:4-7; 히 2:14 등). 그리고 하나님의 때에 하나님의 독생자이신 예수 그리스도를 이 세상에 보내주셔서 죄로 죽어가는 사람들을 위해 십자가에 달려 죽게 하셨습니다(요 3:14-17 등). 하나님께서는 자신의 죄를 회개하고 예수 그리스도를 믿는 모든 사람들의 죄를 용서하시고, 그들을 구원하여 영원한 생명을 주십니다(요 3:14-21, 31-36, 5:24, 6:40; 요일 2:23-25 등). 다시 말해 죄로 죽어가는 사람들을 위해 예수 그리스도를 십자가에 죽게 하신 것은 하나님의 사랑을 가장 확실하게 보여주신 증거이며, 예수 그리스도를 믿는 모든 사람들을 구원해 주신 것은 하나님의 은혜 중에 은혜입니다(참조. 롬 5:1-11; 갈 2:20-21; 요일 4:7-21 등).

5 창조주 하나님께서 죄도 만드셨을까요?

_____. 하나님께서는 완전히 선하시고 거룩하신 분이시기에 죄가 없으시고, 죄를 계획하거나 만들 수 없으시며, 사람들에게 죄를 지으라고 요구하지도 않으시고, 스스로 죄를 지으실 수도 없습니다(출 15:11; 레 11:44-45, 19:2, 20:26; 욥 34:10; 합 1:13; 벧전 1:15-16 등).

죄는 거룩하신 하나님께서 가장 싫어하는 것입니다(호 6:7; 롬 14:23; 약 4:17; 요일 3:4, 5:17 등). 예수 그리스도께서는 완전한 인간이셨고, 이 세상에 사시는 동안 인간들과 동일한 시험을 받으며 사셨지만, 단 한 번도 죄를 짓지 않으셨습니다(히 2:17-18, 4:15, 7:26; 벧전 2:21-22; 요일 3:5 등). 하나님께서는 죄가 없으시고 완전히 공의로우시기 때문에, 선을 행하는 사람들에게는 상을 주시고, 악을 행하는 사람들에게는 벌을 내리십니다(시 58:11, 99:4; 롬 1:18-32, 2:1-11; 살후 1:8; 히 11:26 등). 그리스도인들은 어떤 상황에서도 하나님 때문에 죄를 짓게 되었다는 핑계를 대거나, 하나님께서 죄를 만들었다는 식의 말을 해서는 안 됩니다.

토론 및 적용 질문

1. 당신이 가진 시간, 지혜, 능력, 그리고 물질 등을 어떤 방법으로 하나님을 위해 사용하는지 나눠봅시다.

2. 당신이 무엇인가 결정을 해야 할 때, 당신 스스로 결정합니까? 아니면 하나님께 기도로 묻고 결정합니까?

3. 당신이 하나님보다 더 사랑하거나 중요하게 여기는 것이 있다면 무엇인지 솔직히 나눠봅시다(예를 들어, 자기 자신, 가족들, 건강, 물질, 능력, 외모, 직업, 지식, 취미, 연예인이나 스포츠 스타들, 이데올로기 등).

해답

1. 죄 2. 하나님 3. 예수 그리스도 4. 구원 5. 아니오

05 예수 그리스도 - 1

예수 그리스도께서는 하나님께 죄를 지어 영원히 죽을 수 밖에 없는 사람들의 죄를 용서하시고, 그들을 구원하시며, 그들에게 영원한 생명을 주시는 분이십니다. 예수 그리스도는 하나님이시지만, 죄인들을 구원하기 위해 이 세상에 죄 없는 사람으로 오셨습니다(사 9:6-7, 53:1-12; 요 1:1; 롬 9:5; 갈 4:4-5; 빌 2:6-8; 딤전 2:5; 히 4:15 등). 그래서 사람들은 예수 그리스도를 믿음으로 구원을 받고, 죄로 인해 단절되었던 하나님과의 관계를 회복할 수 있습니다(참조. 요 1:12, 14:6 등). 다시 말해 예수 그리스도께서는 길이요, 진리요, 생명이셔서, 사람들은 그분을 통해서만 하나님 아버지께로 갈 수 있습니다(요 14:5-11. 참조. 마 11:27; 눅 10:21 등).

1 예수 그리스도는 어떤 분일까요?

예수 그리스도는 완전한 _____이시고, 완전한 ____이시며, 구원자이실 뿐만 아니라, 길이요 진리요 생명이십니다 (마 16:15-17; 요 1:1-18, 3:16-17, 10:30, 14:6-7; 행 4:11-12; 빌 2:6-11; 골 1:15-23, 2:9-10; 히 1:3; 요일 1:1-2, 5:20 등).

성경은 예수 그리스도께서 완전한 하나님이심을 임마누엘(사 7:14; 마 1:23), 그리스도(메시아) (마 1:1, 16:16; 눅 2:11; 요 1:41, 4:25-26; 행 2:14-36 등), 하나님(요 1:1, 10:30; 롬 9:5; 딛 2:13; 히 1:3), 하나님의 아들(마 11:27, 16:16; 요 1:49, 3:16-17 등), 창조주(창 1:1-31; 요 1:1-3; 고전 8:6; 골 1:16; 히 1:2 등 참조. 전 12:1), 인자(단 7:13-14; 마 20:28; 눅 9:26; 요 3:13-15, 5:25-27 등), 전능하신 하나님(사 9:6), 독생자(막 12:6; 요 1:18, 3:16; 요일 4:9), 만왕의 왕 만주의 주(딤전 6:15; 계 17:14, 19:16), 알파와 오메가(계 1:8, 21:6, 22:13), 처음과 나중(계 1:17), 심판자(요 5:27; 계 20:11-15), 교회의 머리(엡 1:22, 5:23; 골 1:18), 새벽별(샛별. 벧후 1:19; 계 22:16) 등으로 표현하고 있습니다. 또한 성경은 예수 그리스도께서 완전한 인간이심을 성육신, 육체와 영혼의 소유, 육체의 성장, 배고픔과 갈증을 느끼심, 슬픔과 고통의 감정을 표현하심, 육체적으로 죽으심 등으로 표현하고 있습니다(참조. 딤전 3:16 등). 물론 예수 그리스도께서는 완전한 인간이심에도 죄가 없으시고, 하나님과 인간 사이의 중보자이시며, 영원하신 분이십니다(고후 5:21; 딤전 2:5; 히 4:15, 7:24-28, 13:8; 요일 3:5 등). 예수 그리스도께서 사람으로 이 세상에 오셨음을 부인하는 사람들과 예수님께서 그리스도이심을 부인하는 사람들은 모두 거짓 선생이고, 속이는 자며, 적그리스도입니다(요일 2:22-23, 4:1-6, 5:5-12; 요이 1:7-9 등).

2 예수 그리스도께서는 이 세상에 어떻게 오셨을까요?

예수 그리스도께서는 성령 하나님을 통해 처녀인 _____의 몸에서 태어나셨습니다(사 7:14; 마 1:18-2:11; 눅 2:1-7 등. 참조. 창 3:15; 갈 4:4-5; 빌 2:6-8; 딤전 2:5). 하나님이신 예수 그리스도께서 인간의 몸을 입고 이 세상에 오신 것을 성육신이라고 합니다(요 1:14-18; 롬 8:3; 빌 2:6-8; 골 2:9; 딤전 3:16 등).

예수 그리스도께서는 아담과 하와가 첫 번째 죄(선과 악을 알게 하는 나무의 열매를 따먹은 죄)를 지은 후에 하나님께서 약속하신 복음(원시복음)을 이루시기 위해, 하나님의 때에 하나님의 방법으로 인간의 육체를 입고 이 세상에 오셨습니다(창 3:15; 갈 4:4-5; 요일 5:5-8 등).

예수 그리스도께서는 하나님이셨지만 죄로 죽어가는 사람들의 죄를 해결하고, 그들을 구원하기 위해 인간으로 이 세상에 오셨습니다(참조. 사 53:1-12; 마 1:18-25; 빌 2:6-8 등). 예수 그리스도께서는 그분의 육체 안에 완전한 신성을 가지고 계셨습니다(요 1:1-14, 10:30; 빌 2:6; 골 1:19, 2:9 등). 또한 예수 그리스도께서는 아브라함, 이삭, 야곱, 유다, 그리고 다윗의 후손으로 이 세상에 오셨습니다(창 12:1-3, 49:10; 민 24:17-19; 시 89:19-37; 사 9:6-7, 11:1-16; 마 1:1-25; 눅 1:26-38, 2:1-7, 3:31-33; 행 13:22-23; 갈 3:15-22 등).

③ 예수 그리스도는 언제, 어디에서 태어나셨을까요?

예수 그리스도는 약 이천 년 전(B.C. 4년) _____이라는 작은 마을에서 태어나셨습니다(미 5:2; 마 2:1-11).

예수 그리스도께서는 헤롯이 통치하던 때에 미가 선지자가 예언한 대로 유대 땅 베들레헴에서 태어나셨습니다(미 5:2; 마 2:1; 눅 2:4). 요셉과 마리아는 가이사 아구스도의 명령으로 호적을 하기 위해 요셉의 고향인 베들레헴(베들레헴은 다윗의 고향이고, 요셉은 다윗의 자손임)으로 갔으며, 그 당시 베들레헴의 여관에 빈방이 없어서 마구간에서 아기 예수님을 낳으셨습니다. 아기 예수님께서는 이방인들인 동방의 박사들에게 경배를 받으셨을 뿐만 아니라, 황금과 유향과 몰약을 예물로 받으셨습니다(사 60:1-9; 마 2:1-11). 또한 아기 예수님께서는 유대인의 율법대로 태어난 지 8일 만에 할례를 받으셨습니다(마 1:18-25; 눅 1:26-2:21. 참조. 창 17:1-14).

④ 예수님의 이름의 뜻은 무엇일까요?

"그가 자기 백성을 그들의 죄에서 ___할 분"이라는 뜻입니다(마 1:21. 참조. 마 20:28; 막 10:45; 딤전 2:5-6).

예수 그리스도께서는 우리들의 죄를 용서해 주시고, 우리를 구원해 주신 하나님이십니다. 예수님께서는 그리스도(메시아, 기름부음을 받으신 분)로서 왕, 선지자, 제사장의 역할을 행하셨습니다(신 18:18; 사 9:6-7; 마 16:15-20, 24:3-35; 눅 13:33; 요 8:21-38, 14:6; 행 3:20-23; 엡 2:13-16; 빌 2:6-11; 딤전 2:5; 히 4:14-15 등). 그리고 예수 그리스도께서는 인자(단 7:13; 마 16:27-28, 26:64; 빌 2:6-7 등), 하나님의 아들(마 3:17, 11:27, 16:16, 27:54; 눅 1:35; 요 3:16-18 등), 주님(교회와 세상의 주인)(마 8:2, 20:33, 21:3, 24:42-46; 행 2:36; 고전 12:3; 빌 2:11), 다윗의 자손(참조. 마 1:1, 21:1-11; 막 10:46-52; 눅 19:28-40, 20:41; 요 12:12-15 등) 등으로 불리셨습니다.

⑤ 예수 그리스도는 임마누엘이신데, 임마누엘의 의미가 무엇일까요?

임마누엘은 "_____께서 우리와 함께 계시다"라는 의미입니다(사 7:14; 마 1:23).

예수 그리스도께서는 이사야 선지자를 통해 예언하신 "임마누엘"로, 이 세상에 오신 하나님이십니다(사 7:14; 마 1:23). 예수 그리스도께서는 친히 세상 끝 날까지 복음을 전하며 사는 그리스도인들과 함께 하시겠다고 말씀하셨습니다(마 28:20). 그리스도인들은 이 세상에 사는 동안 기쁠 때나 슬플 때, 평안할 때나 고난당할 때, 부유할 때나 가난할 때, 젊을 때나 늙을 때, 영적인 일을 할 때나 세상적인 일을 할 때 등 언제, 어디서든지 항상 하나님과 함께 있음을 의식하며 살아야 합니다. 그리고 하나님께서는 우리를 불러 구원의 은혜를 베풀어 주신 후에는, 우리를 떠나시거나 우리를 사랑하지 않으신 적이 단 한 순간도 없으심을 기억해야 합니다(참조. 롬 8:29-39 등).

토론 및 적용 질문

1. 당신이 예수 그리스도를 인격적으로 만난 후, 가장 많이 변화된 마음과 삶의 영역은 무엇인지 나눠봅시다.

2. 당신에게 예수 그리스도는 어떤 분이신지 나눠봅시다.

3. 당신은 예수 그리스도를 어떤 방법으로 사랑하고, 어떤 방법으로 그분을 위해 사는지 나눠봅시다.

해답

1. 하나님, 인간   2. 마리아   3. 베들레헴   4. 구원   5. 하나님

06 예수 그리스도 - 2

그리스도인들은 예수 그리스도가 누구신지 알아가는 것과 예수 그리스도를 닮아가는 삶을 사는 것에 최선을 다해야 합니다(요 20:30-31; 엡 4:13-32; 골 3:1-17; 딤후 3:15-17; 벧후 3:18; 요일 2:5-6 등). 그리스도인들이 예수 그리스도가 누구신지 알아야 하는 이유는 예수 그리스도께서는 하나님이시고, 교회의 머리이시며, 구원자이시고, 심판주이시기 때문입니다. 또한 예수 그리스도께서는 은혜와 진리가 충만하시고, 그분 안에는 지혜와 지식의 모든 보화가 감추어져 있기 때문입니다(요 1:1-17; 골 2:3 등). 그리스도인들이 이 세상에 사는 동안 예수 그리스도와 친밀한 관계를 맺으면 맺을수록, 영적으로 충만한 모습이 되고 항상 기쁨과 감사가 넘치는 삶을 수 있게 됩니다.

1 예수 그리스도께서 이 세상에 오신 이유가 무엇일까요?

예수 그리스도께서는 사람들의 죄를 용서하고 구원해 주시기 위해 이 세상에 오셨습니다(마 1:21; 막 10:45; 요 3:16-17, 12:44-50; 골 1:13-14; 딤전 1:15; 요일 1:7 등. 참조. 히 9:12, 26-28, 10:12 등). 다시 말해 예수 그리스도께서는 예수 그리스도를 믿는 모든 사람들을 구원하셔서 _____을 주시기 위해 오셨습니다(마 25:31-46; 요 3:13-17, 6:35-58, 17:2-3, 20:31 등).

예수 그리스도께서 이 세상에 오신 이유는 십자가의 죽으심을 통해 죄로 죽어가는 사람들의 죗값을 대신 치르심으로 그들의 죄를 용서해 주시기 위해서(사 53:3-12; 마 20:28; 막 10:45; 갈 1:4; 엡 1:7; 딤전 1:15; 요일 3:5; 계 1:5 등), 그리고 예수 그리스도를 믿는 모든 사람들을 구원하여 마지막 날에 다시 살려 영원한 생명을 주시기 위해서입니다(마 1:21; 요 6:38-40, 12:47 등). 예수 그리스도께서 이 세상에서 하신 모든 일들은 하나님 아버지의 뜻을 이루시는 것이었습니다(요 6:38-40, 19:30; 히 10:10 등). 하나님은 사랑이셔서 죄로 죽어가는 사람들을 위해 예수 그리스도를 이 세상에 보내주시고, 그분을 십자가에서 죽게 하시면서까지 그들을 구원하여 주셨습니다(요 3:16-17; 롬 5:6-8; 요일 4:7-17 등).

2 예수 그리스도께서 이 세상에 오셔서 주로 하신 일은 무엇일까요?

예수 그리스도께서는 이 세상에서 사람들에게 _____을 가르치셨고, 천국 복음을 전하셨으며, 병든 사람들을 고쳐 주셨고, ____을 쫓아내 주셨습니다(마 4:17-25, 5:1-7:29, 9:35-38; 눅 4:16-21, 8:1 등).

예수 그리스도께서 이 세상에서 행하셨던 사역들은 죄로 죽어가는 사람들을 구원하시기 위한 사랑의 사역이며, 그들을 구원시켜 하나님의 나라에서 영원히 살게 하시려는 하나님의 마음이 담겨 있는 사역이었습니다(요 13:1, 34-35, 15:9-17 등. 참조. 사 61:1-2; 롬 5:8). 예수 그리스도께서는 이 세상에 오셔서 죄인, 잃어버린 사람들, 목자 없이 헤매는 양과 같은 사람들, 목마른 사람들, 수고하고 무거운 짐을 진 사람들, 가난한 사람들, 병든 사람들, 장애인들을 비롯해 세상에서 소외된 사람들을 구원해 주셨습니다(마 5:6, 9:35-38, 11:28-30, 18:10-14; 막 2:16-17; 눅 5:32, 14:21-23, 19:10 등. 참조. 고전 1:18-31). 그리스도인들도 이 세상에 사는 동안 힘없고 가난하고 소외된 사람들에게 복음을 적극적으로 전하고,

그들을 위해 기도해 주며, 그들을 잘 돕고 섬기며 살아야 합니다(참조. 마 25:31-46 등).

3. 예수 그리스도께서 죄로 죽어가는 사람들을 구원하시기 위해 겪으신 일은 무엇일까요?

예수 그리스도께서는 죄로 죽어가는 사람들을 구원하시기 위해 십자가에서 죽기까지 고난을 당하셨고, 하나님의 능력으로 ____ 만에 다시 살아나셨습니다(마 27:1-28:20; 막 15:1-16:18; 눅 23:1-24:50; 요 19:1-20:29 등. 참조. 롬 6:5-10; 고전 15:20; 히 13:12 등).

예수 그리스도께서는 죄인들의 죗값을 대신해서 십자가에서 죽기까지 고난을 당하셨습니다. 또한 예수 그리스도를 믿는 모든 사람들을 마지막 날에 부활시켜 영원한 생명을 주기 위해 하나님의 능력으로 삼일 만에 부활하셨습니다(요 6:39-44; 행 2:22-24, 3:15; 롬 8:11; 고전 6:14; 고후 13:4 등). 예수 그리스도의 십자가의 죽으심과 부활은 복음의 핵심으로, 사람들을 향한 하나님의 사랑과 공의를 만족시키는 사건입니다(참조. 요 3:16-17; 롬 3:23-26, 5:6-8; 요일 4:8-10 등). 그리스도인들은 예수 그리스도와 함께 죽고 예수 그리스도와 함께 산 사람들로, 언젠가 예수 그리스도처럼 부활할 것을 믿으며 살아야 합니다(참조. 요 11:25-26; 갈 2:20; 골 2:12 등).

4. 예수 그리스도께서 승천하시기 직전에 제자들에게 명령하신 것은 무엇일까요?

예수 그리스도께서 승천하시기 직전에 제자들에게 명령하신 것은, 세상 사람들에게 예수 ____을 전하라는 것입니다(마 28:18-20; 막 16:15-16; 눅 24:44-48; 행 1:8 등).

예수 그리스도께서는 승천하실 때에 제자들에게 예수 복음의 증인이 되어 세상 사람들을 예수 그리스도의 제자로 삼고, 그들에게 아버지와 아들과 성령의 이름으로 세례를 줄 뿐만 아니라, 하나님의 말씀을 가르쳐서 그들로 하여금 하나님의 말씀을 잘 지킬 수 있게 하라고 명령하셨습니다(참조. 고전 1:21, 9:16 등). 그리스도인들이 전하는 예수 복음을 믿는 사람은 구원을 얻고, 믿지 않는 사람은 정죄를 받습니다(막 16:15-16 등. 참조. 요 1:12). 예수 그리스도께서는 하늘에 오르신 후 하나님의 오른편에 앉으셔서, 모든 천사와 권세와 능력을 다스리고 계십니다(히 1:1-3, 8:1, 12:1-2; 벧전 3:22 등).

5. 그리스도인들이 예수 그리스도를 사랑하는 방법은 무엇일까요?

그리스도인들이 예수 그리스도를 사랑하는 방법은 하나님의 말씀인 ____을 믿고, 그 말씀을 온전히 지켜 행하며 사는 것입니다(요 14:15, 28-31, 15:9-10; 요일 2:5-6, 5:3-5 등).

그리스도인들이 예수 그리스도를 사랑하는 방법은 하나님의 말씀인 성경을 믿고, 그 말씀에 순종(하나님의 말씀을 지켜 행함)하며 사는 것입니다. 예수 그리스도께서도 이 세상에 사시는 동안 하나님 아버지의 말씀을 지켜 행하며 사심으로 하나님의 사랑 안에 계셨듯이, 그리스도인들도 하나님의 말씀을 지켜 행하는 삶으로 하나님과 예수 그리스도에 대한 사랑을 보이며 살아야 합니다(참조. 요 5:17-30, 8:38-47, 15:9-10 등).

안타깝게도 요즘 그리스도인들 중에는 예수 그리스도를 입술로는 사랑한다고 고백하지만, 하나님의 말씀은 지켜 행하지 않는 사람들이 많습니다.

토론 및 적용 질문

1. 당신이 예수 그리스도를 더 깊이 알아가고, 그분과 친밀한 만남을 갖기 위해 어떤 노력을 하고 있는지 나눠봅시다.

2. 당신의 모습 중에 예수 그리스도를 가장 많이 닮았다고 생각하는 모습은 무엇이며, 예수 그리스도의 어떤 모습을 가장 닮고 싶은지 나눠봅시다.

3. 당신이 예수 그리스도를 믿는 것이나 예수 그리스도를 위해 사는 것 때문에, 핍박이나 고난을 받은 적이 있었다면 나눠봅시다.

해답
1. 영원한 생명 2. 하나님의 말씀, 귀신들 3. 삼일 4. 복음 5. 성경

07 예수 그리스도의 죽으심 - 1

예수 그리스도께서는 하나님의 공의를 만족시키기 위해 사람들의 죄를 대신 지시고 십자가에서 죽으셨고, 그로 인해 예수 그리스도를 믿는 모든 사람들을 용서하시고 구원하셨습니다(고전 1:17; 갈 6:12; 엡 2:16; 골 1:12-23. 참조. 딤전 2:4-6). 십자가는 예수 그리스도를 통한 구원과 승리의 상징입니다(참조. 고전 1:17-24; 갈 2:20-21, 6:14; 골 1:20, 2:13-15 등). 예수 그리스도께서 십자가에서 자신의 죄를 위해 죽으셨음을 믿는 사람들은, 반드시 자기를 부인하고 자기 십자가를 지고 예수 그리스도를 따르는 삶을 살아야 할 뿐만 아니라, 예수 그리스도의 십자가를 자랑하고 전하며 살아야 합니다(마 10:38; 막 8:34-38; 눅 9:23, 14:27; 갈 2:20, 6:14 등).

1 예수 그리스도께서 십자가에서 죽으신 이유는 무엇일까요?

예수 그리스도께서 십자가에서 죽으신 이유는 사람들의 죄를 용서하고 구원하여 _____을 주시고, 그들을 깨끗하게 하셔서 선한 일을 하는 하나님의 사람이 되게 하기 위해서입니다(요 3:13-17, 6:37-40; 롬 5:1-21, 6:15-23; 딤전 2:5-6; 딛 2:14 등).

예수 그리스도의 십자가에서의 죽으심은 하나님의 사랑의 확실한 증거이고(롬 5:6-8; 갈 2:20-21 등), 하나님과의 화해의 도구이며(엡 2:11-22; 골 1:20-23 등), 용서와 구원(하나님의 능력)의 상징이고(롬 3:23-26; 고전 1:17-24; 갈 6:14; 딤전 2:5-6 등. 참조. 계 1:5 등), 영적인 승리의 실체입니다(골 2:13-15). 예수 그리스도의 십자가의 가르침이 멸망을 당하는 사람(믿지 않는 사람들)에게는 어리석은 것이지만, 구원을 받은 사람들에게는 하나님의 능력입니다(고전 1:18. 참조. 롬 1:16). 십자가는 죄를 벌하시는 하나님의 공의와 죄인을 용서하시는 하나님의 사랑이 만나는 곳입니다.

2 예수 그리스도께서는 누구의 죄를 대신해서 십자가에서 죽으셨을까요?

예수 그리스도께서는 _____ 모든 사람들을 대신해서 십자가에서 죽으셨습니다(요 1:29; 롬 4:25; 고후 5:14-21; 벧전 2:24-25; 요일 2:1-2 등).

예수 그리스도께서는 아담을 비롯해 아담 이후에 이 세상에 태어난 모든 사람들의 죗값을 대신 치르시기 위해 십자가에서 죽으셨습니다(참조. 히 13:12 등). 예수 그리스도께서는 제사드릴 때 속죄의 제물이었던 어린 양처럼, 몸소 세상과 사람들의 죄를 지고 가는 속죄의 제물이 되어 십자가에서 죽으셨던 것입니다(요 1:29, 36; 히 9:11-14; 벧전 1:18-20. 참조. 출 12:30). 그러기에 사람들이 예수 그리스도를 믿기만 하면, 그분의 피의 값(속죄)으로 죄를 용서 받고 구원을 받게 되는 것입니다(참조. 마 9:1-8; 막 2:1-12; 눅 5:17-26; 골 1:13-14; 요일 2:12 등). 예수 그리스도를 믿는 다는 것은 예수 그리스도께서 누구신지 알고, 그분을 마음으로 받아들여 온전히 신뢰하며, 그분의 말씀을 삶에서 행하며 사는 것을 의미합니다.

28 신앙생활 알아가기

③ 예수 그리스도의 십자가의 죽으심은 누구의 계획일까요?

예수 그리스도의 십자가의 죽으심은 _____의 계획이셨습니다(창 3:15; 요 3:13-17; 롬 8:29-30; 엡 1:3-12; 벧전 1:18-21 등).

하나님께서는 사람들이 죄를 지으면 예수 그리스도를 십자가에 죽게 하심으로, 그들을 구원하시겠다는 계획을 이 세상을 창조하시기 전에 이미 하셨습니다(엡 1:3-12; 벧전 1:18-21). 그리고 첫 번째 사람인 아담과 하와가 죄를 지었을 때, 하나님께서는 여자의 후손을 통해 그들을 구원해 주실 것을 약속해 주셨습니다(창 3:15). 하나님께서는 죄로 죽어가는 사람들을 불쌍히 여기시고 사랑하셔서 예수 그리스도를 이 세상에 보내주셨을 뿐만 아니라, 그분을 저주와 수치의 상징인 십자가에서 죽게 하심으로 그들을 위한 하나님의 계획을 이루셨습니다(참조. 신 21:22-23; 요 3:16-17; 롬 5:6-8; 요일 4:9 등). 하나님께서는 십자가에서 죽으신 예수 그리스도를 믿는 모든 사람들을 구원해 주십니다(참조. 사 53:3-9; 눅 23:33-36; 롬 5:8; 갈 3:13; 빌 2:8 등).

④ 예수 그리스도의 죽으심은 인간의 죄 문제를 완전히 해결하셨을까요?

__. 예수 그리스도의 죽으심은 예수 그리스도를 믿는 모든 사람들의 죄의 문제를 완전하게 해결하셨습니다(롬 5:9-21; 히 9:11-28, 10:10-14; 벧전 3:18; 계 1:5 등).

예수 그리스도께서는 죄로 인해 죽어가는 영혼들에 대한 하나님 아버지의 계획에 의해, 이 세상에 친히 인간으로 오셔서 십자가에서 죽기까지 하나님 아버지께 순종하셨습니다(사 53:12; 요 10:7-18; 롬 5:12-21; 엡 5:2; 빌 2:6-8 등). 그로 인해 예수 그리스도를 믿는 사람들은 자신의 모든 죄를 다 용서 받았을 뿐만 아니라, 구원을 받아 천국에서 영원히 살게 되는 것입니다(참조. 롬 5:1-11; 엡 1:7; 골 1:12-14; 딤후 4:17-18; 히 13:12 등). 그리스도인들은 자신의 죄를 위해 십자가에서 죽으신 예수 그리스도를 기억함으로써, 죄를 짓지 않기 위해 끊임없이 기도하고 노력하며 살아야 합니다.

⑤ 예수 그리스도께서는 몇 번의 죽으심으로 구원을 완성하셨을까요?

예수 그리스도께서는 오직 _____의 죽으심으로 구원을 완성하셨습니다(롬 6:9-10; 히 7:23-27, 9:11-28, 10:1-18; 벧전 3:18 등).

예수 그리스도께서는 완전하시고 영원하신 하나님이시기 때문에, 오직 한 번의 죽으심만으로 구원을 완성하셨습니다. 예수 그리스도께서 완전하신 하나님이셔야 하는 이유는 하나님만이 인간을 구원할 수 있고(시 3:8, 62:2; 사 43:11; 욘 2:9; 눅 3:6; 행 4:11-12), 율법의 저주로부터 인간들을 구원해 낼 수 있으며(롬 3:20-26, 5:12-21, 8:1-4; 갈 3:10-14, 4:4-5), 완전하고도 영원한 속죄를 이룰 수 있기 때문입니다(히 7:15-28, 9:11-28, 10:9-14. 참조. 요 19:30). 또한 예수 그리스도께서 죄 없는 완전한 인간이셔야 하는 이유는 죄 없는 인간만이 인간들이 지은 죄에 대한 죗값을 온전히 치를 수 있기 때문입니다(고후 5:21; 빌 2:6-8; 히 2:14-18, 7:15-28, 9:11-15; 요일 3:5 등). 예수 그리스도께서는 성령으로 잉태되어 죄 없는 인간으로 이 세상에 오셨을 뿐만 아니라, 세상에 사시는 동안 마귀의 시험을 많이 받으셨음에도 죄를 지으신 적이 없으셨습니다(마 4:1-11; 막 1:12-13; 눅 1:26-38, 4:1-13; 히 4:15 등).

토론 및 적용 질문

1. 당신이 믿지 않는 사람들에게 어떤 방법으로 예수 복음을 증거하며 살고 있는지 나눠봅시다.

2. 당신이 자기를 부인하고 자기 십자가를 지고 예수 그리스도를 따르는 삶을 어떻게 실천하며 사는지 나눠봅시다.

3. 당신이 일상생활에서 예수 그리스도를 위해 희생하고 손해 보는 것들이 있다면 무엇인지 나눠봅시다.

해답

1. 영원한 생명 2. 죄 있는 3. 하나님 4. 예 5. 한 번

08 예수 그리스도의 죽으심 - 2

예수 그리스도께서는 인간의 몸으로 이 세상에 오신 순간부터 십자가에서 죽음을 당하신 순간까지, 인간으로서 엄청난 고난을 당하셨습니다(마 27:1-50; 막 15:1-37; 눅 23:1-46; 요 19:1-30 등). 예수 그리스도께서는 마지막까지 한 영혼이라도 더 구원하시기 위해서 복음 전도를 비롯해 하나님의 말씀을 가르치셨고, 제자들과 성만찬을 행하셨으며, 기도로 십자가의 죽음을 준비하셨고, 사람들을 사랑하고 용서하셨으며, 하나님의 뜻 다 이루셨습니다(마 21:1-27:50; 막 11:1-15:37; 눅 19:28-23:46; 요 12:12-19:30). 예수 그리스도께서는 사람들의 죗값을 대신 치르시기 위해, 고통과 수치의 상징인 십자가의 저주를 친히 받으셨습니다(마 27:27-56; 막 15:16-41; 눅 23:26-49; 요 19:17-30. 참조. 신 21:22-23; 갈 3:13).

1 예수 그리스도께서 십자가에서 죽으심으로 하나님과 사람 사이는 어떻게 되었을까요?

예수 그리스도께서 십자가에서 죽으심으로 예수 그리스도를 믿는 모든 사람들을 하나님과 _____시켜 더 이상 죗값을 치르지 않아도 되게 하셨습니다(롬 5:6-11; 고후 5:18-21; 엡 1:6-7; 골 1:13-23; 요일 1:7-9 등).

예수 그리스도께서는 십자가에서 죽으심으로 죄로 인하여 단절되었던 인간과 하나님의 영적인 관계를 회복시키셨습니다. 그래서 예수 그리스도를 믿음으로 구원받은 사람들은 거룩하신 하나님 앞에 나아갈 수 있게 된 것입니다(참조. 요 14:6; 롬 5:6-11, 8:1-2; 엡 1:7, 2:8-22; 골 1:19-22; 딤전 2:5-6; 히 9:15). 예수 그리스도를 믿는 사람들은 자신의 죄를 용서받고 구원을 얻어 하나님과 화해되었기에, 더 이상 자신들의 죗값을 치르지 않아도 됩니다(마 20:28; 막 10:45; 행 20:28; 고후 5:18-19; 딤전 2:5-6; 요일 1:7 등). 물론 그리스도인들이 죄를 지으면 하나님께 회개하고 그 죄에서 돌이켜야 용서를 받습니다(마 6:12; 눅 11:4; 행 3:19, 8:22 등).

2 예수 그리스도의 십자가의 죽으심이 그리스도인들에게 주는 유익은 무엇일까요?

예수 그리스도의 십자가의 죽으심이 그리스도인들에게 주는 유익은, 죄를 용서 받아 구원을 받게 하고(참조. 요일 2:2), 하나님의 자녀로서의 특권을 누리게 하며(요 1:12; 롬 8:14-17; 고후 6:17-18; 갈 4:4-7; 요일 3:1-10 등), 새로운 사람(의로운 사람)으로 살게 하고(고후 5:17-21; 엡 4:17-32; 딛 2:14 등. 참조. 요 3:1-21), _____으로 하나님 안에서 살게 합니다(요 14:15-21, 15:1-17; 고전 6:19-20; 갈 2:20; 살전 5:9-10; 요일 4:9-16 등).

그리스도인들은 예수 그리스도와 함께 십자가에 못 박혔기에, 믿음 안에서 예수 그리스도의 십자가를 자랑하고 전하며 살아야 합니다(갈 2:20, 6:14 등). 그리스도인들은 십자가의 형상에 의미를 부여하거나 십자가의 형상을 만들어 자신을 지켜줄 것처럼 들고 다니면 안 되고, 오직 예수 그리스도의 십자가의 죽으심에 대한 의미를 자주 묵상하고 기억하며 살아야 합니다. 그리스도인들이 예수 그리스도의 십자가의 죽으심을 자주, 그리고 깊이 묵상하고, 그 사랑과 은혜에 마음을 다해 감사하는 것만으로도 영적으로 바로 서게 하는 유익을 얻을 수 있습니다.

3. 그리스도인들이 예수 그리스도를 닮아가는 삶을 살려면 어떻게 해야 할까요?

그리스도인들은 자기를 부인하고 자기 ____를 지고 예수 그리스도를 따라가야 하고, 하나님의 말씀을 지켜 행하며 살아야 합니다(마 16:24; 막 8:34; 눅 9:23; 빌 2:5-8; 딤후 3:15-17; 벧전 2:21-24 등).

그리스도인들에게 예수 그리스도를 닮아가는 삶은 아주 중요한 삶입니다(엡 4:13-32; 골 3:1-17; 요일 2:5-6 등). 예수 그리스도를 닮아가는 삶은 자기를 부인하고 자기 십자가를 지고 예수 그리스도를 따라갈 뿐만 아니라, 하나님의 말씀을 믿고 그 말씀을 삶 속에서 실천하며 사는 삶입니다(엡 4:13-15; 빌 1:20, 2:5; 골 2:9-10; 요일 2:6). 자기 십자가를 지고 예수 그리스도를 따라가려면 그분처럼 영원한 생명과 하나님의 나라를 소망하며 살아야 합니다. 또한 예수 그리스도께서 앞에 있는 기쁨을 위해 십자가의 죽음을 견디셨던 것처럼, 하나님께서 약속하신 영광과 기쁨을 믿음으로 바라보면서, 자기 십자가를 지는 고난을 참고 인내하며 살아야 합니다(참조. 롬 8:14-18; 히 3:1, 12:1-3; 벧전 2:23-24 등).

4. 그리스도인들은 이 세상에 사는 동안 무엇을 전하고 자랑하며 살아야 할까요?

그리스도인들은 세상 사람들에게 _____를 전하고, 예수 그리스도의 ____를 자랑하며 살아야 합니다(고전 1:18-31; 갈 6:14 등. 참조. 렘 9:23-24; 갈 2:20).

그리스도인들은 예수 복음의 증인입니다. 그 증인의 삶은 세상이 끝나는 날까지, 모든 민족에게, 그리고 땅 끝까지, 예수 복음을 전하여 죄로 죽어가는 사람들을 살리는 것입니다(마 28:18-20; 막 16:15-16; 눅 24:46-48; 요 20:21; 행 1:8; 고전 2:2, 11:26 등). 그리스도인들이 이 세상에 사는 동안 믿지 않는 사람들에게 예수 복음을 증거하며 사는 삶은 선택이 아니라 의무이기에, 믿지 않는 사람들에게 적극적으로 예수 복음을 전하는 일에 힘써야 합니다(마 28:18-20; 행 1:8, 20:24; 고전 1:21, 9:16-17 등).

5. 예수 그리스도께서 십자가에서 이루신 일은 무엇일까요?

예수 그리스도께서는 십자가에서 하나님의 뜻을 이루셨고, 하나님의 공의와 거룩함을 만족시키셨으며, 하나님의 ____을 확실하게 보여주셨고, 예수 그리스도를 믿는 사람들을 죄에서 완전히 자유하게 하셨으며, ____를 패배시키셨습니다(요 19:30; 롬 5:6-8; 고후 5:21; 골 2:14-15; 히 2:14-15; 요일 3:8 등).

예수 그리스도께서 십자가에서 죽으시는 것은 이 세상에 오신 목적이셨고, 십자가에서 죽으심으로 그 목적을 온전히 이루셨습니다(요 19:30. 참조. 눅 22:41-45; 빌 2:6-8 등). 예수 그리스도께서 십자가에서 죽으심으로, 그분을 믿는 모든 사람들의 과거, 현재, 미래의 모든 죄에 대한 하나님의 공의를 완전히 만족시켰습니다(사 53:3-12; 롬 3:26, 6:10; 히 7:27, 9:12, 26-28, 10:11-16; 벧전 3:18 등). 그 사실을 믿는 그리스도인들은 항상 예수 그리스도를 믿고 의지하며 그분을 위해 살아야지, 세상적이고 육체적인 것을 추구하느라 그분과 멀어지거나 그분이 원하시지 않는 삶을 살아서는 안 됩니다.

토론 및 적용 질문

1. 당신이나 가족들 중에 십자가와 관련된 특별한 에피소드를 가진 사람이 있다면 나눠봅시다.

2. 당신이 그리스도인이기 때문에 다른 사람들의 잘못을 용서해 준 적이 있었다면 나눠봅시다.

3. 당신이 고통이나 고난을 당할 때 예수 그리스도의 십자가의 죽으심을 묵상하여 이겨낸 적이 있었다면, 그때의 경험에 대해 나눠봅시다.

해답

1. 화해 2. 믿음 3. 십자가 4. 예수 그리스도, 십자가 5. 사랑, 마귀

09 예수 그리스도의 부활 - 1

예수 그리스도의 십자가의 죽으심과 부활은 복음의 핵심입니다(참조. 요 6:38-40; 행 1:21-22; 롬 10:9-10; 고전 15:12-23 등). 예수 그리스도께서는 부활이요 생명이십니다(요 11:25-26 등). 예수 그리스도께서는 본디오 빌라도에게 고난을 받으시고 십자가에서 죽으셨지만, 사흘 만에 하나님의 능력으로 육체적으로 부활하셨습니다(요 21:1-23; 행 13:29-37; 고전 15:1-58; 고후 13:4; 엡 1:19-22 등). 예수 그리스도께서는 부활의 첫 열매가 되셨습니다(마 28:1-10; 막 16:1-13; 눅 24:1-35; 요 20:1-23; 고전 15:20-23; 골 1:18; 계 1:5 등). 그리스도인들도 예수 그리스도의 부활을 통해, 언젠가 부활할 것이라는 소망을 가지고 살게 됩니다(벧전 1:3-4 등).

1 부활이 무엇일까요?

부활은 사람들이 죽었다가 살아난 후, 다시 ____ 않는 것입니다(요 11:25-26; 롬 6:9-10; 고전 15:42-54 등).

예수 그리스도의 부활은 그리스도인들이 믿는 믿음의 핵심이자, 그들이 전하는 복음의 핵심입니다(롬 10:9; 고전 15:12-18 등). 또한 예수 그리스도의 부활은 그리스도인들의 소망입니다(참조. 벧전 1:3-4). 하나님께서는 예수 그리스도를 다시 살리셔서 썩지 않게 하실 것이라고 성경을 통해 예언하셨습니다(시 16:10. 참조. 행 13:33-35). 그 예언대로 예수 그리스도께서는 십자가에 달려 죽으시고 무덤에 묻히신 후, 썩지 않고 삼일 만에 부활하셨습니다(마 28:1-10; 막 16:1-19; 눅 24:1-53; 요 20:1-29 등).

2 부활은 누구의 능력으로 가능할까요?

_____의 능력으로만 사람들이 부활할 수 있습니다(요 21:1-23; 행 13:29-37; 고전 15:1-58; 고후 13:4; 엡 1:19-22 등).

예수 그리스도께서는 부활이요 생명이십니다(요 11:25). 예수 그리스도의 부활은 성령 하나님의 능력으로 말미암은 성부 하나님의 역사였습니다(행 2:24, 3:15, 10:40; 롬 8:11; 엡 1:20; 골 2:12; 벧전 3:18). 예수 그리스도께서는 하나님의 능력으로 사람들이 만질 수 있고, 볼 수 있으며, 썩지 않을 완전한 육체로 부활하셨습니다(요 21:1-23; 행 10:39-41, 13:29-37; 고전 15:42-54; 고후 13:4; 엡 1:19-22; 골 2:12 등). 하나님께서 예수 그리스도를 다시 살리신 이유는, 죽음의 고통이 예수 그리스도를 계속 붙잡아 둘 수 없었기 때문입니다(행 2:24).

3 이 세상에서 첫 번째 부활하신 분은 누구일까요?

_____께서는 이 세상에서 첫 번째 부활하신 분이십니다(마 28:1-20; 막 16:1-18; 눅 24:1-50; 요 20:1-29; 고전 15:20-23; 골 1:18; 계 1:5 등).

예수 그리스도께서는 이 세상에서 첫 번째 부활하신 분으로, 잠자는 사람들의 첫 열매가 되셨습니다(참조. 눅 20:35-36; 고전 15:20-23 등). 예수 그리스도께서 다시 오실 때 모든 사람들이 부활할 것인데, 예수 그리스도께 속한 사람들이 먼저 부활하고(예수 그리스도께 속한 사람들 중에는 이미 죽은 사람들이 먼저 부활하고, 그 후에 이 세상에 살고 있는 사람들이 부활의 몸으로 변화됨), 그 다음은 믿지 않는 사람들이 부활합니다(요 5:28-29, 6:39-44, 11:24; 고전 15:23; 빌 3:20-21; 살전 4:15-17 등).

4 예수 그리스도께서는 죽으신지 몇 일만에 부활하셨을까요?

예수 그리스도께서는 죽으신지 ____ 만에 부활하셨습니다(마 28:1-20; 막 16:1-18; 눅 24:1-50; 요 20:1-29; 행 10:39-40; 고전 15:3-4 등).

예수 그리스도께서는 십자가에서 죽으신 후, 요셉과 니고데모에 의해 동산 옆 새 무덤에 장사되었습니다. 그리고 그 무덤을 로마의 군사들이 지키고 있었습니다(마 27:62-66; 막 15:42-47; 눅 23:50-56; 요 19:38-42). 그러나 예수 그리스도께서는 십자가에 죽으시고 장사 지낸 지 삼일 만에 부활하셨고, 부활하신 후 무덤가에 찾아온 사람들을 만나셨습니다(마 27:1-28:20; 막 15:1-16:18; 눅 23:1-24:50; 요 19:1-20:29; 행 10:39-40; 고전 15:3-8 등).

5 예수 그리스도께서 부활하신 이유가 무엇일까요?

예수 그리스도께서는 자신이 하나님의 ____이심을 알려 주시고, 우리를 다시 살리기 위해 부활하셨습니다(롬 1:4, 4:24-25, 6:5-11; 고전 15:1-58; 골 2:12; 벧전 1:3-4 등).

예수 그리스도께서 부활하신 이유를 좀 더 구체적으로 살펴보면, 예수 그리스도께서 하나님의 아들이심을 알려주시고, 죄와 죽음에 대해 확실히 승리하셨음을 보여주시기 위해서입니다. 그리고 죽은 자와 산 자의 주님이 되시기 위해서이고, 그리스도인들이 구원 받았음을 알려 주시기 위해서입니다. 그 뿐만 아니라, 그리스도인들이 부활에 대한 소망을 가지고 살 수 있도록 하기 위해서이고, 예수 그리스도께서 이 세상에 다시 오실 때 그들을 다시 살리기 위해서입니다. 또한 하나님께서 예수 그리스도를 통해 이 세상을 심판하시겠다는 것을 확인시켜 주시기 위해서 입니다(행 17:31; 롬 1:4, 4:25, 6:4-5, 14:9; 고전 15:12-22, 55-57; 고후 4:14; 벧전 1:3 등).

토론 및 적용 질문

1. 예수 그리스도께서 이 세상에 다시 오실 때, 당신도 부활할 것이라는 확실한 믿음으로 삽니까?
2. 당신이 가진 부활 신앙이 당신의 마음과 삶에 어떤 유익을 주고 있는지 나눠봅시다.
3. 그리스도인들이 어떤 상황에서도 흔들리지 않는 부활 신앙을 가지고 살기 위해서는 어떻게 해야 하는지 나눠봅시다.

해답

1. 죽지   2. 하나님   3. 예수 그리스도   4. 삼일   5. 아들

10 예수 그리스도의 부활 - 2

성경은 예수 그리스도의 부활이 없다면 우리의 믿음도 헛되고, 우리는 여전히 죄 가운데 있을 것이라고 말씀합니다(고전 15:14-17). 부활이 없는 복음은 아무런 가치가 없습니다. 그리고 사람들이 부활할 수 없다면 예수 그리스도를 믿고 죽은 사람들도 멸망하게 되고, 예수 그리스도를 통해 구원을 얻을 수 없게 될 뿐만 아니라, 그리스도인들은 이 세상에서 가장 불쌍한 사람들이 될 것입니다(고전 15:13-14). 이 세상에 사는 모든 사람들은 예수 그리스도께서 이 세상에 다시 오실 때 반드시 부활할 것이며, 그 이후에는 심판을 받게 될 것입니다(히 9:27-28 등). 그러기에 그리스도인들은 언젠가 자신이 부활할 것이라는 확실한 믿음과 소망을 가지고 살아야 합니다.

1 예수 그리스도의 부활이 중요한 이유는 무엇일까요?

예수 그리스도의 부활은 그리스도인들이 죽어도 다시 살아난다는 것을 증명하는 것이고, 그리스도인들에게 _____ 살 수 있다는 소망을 주는 것입니다(요 11:25-26; 행 17:31; 롬 6:1-14; 고전 15:1-58; 엡 2:1-22; 골 2:12 등). 예수 그리스도께서 부활하지 않으셨다면 우리들이 전하는 복음이 헛것이고, 우리들이 믿는 믿음도 헛것이며, 우리들이 하나님의 거짓 증인이 될 것이고, 우리들은 아직도 죄 가운데 있을 것이며, 그리스도 안에서 잠자는 자들도 망했을 것이고, 이 세상에서 우리 같이 불쌍한 사람은 없을 것입니다(고전 15:12-19. 참조. 마 22:23-33; 막 12:18-27; 눅 20:27-40).

예수 그리스도의 부활은 그리스도인들에게 죽어도 다시 살아난다는 것을 증명하는 것이고, 하나님의 나라에서 영원히 살 수 있다는 소망을 주는 것이며, 큰 위로와 격려가 되고, 육체의 죄악을 버리고 선한 마음으로 하나님을 섬길 수 있도록 하며, 세상에서 당하는 아픔과 고난도 기쁨으로 견딜 수 있게 하고, 세상에 사는 동안 부활의 기쁨을 누리며 살 수 있게 합니다(참조. 마 5:11-12; 고전 15:29-32, 58; 빌 3:10-11, 20-21; 벧전 3:21 등). 그리스도인들은 예수 그리스도와 함께 십자가에서 죽은 사람들이기에, 예수 그리스도와 함께 다시 살 것을 믿으며 살아야 합니다(롬 8:11; 고전 6:14; 갈 2:20; 딤후 2:11-13; 벧전 1:3-5 등).

2 예수 그리스도께서는 언제, 어디서 승천하셨을까요?

예수 그리스도께서는 부활하시고 _____ 동안 세상에 계시다가, 감람산 동쪽 기슭의 베다니에서 하늘로 올라가셨습니다(눅 24:50-51; 행 1:3-12).

예수 그리스도께서는 부활하신 후 승천하시기 전까지 사십일 동안 제자들을 비롯해 많은 사람들에게 나타나셔서, 그들에게 하나님의 말씀을 가르쳐 주셨고, 복음의 증인으로서의 사명을 주셨으며, 하나님의 나라에 관해 말씀해 주셨습니다(마 28:18-20; 막 16:15-18; 눅 24:44-48; 행 1:3-8; 고전 15:3-8 등). 그런 후에 예수 그리스도께서는 제자들과 많은 사람들이 보는 가운데 감람산 동쪽 기슭의 베다니에서 하늘로 올라가셨습니다

(막 16:19; 눅 24:50-51; 행 1:3-12; 고전 15:3-8 등). 그리고 승천하신 예수 그리스도께서는 약속하신 성령 하나님을 세상에 보내주셨습니다(참조. 요 7:39, 14:15-26, 15:26, 16:5-15; 행 2:1-4; 벧전 1:12 등).

3. 부활하신 예수 그리스도께서는 지금 어디서 무엇을 하고 계실까요?

예수 그리스도께서는 하늘로 올라가셔서 하나님 아버지의 보좌 _____에 앉아 계시고, 그곳에서 교회와 모든 만물을 다스리시며, 하나님의 자녀들을 도와주시고, 그들에게 능력을 주시며, 그들을 위해 기도(_____)를 해 주시고, 그들이 거할 거처를 준비하시며, 이 세상에 다시 오실 날을 기다리고 계십니다(시 110:1; 단 7:13-14; 마 26:64; 요 14:1-3, 12; 롬 8:34; 살후 1:7-8; 히 1:3, 10:12-13; 벧전 3:22; 벧후 3:9-10 등).

예수 그리스도께서는 승천을 하신 후에는 성령 하나님과 예수 그리스도를 믿고 구원받은 사람들을 통해 세상에서 일하고 계십니다(요 14:15-26, 15:26-27, 16:5-15 등). 그리스도인들은 예수 그리스도께서 이 세상에 다시 오실 때까지, 안식 후 첫날인 주일에 부활의 기쁨으로 함께 모여 예배를 드리고, 세상 사람들에게 부활하신 예수 그리스도를 전하는 일에 힘써야 합니다(참조. 마 28:18-20; 행 20:7; 딤후 4:1-2 등). 또한 그리스도인들은 무엇을 하든지 예수 그리스도를 의지하여 기도로 성령 하나님의 도우심을 구하며 살아야 합니다.

4. 그리스도인들은 언제 예수 그리스도처럼 부활하게 될까요?

그리스도인들이 부활하게 될 때는 예수 그리스도께서 하늘로 올라가신 그대로 이 세상에 _____입니다 (행 1:11; 고전 15:42-54; 살전 4:14-17; 요일 3:2 등).

예수 그리스도께서 언제 이 세상에 다시 오실지는 오직 하나님 아버지만 아십니다(마 24:36-44; 막 13:32-37; 살전 5:1-11; 벧후 3:9-10; 계 16:15 등). 그리고 예수 그리스도께서는 하늘로 올라가신 그대로 이 세상에 반드시 다시 오실 것입니다(행 1:6-11). 또한 예수 그리스도께서 이 세상에 다시 오시면 선한 사람은 생명의 부활로 나오고, 악한 사람은 심판의 부활로 나오게 될 것입니다(요 5:28-29). 예수 그리스도께서는 하나님 아버지께서 주신 모든 사람들을 마지막 날에 부활시켜, 그들에게 영원한 생명을 주시는 것이 하나님 아버지의 뜻이라고 말씀하셨습니다(요 6:39-40). 그리스도인들은 예수 그리스도께서 이 세상에 다시 오실 때는 반드시 하늘로 올라가신 그대로 오신다는 것을 명심해야 합니다. 요즘 이단들 중에는 이 땅에서 태어난 사람인 자신들의 교주가 재림 예수라고 속이는 경우가 많으므로, 그리스도인들은 그런 거짓에 현혹되지 말아야 합니다.

5. 그리스도인들이 부활할 때는 어떤 몸으로 부활할까요?

그리스도인들은 예수 그리스도처럼 ____ 않고 영원히 ____ 않을 영광스러운 몸으로 부활하게 될 것입니다 (눅 20:35-36; 고전 15:42-54; 빌 3:20-21 등).

예수 그리스도께서는 썩지 않고 영원히 죽지 않을 몸으로 부활하셨을 뿐만 아니라, 부활하신 예수 그리스도의 육체는 시간과 공간을 초월할 수 있는 육체였습니다(요 20:19-29; 행 2:23-24 등). 마찬가지로, 그리스도인들도 예수 그리스도처럼 썩지 않고 영원히 죽지 않을 완전한 육체이자 영적인 몸을 입고 부활할 것입니다(마 28:9; 눅 20:35-36, 24:39; 요 20:16-17, 27; 고전 15:42-54; 빌 3:20-21 등. 참조. 사 26:19; 단 12:2).

토론 및 적용 질문

1. 당신은 예수 그리스도의 부활을 기념하는 주일을 어떻게 지내는지 나눠봅시다.

2. 당신이 어려운 상황이나 힘든 일이 있었을 때, 예수 그리스도의 부활을 묵상함으로 마음에 기쁨, 감사, 그리고 소망이 회복된 경험이 있었다면 나눠봅시다.

3. 그리스도인들이 교회의 공적인 절기인 부활절을 어떻게 기념하며 지내는 것이 좋을지 나눠봅시다.

해답

1. 영원히 2. 사십일 3. 오른편, 중보기도 4. 다시 오실 때 5. 썩지, 죽지

11 성령 하나님 - 1

성령님은 하나님이십니다. 성령 하나님께서는 사람들을 감동시켜 성경을 기록하게 하셨고, 성경이 세상에 널리 전파되고 잘 보존되도록 도와주십니다(딤후 3:16-17; 벧후 1:20-21). 성령 하나님께서는 하나님께서 택하신 사람들을 하나님의 때에 불러, 예수 그리스도를 믿어 구원을 얻게 해 주십니다(롬 8:29-30; 고전 12:3; 엡 2:8-9; 살후 2:13-14; 딛 3:5-7 등). 그리고 성령 하나님께서는 예수 그리스도의 영으로 그리스도인들에게 예수 그리스도가 누구신지와 예수 그리스도께서 하신 말씀을 깨달아 알게 해 주십니다(요 14:26, 15:26 등. 참조. 행 2:16-18). 다시 말해 성령 하나님께서는 성경을 읽는 그리스도인들에게 그 말씀의 본질과 뜻을 정확히 알게 해 주십니다(참조. 요 15:26-27, 16:13-15; 고전 12:1-11 등).

1. 성령님은 어떤 분일까요?

성령님은 _____이시고, 예수 그리스도의 영이십니다(마 28:19; 요 14:16-17, 16:13-15; 롬 8:9-17; 고전 2:10-16, 12:3; 고후 3:17-18; 갈 4:6 등).

성령 하나님은 삼위일체 하나님이시고, 예수 그리스도의 영이시며, 창조주 하나님이시고, 모든 생명의 근원이시며, 만물을 지켜 보호하시는 분이십니다(창 1:1-2:7; 욥 26:13, 33:4; 시 33:6, 104:29-30; 사 11:2, 40:28; 요 6:63; 행 16:7; 벧전 1:11 등). 또한 성령 하나님께서는 사람들을 감동시켜 성경을 기록하게 하신 진리의 영이시고(요 14:15-21, 15:26-27, 16:5-15; 딤후 3:16-17; 벧후 1:20-21; 요일 5:7), 사람들에게 죄를 깨닫고 예수 그리스도를 믿어 구원을 얻게 하시는 분이십니다(요 16:7-14; 고전 2:4-5, 12:3, 9; 엡 1:13-14; 살후 2:13 등). 그리고 구원받은 사람들이 하나님의 자녀로서 하나님을 아버지라고 부를 수 있게 하시는 분도 성령 하나님이십니다(참조. 요 1:12; 롬 8:14-18; 갈 4:4-7 등).

2. 성령 하나님과 성경과의 관계는 무엇일까요?

1) 성령 하나님이 성경을 기록할 수 있도록 도와주셨고(딤후 3:16-17; 벧전 1:12; 벧후 1:20-21 등),

2) 하나님의 자녀들을 성경 속으로 _____하시며(요 16:5-15),

3) 성경을 가르치시고 그 말씀을 해석해 깨닫게 해 주십니다(고전 2:9-16; 딤후 3:16-17 등).

성령 하나님께서는 성경의 원 저자이시고, 그리스도인들에게 하나님의 뜻을 가르쳐 주십니다. 또한 그리스도인들이 예수 그리스도의 말씀을 온전히 알 수 있도록 생각나게 하시며, 예수 그리스도를 닮아갈 수 있도록 돕고 인도하시는 분이십니다(참조. 눅 12:8-12; 요 14:15-31, 15:26-27, 16:5-15 등). 하나님의 성령으로 말하는 사람은 "예수님은 저주받았다"고 말하지 않으며, 그 누구라도 성령을 통하지 않고는 "예수님은 주님이시다"라고 말할 수 없습니다(고전 12:3). 하나님의 자녀들은 성령 하나님의 도우심을 구해야 하고, 그분이 주시는 지혜와 능력으로 영적인 것을 분별해야 하며, 그분이 요구하시는 대로 하나님의 말씀에 맞게 살아야 합니다(참조. 슥 4:6; 고전 2:6-16, 12:1-31; 갈 5:16-26; 약 1:5 등).

3 성령 세례는 무엇일까요?

성령 세례는 _____께서 예수 그리스도를 믿음으로 구원받아 하나님의 자녀가 되는 사람 안에 들어오시는 것을 말합니다(요 3:5-6; 행 19:2; 롬 8:9-17; 고전 6:19-20, 12:13; 갈 4:6-7; 요일 3:24, 4:13 등. 참조. 행 2:1-13; 고전 12:3).

성령 세례는 성령 하나님의 부르심에 따라 자신이 죄인임을 인정함으로 회개하고 하나님께 돌이키는 것과 예수 그리스도를 믿음으로 구원받아 하나님의 자녀가 되는 것입니다. 다시 말해 성령 세례는 사람들이 성령으로 거듭나는 것이고, 하나님의 자녀가 되는 것이며, 성령이 자신 안에 들어와 성령의 전이 되는 것이고, 성령의 인치심으로 그분의 소유가 되는 것이며, 영적인 생명을 얻는 것이고, 영적으로 새롭게 되는 것입니다(요 1:12, 3:1-8, 6:63; 행 1:5; 고전 3:16-17, 6:19-20, 12:13; 엡 1:13-14; 딛 3:5 등). 그래서 성령 세례는 예수 그리스도를 믿음으로 구원받을 때, 단 한 번만 받습니다(요 1:12, 3:16-18; 행 2:38, 5:32, 8:12-17, 10:44-48, 19:2; 엡 4:3-5 등). 성령 세례를 받은 사람들은 자신이 구원받았음을 공적으로 나타내기 위해 물 세례를 받아야 합니다.

4 성령 충만은 무엇을 의미할까요?

성령 충만은 성령 세례를 받은 사람들(구원받은 사람들) 중에 성령 하나님의 온전한 지배(생각, 말, 행위, 삶 등 모든 면에서)를 받아, 그분의 ____(요구)에 맞게 사는 것을 의미합니다(눅 1:67, 4:1; 행 2:1-13; 갈 5:16-26; 엡 5:18-20 등).

그리스도인들은 성령 하나님께서 마음에 들어와 계시기에 항상 거룩하게 살아야 하고, 성령 하나님의 요구대로 살아야 하며, 자기 몸으로 하나님의 영광을 위해 살아야 합니다(참조. 마 5:13-16; 롬 8:1-17; 고전 3:16-17, 6:19-20, 10:23-33; 갈 5:16-26; 골 3:17; 벧전 4:11 등). 성령 충만은 그리스도인들이 성화되어가는 과정 속에서 반복적으로 일어나며, 성령 충만한 모습이 계속 이어지면 예수 그리스도를 닮아가게 됩니다. 그리스도인들이 성령 충만한 삶을 살기 위해서는 성령의 인도하심을 따르지 않거나 성령의 뜻을 어기고 죄를 지으며 살아서 그분을 근심(슬픔)케 하면 안 되고, 성령의 활동을 제한해서 그분을 소멸케 해서도 안 되며, 자신의 죄를 회개하고 돌이킬 뿐만 아니라 하나님의 말씀을 지켜 행하며 살아야 합니다(참조. 사 63:10; 고전 3:16; 갈 5:16-26; 엡 4:30-32; 살전 5:19 등). 그 뿐만 아니라, 성령 충만한 삶을 살게 해 달라고 간절히 기도해야 합니다(눅 11:13; 요 7:37-39; 행 1:13-15, 4:1-31, 6:1-7, 7:54-60; 롬 8:13; 벧후 1:21 등).

5 성령 하나님께서는 사람들에게 어떤 도움을 주실까요?

성령 하나님께서는 사람들에게 1) 예수 그리스도를 믿어 ____을 얻게 하시고, 2) 하나님의 말씀을 깨달아 알도록 가르쳐 주시며, 3) 은혜와 사랑을 베풀어 주시고, 4) 의롭고 거룩하게 하시며, 5) 믿음이 자라게 해 주시고, 6) 능력을 주셔서 마귀와의 영적인 싸움에서 승리하게 하시며, 7) 영적인 지혜와 분별력을 주시고, 8) ____를 주시고 교회를 섬기게 하시며, 9) 세상을 살 때 필요한 도움을 주시고, 10) 영적인 좋은 열매를 맺게 해 주시며, 11) 죄를 짓지 않도록 도와주시고, 12) 죄를 회개하도록 마음에 찔림을 주시며, 13) 전도할 수 있도록 도와주시고, 14) 선한 길로 인도해 주시며, 15) 하나님의 자녀들을 위해 기도해 주십니다(요 14:26, 15:26, 16:13-15; 행 1:8, 16:6-10; 롬 8:1-17, 26-27; 고전 2:9-16, 6:11, 12:1-31; 고후 2:14; 갈 5:16-26; 엡 1:13-14, 2:8-9; 요일 3:23-24 등).

성령 하나님께서는 사람들에게 예수 그리스도를 믿어 구원받게 하심으로, 그들이 죄와 사망의 법에서 벗어나게 해 주십니다(롬 8:1-2 등). 성령 하나님께서는 그리스도인들을 성화시켜 영적으로 성숙하고 더 거룩하게 하시며, 은혜와 은사를 주시고, 기도할 수 있게 해 주시며, 전도할 수 있도록 도와주십니다. 그 뿐만 아니라, 성령 하나님께서는 그리스도인들에게 능력을 주시고, 갈 길을 인도해 주시며, 하나님과 이웃을 사랑하면서 살게 해 주시고, 정직하고 의롭게 살게 해 주십니다. 또한 성령 하나님께서는 그리스도인들이 오직 하나님만을 믿고 의지하며 살도록 해 주시고, 고난을 이기게 해 주시며, 마귀와의 영적인 싸움에서 승리하게 해 주시고, 섬김과 봉사의 삶을 살 수 있게 도와주십니다(마 28:18-20; 행 1:8, 16:6-10; 롬 8:1-17; 갈 5:16-26; 살후 2:13-14; 딤후 3:16-17; 딛 3:3-7 등).

토론 및 적용 질문

1. 당신은 성경을 읽을 때마다 그 말씀의 의미를 잘 깨닫게 해 달라고 성령 하나님께 기도하고 읽습니까?
2. 최근에 당신이 성령 하나님의 도우심으로 특별하게 깨달은 성경 구절이 있다면 나눠봅시다.
3. 당신이나 가족들이 치유나 기적, 환상이나 꿈 등으로 성령 하나님의 도우심을 경험한 적이 있었다면 나눠봅시다.

해답

1. 하나님 2. 인도 3. 성령 하나님 4. 말씀 5. 구원, 은사

12 성령 하나님 - 2

성령 하나님께서는 그리스도인들을 위해 기도(간구)해 주십니다(롬 8:26-28). 또한 성령 하나님께서는 하나님의 교회가 잘 세워지도록 도와주시고, 교회의 직분자들을 세워주시며, 그리스도인들이 예수 복음을 전할 때는 생명의 열매를 맺을 수 있도록 도와주십니다. 물론 그리스도인들이 성령으로 충만해지면, 그분의 능력으로 세상 끝까지 예수 복음을 적극적으로 전하며 살게 됩니다(참조. 행 1:8 등). 그러기에 그리스도인들은 육체적이고 세속적인 것에 마음을 두는 죄의 본성을 버리고, 오직 성령 하나님께서 요구하시는 대로 살므로 성령의 열매를 비롯해 영적인 좋은 열매를 맺어야 합니다(참조. 갈 5:16-26 등). 또한 그리스도인들은 자신들이 성령의 전임을 기억하여 죄를 멀리하고, 선을 행함으로 하나님께 영광을 돌릴 뿐만 아니라, 거룩한 삶을 살아야 합니다(고전 3:16-17, 6:19-20 등).

1 성령 하나님께서 그리스도인들에게 은사를 주시는 이유는 무엇일까요?

성령 하나님께서 그리스도인들에게 은사를 주시는 이유는 1) 하나님의 은혜를 알고 다른 사람들을 섬기고 돕게 하기 위해서, 2) 성도들과 교회를 ____으로 강하게 하기 위해서, 3) 성도들과 교회의 유익을 위해서입니다(롬 1:9-12; 고전 12:1-31; 엡 4:11-12; 벧전 4:10-11 등).

은사는 구원의 조건은 아니며, 이미 구원을 받아 하나님의 자녀가 된 사람들에게 성령 하나님께서 하나님의 일을 잘 하도록 주시는 은혜의 선물입니다. 그리스도인들은 자신들이 받은 성령의 은사를 자신만을 위해서가 아니라, 다른 사람들을 돕는 일과 교회를 세워 나가기 위한 도구로 활용해야 합니다(롬 12:6-8; 고전 12:4-10, 28; 엡 4:11-12). 또한 그리스도인들은 성령 하나님께 받은 은사로 자신을 높이거나 다른 사람들을 무시하면 안 됩니다.

2 성령 하나님께서 주시는 은사에 맞게 살 때 얻게 되는 유익은 무엇일까요?

성령 하나님께서 주시는 은사에 맞게 살면, 그리스도인들이 하나님의 아들을 믿고 아는 일에 하나가 되고, 예수 그리스도를 닮은 온전한 사람으로서 ____한 그리스도인이 될 것입니다(엡 4:13 등).

성령 하나님께서 각 사람에게 주시는 은사는 다르지만, 모든 은사는 유익합니다(롬 12:6; 고전 7:7, 12:4-7; 벧전 4:10 등). 성령 하나님께서는 그리스도인들에게 은사를 주실 것인지의 여부와 어떤 은사를 주실 것인지에 대해서 직접 결정하십니다(고전 12:11). 그리스도인들이 성령 하나님께서 주시는 은사에 맞게 살면 하나님께서는 영광을 받으시고, 그들은 영적으로 성숙해집니다(엡 4:13; 벧전 4:11). 또한 성령의 은사는 사랑 안에서 사용할 때 유익이 있고, 성령의 은사를 사랑 없이 사용하면 아무런 유익이 없다고 말씀합니다(고전 13:1-13, 14:1).

3 **사람들에게 죄가 있는지 없는지 깨닫게 해 주시는 분이 누구실까요?**

_____께서 사람들이 죄가 있는지 없는지 깨닫게 해 주십니다(요 16:7-11; 롬 8:1-17 등. 참조. 행 2:14-41).

성령 하나님께서 사람들이 죄가 있는지 없는지 알고 깨닫게 하실 뿐만 아니라, 그 죄에 대해 회개(구원에 이르는 회개와 이미 구원받은 사람들이 죄를 지었을 때 하는 회개)하게 하여 죄에서 떠나 하나님께로 돌이키게 하십니다(요 16:7-11; 행 11:17-18; 롬 2:4, 8:1-17; 딤후 2:25 등. 참조. 행 5:1-11 등). 그리스도인들의 마음 안에 영적으로 임재해 계시는 성령 하나님께서는 거룩하신 분이시기에, 그리스도인들이 죄를 지으면 마음이 엄청나게 불편해지고 자신이 하나님이 싫어하는 끔찍한 죄를 저질렀음을 깨닫고 즉각 회개할 수 밖에 없고, 결국 죄를 미워하고 멀리하게 됩니다(요 14:16 등). 만약 그리스도인이라고 말하는 사람들이 죄를 지으면서도 마음에 불편함이 없거나 회개할 마음이 생기지 않는다면, 그 사람은 성령 세례를 받지 못한 사람, 즉 구원받지 못한 사람일 가능성이 높습니다.

4 **용서 받을 수 없는 죄인 성령을 모독하는 죄는 무엇일까요?**

성령을 모독하는 죄는 _____를 믿지 않거나 _____를 믿지 못하도록 방해하는 죄입니다(마 12:31-32; 막 3:28-29; 눅 12:10).

성령을 모독하는 죄는 성령 하나님의 구속 사역을 적극적으로 방해하거나 부인하는 죄입니다. 이 죄는 예수 그리스도를 믿지 않는 죄일 뿐만 아니라, 예수 그리스도를 믿지 못하도록 방해하는 죄입니다. 그래서 성령을 모독하는 죄를 지으면 구원을 받지 못하기에, 하나님의 나라에 들어갈 수 없습니다(마 12:31-32; 막 3:28-29; 눅 12:10 등. 참조. 살전 5:19-22; 히 10:26-31; 요일 5:16-21 등). 예를 들어, 타종교인들, 사이비종교인들, 이단들, 거짓 선생들, 적그리스도, 그리스도인들을 핍박하는 사람들, 그리고 예수 그리스도를 믿지 않는 사람들 등이 성령을 모독하는 죄를 짓고 있다고 보면 됩니다.

5 **성령 하나님께서 그리스도인들에게 주시는 행위의 열매들은 무엇일까요?**

성령의 열매는 ____과 기쁨과 평화와 오래 참음과 자비와 선함과 성실과 온유와 ____입니다(갈 5:22-23).

성령 하나님께서는 성령 하나님의 요구대로 사는 그리스도인들에게 행위의 열매들인 성령의 열매를 맺게 하십니다(갈 5:16-26). 그리스도인들에게 성령의 열매를 맺게 하시는 이유는 하나님의 영광을 위해 살 뿐만 아니라, 예수 그리스도를 닮아가는 삶을 살고, 예수 복음을 세상 사람들에게 잘 증거하며 살게 하기 위해서입니다(참조. 롬 8:1-17; 고전 3:16-17, 6:19-20; 갈 5:16-26; 엡 4:13; 빌 2:5; 골 3:17; 요일 2:6 등). 사실, 성령 하나님께서는 하나님의 말씀에 맞게 사는 그리스도인들에게 성령의 열매 뿐만 아니라, 영적인 좋은 열매들(의의 열매, 빛의 열매, 선한 열매, 회개에 합당한 열매, 복음의 열매, 생명의 열매 등)을 많이 맺게 해 주십니다(마 3:8-12, 7:15-20; 요 15:1-8; 갈 5:22-23; 빌 1:9-11; 히 13:15; 약 3:17-18 등).

토론 및 적용 질문

1. 당신이 성령 충만한 삶(죄는 멀리하고 하나님의 말씀에 맞게 선을 행하는 삶)을 살기 위해서 어떻게 하는지 나눠봅시다.

2. 당신이 예배를 드릴 때나 전도할 때 성령 하나님의 강력한 임재를 경험했던 적이 있었다면 나눠봅시다.

3. 요즘 당신이 가장 사모하는 성령의 열매(사랑, 기쁨, 평화, 오래 참음, 자비, 선함, 성실, 온유, 그리고 절제)는 무엇인지 나눠봅시다.

해답

1. 영적   2. 성숙   3. 성령 하나님   4. 예수 그리스도, 예수 그리스도   5. 사랑, 절제

13 인간 - 1

사람들은 하나님의 형상과 모양을 따라 영혼과 육체를 가진 인격적인 존재로 하나님께 지음을 받았습니다(창 1:26-30, 2:7, 18-22, 5:1, 9:6; 골 3:10 등). 또한 사람들은 하나님께 영광과 찬양을 돌릴 존재로 지음을 받았습니다(시 148:1-14; 사 43:7, 21; 고전 6:19-20, 10:31 등). 사람들은 하나님이 만드신 최고의 피조물입니다. 그리스도인들은 자신을 구원해 주시고 은혜와 사랑을 베풀어 주시는 하나님께 감사와 영광을 돌려야 하고, 영과 진리로 예배를 드려야 하며, 하나님의 이름을 높여 찬양을 드려야 하고, 하나님의 말씀에 순종해야 하며, 하나님께서 맡겨주신 사명을 이루어가야 하고, 세상의 빛과 소금으로 선하게 살아야 합니다(참조. 마 5:13-16, 28:18-20; 요 4:20-24; 고전 6:19-20, 10:23-33; 약 2:14-26 등).

1 이 세상의 첫 번째 사람들은 어떻게 생겨났을까요?

_____께서 남자와 여자를 만드셨습니다(창 1:26-27, 2:7, 18-22, 5:1-2 등. 참조. 눅 3:38; 고전 15:45).

하나님께서는 아무것도 없는 세상에 육일 동안 온 우주와 그 안의 모든 만물들을 말씀으로 만드셨습니다(창 1:1-31; 느 9:6; 사 45:7-8, 18; 요 1:1-3, 10; 고전 8:6; 골 1:15-17; 히 11:3 등). 그리고 하나님께서는 자신의 형상과 모양으로 사람들(아담과 하와)을 만드시고, 그들에게 모든 만물을 이용하고 다스릴 수 있는 복을 주셨습니다(참조. 창 5:1-2; 시 139:13-16 등). 그 뿐만 아니라, 하나님께서는 남자와 여자를 질서와 역할의 차이를 갖도록 만드셨습니다(창 3:16; 고전 11:3-12; 엡 5:21-33; 딤전 2:9-15 등). 남자와 여자는 서로의 역할과 질서는 다르지만 하나님 안에서 서로 동등하게 대하고, 서로 사랑하고 귀하게 여기며, 서로를 위해 기도해 주고 영적으로 세워주며, 서로 도와주고 협력하며 살아야 합니다(참조. 창 1:26-31, 2:4-25, 3:1-24 등).

2 하나님께서는 아담과 하와를 어떻게 만드셨을까요?

1) 하나님께서 흙으로 아담(남자)을 만드시고, 하와(여자)는 아담의 갈비뼈로 만드셨습니다(창 2:7, 18-25, 3:19).

2) 하나님께서는 아담과 하와에게 육체를 주셨을 뿐만 아니라, 그들의 코에 생명의 숨을 불어넣어 살아있는 ____ (영적인 존재)이 되게 하셨습니다(창 2:7; 욥 33:4 등. 참조. 전 12:7; 고전 15:45).

사람들은 하나님의 말씀으로 영혼과 육체를 가진 인격적인 존재로 창조되었습니다(창 1:26-30, 2:7, 18-22, 5:1, 9:6; 골 3:10 등). 인격을 가진 사람들은 지, 정, 의와 자유 의지를 가지고 선과 악을 판단하고 선택하며 살게 됩니다. 다시 말해 하나님께 지음을 받은 사람들은 인격적인 존재로서 하나님과 관계를 맺는 종교적인 삶과 사람들과 관계를 맺는 도덕적인 삶을 살아야 합니다. 하나님께서는 먼저 아담을 흙으로 만드신 후에 그가 혼자 지내는 것이 좋지 않음을 보시고, 아담의 갈비뼈로 하와를 만드셨습니다(참조. 창 1:26-31, 2:18-25; 요 1:1-3 등). 그래서 아담이 하와를 처음 만났을 때 "내 뼈 중의 뼈요, 내 살 중의 살"이라고 고백한 것입니다(창 2:18-25). 아담은 아내의 이름을 하와라고 불렀는데, 그 이름의 의미는 "모든 산 자의 어머니"였습니다(창 3:20. 참조. 창 2:19). 아담과 하와는 하나님 안에서 부부로 살았고, 하나님의 은혜로 자녀를 낳고 번성하는 복을 누리며 살았습니다(창 1:28, 2:18-25, 4:1-5:32 등).

3 하나님께서는 아담과 하와를 누구와 닮은 모습으로 만드셨을까요?

하나님께서는 아담과 하와를 하나님의 성품(하나님의 ___과 ___)을 닮은 모습으로 만드셨습니다(창 1:26-27, 5:1; 약 3:9; 벧후 1:4 등).

하나님께서는 사람들(아담과 하와)을 다른 피조물들과는 다르게, 하나님의 형상과 모양으로 만드셨습니다(창 1:26-27, 5:1-2, 9:6; 벧후 1:4 등). 여기서 하나님의 형상과 모양은 눈에 보이는 외형적인 어떤 모습이 아니라 하나님의 성품을 의미합니다. 왜냐하면 하나님께서는 영이시기 때문입니다(요 4:24 등). 그래서 후에 하나님께서는 이스라엘 백성들에게 십계명을 주실 때, 눈에 보이는 그 어떤 형상으로도 자신들이 믿는 신을 절대로 만들지 말라고 말씀하셨습니다(출 20:4; 신 5:8). 그리스도인들은 자신이 어떻게 지음을 받은 존재인지를 알고, 항상 하나님의 성품을 가진 존재답게 살고자 노력을 해야 합니다.

4 하나님께서는 사람들을 왜 만드셨을까요?

하나님께서는 하나님께 ___을 돌리고, 찬양을 하게 하기 위해 사람들을 만드셨습니다(대상 16:28-29; 시 148:1-14; 사 43:1-7, 21; 롬 11:36, 15:4-6 등. 참조. 엡 1:11-12).

사람들은 죄를 지음으로 하나님께 영광과 찬양을 드릴 수 없게 되었습니다(참조. 사 42:8, 43:1-7 등). 그러나 하나님께서는 아담과 하와가 죄를 지은 후, 동물의 피를 드리는 제사로 죄를 사함 받을 수 있게 하셨습니다(창 3:21. 참조. 창 4:3-15; 출 12:1-30; 레 4:1-35 등). 그 후, 예수 그리스도께서 십자가에서 피 흘려 죽으심으로 하나님의 뜻을 이루셨고, 하나님의 공의를 만족시키셨으며, 하나님의 사랑을 확실하게 보여 주셨고, 예수 그리스도를 믿는 사람들의 죄를 용서하셔서 죄에서 영원히 자유하게 하셨으며, 마귀를 패배시키셨습니다(롬 5:6-8; 고후 5:21; 골 2:14-15; 히 2:14-15; 요일 3:8 등. 참조. 요 19:30). 예수 그리스도를 통하여 구원받은 사람들은, 하나님께 다시 영광과 찬양을 드리며 살게 됩니다(참조. 마 5:13-16; 고전 6:12-20, 10:23-33; 엡 1:11-12 등).

5 사람들은 어떻게 하나님께 영광을 돌릴 수 있을까요?

사람들이 하나님께 영광을 돌리기 위해서는 하나님을 믿고 인정할 뿐만 아니라, 그분의 이름을 높이고 그분께만 ___를 드리며, 하나님의 말씀에 ___하며 살아야 합니다(참조. 신 6:4-5; 미 6:8; 마 5:13-16; 요 1:12, 15:7-12; 롬 4:20, 15:7; 엡 1:4-7, 2:5-10 등).

사람들은 성령 하나님을 통해 자신의 죄를 회개하고, 예수 그리스도를 믿어 구원을 받습니다. 구원받은 사람들은 먹든지 마시든지 무엇을 하든지 하나님의 영광을 위해서 살아야 하고, 그 무엇보다 하나님의 나라와 그분의 의를 우선하는 삶을 살아야 합니다(마 5:13-16, 6:25-34; 고전 6:19-20, 10:23-33; 벧전 4:11 등). 그 뿐만 아니라, 그리스도인들은 세상의 소금과 빛으로서 하나님의 말씀에 맞게 선을 행하며 살므로, 세상 사람들이 그 모습을 보고 하나님께 영광 돌릴 수 있게 해야 합니다(마 5:13-16; 벧전 2:11-12 등).

토론 및 적용 질문

1. 요즘 당신이 하나님께 가장 많이 감사하는 것은 무엇인지 나눠봅시다.

2. 당신의 교만과 헛된 욕심으로 인해 하나님의 말씀에 불순종했던 일이 있었다면 무엇인지 나눠봅시다.

3. 그리스도인들이 먹든지 마시든지 무엇을 하든지 오직 하나님의 영광을 위해 살기 위해서는 어떻게 해야 하는지 나눠봅시다.

해답

1. 하나님 2. 영혼 3. 형상, 모양 4. 영광 5. 예배, 순종

14 인간 - 2

하나님께서는 아담과 하와를 자신의 성품을 닮은 인격적인 존재요(엡 4:24; 골 3:10), 이성적이고 도덕적이며, 영적인 존재로 만드셨습니다(창 2:7, 9:6; 욥 33:4; 고전 11:7, 15:49 등). 그래서 죄를 짓기 전 인간은 자유의지를 가지고 자신이 원하는 것을 선택하며 살 수 있었고, 하나님이 누구신지 알고 거룩하신 그분과 인격적으로 교제할 수 있을 만큼 거룩했으며, 그분에게 사랑과 귀함을 받는 존재로 살았고, 그분의 뜻에 순종하며 살았습니다(참조. 창 2:15-25, 3:1-21, 5:21-24, 17:1-22; 요 8:31-38; 롬 1:18-25; 고전 1:9 등). 그러나 인간이 타락한 후에는 하나님과의 영적인 관계가 단절되었고, 그 대신 마귀에게 속하여 하나님의 말씀과 성령의 요구대로 살지 않고, 마귀가 원하는 삶과 죄의 본성인 육체의 욕구대로 살게 되었습니다(요 8:39-47; 롬 8:1-13; 고전 2:9-16, 15:40-50 갈 5:16-26; 요일 3:8-10 등).

1. 하나님께서 사람들을 창조하신 후 그들에게 주신 복은 무엇일까요?

하나님께서는 사람들에게 자녀를 많이 낳고 _____하여 땅에 충만하며, 땅을 정복하고, 바다의 물고기와 하늘의 새와 땅에서 움직이는 모든 생물을 다스리는 복을 주셨습니다(창 1:28, 9:1-7; 시 8:4-8 등).

하나님께서는 사람들을 만드시고 그들에게 하나님을 알고 교제할 수 있는 복(창 2:7-19, 3:8-24, 5:21-24, 17:1-22; 롬 1:19-25; 고전 1:9; 히 11:1-40; 약 4:8 등)과 영원히 살 수 있는 복도 주셨습니다(참조. 창 2:17, 3:3, 5:5). 그러나 사람들은 죄를 지음으로 인해 하나님과 영적으로 단절되었습니다(참조. 창 2:16-17; 겔 18:1-32; 롬 3:23; 골 1:17-23, 2:13 등). 그래서 사람들은 하나님과 영적으로 친밀하게 교제할 수 있는 복과 에덴농산에서의 삶, 그리고 영원히 살 수 있는 복을 잃고 영원히 죽을 수 밖에 없는 존재가 되었습니다(창 3:22-24 등). 그런데 그런 죄인들이 하나님의 은혜로 예수 그리스도를 믿고 구원을 얻게 되면, 하나님의 자녀가 되어 하나님과의 영적인 관계가 온전히 회복됩니다(마 25:31-46; 요 3:14-17; 롬 5:6-8; 요일 5:6-12 등).

2. 하나님께서 아담에게 하신 첫 번째 명령은 무엇일까요?

하나님께서 아담에게 하신 첫 번째 명령은 에덴동산의 모든 열매는 먹되, 선과 악을 알게 하는 나무의 열매는 먹지 말라는 것입니다(창 2:15-17, 3:2-3). 만약 그 명령을 어기면 ___ 것이라고 말씀하셨습니다.

하나님께서는 아담에게 선과 악을 알게 하는 나무의 열매를 먹게 되면 죽을 것이라고 말씀하셨습니다(참조. 창 2:15-17; 롬 3:23, 5:12-21 등). 사실, 이 명령은 오직 하나님 한 분만을 믿고 순종하면서 살면, 에덴동산에 있는 모든 것을 다 주신다는 약속이며, 그 약속에는 하나님께서 베풀어 주시는 엄청난 사랑과 은혜가 담겨 있습니다(참조. 출 20:6; 롬 6:23 등). 그리스도인들은 이미 받은 하나님의 은혜와 사랑에 마음 깊이 감사함으로, 하나님의 말씀을 지켜 행하는 일과 하나님께서 맡겨주신 사명을 이루는 데 최선을 다해야 합니다.

3. 아담은 하나님께서 명령하신 첫 번째 명령에 순종했을까요?

_____. 아담은 하나님의 명령을 어기고 선과 악을 알게 하는 나무의 열매를 먹었습니다(창 3:1-24; 롬 5:12-21 등). 이것이 인간이 하나님께 지은 첫 번째 죄(원죄)입니다.

뱀(마귀)은 하와에게 선악을 알게 하는 나무의 열매를 따먹어도 죽지 않고, 눈이 밝아져 하나님과 같이 된다고 유혹했습니다. 하와는 뱀의 말을 듣고 그 나무를 보니 먹음직도 하고 보기에도 좋았으며, 지혜롭게 할 만큼 탐스럽기도 한 나무였기에 그 나무의 열매를 따 먹었고, 자기 옆에 있는 남편(아담)에게도 주자 그도 그 열매를 먹었습니다. 이렇게 아담과 하와가 하나님의 명령을 어기고 불순종의 죄를 지은 것은, 마귀의 유혹에 넘어져 하나님처럼 되고자 하는 영적인 교만 때문이었습니다(참조. 창 3:1-7; 롬 5:12-21). 아담이 하나님을 경외할 뿐만 아니라 하나님께서 베풀어 주시는 은혜에 감사하며 살았다면, 마귀의 유혹에 쉽게 넘어지지 않았을 것입니다.

4. 아담과 하와가 하나님과의 첫 번째 약속을 어김으로써 받은 벌은 무엇일까요?

아담은 평생토록 땀 흘리는 수고를 통해 먹을 것을 얻을 수 있게 되는 벌을 받았고, 하와는 임신과 출산의 ____이 크게 더해지는 벌과 남편에게 다스림을 받게 되는 벌을 받았으며, 그들 모두 죽어서 흙으로 돌아가는 벌과 에덴 동산에서 쫓겨나는 벌을 받았으며, 그들로 인해 땅이 가시덤불과 엉겅퀴를 낼 뿐만 아니라, 그들이 들의 채소를 먹고 살아야 하는 벌을 받았습니다(창 3:16-24. 참조. 딤전 2:12-14).

선과 악을 알게 하는 나무의 열매를 따먹은 죄를 지은 아담과 하와는 하나님께 벌을 받았을 뿐만 아니라, 그로인해 아담과 하와 이후에 태어나는 모든 사람들이 죄(원죄)를 안고 태어나게 되었습니다. 또한 사람들은 오직 하나님을 믿고 의지하며, 하나님의 말씀에 순종하며 살아가는 대신, 마귀에게 속한 사람이 되어 세상과 물질을 섬기며 살게 되었습니다. 죄로 인해 사람들은 하나님과의 영적인 관계가 끊어져, 스스로는 구원을 얻을 수 없게 되었습니다. 그래서 죄를 지은 인간들은 오직 예수 그리스도를 믿고 구원을 받은 후에야, 하나님께 가까이 나아갈 수 있게 됩니다(참조. 창 3:14-21; 요 14:6; 행 4:11-12; 히 4:14-16; 약 4:7-8 등).

5. 하나님께서 죄를 지은 아담과 하와를 불쌍히 여기심으로 베풀어주신 은혜는 무엇일까요?

1) 하나님께서는 아담과 하와를 비롯해 그 후손들이 구원을 받을 수 있는 ____을 주셨습니다(창 3:15).

2) 하나님께서는 아담과 하와에게 속죄의 상징인 가죽옷을 입혀 주셨습니다(창 3:21).

3) 하나님께서는 아담과 하와를 비롯해 그 후손들에게 일반 은혜를 변함없이 베풀어 주셨습니다(참조. 겔 34:26-27; 욜 2:23-24; 마 5:45; 행 14:15-17, 17:22-30 등).

하나님께서는 아담과 하와가 죄를 지었음에도 불구하고 그들을 불쌍히 여기심으로, 일반 은혜-자연적인 은혜(해, 달, 별, 이른 비와 늦은 비 등), 다른 피조물들을 다스리고 정복하는 것, 먹고 마시는 것, 건강, 물질, 지식, 문화, 교육, 정치, 시간 등-를 변함없이 베풀어 주셨습니다(참조. 겔 34:26-27; 욜 2:23-24; 마 5:45; 행 14:15-17, 17:22-30 등). 물론 하나님께서는 그 일반 은혜를 아담과 하와의 후손들에게도 지속적으로 베풀어 주시고 계십니다. 그 뿐만 아니라, 하나님께서는 예수 그리스도를 믿고 구원을 받은 사람들에게는, 그들이 죄로 인해 잃어버렸던 영적인 복도 다시 베풀어 주십니다(참조. 골 3:10; 벧후 1:4 등).

토론 및 적용 질문

1. 당신의 생명과 소유하고 있는 모든 것이 하나님의 것임을 인정합니까? 그렇다면 하나님께서 당신이 가진 것을 요구하시면 언제든지 드릴 수 있는 마음으로 살고 있습니까?

2. 당신은 자신과 다른 사람들의 생명을 귀하게 여깁니까? 혹시 자살이나 살인을 생각했던 적이 있었다면 나눠봅시다.

3. 요즘 그리스도인들이 세상 사람들처럼 개나 고양이 같은 동물을 인격화하여, 그 동물을 자녀나 형제처럼 여기거나 유산 상속 대상으로 여기는 것에 대해 어떻게 생각하는지 나눠봅시다.

해답

1. 번성 2. 죽을 3. 아니오 4. 고통 5. 복음

15 죄 - 1

인간의 죄(원죄)는 아담과 하와가 선과 악을 알게 하는 나무의 열매를 따먹음으로 시작하였습니다(창 3:1-7). 아담의 죄는 아담 이후에 태어날 모든 사람들에게 영향을 미칩니다(롬 5:12-21; 엡 2:1-3 등). 그래서 아담 이후에 태어나는 모든 사람들(성령을 통해 처녀의 몸에서 죄없이 태어나신 예수 그리스도는 제외)은 아담의 죄를 전가 받아, 영적으로 죽은 상태인 원죄를 가지고 태어납니다(시 51:5, 58:3; 전 7:20; 롬 3:10-12 등). 죄는 거룩하신 하나님께서 가장 싫어하시는 것입니다(호 6:7; 롬 14:23; 약 4:17; 요일 3:4, 5:17 등). 그러기에 그리스도인들은 죄를 짓지 않기 위한 노력과 선을 행하기 위한 노력을, 적극적으로 행하며 살아야 합니다.

1) 죄는 무엇일까요?

죄는 하나님의 __을 어기는 것과 __을 행할 줄 알고도 행하지 않는 것입니다(호 6:7; 롬 14:23; 약 4:17; 요일 3:4, 5:17 등).

죄가 무엇인지 좀 더 구체적으로 살펴보면, 죄는 하나님의 법을 어기는 것, 하나님을 믿지 않는 것, 하나님의 말씀에 불순종하는 것, 하나님의 말씀에 맞게 살지 않는 것, 우상을 숭배하는 것, 하나님을 사랑하지 않는 것, 그리고 선을 행할 줄 알고도 행하지 않는 것 등입니다(출 20:3-6; 신 9:7; 겔 20:15-16; 요 14:24; 롬 3:23; 약 4:17; 요일 3:4, 5:17 등). 사람들은 육신의 연약함과 마음의 헛된 욕심 때문에 마귀의 시험과 유혹에 넘어져 죄를 짓게 되고, 그 죄악된 행동이 반복되면 악한 성품과 악한 습관이 자리 잡을 뿐만 아니라 결국 영적으로 죽게 됩니다(마 12:33-37, 26:41; 요 8:42-47; 롬 6:23; 약 1:14-15 등).

2) 성경에서 말씀하는 죄의 종류 3가지는 무엇일까요?

1) 원죄: 이 죄는 인간이 지은 첫 번째 죄로, 아담이 선과 악을 알게 하는 나무의 열매를 먹음으로 하나님께 불순종한 죄입니다(창 3:1-24; 시 51:5; 호 6:7; 롬 5:12-21 등).

2) 스스로 짓는 죄: 이 죄는 사람들의 마음에 교만이나 탐욕, 미움이나 질투, 욕심과 악한 생각, 간음, 살인, 우상 숭배, 물질 만능주의, 선한 삶을 살지 않는 것 등의 마음과 행위(생각과 말과 행동)로 짓는 죄입니다(롬 1:28-32; 골 1:21; 갈 5:19-21; 약 1:14-15 등).

3) ____을 거역하고 모독하는 죄: 이 죄는 예수 그리스도를 믿지 않는 죄이자 예수 그리스도를 믿지 못하도록 방해하는 죄로, 하나님께 용서를 받지 못하는 죄입니다(마 12:31-32; 막 3:28-29; 눅 12:10 등. 참조. 히 10:26-29; 요일 5:16-17).

사람들의 마음에 헛된 욕심이 생기면 죄를 짓게 되고, 그 죄는 결국 죽음을 가져옵니다(약 1:14-15). 원죄를 가진 사람들은 영적으로 죽어 있기에, 하나님의 말씀대로 살지 않고 마귀가 원하는 대로 삽니다(참조. 사 6:9-10; 마 13:13-17; 막 4:12; 행 28:26-28 등). 그래서 대부분의 사람들은 헛된 욕심, 교만이나 탐욕, 미움이나 질투, 악한 생각, 음란이나 성범죄, 도둑질, 강도, 폭행, 살인, 우상 숭배, 게으름이나 나태함, 하나님보다 물질이나 세상을 더 사랑함, 선을 알고도 행치 않음, 거짓말이나 속임수, 험담이나 모함, 판단이나 정죄, 차별이나 무시, 인색함, 배타적이고 이기적인 모습, 그리고 영적인 것보다 세속적인 것을 더 추구하는 삶 등의 죄를 지으며 삽니다(참조. 롬 1:18-32; 엡 5:3-5; 히 6:4-6, 10:26-31; 약 4:4; 요일 1:6-10; 계 22:14-15 등). 성령을 거역하고 모독하는 죄를 짓는 사람들은 예수 그리스도를 믿지 않을 뿐만 아니라, 자신이 죄인이라는 사실도 인정하지 않고, 자신이 지은 죄를 회개하지도 않습니다.

---

3 아담의 죄는 모든 사람들에게 영향을 줄까요?

예. 인류의 대표자인 아담의 죄(원죄)로 인해 아담 이후에 육체로 태어나는 모든 사람들은, 그 ___를 전가 받아 죄를 가지고 태어나게 됩니다(창 5:3; 시 51:5; 롬 3:9-23, 5:12-21; 엡 2:1-3 등).

원죄를 가진 인간은 하나님의 은혜가 아니면 스스로 자신의 죄의 문제를 해결할 수 없고, 죄로 인해 스스로의 힘으로는 거룩하신 하나님께 나아갈 수도 없습니다(참조. 요 14:6; 롬 8:1-17; 고전 12:3; 엡 2:7-10 등). 사람들은 막 태어난 어린 아이나 예수 그리스도를 믿지 않아도, 세상에서 선한 일을 많이 하며 사는 사람들에게는 죄가 없을 것이라고 생각합니다. 그러나 아담의 죄(원죄)는 그들에게도 예외 없이 영향을 미칩니다. 이 원죄는 오직 예수 그리스도를 믿고 구원을 받을 때, 하나님께 용서를 받음으로 해결됩니다.

---

4 사람들이 죄를 지으면 어떻게 될까요?

사람들이 죄를 지으면 그로 인해 하나님의 ___에 이르지 못하고, 하나님과의 영적인 관계가 단절되며, 마귀의 지배를 받으면서 살게 되고, 하나님께 벌(진노와 저주)을 받아 죽게 됩니다(창 2:17; 시 89:30-32; 요 8:39-47; 롬 3:23, 5:12, 6:23; 요일 3:1-10 등).

사람들이 죄를 지음으로 겪게 될 세 가지의 죽음은, 첫째는 육체적인 죽음으로, 영혼과 육체가 분리되어 영혼은 천국이나 지옥에 가고, 육체는 흙으로 돌아가는 것을 말합니다(창 3:19; 전 12:7; 고후 5:1-10; 히 9:27 등). 둘째는 영적인 죽음으로, 하나님과 인간의 영적인 관계가 죄로 인해 깨어지는 것을 말합니다(창 2:16-17; 겔 18:1-32; 롬 3:23; 골 2:13 등). 하나님께 불순종하고 죄를 지어 거룩하신 하나님과의 교제가 단절되는 영적인 죽음이 사람에게 생긴 죽음의 시작입니다(참조. 골 1:17-23). 셋째는 영원한 죽음으로, 예수 그리스도를 믿지 않아 구원 받지 못한 사람들이 예수 그리스도께서 재림하실 때에 부활하여 최후의 심판을 받고, 영혼과 육체가 함께 지옥에서 영원히 고통당하는 것을 말합니다(마 10:28; 눅 12:5; 계 20:11-15, 21:8 등).

5 **사람들이 죄를 용서 받으려면 어떻게 해야 할까요?**

하나님께 ____하고 예수 그리스도를 믿어야 합니다(대하 7:14; 롬 3:22-25; 갈 2:16; 골 1:12-23; 요일 1:5-2:2 등). 그리스도인들이 죄를 지으면 하나님께 회개하고 그 죄에서 돌이켜야 용서를 받습니다(마 6:12; 눅 11:4; 행 3:19, 8:22 등).

하나님만이 사람들이 지은 죄를 용서하실 수 있고, 하나님께서는 사람들이 회개한 죄를 완전히 용서해 주신 후에는 그 죄를 다시 기억하지 않으십니다(참조. 사 1:15-18, 38:17; 요일 1:9 등). 물론 자신을 죄인이라고 인정하지 않는 사람들은, 하나님께 죄를 용서받을 수 없을 뿐만 아니라 구원을 받을 수도 없습니다(요일 1:8-10). 그리스도인들은 자신이 하나님 앞에 죄인임을 인정할 뿐만 아니라, 죄를 짓지 않으려는 노력을 해야 하고, 혹시라도 죄를 지으면 즉각적으로 하나님께 회개하고 돌이켜야 합니다. 그리스도인들이 자신들을 위해 예수 그리스도께서 고난을 받으시고 십자가에서 죽으셨음을 항상 믿고 기억한다면, 어떤 상황에서도 죄를 멀리하고 의롭게 살고자 적극적으로 노력할 것입니다(참조. 롬 6:1-23; 고전 15:34; 고후 5:14-21; 벧전 4:1 등).

토론 및 적용 질문

1. 당신이 습관적으로 짓고 있는 죄나 끊고 싶어도 잘 끊어지지 않는 죄가 있다면 무엇인지 나눠봅시다.
2. 당신은 죄를 짓지 않기 위해, 그리고 선한 일을 하기 위해 구체적으로 어떤 노력을 하며 사는지 나눠봅시다.
3. 당신이 지은 죄로 인해 하나님께 큰 벌을 받은 적이 있었다면 무엇인지 나눠봅시다.

해답

1. 법, 선 2. 성령 3. 원죄 4. 영광 5. 회개

16 죄 - 2

사람들은 죄로 인해 하나님의 영광에 이르지 못하고, 하나님과의 영적인 관계가 단절되며, 마귀의 지배를 받으며 살게 되고, 하나님의 벌(진노와 저주)을 받아 죽게 됩니다(창 2:17; 요 8:39-47; 롬 3:23, 5:12, 6:23; 갈 3:10 등). 사람들은 자신의 죄의 문제를 스스로 해결할 수 없고, 하나님의 은혜로 예수 그리스도를 믿어 구원을 받아야만 해결할 수 있습니다(요 1:12; 행 4:11-12; 고전 12:3; 엡 2:8-9 등). 그리스도인들은 죄를 짓지 않기 위해 하나님께서 성경을 통해 가르쳐 주신 "하라"는 말씀과 "하지 말라"는 말씀을 온전히 지켜야 합니다. 그것은 그리스도인들이 죄를 짓지 않는 노력과 선을 행하는 노력을 동시에 하는 것입니다(참조. 약 4:17; 유 1:22-23).

1 이 세상에 태어난 사람들 중에 죄 없는 사람이 있을까요?

아니오. _____ 외에 모든 사람들은 죄가 있습니다(시 14:1-3; 전 7:20; 눅 1:35; 롬 3:10-12; 고후 5:21; 히 4:15; 요일 1:5-10 등).

아담 이후로 이 세상에 태어난 사람들 중에서 오직 예수 그리스도만이 죄 없이 태어나 죄를 짓지 않고 사셨고, 그 외의 모든 사람들은 죄를 가지고 태어나 죄를 지으며 살았습니다/삽니다(참조. 왕상 8:46; 사 53:9; 롬 3:23, 5:12-21; 히 7:26; 요일 3:1-10 등). 자신이 죄가 없다고 말하는 사람들은 자신을 속이는 사람들이고, 하나님을 거짓말쟁이로 만드는 사람들이며, 하나님께서 주신 진리의 가르침을 받아들이지 않는 사람들입니다(요일 1:5-10). 원죄를 가진 사람들의 마음에는 악한 것들이 가득하고 마음에 쌓은 것들늘 말과 삶으로 느러내며 살기에, 그리스도인들은 악한 마음을 버리고 하나님의 말씀과 선함을 마음에 쌓으려고 노력해야 합니다(참조. 마 12:33-35; 막 7:18-23 등).

2 사람들은 자신의 죄의 문제를 스스로 해결할 수 있을까요?

_____. 사람들은 스스로 자신의 죄의 문제를 해결할 수 없고, 오직 예수 그리스도를 통해서 하나님의 은혜로만 죄의 문제를 해결할 수 있습니다(롬 3:22-30, 6:23; 골 1:12-23; 히 9:22-28; 요일 1:5-2:6 등).

죄를 지은 사람들은 영적으로 완전히 부패했기 때문에, 스스로 자신의 죄의 문제를 해결할 수 없습니다(참조. 엡 2:8-10 등). 사람들은 자신의 죄를 하나님께 회개하고 예수 그리스도를 믿어 구원을 받으면, 그들이 가진 원죄, 스스로 짓는 죄, 그리고 성령을 거역하고 모독하는 모든 죄까지 다 용서를 받아 해결됩니다(롬 4:25-5:11, 8:1-39; 골 1:12-14; 요일 2:12 등). 예수 그리스도를 믿지 않는 사람들은 자신이 무슨 죄를 짓는지도 모르고, 어떻게 죄를 해결 받는지도 모릅니다. 그러나 그리스도인들은 하나님의 은혜로 죄를 용서받고 구원을 받았습니다. 물론 그리스도인들도 세상에 사는 동안 죄를 지으면, 하나님께 책망과 징계를 받기에 반드시 하나님께 회개하고 돌이켜야 합니다(참조. 히 12:6-8; 계 3:19 등).

3. 이 세상의 죄인들을 향하신 하나님의 계획은 무엇일까요?

예수 그리스도를 이 세상에 보내어 십자가에서 사람들의 죄를 대신해서 죽게 하심으로, 예수 그리스도를 믿는 사람들을 ____받게 하는 것입니다(창 3:15; 마 20:28; 요 3:16-17; 롬 5:6-8; 갈 1:4; 빌 2:6-8; 벧전 1:18-23 등).

하나님은 사랑이셔서 죄로 죽어가는 인간들을 향한 구원의 계획을 가지고 계시는데, 예수 그리스도를 믿는 사람들을 구원하여 영원한 생명을 주시는 것입니다(창 3:15; 요 6:47). 하나님의 구원 계획은 오직 하나님의 사랑으로부터 시작된 것으로, 사람들의 선한 행위로부터 영향을 받은 것이 아닙니다(요 3:14-17; 롬 5:6-8; 엡 2:8-9; 요일 4:9-10 등). 하나님께서는 사람들의 죄악이 세상에 가득함을 보시고, 사람들을 향해 노하시거나 사람들을 만드신 것을 마음으로 슬퍼하셨습니다(참조. 창 6:5-6; 출 32:1-14 등). 예수 그리스도께서는 죄로 인해 하나님의 영광에 이르지 못하고, 영원히 죽을 수 밖에 없는 사람들을 구원하시기 위해 이 세상에 오셨습니다(마 9:13, 20:20; 막 2:17, 10:45; 눅 5:32; 롬 5:6-8; 고후 5:21 등).

4. 하나님께서는 죄인들이 죗값을 치러야만 죄를 용서하시는 이유는 무엇일까요?

하나님께서는 __를 짓거나 __와 함께 하실 수 없는 공의로운 분이시기 때문입니다(신 32:4; 시 99:4, 145:17; 롬 2:6-10, 3:23-26; 요일 1:8-10 등).

하나님의 공의는 선을 행하는 사람들에게는 상을 주시고, 악을 행하는 사람들에게는 벌을 내리시는 하나님의 속성입니다(참조. 행 28:4; 살후 1:9; 유 1:7 등). 하나님의 공의는 모든 사람들에게 항상 공정하게 적용됩니다. 하나님은 공의로우신 분이시기에, 그리스도인들도 공의롭게 살아야 합니다(신 16:20; 눅 11:42; 요 7:24 등). 그리스도인들이 얼마나 적극적으로 죄를 버리고 선을 행하는지, 혹시라도 죄를 지었을 때 얼마나 빨리 그것을 깨닫고 하나님께 회개하고 돌이키는지를 보면, 그들의 영적인 수준과 신앙적인 상태를 알 수 있습니다.

5. 하나님께서는 그리스도인들에게 죄를 어떻게 대하라고 말씀할까요?

하나님께서 죄를 미워하는 것처럼 그리스도인들도 죄를 ____하고 버릴 뿐만 아니라, 계속 죄를 짓지 말라고 하십니다(시 97:10; 잠 6:16-19, 8:13; 엡 4:26-27; 살전 5:19-22; 히 12:1-11; 유 1:23 등. 참조. 요일 3:1-10).

하나님께서는 거룩하셔서 죄를 미워하시고, 죄를 지으실 수도 없으며, 죄와 함께 하실 수도 없으시기에, 그리스도인들도 죄를 짓지 말고 죄를 미워하며, 거룩하게 살아야 합니다(참조. 레 11:44-45; 시 5:4-6, 97:10-12; 롬 6:1-14; 히 10:26-31; 벧전 1:15-16; 요일 3:1-10, 5:16-21 등). 그리스도인들은 대부분 선을 행하며 살고 싶어하지만 마귀의 끊임없는 유혹으로 인해 죄를 지을 수도 있기에, 선을 행하며 살게 해 달라고 항상 성령 하나님의 도우심을 구해야 합니다(참조. 롬 7:14-25, 8:1-13; 갈 5:16-26; 엡 1:9-11; 벧전 5:8-9 등). 또한 그리스도인들은 하나님의 말씀을 알고도 그 말씀을 무시하고 고의적으로 죄를 짓지 말아야 할 뿐만 아니라, 하나님의 말씀을 제대로 몰라서 죄를 짓는 잘못을 범하지 않기 위해 하나님의 말씀을 열심히 읽고 배우고 실천해야 합니다(참조. 레 5:1-19; 민 15:22-31, 35:9-34; 히 12:1-29 등).

토론 및 적용 질문

1. 당신이 일부러 죄를 지은 적이 있었거나 죄를 짓고도 일부러 회개하지 않은 적이 있었다면 나눠봅시다.

2. 요즘 그리스도인들과 교회들이 세상 사람들에게 가장 많이 비난을 받는 모습은 무엇인지 나눠봅시다.

3. 그리스도인들과 교회들이 세상 사람들에게 좋은 영향력을 미칠 수 있는 선한 일들은 무엇일지 나눠봅시다.

해답

1. 예수 그리스도 2. 아니오 3. 구원 4. 죄, 죄 5. 미워

17 구원 - 1

하나님은 사랑이셔서 인간들을 향한 구원의 계획을 가지고 계시는데, 그 계획은 자신의 죄를 회개하고 예수 그리스도를 믿는 사람들을 구원하여 영원한 생명을 주시는 것입니다(창 3:15; 요 3:1-17; 롬 8:29-30, 10:9-13; 엡 1:3-14; 살후 2:13-14; 딤전 2:4-6 등). 하나님께서 사람들에게 베풀어 주시는 최고의 은혜는 구원입니다. 구원은 하나님께서 선택한 사람들 중에 하나님의 때에 성령 하나님께 하나님의 자녀로 부름을 받은 사람, 즉 자신의 죄를 회개하고 예수 그리스도를 믿는 사람들이 받습니다(롬 5:1-11, 8:1-39; 고전 12:3; 고후 5:17-21; 갈 3:2-5 등). 그리스도인들은 하나님께서 은혜와 사랑으로 자신을 구원해 주셨음을 알고, 그분의 사랑과 은혜에 무한대의 감사를 드리며 살아야 합니다.

1 구원이 무엇일까요?

구원은 하나님께서 사람들의 죄를 용서하시고 그들을 의롭게 해 주실 뿐만 아니라, 죄로 인해 영원히 죽을 수 밖에 없는 그들에게 _____을 주시는 것입니다(요 3:16-17, 5:24, 6:47, 20:31; 롬 3:21-26, 5:12-21, 6:23, 8:1-2; 엡 1:3-14, 2:5-10; 딤후 1:9-10; 딛 3:5-7; 요일 5:10-20 등).

구원은 죄로 죽어가는 사람들을 불쌍히 여기신 하나님의 사랑과 은혜의 선물입니다(요 3:16-17; 롬 3:23-24, 5:8-11, 11:32; 엡 2:8-10, 4:8-10 등). 또한 구원은 죄로 인해 마귀의 자녀로 살았던 사람들이 하나님께 그들의 죄를 용서받고, 하나님과의 관계가 회복되어 하나님의 자녀가 되는 것입니다(막 9:38-41; 요 1:12, 3:16-17, 8:39-47, 18:37; 고전 2:9-16; 갈 3:29; 엡 2:8-9; 요일 3:8-10, 4:1-6 등). 성경에서 구원은 거듭남(요 3:5-6), 죄를 용서받음(엡 1:7), 믿음으로 의롭게 됨(롬 1:17, 10:9-10; 갈 2:15-21; 빌 3:9), 영원한 생명을 얻음(요 5:24), 하나님의 자녀가 됨(요 1:12; 롬 8:16; 갈 3:26), 성령 세례를 받음(롬 8:9-17; 갈 3:27, 4:6-7; 요일 4:13 등), 성령의 인침을 받음(고후 1:22, 5:5; 엡 1:13-14, 4:30), 성령이 거하시는 성전이 됨(고전 3:16, 6:19-20), 하나님과의 관계가 회복됨(요일 1:3), 새 사람이 됨(엡 4:22-24; 골 3:9-10), 새로운 피조물이 됨(고후 5:17), 천국 시민이 됨(빌 3:20), 그리고 예수 그리스도의 영광을 얻게 됨(살후 2:14) 등으로 표현됩니다.

2 사람들은 어떻게 구원을 받을 수 있을까요?

사람들이 ___하고 예수 그리스도를 ___으로, 죄를 용서 받고 구원을 받습니다(요 1:12, 3:14-17; 행 13:38-39, 16:31; 롬 1:16-17, 3:22-25, 10:9-10; 고전 6:11; 엡 2:8-9; 골 1:12-14; 히 10:38-39 등. 참조. 요 10:1-18; 행 10:36-43).

회개는 자신이 죄인임을 인정하고 그 죄를 뉘우쳐, 하나님께로 돌아오는 마음과 삶의 변화입니다(마 3:2; 행 2:36-38, 5:31, 9:1-9, 20:21; 고후 7:10). 사람들이 하나님께 회개를 할 때, 자신들이 지은 죄를 하나님께 용서를 받습니다(행 3:19 등). 또한 예수 그리스도를 믿는다(마음으로 믿어 의에 이르고 입술로 시인하여 구원에 이르는 믿음)는 것은 예수 그리스도께서 누구신지 알고, 그분을 자신의 마음에 받아들이며, 그분의 말씀을 듣고 그 말씀에 순종하며 사는 것입니다(참조. 요 1:12, 6:47, 54-57, 7:37-38, 15:5; 행 4:11-12; 롬 10:9-10 등). 자신이 그리스도인이라고 여기는 사람이라도 예수 그리스도를 향한 바른 믿음이 없거나 하나님의 말씀을 적극적으로 지켜 행하며 살지 않거나 죄를 지어도 마음에 찔림이 없거나 죄를 짓고도 회개하지 않는다면, 진짜 구원을 받은 사람이라고 할 수 없습니다(참조. 약 2:14-26 등).

③ 예수 그리스도를 믿음으로 구원 받는 것 외에 구원을 받을 수 있는 다른 방법이 있을까요?

_____. 구원은 오직 예수 그리스도를 믿는 것으로만 받을 수 있습니다(마 1:21; 요 14:6; 행 4:11-12; 롬 3:21-31; 갈 2:16; 엡 2:8-9; 딤전 2:5-6; 딛 3:5-7; 히 2:9-11 등. 참조. 요 6:44; 행 2:14-36; 롬 5:1-21).

예수 그리스도 외에 구원을 얻을 방법이 있다고 말하는 이단들이나 타종교들의 가르침은 마귀의 속임수임을 알아야 합니다(참조. 신 10:12-22, 30:11-20; 사 43:10-12; 롬 3:21-31; 갈 2:16 등). 또한 모든 사람들이 아무 조건없이 구원을 받을 것이라고 말하거나 그 누구도 하나님의 심판을 받지 않을 것이라고 말하거나 죄를 지어도 지옥에 가지 않고 모두 천국에 갈 것이라고 말하는 것도 성경적이지 않기에 배격해야 합니다(참조. 마 7:13-14, 25:31-46; 요 5:29; 고후 5:10; 빌 3:18-21; 살후 1:3-10; 히 9:27; 계 20:11-15 등). 구원은 오직 예수 그리스도를 믿음(이 때 자신의 죄도 회개함)으로 받게 되고, 구원받은 사람들을 중생(거듭남)했다고 하며, 구원받는 순간이 성령 세례를 받는 순간입니다(요 3:1-21; 행 11:1-18; 롬 10:9-13; 고후 7:10; 엡 1:13-14, 2:8-9; 딛 3:5; 벧후 3:9 등). 구원받은 사람들은 죄의 본성대로 살았던 옛 사람(거짓의 아비인 마귀의 자녀)의 모습은 버리고, 오직 성령의 요구대로 살아가는 새 사람(하나님의 자녀)의 모습으로 구원을 이루어가는 삶(성화)을 살아야 합니다(롬 6:4-6, 8:1-17; 갈 2:20, 5:16-26; 빌 2:12-13; 골 3:1-2; 요일 2:15-17, 3:6-10 등).

④ 사람들은 누구를 통해서 예수 그리스도를 믿을 수 있을까요?

사람들은 그리스도인들이 전하는 복음을 듣고, _____을 통해서 예수 그리스도를 믿을 수 있습니다(요 3:1-8; 롬 8:9-17; 고전 12:3; 고후 1:21-22; 엡 1:13-14, 4:30; 살후 2:13-14; 딛 3:3-7 등).

하나님께서는 모든 사람들이 예수 그리스도를 믿음으로 구원을 받고, 진리 안에서 살아가기를 바라고 계십니다(참조. 마 18:12-14; 눅 15:3-10; 딤전 2:4-6; 딛 2:11-14 등). 그리고 유대인과 이방인, 남자와 여자, 어른과 아이, 장애인과 비장애인, 부유한 자와 가난한 자에 관계없이, 예수 그리스도를 믿음으로 구원을 받는 것에는 차별이 없습니다(행 10:1-11:18, 15:7-11; 롬 3:21-31, 9:24-28, 10:1-21; 고전 12:13; 골 3:11 등). 그래서 그리스도인들은 세상 사람들 중에 한 사람이라도 더 예수 복음을 듣게 하기 위해, 예수 복음을 전하는 일에 힘써야 합니다(마 28:18-20; 행 1:8, 20:24; 고전 1:21, 9:16-17 등). 그리스도인들은 하나님께 지음을 받은 사람이고, 하나님의 때에 구원으로 부름을 받은 사람이며, 세상에 복음을 전하라고 보냄을 받은 사람들입니다(참조. 창 1:1-31; 마 28:18-20; 롬 8:28-30; 고전 1:21 등).

5. 구원받은 사람들은 하나님과 어떤 관계가 될까요?

구원받은 사람들은 하나님의 ___가 됩니다(요 1:12; 고후 6:15-18; 갈 3:26; 빌 3:9; 요일 5:1 등). **그래서 구원받은 후에는 하나님을 아버지라고 부를 수 있습니다**(마 6:9-15; 눅 11:1-13; 롬 8:14-17; 갈 4:6-7 등).

구원받은 사람들은 하나님의 자녀가 되는데, 이를 하나님의 양자가 되었다고 표현합니다. 죄와 허물로 죽었던 사람들은 하나님의 자녀가 될 만한 자격이 없음에도 불구하고, 하나님의 은혜로 성령을 통해 예수 그리스도를 믿고 구원을 받아 하나님의 자녀로 살게 됩니다(요 1:12; 롬 8:15-17; 갈 4:5-7; 엡 2:1-10 등). 그래서 하나님의 자녀들은 하나님을 아버지라 부를 수 있고, 하나님을 아버지라 부르면서 기도할 수 있으며, 하나님의 자녀로서의 복을 받아 누리게 되고, 하나님께 가까이 나아갈 수 있으며, 하나님의 말씀과 뜻에 따라 살게 되고, 하나님께 소망을 두고 삽니다(마 6:9-13; 눅 11:1-13; 요 1:12; 롬 4:13-25, 8:17; 엡 3:6; 딛 3:7; 히 4:14-16; 약 4:7-8 등).

토론 및 적용 질문

1. 당신이 예수 그리스도를 믿음으로 구원 받았을 때의 상황을 나눠봅시다.
2. 당신이 구원을 받은 후 마음과 삶(생각, 말, 행동)에 어떤 변화가 생겼는지 나눠봅시다.
3. 당신이 구원을 받은 후 다른 사람들과의 관계에 어떤 변화가 생겼는지 나눠봅시다. 혹시 당신이 예수 그리스도를 믿는 것 때문에 가족들이나 주변 사람들에게 핍박을 당한 적이 있었다면 나눠봅시다.

해답

1. 영원한 생명 2. 회개, 믿음 3. 아니오 4. 성령 하나님 5. 자녀

18 구원 - 2

사람들이 이 세상에 사는 동안 하나님께 받을 수 있는 최고의 은혜는, 예수 그리스도를 믿음으로 얻는 구원과 영원한 생명입니다. 구원받은 사람들이 하나님 안에서 살 때, 가장 자연스럽게 나타나는 감정은 기쁨과 감사입니다(참조. 시 116:12; 눅 17:11-19; 빌 4:4-6, 11-12; 골 3:15-17; 살전 3:9, 5:16-18; 벧전 1:6-9 등). 하나님께 감사하지 않는 사람과 삶에 기쁨이 없는 사람은 그리스도인이라고 할 수 없고, 그리스도인이라면 하나님께 감사하면서 항상 기뻐하며 살 것입니다. 그래서 성숙한 믿음을 가진 그리스도인들이 하나님께 가장 많이 하는 고백이 "감사"입니다(참조. 시 69:30-31, 136:1-26; 합 3:17-19; 골 2:6-7 등).

1) 사람들은 선한 행위를 통해서도 구원을 받을 수 있을까요?

_____. 구원은 사람들의 선한 행위로 받을 수 있는 것이 아니라, 하나님의 은혜인 예수 그리스도를 믿음으로만 받을 수 있습니다(시 3:8, 37:39; 행 15:11; 롬 3:1-5:2, 10:9-17; 갈 2:16; 엡 2:1-10; 딤후 1:9-10; 딛 3:3-7 등. 참조. 벧전 1:18-25).

사람들의 선한 행위, 육체적인 혈통, 인간적인 뜻, 세상적인 지식이나 지혜, 능력이나 돈 등으로는 구원을 받을 수 없고, 오직 하나님의 뜻과 그분의 은혜로만 받을 수 있습니다(참조. 마 19:16-30; 눅 18:18-30; 요 1:11-13; 엡 2:1-10; 딤후 1:9-10 등). 다시 말해 하나님께서는 주권적으로 구원받을 사람들을 선택하시는데, 그 선택의 기준은 그들의 선한 행위가 아니라 하나님의 은혜와 사랑과 긍휼입니다(참조. 말 1:2-3; 롬 8:1-9:33; 엡 2:8-10 등). 세상의 헛된 종교들은 대부분 선한 행위로 구원을 얻을 수 있다는 식으로 가르칩니다. 그러나 죄로 인해 완전히 부패한 인간은 스스로의 노력으로 완전히 신해질 수 없고, 선한 행위로 구원을 받을 수도 없습니다. 물론 하나님의 은혜로 예수 그리스도를 믿어 구원을 받은 그리스도인들, 반드시 선을 행함으로 자신의 믿음을 보이며 살아야 합니다(약 2:14-26. 참조. 히 11:1-40 등). 그리스도인들은 자신의 노력이나 선한 행위로 구원을 받은 것처럼 자랑하지 말고, 자신을 구원해 주신 하나님의 은혜와 사랑에 감사하며 살아야 합니다(딛 2:11, 3:5-7 등).

2) 하나님께서 사람들을 구원하실 때의 과정은 어떻게 될까요?

1) 소명: 하나님께서 _____ 사람들을 부르시고,

2) 중생: 부르신 사람들을 거듭나게 하시며,

3) 회심: 자신이 죄인임을 깨닫고 회개할 뿐만 아니라 하나님께로 돌이키게 하시고,

4) 신앙: 예수 그리스도를 자신을 구원할 분으로 믿게 하시며,

5) 칭의: 그들의 믿음을 보시고 그들을 의로운 사람으로 인정해 주시고,

6) 양자됨: 하나님께서 그들을 양자로 삼아 하나님의 자녀가 되게 하시며,

7) 성화: 하나님의 말씀을 지켜 행함으로 거룩하게 살도록 도우시고,

8) 견인: 구원을 완전히 이룰 수 있도록 끝까지 이끌어주시며,

9) ____: 천국에 들어가 영원토록 하나님과 함께 살게 하십니다(요 1:12, 3:1-21, 6:35-40, 10:25-29; 롬 8:28-39; 고전 1:8; 엡 1:3-14, 2:8-9; 빌 2:12-13; 살후 2:13-14; 벧전 1:2-5 등. 참조. 롬 11:29; 빌 1:6; 유 1:24-25).

하나님께 선택된 사람들은 하나님의 때에 하나님의 방법(그리스도인들을 통한 복음 전파 등)으로, 하나님께 부름을 받아 구원을 얻게 됩니다(참조. 요 6:44; 롬 8:28-30; 고전 1:18-31; 살후 2:13-14 등). 하나님께서 사람들을 구원하실 때 소명, 중생, 회심, 신앙, 그리고 양자됨은 동시에 일어납니다. 성화는 그리스도인들이 평생 동안 죄를 멀리하고, 하나님의 말씀에 맞게 사는 삶을 통해 거룩한 모습으로 변화되어가는 것입니다. 견인은 하나님께서 그리스도인들이 받은 구원이 그 어떤 경우에도 절대 끊어지지 않도록 변함없이 지켜 보호해 주시는 것입니다. 영화는 그리스도인들이 이 세상에서 살다가 육체적인 죽음을 맞이하는 순간, 그들의 영혼이 거룩한 모습으로 천국에 들어가는 것입니다(참조. 요 1:12; 롬 8:29-39; 갈 2:16; 엡 1:4-5; 딤후 4:18; 약 1:19-27, 2:14-26; 벧후 1:3-15 등). 하나님께서는 예수 그리스도를 믿고 구원받은 사람들을 반드시 천국에 들어가게 하시는데, 그 이유는 하나님께서는 변하지 않으시고 실패하지 않으실 뿐만 아니라 그들을 포기하지 않으시고 영원히 사랑하시기 때문입니다.

3 구원받은 사람들은 어떻게 살아야 할까요?

1) 구원받은 사람들은 먹든지 마시든지 무엇을 하든지 오직 하나님께 영광을 돌리며 살아야 합니다(사 43:1-7; 마 5:13-16; 롬 15:4-6; 고전 6:12-20, 10:23-33 등).

2) 구원받은 사람들은 하나님의 말씀을 믿을 뿐만 아니라, 그분의 말씀에 순종, 즉 그 말씀을 지켜 행함으로 ____(죄를 짓지 않고, 세상 사람들과 구별된 삶)하게 살아야 합니다(갈 2:20, 5:16-26, 6:14; 엡 4:17-5:33; 골 3:1-25; 벧전 1:15-16; 요일 2:15-17, 3:6-10 등).

3) 구원받은 사람들은 예수 그리스도를 위해 살 뿐만 아니라, 그리스도 예수 안에서 선한 일을 하며 살아야 합니다(롬 14:7-9; 갈 6:8-10; 엡 2:10; 히 13:16; 요삼 1:11 등. 참조. 약 4:17).

구원받은 사람들은 반드시 하나님의 말씀대로 거룩하게 살아가는 성화의 과정을 통해, 영적으로 성장하고 성숙해져야 합니다. 그리스도인들에게 성화의 삶은 세상 사람들과 구별된 삶이고, 하나님의 말씀에 맞게 사는 삶이며, 죄를 멀리하고 선을 행하는 삶이며, 영적으로 성숙해 가는 삶입니다(롬 6:4-6; 갈 2:20, 5:16-18, 24; 엡 4:22-24; 골 3:1-2; 살전 5:22; 요일 2:16, 3:6, 9-10 등). 그리스도인들은 누구나 평생 동안 하나님의 말씀에 맞게 사는 모습으로 성화되어 가야 합니다. 물론 구원받은 사람들도 세상에 사는 동안 고통과 고난, 슬픔과 외로움, 가난과 실패 등을 경험하며 살 수도 있지만, 그런 때에도 그들은 하나님을 믿음으로 찾고 의지하며 삽니다(참조. 욥 1:1-42:17; 롬 8:1-39; 히 6:1-8, 11:1-40 등). 또한 구원받은 사람들도 때론 하나님을 원망하거나 하나님께 불평하고 불순종하거나 하나님께 죄를 지을 수 있지만, 하나님께서는 그들을 절대 버리지 않으십니다(참조. 민 14:1-39; 신 34:1-7; 삿 1:1-21:25; 욥 1:1-4:11; 마 16:13-23; 롬 8:28-39 등). 그 뿐만 아니라, 구원받은 사람들은 세상이나 물질이 아닌 오직 하나님을 사랑하며 살아야 하고, 자기 자신이 아닌 오직 주님을 위해 살아야 합니다(롬 14:8-9; 고후 5:14-17; 딤전 6:10; 약 4:4; 요일 2:15-17 등).

4 사람들이 예수 그리스도를 믿음으로 받은 구원은 언제까지 지속될까요?

사람들이 예수 그리스도를 믿음으로 받은 구원은 _____ 지속됩니다(요 3:14-17, 5:24, 6:25-59; 롬 8:29-39; 요일 5:10-13 등).

사람들이 예수 그리스도를 믿음으로 받은 구원이 영원토록 지속되는 이유는, 예수 그리스도의 구원을 위한 속죄의 효력이 영원하기 때문이고, 하나님께서 하나님의 자녀로 삼으신 사람들을 결코 버리지 않으시기 때문입니다(참조. 요 1:12, 6:25-59; 롬 8:31-39; 엡 4:30; 딤후 4:18; 히 9:15, 10:14 등. 참조. 롬 11:29). 하나님께서는 구원받은 사람들에게 성령을 주셔서 구원과 영원한 생명, 그리고 하나님의 자녀임을 보증해 주십니다(고전 6:19-20; 고후 1:21-22, 5:1-5; 엡 1:13-14. 참조. 롬 8:9-17). 그 사실을 아는 그리스도인들은 구원에 대한 믿음이 흔들리거나 구원을 잃어버릴까봐 두려워하지 말아야 합니다. 물론 그리스도인들은 이미 구원을 받았다고 자기 마음대로 살거나 아무렇지 않게 죄를 지으면 절대 안 되고, 구원받은 사람답게 죄는 멀리하고 적극적으로 하나님의 말씀을 지켜 행하며 살아야 합니다(참조. 빌 2:12-18 등).

5 사람들이 구원을 받은 후에 계속 죄를 지으면 어떻게 될까요?

하나님께서는 하나님의 자녀들이 죄를 지으면 바르게 살도록 __을 주시고 ___를 하십니다. 만약 어떤 사람이 계속 죄를 짓는데도 하나님께서 아무런 벌이나 징계를 하지 않으신다면, 그 사람은 하나님의 자녀가 아닙니다(참조. 마 3:7-12, 13:24-30; 히 6:1-8 등). 또한 하나님의 자녀들은 계속(습관적으로, 고의적으로) 죄를 지을 수 없습니다(잠 3:11-12; 롬 6:1-23; 살전 5:22; 딤전 5:20; 히 10:26-27, 12:4-11; 요일 5:18-19; 계 3:19 등. 참조. 요일 3:4-10).

하나님께서는 하나님의 자녀들이 죄를 지으면 그들을 거룩하게 하기 위해 벌(진노와 징계)을 주십니다(잠 3:11-12; 히 12:4-11). 하나님께서 죄를 지은 사람들을 향해 벌하실 때의 기준은 하나님의 말씀입니다(참조. 마 15:1-9; 막 7:1-13; 롬 1:18-32, 4:15, 7:7-13). 물론 그리스도인들도 반복적으로 죄를 짓기도 하지만, 죄를 지을 때는 즉시 하나님께 회개하고 돌이키려고 하고, 죄를 짓지 않으려고 기도하며 노력을 합니다(요일 3:9-10 등). 왜냐하면 그리스도인들의 마음 안에 임재 해 계시는 성령 하나님께서 거룩하신 분이시기에, 그리스도인들이 죄를 지으면 즉각적으로 마음이 불편해지고 회개할 미음을 주시기 때문입니다.

토론 및 적용 질문

1. 당신이 구원의 은혜를 베풀어 주신 하나님께 감사하고, 거룩한 삶을 살기 위해 어떤 노력을 하며 사는지 나눠봅시다.
2. 당신이 구원받기 전에 타종교에서 신앙생활을 한 적이 있었다면, 그 때의 신앙생활에 대해 나눠봅시다.
3. 당신은 예수 그리스도를 믿는 것 외에 다른 방법으로도 구원을 받을 수 있다고 생각합니까? 또한 그리스도인들과 믿지 않는 사람들의 가장 큰 차이는 무엇이어야 한다고 생각하는지 나눠봅시다.

해답

1. 아니오 2. 택하신, 영화 3. 거룩 4. 영원토록 5. 벌, 징계

19 회개 - 1

회개는 자신이 죄인임을 인정하고 그 죄를 뉘우쳐, 하나님께 돌아오는 마음과 삶의 변화입니다(마 3:2; 행 2:36-38, 5:31, 9:1-9, 20:21; 고후 7:10). 그리스도인들이 회개한 후에는 죄악된 삶을 버리고, 거룩하고 선한 삶(생각, 말, 행동, 삶에 이르기까지 선하게 변화된 삶)을 살아야 합니다(참조. 대하 7:14; 사 55:7; 마 3:8; 눅 3:8-14 등). 회개는 구원을 얻게 하는 회개(하나님께 자신의 죄를 뉘우치고 용서를 구할 뿐만 아니라, 예수 그리스도를 자신의 구주로 영접하는 행위)와 구원받은 사람들이 일상생활에서 지은 죄를 용서받게 하는 회개(하나님께 자신의 죄를 뉘우치고 용서를 구할 뿐만 아니라, 하나님의 말씀에 순종하겠다고 다짐하는 행위)가 있습니다.

1 회개는 무엇일까요?

1) 회개는 ___에서 돌이켜 하나님께로 돌아오는 행위로,

2) 자신의 죄를 하나님께 잘못했다고 _____를 구하고,

3) 그 죄에서 돌이켜 하나님께서 원하시는 선한 삶을 사는 것입니다(대하 7:14; 욥 42:6; 시 51:1-19; 사 1:15-18; 겔 18:30; 눅 22:61-62; 행 8:22, 20:21 등).

그리스도인들 중에는 자기의 죄를 입으로 고백하는 것이 회개의 전부라고 생각해, 입으로만 회개하고 죄에서 돌이키기 않거나 죄를 버리지 않고 습관적으로 동일한 죄를 짓는 사람들도 있는데 이는 잘못입니다. 회개할 때는 자신이 지은 죄를 하나님께 입술로 고백할 뿐만 아니라, 마음으로 울며 애통해야 하고, 자신이 회개한 죄에서 완전히 돌이켜 하나님께서 원하시는 삶을 사는 것까지 이르러야 온전한 회개입니다(참조. 욜 2:12; 마 3:8; 눅 22:61-62; 행 26:20 등). 사실, 사람들은 예수 복음과 하나님의 말씀을 들을 때(느 8:8-9; 마 4:17; 눅 11:32; 행 2:37-38; 히 4:12-13 등), 그리고 하나님의 능력을 경험할 때(참조. 마 11:20-24; 눅 5:1-11; 딤후 2:25 등) 마음에 찔림을 받아 회개를 하게 되는 것입니다. 특히 그리스도인들은 하나님께 자신이 알고 지은 죄와 모르고 지은 죄 모두를 용서해 달라고 회개해야 합니다(참조. 시 19:12-13; 겔 45:18-20 등).

2 그리스도인들은 누구에게 회개해야 할까요?

사람들의 죄를 용서해 주실 수 있는 분은 _____ 한 분 밖에 안 계시기에, 그리스도인들은 _____께 회개해야 합니다(출 34:6-9; 사 55:7; 렘 36:3; 마 6:12-15; 요일 1:5-10 등).

사람들이 짓는 모든 죄는 하나님의 말씀을 어기고, 그분의 말씀에 불순종하는 것입니다. 하나님만이 죄를 용서해 주실 수 있는 유일한 분이시기에, 사람들이 자신의 죄를 회개할 때는 반드시 하나님께 해야 합니다. 하나님께서는 자비롭고 은혜로우신 분이시기에, 사람들이 자신이

지은 죄들을 회개할 때 그 죄들을 용서해 주십니다(참조. 출 34:6; 요일 1:5-10 등). 예수 그리스도께서는 죄인을 불러 회개시키려고 이 세상에 오셨고(눅 5:31-32. 참조. 마 9:13; 막 2:17), 사람들에게 "회개하라"고 외치시며 공적인 사역을 시작하셨습니다(마 4:17; 막 1:15 등). 그리스도인들은 혹시라도 죄를 지었을 때는 즉각적으로 하나님께 회개하고 돌이켜야 합니다.

3. 그리스도인들이 하나님께 회개하면 받게 되는 복은 무엇일까요?

그리스도인들이 하나님께 회개하면, 1) 하나님께 그 죄를 용서받음으로 거룩하게 되고, 2) ____을 선물로 받아 하나님의 말씀인 진리대로 살게 되는 복을 받습니다(잠 1:23; 요 14:26; 행 2:37-38, 3:19; 딤후 2:25-26 등).

하나님은 공의로운 분이셔서 죄를 지은 사람에게는 벌을 내리시지만, 자신의 죄를 인정하고 하나님께 회개하고 돌이키는 사람들에게는 죄를 용서해 주실 뿐만 아니라, 성령을 선물로 주셔서 진리 안에서 거룩하게 살게 하십니다(참조. 사 1:15-18; 렘 4:14; 겔 18:25-32; 마 12:31-37; 롬 5:12-21, 6:23 등). 하나님께서는 사람들이 죄에서 돌이켜 회개하면, 죄로 인해 당하게 될 죽음과 재앙을 내리지 않으십니다(왕상 9:1-9; 대하 7:11-22; 렘 36:3; 욜 2:12-14; 욘 3:10 등). 하나님께 자신의 죄를 용서받은 그리스도인들은, 하나님께 감사할 뿐만 아니라 다시는 죄를 짓지 않도록 기도하면서 끊임없이 노력해야 합니다(참조. 삿 2:1-23; 시 106:1-48; 행 7:2-53 등).

4. 그리스도인들이 죄를 회개하면 하나님께서는 어떻게 하실까요?

그리스도인들이 자신의 죄를 회개하면 아무리 악한 죄라도 하나님께서 깨끗케 하시고, 그 죄를 ____하신 후에는 다시 기억하지 않으십니다(사 1:2-18, 38:17; 렘 31:34; 행 3:19; 히 8:10-13, 10:17-18; 요일 1:8-10 등).

그리스도인들이 하나님께 자신의 죄를 회개할 때는, 죄악 자체를 미워하고(시 119:104; 겔 20:43 등) 죄악을 저질렀음을 애통하고 슬퍼하며(요엘 2:12-13; 눅 22:61-62; 고후 7:9-10 등), 죄를 하나도 남김없이 모두 고백하고(시 32:3, 62:8; 잠 28:13; 요일 1:5-10 등), 죄에서 완전히 돌이켜 변화된 삶을 살아야 합니다(참조. 대하 7:14; 시 51:10; 사 55:7; 히 12:12-17; 계 2:20-23). 물론 그리스도인들이 다른 사람들에게 잘못했을 때 자신의 잘못을 하나님께 회개하면 다 해결된 것처럼 생각하고, 자신이 잘못한 사람들에게는 용서를 구하지 않거나 그에 상응하는 값을 치르지 않아도 된다고 생각하는 것은 잘못입니다(참조. 겔 33:14-15; 몬 1:1-25). 그리스도인들은 하나님께 자신의 죄를 회개한 후에는 하나님께서 자신의 죄를 용서해 주셨음을 믿고 감사할 뿐만 아니라, 그 죄에 대한 죄책감을 벗어버림으로 그 죄에 대해 반복적으로 회개할 필요가 없고, 다만 동일한 죄를 짓지 않기 위해 끊임없이 노력하며 살아야 합니다.

5. 한 사람이 구원에 이르는 회개를 하면, 하나님께서는 얼마나 기뻐하실까요?

하나님께서는 한 사람이 구원에 이르는 회개를 하면, 이미 구원받은 _____의 사람보다 더 기뻐하실 것이라고 성경은 말씀합니다(마 18:10-14; 눅 15:1-32 등).

하나님께서는 온 세상보다 사람들의 생명을 더 귀하게 여기십니다(참조. 마 16:26; 막 8:36-37; 눅 9:25 등). 사람의 생명은 온 세상을 얻는 것보다 더 중요하기에, 하나님께서도 한 사람이 구원에 이르는 회개를 하면 그 무엇보다 기뻐하십니다. 또한 예수 그리스도께서는 사람이 온 세상을 얻고도 자기의 생명을 잃어버리면 아무런 유익이 없다고 말씀하시면서, 예수 그리스도를 위해 자기 생명을 잃는 사람은 자기의 생명을 건지게 될 것이라고 말씀하셨습니다(마 16:24-28; 막 8:34-38; 눅 9:23-27). 그리스도인들은 지혜와 능력, 물질과 명예 등을 얻는 것보다, 한 사람을 예수 그리스도께로 인도하여 그 사람을 살리는 것이 훨씬 더 귀함을 알아야 합니다.

토론 및 적용 질문

1. 당신이 신앙생활을 하는 동안 가장 많이 회개한/회개하고 있는 죄는 무엇인지 나눠봅시다.

2. 당신이 주체할 수 없을 만큼 눈물을 흘리며 회개했던 적이 있었다면 언제이며, 어떤 죄를 회개했는지 나눠봅시다.

3. 당신이 죄를 회개한 후에 하나님께 큰 복을 받았던 적이 있었다면 나눠봅시다.

해답

1. 죄, 용서   2. 하나님, 하나님   3. 성령   4. 용서   5. 아흔 아홉 명

회개 - 2

사람들이 하나님께 회개하고 하나님께로 돌이킨다는 것은, 자신이 죄인임을 온전히 인정하는 것이고, 다시는 죄를 짓지 않겠다는 의지적인 결단을 하는 것입니다(요일 1:8-10). 하나님께서 죄인들을 부르시면, 그들의 첫 번째 반응과 고백은 자신의 죄에 대한 회개입니다(마 4:17). 회개는 사람들이 거룩한 하나님 앞에 나아가기 위한 첫 걸음이자, 하나님께 가까이 가기 위해 반드시 해야 하는 행위입니다. 사실, 예수 그리스도를 믿지 않는 사람들은 마귀의 방해로 인해 자신이 죄인인 것을 깨닫지 못하고, 구원자이신 예수 그리스도를 믿지 않습니다. 그래서 그들은 자신들의 죄를 하나님께 회개하기는 커녕 죄짓는 삶을 당연하게 여길 뿐만 아니라, 죄악을 저지르는 사람들을 옳다고 두둔하기도 합니다(롬 1:18-32 등).

1. 하나님께 자신의 죄를 회개한 사람들은 어떻게 살아야 할까요?

하나님께 자신의 죄를 회개한 사람들은 더 이상 죄를 짓는 삶을 살지 말아야 하고, 하나님께 용서 받은 사람답게 하나님의 말씀에 맞게 _____(선)하게 살아야 합니다(레 11:44-45; 슥 1:3-4; 눅 3:8-14; 엡 4:17-32; 골 3:1-25; 벧전 1:15-16 등. 참조. 약 4:17).

하나님께 자신의 죄를 회개하여 용서를 받은 사람들은 죄악을 미워하고 싫어할 뿐만 아니라, 죄를 짓지 않으려고 최선의 노력을 다하며 삽니다(시 97:10; 잠 8:13; 히 6:1-4; 요일 2:15-17, 3:1-10 등). 그리고 그들은 거룩하신 하나님의 성품을 닮아가기 위해 하나님의 말씀을 지켜 행하고, 회개에 합당한 열매를 맺으며 삽니다(말 3:6-18; 눅 3:8-14; 딛 3:8; 약 4:17 등). 그리스도인들은 자신이 하나님께 얼마나 큰 은혜와 사랑과 용서를 받았는지 알기에, 구원 받기 전의 옛 모습의 삶(마귀가 원하는 대로 살던 삶)은 완전히 버리고 하나님이 기뻐하시는 삶을 살고자 끊임없이 노력해야 합니다.

2. 사람들이 자신의 죄를 회개하지 않거나 거짓으로 회개하면 어떻게 될까요?

하나님께서는 공의로우시기 때문에 회개하지 않거나 거짓으로 회개하는 사람들을 __하십니다(삼상 15:24-31; 시 7:11-12; 겔 18:30-32; 마 11:20-24; 눅 13:1-5; 롬 2:5-6; 계 3:3 등).

하나님께서 죄를 지은 사람들을 벌하시는 이유는 죄악을 용납하지 못하시는 하나님의 의와 거룩한 속성 때문입니다(참조. 시 7:11-12, 95:7-11; 겔 7:1-27; 나 1:2-15; 롬 2:1-8, 3:5-6 등). 또한 하나님께서는 죄를 회개하지 않거나 거짓으로 회개하는 그리스도인들을, 하나님께로 돌이켜 거룩하게 살게 하기 위해 벌하십니다(참조. 잠 3:11-12; 암 5:1-17; 히 12:4-11; 요일 1:8-10). 세상 사람들이 예수 그리스도를 믿지 않고 자신의 죄를 회개하여 돌이키지 않으면, 자신이 지은 죄로 인해 멸망당할 뿐만 아니라 죽음 가운데서 영원히 고통을 당하게 됩니다(렘 4:1-4; 겔 33:8-9; 눅 13:1-5 등).

3 하나님께서 사람들이 죄를 저지르는데도, 아직까지 심판하지 않으시는 이유는 무엇일까요?

사람들이 자신의 죄와 악행을 ____하고 하나님께 돌아와 ____ 받기를 원하시기 때문입니다(겔 18:30-32, 33:1-20; 눅 15:1-32; 벧후 3:9 등).

하나님께서는 약속하신 것을 미루시는 분이 아니심에도 불구하고, 지금도 죄를 짓고 있는 사람들을 아직까지 심판하지 않으시는 이유는, 그들 중에 한 사람도 멸망을 당하지 않고 모두 회개하고 돌아와 구원을 받기를 바라시는 마음으로 오래 참으시기 때문입니다(벧후 3:9-14). 물론 예수 그리스도께서 이 세상에 다시 오실 때까지 자신의 죄를 회개하지 않고, 예수 그리스도를 믿지 않음으로 멸망당할 사람들이 많을 것입니다. 그리스도인들이 혹시라도 죄를 지었을 때는, 즉각적으로 하나님께 회개하고 돌이켜야 합니다. 왜냐하면 그리스도인들은 하나님께서 얼마나 죄를 싫어하시는지, 그 누구보다 잘 알고 있기 때문입니다.

---

4 그리스도인들이 다른 사람들을 회개시키기 위해 질책이나 권면을 해도 될까요?

__. 그리스도인들은 죄를 저지르는 사람들을 질책하고 권면하여 그들이 하나님께 회개할 수 있도록 도와야 하고, 그들의 죄를 용서해 달라고 하나님께 기도도 해야 합니다(출 32:31-32; 왕상 8:38-39; 눅 17:3-4; 고후 7:1-16 등).

예수 그리스도께서는 하나님의 말씀대로 살지 않는 종교 지도자들과 하나님의 성전을 더럽히는 사람들을 질책하시고 의로운 분노를 내셨습니다(마 12:34-37, 21:12-13, 23:1-36; 막 11:15-17; 눅 11:42-52, 19:45-48; 요 2:13-16 등). 바울도 고린도 교회의 죄악을 알고 편지를 써서 그들의 잘못을 지적했고, 그로 인해 고린도 교회가 회개하여 하나님께로 돌아왔을 때 기뻐했습니다(고후 7:1-16). 마찬가지로, 그리스도인들은 믿음의 형제들이 죄악을 저지르는 것을 볼 때, 그들을 질책하거나 권면해서 그들이 회개하고 하나님께로 돌이킬 수 있도록 도와야 합니다. 또한 교회는 성도들에게 하나님의 말씀에 맞게 선하게 살고 죄악을 저지르지 말라고 교육(훈계)하고 훈련할 뿐만 아니라, 교회가 규정한 죄악을 저지르는 성도들에게는 그들이 저지른 죄악의 경중에 따라 권면과 징계(교육과 훈계 포함)를 해야 합니다(시 16:7; 마 18:15-20; 고전 5:1-13; 고후 2:5-10; 엡 4:11-32; 살후 3:6-15; 딤전 1:20; 딛 2:11-13 등).

---

5 다른 사람들이 하나님께 회개한 후에 우리에게 용서를 빌면 그들을 용서해 주어야 할까요?

1) 예. 우리에게 잘못을 한 사람들이 하나님께 그 잘못을 회개한 후, 우리에게도 용서를 구하면 우리도 하나님의 마음으로 그들을 용서해야 합니다(마 6:14-15, 18:21-35; 눅 17:1-4 등).

2) 그리스도인이 다른 사람들에게 잘못을 저질렀을 때, 하나님께 ____해야 할 뿐만 아니라, 그 사람들에게도 용서를 구해야 진정한 회개입니다(참조. 겔 33:14-15; 몬 1:1-25 등).

용서는 하나님께서 예수 그리스도를 믿고 회개하는 사람들을 죄와 사망에서 구원해 주시는 것, 하나님께서 하나님의 자녀들이 회개할 때 죄와 허물을 없애주시는 것, 그리고 그리스도인들이 다른 사람들이 잘못했을 때 그들에 대한 분노, 보복, 복수의 마음을 버리고 그들을 사랑하는 것입니다(마 18:21-35; 눅 17:3-4; 고후 2:10; 골 3:13; 요일 1:9 등). 예수 그리스도께서는 우리가 다른 사람들의 잘못을 용서하면 하늘에 계신 하나님 아버지께서도 우리의 죄를 용서해 주실 것이지만, 우리가 다른 사람들의 잘못을 용서하지 않는다면 하나님 아버지께서도 우리의 죄를 용서하지 않으실 것이라고 말씀하셨습니다(마 6:14-15). 또한 그리스도인들은 마음으로부터 형제들을 용서해야 하고, 원수까지도 용서해야 하나님 아버지의 용서를 받을 수 있습니다(참조. 마 18:23-35; 막 11:25 등). 예수 그리스도께서는 그리스도인들에게 다른 사람들을 용서할 때는, "일흔 번씩 일곱 번"이라도 용서해 주라고 말씀하셨습니다(마 18:21-22).

토론 및 적용 질문

1. 당신은 죄를 회개한 후에 그 죄에서 자유하는 편인지, 아니면 죄를 회개한 후에도 죄책감 때문에 힘들어 하는 편인지 나눠봅시다.

2. 당신이 회개를 하면서도 양심의 가책을 느끼고 있는 죄가 있거나, 다른 사람들에게 잘못한 후 하나님께는 회개를 했지만 그 사람에게는 용서를 구하지 않아 마음에 불편함이 남아 있는 경우가 있다면 나눠봅시다.

3. 요즘 지역 교회들과 그리스도인들이 가장 많이 회개해야 할 죄는 무엇이라고 생각하는지 나눠봅시다.

해답

1. 거룩 2. 벌 3. 회개, 구원 4. 예 5. 회개

21 하나님의 자녀 - 1

하나님의 자녀는 예수 그리스도를 믿고 구원받아 거듭난 사람으로, 전능하신 하나님께서 그들의 영적인 아버지가 되십니다(요 1:12, 3:1-8; 롬 8:14-17, 10:9-17; 갈 3:26, 4:1-7; 엡 2:8-10; 벧전 1:23-25 등). 하나님의 자녀는 영원한 생명을 소유한 사람이고(요 5:24; 요일 5:13), 성령 하나님께서 그들 안에 내주하시는 사람이며(참조. 요 14:17; 고전 6:19-20, 12:13; 골 1:27; 요일 4:15 등), 하나님의 말씀에 맞게 거룩하게 살면서 예수 그리스도를 닮아가는 사람입니다(요 14:16; 고전 3:16-17; 엡 4:13-15; 빌 2:5; 골 2:9-10; 요일 2:6). 하나님의 자녀는 예수 그리스도를 믿고 따르는 사람이라는 의미로, '그리스도인'이라고 불립니다(참조. 행 11:26). 그래서 하나님의 자녀들은 자신이 어떤 사람이고, 이 세상에서 어떻게 살아야 하는지 하나님의 말씀을 통해 배워서 그 말씀에 맞게 살아야 합니다.

1 하나님께서 우리를 선택하신 목적이 무엇일까요?

1) 우리를 구원하여 _____로 삼아 하나님께 영광과 찬양을 드리게 하고,

2) 세상에 하나님(예수 복음 포함)을 자랑하게 하기 위해 선택하셨습니다(시 44:8; 행 9:15; 갈 4:1-7, 6:14; 엡 1:3-14; 벧전 2:4-10 등. 참조. 사 43:1-7, 21; 고전 1:18-31; 갈 6:14).

하나님의 자녀가 되는 방법은 하나님의 은혜로 예수 그리스도를 믿어 구원을 받으면 됩니다(참조. 요 1:12; 롬 8:29-30; 엡 1:4-7, 2:8-10 등). 그리스도인들은 하나님 앞에서 거룩하고 흠이 없게 하시려고, 창세 전에 하나님께 선택 받은 사람들입니다(롬 8:29-30; 엡 1:4). 다시 말해 그리스도인들은 어두움(죄악)에서 불러내어 하나님의 놀라운 빛 가운데로 들어가게 하신 하나님(하나님의 능력과 성품, 그리고 그분을 찬양할 모든 것)을, 세상에 전하며 살게 하기 위해 선택을 받은 사람인 것입니다. 그리스도인들은 자신이 하나님께 선택을 받은 사람인 것에 대한 큰 자부심을 가지고 살고, 거룩하고 흠이 없는 삶을 살며, 세상에 하나님과 하나님께서 행하신 일들과 예수 복음을 자랑하며 살아야 합니다.

2 우리가 하나님의 자녀인지 어떻게 알 수 있을까요?

_____께서 우리가 하나님의 자녀인 것을 가르쳐 주십니다(롬 8:1-17; 고후 1:21-22; 갈 4:4-7; 요일 3:23-24 등. 참조. 요 1:12-13; 요일 4:1-6).

성령 하나님께서는 예수 그리스도를 믿음으로 구원받은 사람들이, 하나님을 아버지라고 부를 수 있게 하십니다(참조. 요 1:12; 롬 8:14-18; 갈 4:6-7; 엡 1:4-7; 요일 3:1-2 등). 또한 성령 하나님께서는 하나님의 자녀들에게 하나님의 말씀을 믿고 깨닫고 실천하게 하시며, 그들의 마음과 삶을 변화시켜 성령의 열매를 맺게 하시고, 마음과 삶의 우선순위를 하나님이 되게 하시며, 죄를 회개하고 죄를 짓지 않도록 도와주시고, 거짓과 죄악을 버리고 선하고 의로운 삶을 살게 도와주십니다. 그리고 성령 하나님께서는 그리스도인들이 하나님의 자녀임을 깨닫고, 오직 하나님의

영광을 위해 살도록 인도하십니다(참조. 사 43:1-7; 요 14:15-26; 고전 6:19-20, 10:31; 갈 5:22-23; 벧전 4:11 등).

3 하나님의 자녀들에게 가장 중요한 삶은 무엇일까요?

하나님의 자녀들에게 가장 중요한 삶은 하나님께 영광을 돌리는 삶과 믿음으로 하나님을 _____ 하는 삶입니다 (사 43:1-7; 마 5:13-16; 롬 15:4-6; 고전 6:12-20, 10:23-33; 빌 2:10-11; 히 11:6 등).

그리스도인들이 하나님께 영광을 돌린다는 것은 하나님을 믿고 인정할 뿐만 아니라, 그분의 이름을 높이고 찬양과 예배를 드리며, 그분의 말씀에 순종하며 사는 것입니다. 하나님의 자녀들이 하나님께 영광 돌리며 사는 방법은 하나님을 경외하며 사는 것, 하나님의 말씀에 순종하며 사는 것, 하나님의 뜻을 행하며 사는 것, 하나님께서 찾으시는 바른 예배자로 사는 것, 하나님을 사랑하고 찬양하며 사는 것, 예수 복음의 증인으로 사는 것, 죄를 멀리하고 선을 행하며 사는 것, 세상의 소금과 빛된 삶을 사는 것, 하나님께서 맡겨주신 사명에 충성하며 사는 것, 세상에서 하나님께서 허락하신 일들에 최선을 다하며 사는 것을 비롯해, 하나님의 말씀을 믿고 그 말씀을 지켜 행하며 사는 것입니다(참조. 잠 8:13; 마 5:13-16; 요 4:23-24; 행 10:34-35; 고전 4:1-2; 엡 4:17-32; 골 3:1-25; 벧전 2:9-12 등).

4 하나님의 자녀들은 무엇을 기준으로 살아야 할까요?

하나님의 자녀들은 하나님의 말씀인 ____을 기준으로 살아야 합니다(시 19:7-11; 마 4:4; 요 5:39; 딤후 3:15-17; 약 2:8-10; 계 1:3 등. 참조. 마 7:24-27; 요 20:31; 약 1:22-25).

하나님의 자녀들은 성령 하나님의 도우심으로 하나님의 말씀인 성경의 본질을 제대로 알고 깨달아야 합니다(참조. 요 14:16-26, 16:7-15; 딤후 3:16-17; 벧후 1:20-21 등). 그리고 성경이 요구하는 삶의 기준과 방향에 맞게 선하게 살아야 합니다(참조. 시 119:1-176; 사 59:21; 딤후 3:15-17; 롬 12:9-21, 13:11-14 등). 하나님의 자녀들이 믿음이 있다고 하면서 하나님의 말씀을 행하지 않으면, 그 믿음은 죽은 믿음입니다(약 2:14-26 등). 또한 하나님의 말씀을 듣기만 하고, 그 말씀을 행하지 않는 사람은 자신을 속이는 사람입니다(약 1:22-27). 자신이 하나님의 자녀라고 말하면서 하나님의 말씀에 맞게 살지 않는 사람들이 주변에 있다면, 그들에게 믿음의 형제로서 충고는 하되 가깝게 교제하며 지내지는 말아야 합니다(참조. 고전 5:9-13; 살후 3:14-15 등).

5 하나님께서 하나님의 자녀들에게 명령한 삶은 무엇일까요?

1) 예수 그리스도를 믿고 따르는 삶을 살고,

2) 하나님의 말씀에 맞게 거룩하고 선한 삶을 살며,

3) 하나님, 자기 자신과 가족들, 믿음의 형제들, 이웃들, 그리고 원수들까지 ____하는 삶을 살고,

4) 예수 복음의 ____으로 살라고 명령하셨습니다(신 6:1-9; 마 22:34-40, 28:18-20; 행 1:8, 20:24-28; 고전 9:16, 15:58; 요일 3:23-24, 4:7-21; 요삼 1:11 등).

하나님의 자녀들은 하나님의 명령대로 반드시 하나님의 말씀을 지키며 살아야 하고, 어떤 상황에서도 아벨, 노아, 아브라함, 욥, 모세, 사무엘, 다윗, 다니엘과 같은 믿음의 사람들처럼 의롭게 살아야 합니다(참조. 히 11:1-40 등). 또한 하나님의 자녀들은 하나님 안에서 항상 기뻐하고, 쉬지 않고 기도하며, 모든 일에 감사해야 합니다(참조. 살전 5:16-18 등). 그리고 하나님의 자녀들은 사랑하는 삶과 선한 삶을 실천하며 살아야 합니다 (요 13:34-35; 빌 4:4-9; 요일 3:11-24, 4:7-21 등). 하나님의 자녀들은 세상 사람들과는 구별된 모습으로 거룩하게 살아야 합니다(참조. 레 11:44-45; 시 5:4-6; 벧전 1:15-17, 3:8-9; 요일 3:1-10 등). 성경에는 하나님의 자녀들이 지켜야 할 하나님의 명령과 뜻이 많은데, 하나님의 자녀들은 하나님께서 "하라"고 말씀하신 것은 행하고, "하지 말라"고 말씀하신 것은 행하지 말아야 합니다.

토론 및 적용 질문

1. 당신은 하나님 안에서의 당신의 정체성이 무엇인지 정확히 알고, 그 정체성에 맞게 살고 있습니까?
2. 당신이 하나님의 자녀라는 사실이 너무 기쁘고 감사할 때가 언제이며, 그 기쁨과 감사를 어떻게 표현하는지 나눠봅시다.
3. 당신이 하나님의 자녀로 세상에 사는 것이 너무 힘들고 고통스러울 때가 있다면 언제이며, 그럴 때는 어떻게 하는지 나눠봅시다.

해답
1. 하나님의 자녀   2. 성령 하나님   3. 기쁘시게   4. 성경   5. 사랑, 증인

22 하나님의 자녀 - 2

하나님의 자녀들은 의와 진리의 거룩함으로 새 사람이 된, 즉 하나님의 형상과 모양으로 지음을 받았던 원래의 모습으로 회복된 사람들입니다(엡 4:24; 골 3:9-10 등). 그래서 하나님의 자녀들은 하나님 안에서의 자신의 정체성이 무엇인지 성경을 통해 정확히 배울 뿐만 아니라, 그 정체성에 맞게 살아야 합니다(참조. 사 43:1-7; 요 1:12, 3:16; 롬 5:6-8, 8:1-39; 갈 2:20; 요일 4:7-21 등). 하나님의 자녀들은 먹든지 마시든지 무엇을 하든지 하나님의 영광을 위한 삶, 다른 사람들과 하나님의 교회에 걸림돌이 되지 않는 삶, 그리고 죄로 죽어가는 영혼들을 구원으로 인도하는 예수 복음의 증인으로서의 삶을 살아야 합니다(고전 6:12-20, 10:23-33 등).

1 하나님의 자녀가 되면 어떤 변화가 생길까요?

하나님의 자녀가 되면 하나님의 말씀이 원하는 대로 선한 삶을 살게 되는 반면, __는 싫어하게(멀리하게) 됩니다(롬 12:9; 엡 4:17-32; 살전 5:21-22; 딛 2:14; 약 4:17; 요일 2:15-17, 3:9-10; 요삼 1:11 등).

하나님의 자녀들은 하나님께 속한 사람-그리스도께 속한 사람, 하늘(위)에 속한 사람, 영에 속한 사람, 진리에 속한 사람-입니다(막 9:38-41; 요 18:36-37; 고전 2:9-16; 갈 3:29; 요일 4:1-6 등). 하나님의 자녀들은 죄로 물들었던 옛 사람의 모습은 버리고, 하나님의 말씀에 맞게 의롭고 선하게 살아야 하고, 육체적이고 세상적인 삶보다 하나님을 향한 영적인 삶을 우선하며 살아야 합니다(참조. 엡 4:17-32; 빌 4:5-9; 골 3:1-17; 벧전 2:9-10; 벧후 1:3-8; 요일 2:29, 5:18 등). 또한 하나님의 자녀가 되면 거짓의 아비인 마귀의 뜻이나 죄의 본성인 육체의 욕구대로 살지 않고, 성령 하나님께서 요구하시는 대로(즉 하나님의 말씀대로) 살아야 합니다(참조. 요 8:39-47; 롬 8:1-17; 갈 5:16-26; 요일 3:1-10 등). 그리스도인들은 자신이 하나님의 자녀인 것을 다른 사람들이 알 수 있도록 선을 행하며 살아야 합니다(참조. 마 5:13-16; 빌 4:5; 약 1:19-2:26; 벧전 2:12; 벧후 1:10-11 등).

2 하나님의 자녀들은 언제까지 하나님의 사랑을 받으며 살게 될까요?

하나님의 자녀들은 하나님의 사랑을 _____ 받으며 살게 됩니다(사 54:10; 렘 32:40; 요 13:1; 롬 8:38-39; 벧전 1:3-5 등).

죽음, 생명, 천사들, 하늘의 권세자들, 현재 일, 장래 일, 그 어떤 힘, 가장 높은 것, 깊은 것, 그리고 그 밖의 어떤 피조물이라도, 그리스도 예수 안에 있는 하나님의 사랑에서 하나님의 자녀들을 끊을 수 없습니다(롬 8:31-39). 성경은 세상과 세상적인 것들을 사랑하는 사람들은 하나님의 사랑이 그 안에 없으며, 하나님과 원수 된 사람들이라고 말씀합니다(약 4:4; 요일 2:15-17 등). 또한 사람들이 돈을 사랑하는 것이 모든 악의 뿌리요, 돈을 많이 얻으려고 하다가는 진실한 믿음에서 떠나고, 오히려 그로 인해 큰 근심과 고통을 당하게 될 것이라고 말씀합니다(딤전 6:9-10).

3 하나님의 자녀들이 받게 되는 특권은 무엇일까요?

하나님의 자녀들이 받게 되는 특권은 영원한 생명과 하나님의 나라, 상속자로서의 권리와 _____ 등입니다(롬 6:23, 8:9-18; 고전 9:24-25; 갈 4:7; 엡 3:6; 딤후 4:6-8; 히 12:28; 약 1:12; 벧전 5:1-4 등).

하나님의 자녀들은 구원을 통해 영원한 생명을 이미 받았습니다. 그래서 하나님의 자녀들은 죽으면 육체는 부활 때까지 흙으로 돌아가지만, 영은 바로 천국으로 갑니다(참조. 창 3:19; 눅 23:43 등). 그리고 하나님의 자녀들은 하나님의 나라를 받았기에, 세상에서는 나그네로 하나님의 나라의 백성답게 살아야 합니다. 또한 하나님을 아버지로 부를 수 있는 자녀로서, 하나님께서 주시는 상속을 받게 됩니다. 그 뿐만 아니라, 하나님의 자녀들은 하나님 안에서 예수 복음을 전함으로 생명을 구원하는 일을 하고, 믿음으로 의롭게 살았다는 표시로 면류관을 받게 됩니다(참조. 빌 3:20, 4:1 계 2:10, 4:2-4 등).

4 하나님의 자녀들은 누구를 닮아가야 할까요?

하나님의 자녀들은 _____을 닮아가야 합니다(시 37:3; 엡 4:12-16, 5:1; 빌 2:5; 골 2:6-10; 요일 2:6; 요이 1:9 등).

하나님의 자녀들은 자신을 만드시고 죄악 가운데서 구원으로 불러주셨을 뿐만 아니라, 믿음과 삶의 기준이신 삼위일체 하나님을 닮아가야 합니다. 하나님의 자녀들은 삼위일체 하나님을 닮아가기 위해 하나님의 말씀에 맞게 살아야 하고, 자기를 부인하고 자기 십자가를 지고 예수 그리스도를 따라야 하며, 성령 하나님께서 요구하시는 대로 살아야 하고, 하나님께서 맡겨주신 사명들을 묵묵히 이루며 살아야 합니다(참조. 마 16:24; 롬 8:1-17, 14:7-9; 고전 3:1-17; 갈 5:16-26; 엡 4:13-15 등). 또한 하나님의 자녀들은 살아도 주를 위해 살고 죽어도 주를 위해 죽을 수 있을 만큼, 오직 주를 위해 살아야 합니다(롬 14:7-8; 갈 2:20 등). 하나님의 자녀들이라도 하나님의 은혜와 성령으로 충만하지 않고 하나님의 말씀을 지켜 행하는 일에 게을러지면, 믿지 않는 사람들과 다를 바 없이 죄의 본성이 드러나는 삶을 살게 되기에 주의해야 합니다(참조. 마 7:13-29, 15:16-20; 눅 6:43-45; 롬 1:18-32, 8:1-9; 갈 5:16-26; 엡 4:17-32; 딤후 3:1-9 등).

5 하나님의 자녀들이 잘못(죄)을 저지르면 세상 사람들은 누구를 욕할까요?

_____, 하나님의 교회, 그리고 하나님의 자녀들을 비난하거나 욕합니다(삼하 12:13-14; 시 44:15; 사 52:5; 롬 2:23-24 등).

하나님의 자녀들이 하나님의 말씀대로 살지 않고 마귀의 자녀로 살았던 옛 사람의 모습(거짓과 죄악된 모습)대로 살면, 하나님과 하나님의 교회, 그리고 하나님의 자녀들까지 욕되게 합니다(참조. 엡 2:1-10). 또한 하나님의 자녀들이 하나님의 말씀에 순종하지 않고 죄악에 물든 삶을 살게 되면, 거짓 선생들(또는 거짓 성도들)처럼 예수 그리스도와 진리를 알지 못할 때보다 더 심하게 죄를 지으며 살 수 있게 되어 그 책임을 피하기 어렵습니다(참조. 히 10:26-27; 벧후 2:20-22). 하나님의 자녀들은 어떤 상황에서든 소금과 빛된 선한 삶을 살므로, 세상 사람들이 하나님께 영광을 돌릴 수 있도록 해야 합니다(마 5:11-16; 벧전 2:9-12, 4:12-19 등). 그런데 요즘 안타깝게도 하나님의 말씀과는 거리가 먼 세속적인 모습으로 변질되는 그리스도인들과 지역 교회들이 늘어나고 있는 것이 현실입니다.

토론 및 적용 질문

1. 당신이 하나님의 자녀라는 사실을 가족들이나 주변 사람들이 잘 알고 인정해 줍니까? 또한 당신은 자신이 하나님의 자녀라는 사실을 다른 사람들에게 자주 말하는 편입니까?

2. 당신은 주변의 하나님의 자녀들과 영적으로 친밀한 교제를 자주 갖는 편입니까? 만약 그렇다면 그들과 만나서 주로 나누는 대화나 함께 하는 일은 무엇인지 나눠봅시다.

3. 당신은 세상 사람들이 하나님께 영광을 돌릴 수 있도록 하기 위해, 어떤 모습으로 살고 있는지 나눠봅시다.

해답

1. 죄 2. 영원히 3. 면류관 4. 삼위일체 하나님 5. 하나님

교회 - 1

교회는 하나님께 부름을 받은 사람들의 모임입니다(참조. 마 18:15-20; 행 7:38 등). 교회는 세상과 구별된 거룩한 공동체이고, 교회로 부름을 받은 사람들은 예수 그리스도 안에서 하나입니다(참조. 고전 3:16-17, 10:17, 12:12, 27; 고후 6:14-18; 엡 4:4-6 등). 또한 교회의 머리는 예수 그리스도이시고, 교회는 하나님께 예배와 찬양으로 영광 돌리는 것을 우선해야 합니다. 그 뿐만 아니라, 교회는 예수 그리스도와 함께 죽고 함께 사는 생명 공동체로, 예수 그리스도 없는 교회는 존재할 수 없습니다(고전 10:16-17, 12:27; 엡 1:21-23, 5:23-30; 골 1:18-24 등). 교회는 세상을 향한 하나님의 축복의 통로입니다.

1 교회가 무엇일까요?

교회는 구원받은 하나님의 자녀들의 모임이자, 예수 그리스도의 __ 입니다(마 18:15-20; 고전 1:1-3, 3:16-17, 12:27; 엡 1:19-23; 골 1:24 등. 참조. 행 7:38).

교회는 하나님께서 말씀으로 다스리시는 영적인 공동체이고, 세상과 구별된 거룩한 믿음의 공동체이며, 하나님께 예배와 찬양을 드리는 예배 공동체입니다. 그리고 교회는 그리스도인들이 서로 사랑으로 함께 하는 교제 공동체이고, 하나님의 말씀을 가르치는 교육 공동체이며, 그리스도인들이 협력하여 선을 이루는 협력 공동체이고, 세상에 예수 복음을 전하는 전도(선교) 공동체입니다. 그 뿐만 아니라, 교회는 세상에 선한 영향력을 미치는 소금과 빛의 공동체이고, 하나님의 뜻을 구하는 기도 공동체이며, 구제와 나눔의 공동체이고, 하나님만을 의지하고 바라보는 소망 공동체입니다(참조. 마 9:35, 28:19-20; 행 2:1-47, 4:32-37; 롬 8:28; 엡 4:4-5; 살전 5:16-18; 히 10:25 등).

2 교회는 무엇을 기초로 세워졌을까요?

교회는 예수 그리스도의 십자가의 _____ (예수 그리스도의 피로 사신 교회)을 기초로 세워졌습니다(행 20:28; 고전 3:10-11; 엡 2:19-22; 골 1:18-23; 벧전 2:4-8 등. 참조. 마 16:13-20, 18:18-20).

교회는 하나님께서 예수 그리스도를 통해 하나님의 계획과 지혜를 알리시기 위해, 그리고 하나님의 영원한 계획에 의해 세워졌습니다(엡 3:9-11 등). 교회는 베드로의 "주님은 그리스도시며, 살아 계신 하나님의 아들"이라는 예수 그리스도에 대한 신앙고백과 두세 사람이 예수 그리스도의 이름으로 모인 곳에 함께 하시겠다고 하신 예수 그리스도의 말씀 위에 세워졌습니다(참조. 마 16:13-20, 18:18-20; 막 8:27-30; 눅 9:18-21; 요 20:22-23; 고전 10:1-4 등). 교회의 기초는 오직 예수 그리스도이십니다(행 20:28; 고전 3:10-11; 엡 2:20-22 등).

3 세상에 있는 모든 교회의 주인은 누구실까요?

세상에 있는 모든 교회의 주인은 _____이십니다(신 10:14; 고전 3:21-23; 엡 4:6; 골 1:15-20; 히 3:4 등).

교회는 하나님께서 세우셔서 사람들에게 주셨고, 하나님께서는 교회의 주인으로 교회와 성도들을 말씀으로 다스리고 계시며, 교회를 통하여 예배와 찬양을 받으실 뿐만 아니라, 교회를 통하여 세상을 복음화시키고 계십니다(참조. 엡 3:9-11, 21; 살전 1:1; 살후 1:1; 딤전 3:15-16 등). 또한 장소로서의 교회는 하나님의 집입니다. 그래서 교회는 하나님께 예배와 찬양을 드리는 곳, 하나님의 말씀을 가르치고 성도들이 영적으로 교제하는 곳, 예수 복음을 전하는 곳, 이웃을 위해 구제하고 나누는 곳이기에 영적인 장소로 사용해야지, 장사를 하거나 세속적인 장소로 사용하는 것은 좋지 않습니다(마 21:12-13; 막 11:15-17; 눅 19:45-46; 요 2:13-16; 고전 10:32; 히 3:6 등).

4 예수 그리스도와 교회는 어떤 관계일까요?

1) 예수 그리스도는 교회의 ____요, 교회는 예수 그리스도의 몸으로, 예수 그리스도께서는 말씀과 ____으로 교회를 다스리십니다(고전 12:27; 엡 1:20-23, 5:21-33; 골 1:18-24 등).

2) 또한 예수 그리스도와 교회의 관계는 남편과 아내의 관계이고, 예수 그리스도께서는 자기의 몸인 교회의 구원자이십니다(요 3:29; 고후 11:2; 엡 5:21-33; 계 21:9-11 등).

예수 그리스도께서 머리되신 교회는 말씀을 통해 거룩하게 되었기에, 세상에 하나님의 영광과 예수 그리스도를 드러내게 됩니다(참조. 엡 5:26-27 등). 또한 예수 그리스도와 교회는 남편과 아내의 관계이고(참조. 요 3:29; 고후 11:2; 계 21:9-10 등), 교회는 머리되신 예수 그리스도께 복종해야 하며, 그분 안에서 서로 하나되고 합력하여 선을 이루어야 합니다(롬 8:28; 고전 12:1-31; 엡 4:1-16, 5:24). 다시 말해 그리스도인들은 예수 그리스도께 복종할 뿐만 아니라, 예수 그리스도께 위임받은 교회의 영적인 권위에도 복종해야 합니다.

5 하나님께서 교회에 맡기신 3가지의 핵심 사명은 무엇일까요?

하나님께서 교회에 맡기신 핵심 사명은 1) 하나님께 예배를 드리고, 2) 하나님의 말씀을 _____, 3) 세상에 예수 그리스도를 전하는 것입니다(마 28:19-20; 요 4:21-24; 행 1:8; 롬 12:1-2; 고전 6:19-20, 9:16-17; 빌 1:20-21 등).

교회는 하나님께서 맡겨주신 사명들을 감당하기 위해, 성령 하나님께 항상 도움을 구해야 합니다(참조. 롬 8:26-27; 고전 9:14-27; 고후 12:9-10; 딤후 2:15-17; 히 4:14-16 등). 교회가 하나님께서 맡겨주신 사명을 온전히 감당할 때, 하나님께서 영광을 받으실 것이고, 성도들은 영적으로 성숙해질 것이며, 세상은 예수 그리스도의 복음으로 구원의 기쁨을 맛보게 될 것입니다(참조. 마 5:13-16; 살전 5:15; 벧전 2:11-12 등). 교회는 세대와 인종, 국적과 신분, 남녀노소, 그리고 지역적인 차별이 없어야 하고, 그리스도 예수 안에서 믿음으로 하나되어 항상 선을 행해야 합니다(롬 8:28; 고전 10:17, 12:1-31; 갈 3:26-29; 엡 4:1-6 등).

토론 및 적용 질문

1. 당신이 섬기는 교회가 초대교회처럼 성도들이 성령 충만하고, 세상에 선한 영향력을 미치며, 예수 복음의 증인의 모습이 되려면 어떻게 해야 할지 나눠봅시다.

2. 당신이 섬기는 교회가 초대교회처럼 성도들끼리 서로 물질을 공유하려고 한다면, 당신은 자신이 가진 물질 중에 몇 퍼센트 정도를 내어놓을 수 있을지 나눠봅시다.

3. 요즘 당신이 특별한 기쁨으로 참여하는 교회의 모임이 있다면 무엇인지 나눠봅시다.

해답 1. 몸 2. 죽으심 3. 하나님 4. 머리, 성령 5. 가르치며

교회 - 2

그리스도인들은 하나님께 예배를 드리고, 하나님의 말씀을 배우며, 주 안에서 서로 교제하고, 함께 섬김과 봉사를 하며, 영적인 훈련을 하기 위해, 교회에 모이기에 힘쓸 뿐만 아니라 교회 중심으로 살아야 합니다(요 4:20-24; 행 2:42-47; 골 1:24-29; 딤후 3:15-17; 히 10:25 등). 또한 교회들이 서로 사랑하고 협력해야 하는 이유는 주 안에서 하나 될 뿐만 아니라, 하나님께서 기뻐하시는 거룩하고 선한 삶을 이루어 가고, 세상 사람들에게 예수 그리스도의 십자가의 사랑의 모범을 보여주며, 마귀의 세력들과 영적인 싸움에서 승리하고, 세상 사람들에게 예수 복음을 잘 전하며, 세상에 선한 영향력을 미치며 살기 위해서입니다(참조. 마 5:13-16; 롬 8:2; 엡 4:1-6, 6:10-18; 빌 2:1-5; 약 4:7-8; 요일 5:4-5 등).

1. 교회에서 꼭 행해야 하는 것들은 구체적으로 무엇일까요?

교회는 예배와 찬양과 기도, 전도와 선교, 세례와 ____, 교육과 훈련, 성도의 교제, 섬김과 봉사, 나눔과 구제, 권면과 징계 등을 행해야 합니다(신 6:1-9; 마 6:1-34, 28:18-20; 요 4:21-24, 13:1-20; 행 2:41-47; 고전 5:1-13, 6:19-20, 11:17-34; 딤후 4:2 등).

교회는 가장 우선적으로 하나님께 영광을 돌리는 예배와 찬양을 드려야 하고, 모든 민족에게와 땅 끝까지 예수 복음을 전하는 전도와 선교를 해야 하며, 세례와 성찬을 올바로 행해야 하고, 성도들과 자녀들에게 하나님의 말씀을 잘 가르치고 훈련하여 세상에서 선한 삶을 살게 할 뿐만 아니라 영적으로 승리하며 살게 해야 하며, 성도들이 사랑으로 교제할 수 있도록 도와야 하고, 하나님께 받은 은혜와 사랑으로 섬김과 봉사, 나눔과 구제를 해야 하며, 죄를 짓는 사람들에게 권면과 징계를 행해야 합니다(참조. 막 16:15; 눅 24:47; 행 4:32-37, 5:1-11, 6:1-7; 롬 12:3-8; 고전 5:1-13, 12:1-31 등).

2. 성경에서 교회를 어떤 이름으로 다르게 표현할까요?

성경은 교회를 1) 하나님의 집(마 21:12-13; 요 2:13-16; 히 3:6), 2) 하나님의 백성(엡 2:19; 벧전 2:9-10), 3) 그리스도의 몸(고전 12:27; 엡 1:22-23, 5:30; 골 1:18, 24), 4) 하나님의 ____(고전 3:16-17; 엡 2:19-22), 5) 진리의 터와 기둥(딤전 3:15), 6) 성령의 전(고전 6:19), 7) 새 예루살렘(계 3:12, 21:1-27) 등으로 표현하고 있습니다.

성경은 교회를 하나님의 집(하나님과의 만남의 장소, 하나님의 자녀들이 하나님께 기도하는 곳), 하나님의 백성(예수 그리스도를 믿음으로 하나님의 나라의 백성이 된 사람들의 모임), 그리스도의 몸(예수 그리스도와 연합된 생명 공동체), 하나님의 성전(하나님께서 임재하시는 곳), 성령의 전(성령 하나님께서 임재하시는 그리스도인들의 마음), 진리의 터와 기둥(하나님의 말씀인 진리 위에 세워지고, 그 말씀에 순종하며 따라가는 공동체), 새 예루살렘(하나님이 통치하시는 곳이자 예배드리는 공동체) 등으로 표현하고 있습니다(참조. 창 28:10-22; 마 21:12-13; 요

2:13-16; 고전 6:19; 갈 4:26; 히 12:22; 계 3:12, 21:1-27 등).

③ 세상의 모든 교회들은 서로를 어떻게 대해야 할까요?

세상의 모든 교회들은 하나님 안에서 서로 협력하고 ____해야 합니다(요 13:34-35, 15:12-17; 롬 8:28; 빌 1:27-28; 벧전 1:22; 요일 4:1-21 등).

모든 교회들은 하나님 안에서 서로 하나 될 뿐만 아니라 서로 협력하여 마귀의 세력과의 영적인 싸움에서 승리하고, 하나님께서 기뻐하시는 거룩하고 선한 삶을 이루어 가며, 믿지 않는 사람들에게 예수 복음을 전함으로 그들을 구원의 길로 인도해야 합니다(마 28:18-20; 행 1:8; 고전 1:21, 9:16-17; 엡 6:10-18; 약 4:7-8 등. 참조. 엡 4:1-6; 빌 2:1-5). 그리고 모든 교회들과 성도들은 하나님을 사랑하고, 자기 몸처럼 이웃을 사랑하며, 믿음의 형제들끼리 서로 사랑하고, 원수들까지 사랑하며 살아야 합니다(마 5:43-44, 22:34-40; 요일 4:7-21 등).

④ 예수 그리스도께서 가르쳐 주신 교회의 역할은 무엇일까요?

1) 하나님께 영과 진리로 ____를 드리는 역할(막 12:41-44; 눅 10:38-42; 요 4:20-24 등).

2) 하나님의 말씀을 바로 가르치는 역할(마 28:18-20; 눅 9:1-6 등. 참조. 눅 24:45-48; 딤후 4:2).

3) 세상 사람들에게 ____(예수 그리스도와 하나님의 나라)을 전하는 역할(마 28:18-20; 막 16:15-16; 눅 24:47-48; 행 1:8 등).

4) 하나님, 이웃, 믿음의 형제들, 그리고 원수들까지 사랑하는 역할(마 5:43-48, 22:34-40; 요 4:20-24, 13:34-35 등).

5) 세상의 소금과 빛으로서 선을 행하는 역할(마 5:13-16 등. 참조. 약 4:17; 벧전 2:11-12). 특히 이 역할은 고아들, 과부들, 배고픈 사람들, 병든 사람들, 옥에 갇힌 사람들을 비롯해 소외된 사람들을 구제하고 나누며, 그들을 돌보고 섬겨줌으로 선한 이웃이 되는 것이 포함됩니다(참조. 마 6:1-4, 25:31-46; 눅 10:25-37 등).

교회와 그리스도인들은 세상 사람들을 항상 선함(골 4:5-6; 살전 5:15 등)과 사랑(마 5:43-44, 22:39; 고전 16:14; 갈 5:14; 약 2:8 등)과 온유함(참조. 갈 6:1; 딤후 2:25)으로 대해야 합니다. 그리고 그들에게 예수 복음을 전하여 그들이 예수 그리스도를 믿음으로 구원을 얻도록 도와야 하고(마 28:18-20; 행 1:8; 고전 1:21, 9:16-18; 빌 1:16 등), 복음을 전할 때는 하나님이 주시는 지혜와 선한 말로 은혜를 끼쳐야 합니다(엡 4:29; 골 4:5-6). 교회와 그리스도인들이 예수 복음을 전하여 세상 사람들을 구원하는 일은 하나님께 큰 칭찬과 복을 받을 귀한 일이자 영원한 기쁨을 주는 일입니다(참조. 단 12:3; 롬 1:13; 고전 16:15; 골 1:6; 살전 2:19-20 등). 사실, 교회는 소금과 빛으로서 죄로 물든 세상 사람들에게 거룩한 영향력을 미치고, 영적인 어둠에 갇힌 그들에게 선을 행하며 사는 모범을 보여야 합니다(참조. 레 2:1-16; 민 18:1-32; 마 5:13-16 등).

5 **예수 그리스도께서 하나님의 교회에 주신 영적인 권세는 무엇일까요?**

예수 그리스도께서 교회에 주신 영적인 권세는 교회가 사람들에게 예수 복음(십자가의 도)을 전해 그들을 ____으로 인도하여, 그들의 영적인 생명을 살리는 데 사용해야 하는 권세입니다(마 16:18-19, 18:18-20, 28:18-20; 요 20:22-23; 계 2:26-28 등).

교회의 영적인 권세는 예수 그리스도와 성령 하나님을 통해서 사용할 수 있습니다(참조. 요 20:22-23; 고전 5:4-5 등). 초대교회에서 사도들은 영적인 권세로 교회를 세우는 일과 세상에 예수 그리스도를 전하는 일에 힘썼습니다(참조. 마 16:18-19, 18:18-20; 요 20:22-23; 행 2:1-4:37 등). 예수 그리스도께서 교회에 주신 권세는 교회를 영적으로 바로 세워지게 하고, 교회가 하나님의 말씀에 맞게 운영되게 하며, 교회가 죄악은 버리고 선을 행할 수 있게 하고, 마귀로부터 교회를 보호하며, 교회가 세상에서 소외되고 힘든 사람들을 겸손하게 섬길 수 있게 하고, 교회가 세상에서 소금과 빛으로서 선한 영향력을 미칠 수 있게 해 줍니다(참조. 마 5:13-16, 20:25-28; 고전 5:10-13; 벧전 5:1-3 등). 특히 성령을 받은 모든 그리스도인들과 지역 교회들은 세상(가정, 직장, 사회 등)에 예수 복음을 전하기 위해 보냄을 받았음을 알고, 항상 그에 맞게 행해야 합니다(요 17:18, 20:19-23; 행 1:8; 롬 10:14-15 등. 참조. 마 28:18-20).

토론 및 적용 질문

1. 교회가 지역 사회를 위해 문화센터, 노인교실, 장애인 센터, 방과 후 돌봄 센터, 도서관, 유치원이나 학교를 비롯해 다양한 비영리 활동을 한다면 봉사자로 참여할 마음이 있습니까?
2. 교회와 성도들이 지역 사회를 위해서 실천하면 좋을만한 봉사나 나눔은 무엇이 있을지 나눠봅시다.
3. 요즘 교회들과 그리스도인들이 세상에서 가장 비난받는 것은 무엇이며, 그런 모습을 어떻게 하면 바꿀 수 있을지 나눠봅시다.

해답

1. 성찬 2. 성전 3. 사랑 4. 예배, 복음 5. 구원

25 예배 - 1

예배는 그리스도인들이 하나님께 영광을 돌리기 위한 최고의 행위입니다. 그리스도인들이 하나님께 예배를 드릴 때는 영-성령 하나님께서 예배를 인도하시고 바른 예배를 드릴 수 있도록 도우실 뿐만 아니라, 예배를 통해 영광을 받으신다는 의미-과 진리-예배를 하나님의 말씀에 맞게 드려야 한다는 의미와 거짓이나 형식적인 모습이 아니라 마음을 다해 진실하게 드려야 한다는 의미-로 드려야 합니다(왕하 17:35-39; 사 43:21; 요 4:20-24; 롬 12:1-2; 히 13:15-16 등). 또한 하나님께서는 영과 진리로 바르게 예배를 드리는 사람들을 찾으신다고 말씀하셨기에, 모든 그리스도인들은 그 무엇보다 하나님께 바른 예배를 드리는 삶에 최우선을 두어야 합니다(요 4:23).

1. 예배는 무엇일까요?

예배는 그리스도인들이 하나님께 자신의 신앙을 고백하고, 하나님의 말씀에 절대적인 순종과 섬김을 다짐하며, 하나님의 은혜와 사랑에 ____함으로 하나님께 영광과 찬양을 올려 드리는 행위입니다(신 10:12-22; 왕하 17:35-39; 시 99:1-9; 요 4:20-24; 롬 12:1-2; 히 13:15-16 등. 참조. 대하 7:1-10).

그리스도인들은 예배를 통해 하나님을 만나고, 그분의 말씀을 들으며, 그분이 주시는 은혜와 능력을 받고, 그분이 원하시는 삶을 살게 됩니다(참조. 신 6:13; 시 99:1-9; 렘 32:38-40; 계 1:1-3 등). 구약에서는 제사를 통해 하나님께 예배를 드렸는데, 예수 그리스도께서 십자가에서 죽으심으로 제사 제도가 폐지된 이후에는, 예수 그리스도 안에서 영과 진리로 예배를 드려야 합니다(히 10:1-26. 참조. 요 4:19-24). 그리스도인들은 하나님께 예배를 드릴 때 영과 진리로 예배를 드리지 않고, 세속적인 방법이나 다른 종교의 예식을 빌려 예배를 드려서는 절대 안 됩니다. 특히 그리스도인들이 하나님께 예배를 드리기 위해서는, 자신의 죄를 회개하고 마음과 삶을 깨끗케 하여 거룩한 모습으로 준비해야 합니다(창 35:1-7; 삼상 16:1-5; 말 1:6-14; 마 5:23-26 등. 참조. 출 3:1-22, 19:1-19; 약 4:8 등).

2. 예배에서 가장 중요한 것은 무엇일까요?

예배에서 가장 중요한 것은 하나님께 ____을 돌리는 것입니다(시 96:8; 사 43:7; 마 6:33; 고전 6:19-20, 10:31 등).

예배는 그리스도인들이 하나님께 자신의 모든 것을 내려놓고, 오직 하나님만을 높이고 찬양하는 행위여야 합니다(참조. 시 96:1-13; 롬 12:1 등). 그리고 예배를 드릴 때는 자신이 받을 은혜와 유익을 생각하기보다는, 오직 하나님께서 받으실 영광만을 생각해야 합니다. 또한 그리스도인들은 하나님께서는 영으로 어디에나 계시는 분이심을 알고, 예배를 드림에 있어 장소에 구애받지 않아야 합니다(참조. 창 28:10-22; 렘 23:23-24; 요 4:20-24 등). 그리스도인들은 바른 예배를 드리기 위해 회개와 기도로 준비를 해야 합니다. 그리스도인들이 예배를 위해 기도할 때는 예배를 통해 오직 하나님만이 영광을 받으시고, 영과 진리로 바른 예배를 드리며, 하나님께서 주시는 말씀에 '아멘' 하게 해 주시고, 그 어떤 세력에게도 예배를 방해받지 않게 해 달라고 기도해야 합니다.

3. 예배는 누구에게 드리는 것일까요?

예배는 오직 _____께만 드려야 합니다(출 20:5; 신 6:13; 왕하 17:35-39; 요 4:20-24 등).

삼위일체 하나님 외에 예배와 찬양을 받을 만한 존재는 어디에도 없습니다. 그리고 그리스도인들이 예배를 드릴 때 삼위일체 하나님보다 우선되는 것이 있어서는 안 됩니다. 또한 예배가 삼위일체 하나님께 영광을 돌리는 것보다는 사람들이 받을 은혜와 기쁨에만 초점을 맞춘다면, 이는 예배의 본질을 벗어나는 죄임을 알아야 합니다. 그리스도인들은 그 어떤 경우에도 하나님 외의 다른 존재에게 예배와 찬양을 드려서는 안 됩니다. 또한 그리스도인들은 하나님께 드려질 영광과 예배를 우상이나 사람들에게 빼앗기지 않도록 주의해야 합니다(참조. 사 42:8; 고전 5:10-11, 6:9-10, 10:1-7; 갈 5:19-21; 요일 5:21 등). 혹시 높은 권력자들이나 유명한 사람들이 예배에 참여한다고 해도, 그들에게 영광과 찬양이 돌아가지 않도록 주의해야 합니다.

4. 예배를 드리는 이유는 무엇일까요?

예배를 드리는 이유는 하나님의 _____(명령)이기 때문이며, 하나님을 기쁘시게 해드리는 최상의 방법이기 때문입니다(출 20:3-7; 신 5:7-11; 롬 12:1 등).

그리스도인들이 하나님께 예배를 드려야 하는 이유는 하나님께서 예배를 드리라고 명령하셨기 때문이고, 하나님을 기쁘시게 해드리는 최고의 방법이기 때문이며, 하나님께서 그들의 영혼을 온전히 보존하도록 이끌어 주시기 때문이고, 하나님께서 그들에게 은혜를 베푸시는 통로이기 때문이며, 하나님께서 영과 진리로 예배를 드리는 참 예배자를 찾으시기 때문입니다(참조. 시 16:8-9; 요 4:23-24; 살전 5:12 등). 모든 그리스도인들은 평생 동안 하나님께서 찾으시는 바른 예배자로 살아야 합니다.

5. 예배는 어떻게 드려야 할까요?

예배는 영과 진리, 즉 ____ 하나님의 인도하심과 진리(하나님의 말씀)에 맞게 드려야 합니다(요 4:23-24; 롬 12:1; 빌 3:3; 히 12:28 등).

예배는 영, 즉 성령의 인도하심(성령 하나님께서 예배를 인도하시고 바른 예배를 드릴 수 있도록 도와주실 뿐만 아니라, 예배를 통해 영광을 받으신다는 의미)과 진리, 즉 하나님의 말씀인 진리(예배를 하나님의 말씀에 맞게 드려야 한다는 의미와 거짓이나 형식적인 모습이 아니라 마음을 다해 진실하게 드려야 한다는 의미)에 맞게 드려야 합니다(참조. 마 23:1-39, 26:6-13; 막 14:3-9; 딤후 3:2-5; 롬 12:1; 히 13:15-16 등). 그리스도인들은 하나님을 향한 마음은 없고 형식만 있는 예배나 전통을 지키려고 하나님의 말씀을 무시하는 예배를 드려서는 안 됩니다(참조. 마 15:1-9; 막 7:1-13 등). 영과 진리로 드리지 않는 예배나 하나님의 말씀에 맞지 않게 드리는 예배는 진짜 예배가 아닙니다.

토론 및 적용 질문

1. 당신은 예배를 어떻게 준비하며, 예배를 통해 받은 하나님의 말씀을 삶에 어떻게 적용하는지 나눠봅시다.

2. 당신이 신앙생활을 하는 동안 예배를 통해 특별한 은혜를 받은 적이 있었다면 나눠봅시다.

3. 요즘 당신이 하나님께 예배를 잘 드리지 못하도록 방해하는 것들은 무엇이 있는지 나눠봅시다.

해답: 1. 감사 2. 영광 3. 삼위일체 하나님 4. 계명 5. 성령

26 예배 - 2

그리스도인들은 하나님께 교회에 모여서 드리는 공적인 예배(왕하 17:35-37; 시 96:8-9, 99:5; 요 4:20-24 등)와 가정과 사회에서 하나님의 말씀에 맞게 사는 삶으로 드리는 섬김의 예배(마 26:6-13; 눅 10:25-37; 롬 12:1; 빌 2:17; 히 13:15-16 등)를 잘 드려야 합니다. 물론 공적인 예배가 섬김의 예배보다 우선이지만, 섬김의 예배를 제대로 드리지 않는 사람은 공적인 예배를 잘 드릴 수 없고, 공적인 예배를 올바로 드리지 않는 사람은 섬김의 예배를 제대로 드릴 수 없기에, 공적인 예배와 섬김의 예배는 모두 중요합니다(참조. 마 15:8-9; 눅 10:38-42; 요 12:1-8 등). 그리스도인들은 하나님께 예배를 드리며 사는 것이 하나님께 받은 큰 은혜요 특권임을 알고, 기쁨과 감사로 예배를 드리며 살아야 합니다.

1 예배에는 어떤 종류가 있을까요?

예배는 _____(왕하 17:35-37; 시 96:8-9, 99:5; 요 4:20-24 등)와 섬김의 예배(신 10:12; 마 26:6-13; 눅 10:25-37; 롬 12:1; 빌 2:17; 히 13:15-16 등)가 있는데, 둘 중에 공적인 예배가 우선입니다(눅 10:38-42).

그리스도인들이 교회에 모여 하나님께 드리는 예배를 공적인 예배라고 하고, 가정과 세상에서 하나님의 말씀을 실천하는 삶을 섬김의 예배라고 할 수 있습니다(참조. 시 99:5; 마 26:6-13; 막 14:3-9; 눅 7:36-50, 10:25-42; 행 2:43-47, 4:32-37, 10:1-2 등). 물론 공적인 예배가 섬김의 예배보다 우선이지만, 섬김의 예배를 제대로 드리지 않는 사람은 공적인 예배를 잘 드릴 수 없습니다(참조. 마 15:1-9; 막 7:1-13; 눅 10:38-42 등). 공적인 예배를 드린다는 것은 예배에 참여하는 것뿐만 아니라, 하나님의 말씀을 듣고 그 말씀을 삶 속에서 실천하며 사는 것까지 다 포함하는 것입니다. 또한 공적인 예배를 잘 드리는 사람이 가정이나 사회에서 섬김의 예배를 잘 드릴 수 있고, 섬김의 예배를 잘 드리는 사람들이 공적인 예배를 바로 드릴 수 있습니다. 그러기에 그리스도인들은 공적인 예배와 섬김의 예배를 균형있게 잘 드려야 합니다. 요즘 교인들 중에는 주일 공적인 예배에 참석만 하면 예배에 대한 의무를 다한 줄로 착각합니다. 그래서 그들은 주일 공적인 예배에 참석한 후 일상생활로 돌아가서 들은 하나님의 말씀을 지키려는 노력은 하지 않고 세속적인 모습으로만 살거나, 선을 행하지는 않고 아무렇지 않게 죄를 저지르며 사는데, 이런 사람들은 바른 예배자라고 할 수 없습니다.

2 하나님께 예배를 드릴 수 있는 사람들은 누구일까요?

_____은 모두 하나님께 예배를 드릴 수 있습니다(요 4:21-24; 롬 12:1; 히 13:15-16 등).

예수 그리스도를 믿지 않는 사람들은 종교적인 행위를 할 수는 있습니다. 그러나 그들은 하나님이 기뻐하시는 바른 예배를 드릴 수는 없습니다. 왜냐하면 하나님을 믿지 않는 사람들은 성령의 인도하심을 받을 수 없고, 하나님의 말씀을 깨달을 수도 없기 때문입니다. 그 누구라도 성령의 인도하심과 진리의 말씀이 없이는, 하나님께 바른 예배를 드릴 수 없습니다(참조. 요 5:42-47; 롬 1:28; 살후 2:9-12; 벧전 2:6-8; 요일 5:10 등).

사실, 그리스도인들은 전능하신 하나님께 예배를 드릴 수 있는 특권을 받은 사람들입니다. 물론 그리스도인들이라도 바른 예배를 드리기 위해서는 믿음으로 하나님의 말씀에 맞게 살려는 노력, 즉 죄악을 그쳐야 하고, 선을 행해야 하며, 경건한 삶을 살아야 하고, 가족들을 잘 돌보아야 하며, 다른 사람들과 화평하게 지내야 하고, 어려운 이웃들을 도와주어야 하며, 하나님의 교회를 잘 섬겨야 하고, 복음을 전하는 등의 삶을 살아야 합니다(참조. 사 1:10-17; 마 5:23-24; 눅 10:25-42; 행 2:44-47; 갈 6:2; 딤전 5:8; 히 12:14 등).

3 공적인 예배에 포함되어야 하는 것들은 무엇일까요?

1) 신앙고백(사도신경), 2) 하나님의 말씀 선포(딤후 4:2 등), 3) 찬양(엡 5:19 등), 4) 기도(요 16:23-24; 살전 5:17 등), 5) ____ (신 14:22-29; 마 23:23; 고후 9:5-7 등), 6) 세례(마 28:19-20; 막 16:15-16 등), 7) 성찬(고전 11:20-34 등), 8) ____(민 6:22-27; 고후 13:13) 등입니다.

예배는 하나님의 말씀을 선포(하나님의 말씀을 하나님의 자녀들에게 목회자를 통해 전달하는 것), 찬양(하나님께 감사와 영광을 노래와 음악으로 올려드리는 것), 신앙고백(사도신경처럼 짧게 요약된 신앙고백서를 이용하여 하나님을 향한 자신의 신앙을 고백), 기도(하나님의 은혜에 감사하고, 지은 죄를 회개하며, 하나님의 뜻에 합당한 것을 구하는 행위), 헌금(하나님께 우리의 마음과 삶을 물질로 드리는 신앙고백), 성례(세례와 성찬을 행함, 즉 예수 그리스도께서 세우신 거룩한 예식), 축도(예배를 드리는 사람들에게 삼위일체 하나님의 이름으로 축복하는 행위) 등으로 이루어집니다. 지역 교회들마다 공적인 예배의 순서나 형식은 조금씩 다를 수 있지만, 영과 진리로 하나님의 영광을 위해 예배를 드리는 것은 동일해야 합니다.

4 그리스도인들은 어떤 마음으로 예배를 드려야 할까요?

그리스도인들은 하나님께 _____ 마음, 하나님을 경외하는 마음, 그리고 하나님을 믿고 그 말씀에 순종하고자 하는 마음으로 예배를 드려야 합니다(시 51:17, 95:1-7, 96:8-9; 전 5:1 등).

그리스도인들이 바른 예배를 드리기 위해서는, 반드시 하나님에 대한 절대적인 믿음으로 예배를 드려야 합니다(참조. 창 4:1-5; 히 11:4). 다시 말해 그리스도인들이 말만 하고 행함이 없는 죽은 믿음으로는, 하나님께 바른 예배를 드릴 수 없습니다(참조. 히 11:6; 약 2:14-26). 그리스도인들은 하나님께서 하시는 말씀을 잘 들어야 하고, 그 말씀의 의미를 정확히 깨닫고자 노력하며, 그 말씀을 확실하게 믿음으로 그 말씀을 삶에서 실천하며 살아야 합니다(참조. 마 13:9-17; 막 4:21-25; 롬 10:17; 히 11:6; 약 1:22-25, 4:17 등). 그리스도인들이 특수한 직업(경찰, 군인, 소방관, 의사, 간호사 등)을 가졌더라도, 주일에 교회에서 공적인 예배를 드리기 위해 최선의 노력을 해야 합니다. 만약 교회에서 공적인 예배를 정기적으로 드리지 못하는 경우라면, 가족들과 함께 가정예배를 드린 후 자신의 일터에서 섬김의 예배자로서 복된 영향력을 미칠 수 있도록 노력해야 합니다.

5. 하나님께서는 마지막 때에 어떤 사람들을 찾으신다고 말씀하셨을까요?

하나님께서는 __과 ____로 예배를 드리는 참 예배자들을 찾으신다고 말씀하셨습니다(요 4:23; 롬 12:1; 빌 3:3 등).

그리스도인들은 믿음으로 공적인 예배와 섬김의 예배를 바로 드림으로, 하나님께서 찾으시는 참 예배자가 되어야 합니다. 그리고 그리스도인들은 하나님의 은혜에 감사함으로 하나님께 영광을 돌리며 살아야 합니다(참조. 시 136:1-26; 고전 6:20, 10:23-33 등). 그리스도인들은 예배를 통해 받은 하나님의 말씀을 삶에서 지켜 행하기 위해 최선의 노력을 다해야 합니다. 그러기 위해서 하나님의 사랑과 은혜를 자주 생각하고, 하나님의 말씀을 읽고 깊이 묵상하며, 어떤 경우에도 자신의 삶에서 예배를 우선순위에 두려고 노력하고, 예배를 방해하는 모든 것들(죄악된 마음, 영적이지 않은 사람들과의 친밀한 교제, 일을 비롯한 세상적인 것들 등)을 멀리해야 합니다. 요즘 성도들 가운데 재난을 비롯해 공적인 예배를 드릴 수 없는 상황(박해나 질병 등)이 아님에도 불구하고 주일에 교회에 모여 공적인 예배를 드리기보다는, 교회에 가지 않고 온라인 예배나 가정 예배만 드려도 된다는 식으로 여기는 사람들이 있는데, 이는 잘못된 것이고 예배를 너무 가볍게 여기는 것임을 알고, 교회에 성도들이 함께 모여 예배를 드리기 위해 최선을 다해야 합니다(요 4:21-24, 12:20-26; 행 2:44-47; 히 10:25 등).

토론 및 적용 질문

1. 당신이 공적인 예배(교회 중심)와 섬김의 예배(가정과 사회에서)를 모두 잘 드리기 위해 어떤 노력을 하는지 나눠봅시다.
2. 당신 주변에 선한 사마리아인이나 옥합을 깨트렸던 여인처럼, 섬김의 예배를 잘 드리는 그리스도인들이 있다면 나눠봅시다.
3. 요즘 교회에서 드려지는 공적인 예배에서 하나님의 영광을 가로채는 것들은 무엇이 있는지 나눠봅시다.

해답
1. 공적인 예배 2. 구원받은 사람들
3. 헌금, 축도 4. 감사하는 5. 영, 진리

27 찬양 - 1

그리스도인들은 하나님께 영광과 찬양을 드리도록 부름을 받은 사람들입니다(참조. 시 150:1-6; 사 43:7, 21 등). 그리스도인들은 찬양을 통해 하나님을 높이고 영광을 돌릴 뿐만 아니라, 세상에 하나님을 증거해야 합니다. 찬양은 인간을 비롯한 모든 피조물들이 창조자이신 하나님께 반드시 드려야 할 영적인 행위입니다(참조. 시 8:1-9, 96:1-13, 148:1-14; 눅 2:13, 19:28-40; 계 5:13 등). 모든 만물들은 하나님을 찬양하기 위해 지음 받았기에, 반드시 하나님을 찬양해야 합니다(시 33:1, 69:34; 사 43:7, 21; 골 3:16-17; 약 5:13 등). 오직 하나님 외에는 그 어떤 존재도 찬양을 받을 자격이 없으며, 그리스도인들은 자신이 할 수 있는 다양한 방법(시, 노래, 악기 등)으로 하나님을 찬양해야 합니다.

1 찬양은 무엇일까요?

찬양은 하나님께 ____와 영광을 노래와 음악으로 올려드리는 것입니다(시 66:1-20, 148:1-14; 롬 15:11; 엡 5:19-20; 골 3:16-17; 히 13:15 등).

그리스도인들이 성령 충만할 때, 하나님의 은혜와 사랑에 대한 감사가 마음에 가득할 때, 그리고 하나님을 경외하고 그분의 이름을 높일 때, 마음에서 우러나오는 기쁨으로 하나님께 찬양을 드리게 됩니다(참조. 삼하 6:1-23; 행 2:44-47 등). 예수 그리스도께서는 사람들이 찬양을 하지 않으면, 돌들이 찬양을 할 것이라는 말씀을 하시기도 하셨습니다(참조. 눅 19:28-40). 교회에서 하나님을 찬양할 때 가장 많이 사용하는 단어인 "할렐루야"는 여호와 하나님을 찬양하라는 의미입니다.

2 찬양을 받으실 분은 누구실까요?

찬양을 받으실 분은 오직 _____이십니다(시 146:1-10, 150:1-6; 사 42:8-12, 43:21; 막 14:61-62; 롬 9:5; 히 13:15; 계 5:12 등).

삼위일체 하나님 한 분만이 찬양을 받으실 수 있고, 하나님 외에는 그 누구도 찬양을 받을 만한 자격이 없습니다(참조. 시 69:34, 113:1-9, 117:1-2, 148:1-14, 사 42:8; 고전 10:31 등). 그리스도인들이 자기 만족을 위해서나 자신의 노래 실력을 다른 사람들에게 자랑하기 위해서 찬양을 하는 것은 잘못된 것입니다. 그리고 그리스도인들이 하나님께만 영광을 돌리고 그분만을 높여야지, 찬양하는 사람들을 높이거나 그들에게 영광을 돌려서는 안 됩니다. 또한 그리스도인들이 목회자들이나 유명한 사람들, 또는 권력자들을 하나님처럼 높이거나 찬양해서는 절대로 안 됩니다.

3 그리스도인들이 하나님께 찬양을 드려야 하는 이유는 무엇일까요?

그리스도인들이 하나님께 찬양을 드려야 하는 이유는 하나님께서 사람들을 지으신 목적이고(시 33:1; 사 43:21 등), 사람들을 향한 하나님의 ___이며(시 148:1-14, 150:1-6 등), 하나님께서 베풀어주신 구원과 은혜에 대한 감사 때문입니다(눅 1:68-69; 엡 1:3-14 등).

그리스도인들이 하나님께 찬양을 드려야 하는 이유를 좀 더 구체적으로 살펴보면, 사람들은 하나님께 찬양을 드리기 위해 지음을 받은 존재이기 때문이고, 하나님께서 구원해 주시고 날마다 은혜와 사랑을 베풀어 주시는 것에 감사하기 때문이며, 하나님께서 찬양하라고 하신 명령에 순종해야 하기 때문이고, 하나님을 높이고 싶은 시와 노래가 마음으로부터 흘러나오기 때문입니다(참조. 사 43:21; 롬 9:5 등). 그리스도인들은 하나님께서 지으시고 구원으로 불러주신 목적에 맞게, 하나님께 예배와 찬양으로 항상 영광을 돌리며 살아야 합니다(사 43:7, 21; 호 14:2; 고전 10:23-33; 히 13:5; 벧전 2:9 등).

4 그리스도인들이 하나님께 찬양을 드리는 가장 중요한 목적은 무엇일까요?

그리스도인들이 하나님께 찬양을 드리는 가장 중요한 목적은 하나님을 높이고, 그분께 감사하며, 그분께 ___을 돌리기 위해서입니다(사 42:8 등. 참조. 사 43:7; 고전 6:19-20).

그리스도인들이 하나님께 찬양을 드리는 또 다른 목적들은 찬양을 통해 세상에 하나님을 온전히 증거하기 위해서이고(신 31:19; 히 13:15), 하나님의 영광에 참여하기 위해서이며(시 61:8, 89:52; 롬 1:25; 계 5:13, 7:12), 하나님의 말씀에 자발적으로 순종하기 위해서입니다(시 148:1-5, 150:6 등). 그리스도인들은 하나님을 찬양하는 입으로 자신을 더럽히거나 다른 사람들을 저주하는 잘못을 저지르지 않도록, 항상 성령과 말씀으로 충만한 삶을 살아야 합니다(참조. 마 15:10-20; 약 3:1-12 등). 그리스도인들이 기쁨과 감사로 하나님을 찬양하며 살고 있다는 것은, 그만큼 하나님을 향한 믿음과 사랑이 있고, 영적으로 충만하며, 하나님의 은혜 아래서 살고 있다는 의미일 것입니다.

5 그리스도인들의 마음에 찬양을 드릴 수 있도록 하시는 분은 누구실까요?

그리스도인들이 찬양을 할 수 있도록 마음을 여시는 분은 _____이십니다(엡 1:3-14 등).

성령 하나님께서는 그리스도인들이 기쁨과 감사의 마음으로 하나님을 찬양하게 하십니다. 성령 하나님께서 그리스도인들의 마음에 항상 계시듯이, 그리스도인들은 항상 하나님을 찬양하며 살아야 합니다. 그리스도인들이 하나님을 항상 찬양하며 살기 위해서는, 항상 성령 하나님께서 요구하시고 인도하시는 대로 살아야 합니다(참조. 눅 1:39-55, 67-79, 2:25-35; 갈 5:16-18, 22-23; 엡 5:15-20 등). 성령 충만한 그리스도인들은 자신의 입술과 삶에 기쁨과 감사로 드리는 찬양이 넘치는 것을 경험할 수 있습니다.

토론 및 적용 질문

1. 당신이 가장 좋아하는 찬양은 어떤 곡이며, 가족들이 함께 부르면 좋을 찬양곡들은 무엇인지 나눠봅시다.

2. 당신이 찬양을 드리는 동안 하나님께서 그 찬양을 받고 계신다고 느꼈던 때가 있었다면 나눠봅시다.

3. 당신의 마음과 삶이 너무 고통스러웠을 때, 하나님께 눈물로 기도와 찬양을 드렸던 적이 있었다면 나눠봅시다.

해답

1. 감사　2. 삼위일체 하나님　3. 명령　4. 영광　5. 성령 하나님

28 찬양 - 2

그리스도인들에게 하나님을 찬양하는 삶은 의무이며, 하나님의 은혜에 감사하는 그리스도인들은 항상 하나님을 높이고 찬양하며 삽니다(시 113:1-9, 146:1-10, 148:1-14, 150:1-6 등). 교회의 공적인 예배에서 사용하는 찬양곡들은 가사나 곡에 세심한 주의를 기울여 선택해서 불러야 합니다. 또한 공적인 예배를 드릴 때는 성도들의 감정을 자극하기 위해 찬양을 부르게 하거나, 일부러 빠른 찬양을 반복적으로 불러서 자기 흥에 취하게 해서도 안 됩니다. 또한 그리스도인들은 세상적인 노래를 듣고 부르는 것보다, 하나님을 높이고 찬양하는 것을 우선해야 합니다(시 146:1-2; 약 3:9-12 등). 그리고 가끔은 하나님을 향한 자신만의 노래나 시를 써 보면, 하나님을 향한 자신의 신앙을 마음에 새기는 데 도움이 됩니다.

1. 그리스도인들은 어떻게 찬양을 해야 할까요?

그리스도인들은 영과 마음으로(시 103:1; 고전 14:15), 기쁨과 즐거움으로(시 9:2), 삶으로(시 71:6), _____로(시 40:3), 종일토록(시 35:28), 그리고 감사함으로(시 100:4) 찬양을 해야 합니다.

그리스도인들은 하나님이 주신 믿음과 지혜로 찬양을 해야 하고, 하나님의 영과 하나님을 향한 충만한 마음으로 찬양을 해야 하며, 스스로 원해서 찬양을 해야 하고, 구원의 감격과 기쁨으로 찬양을 해야 합니다(참조. 시 47:7 등). 그리고 그리스도인들은 하나님의 자녀로 사는 것에 대한 즐거움으로 찬양을 해야 하고, 시와 노래, 악기를 비롯해 삶 전체로 찬양을 해야 하며, 하나님께서 베풀어주신 은혜와 사랑에 감사하는 마음으로 찬양을 해야 합니다(참조. 대하 3:12, 23:13; 시 9:2, 100:1, 147:7; 렘 31:7; 롬 15:9; 고전 14:15; 엡 5:19; 골 3:16 등). 또한 그리스도인들은 새 노래로 찬양, 즉 우리를 구원해 주시고 영적으로 승리케 하시는 하나님을 항상 찬양하며 살아야 합니다(시 33:1-22, 96:1-13, 98:1-9, 149:1-9; 사 42:10; 계 14:1-3 등).

2. 그리스도인들은 언제 하나님께 찬양을 해야 할까요?

그리스도인들은 1) ____을 받았을 때(출 15:2; 시 98:1; 눅 1:68), 2) 하나님께 은혜를 받았을 때(시 13:6), 3) 성전에 있을 때(시 100:2, 150:1), 4) 원수에게 승리했을 때(삼하 22:4), 5) 왕위를 계승할 때(왕상 1:48), 6) 감사할 때(대하 7:6), 7) 병 고침을 받았을 때(행 3:8), 8) 전쟁을 할 때(수 6:16; 대하 20:22), 9) 불안할 때(시 42:5-6), 10) 가난할 때(시 74:21), 11) 감옥에 갇혔을 때(행 16:25), 12) 즐거울 때(약 5:13), 13) 성도들이 모일 때(고전 14:26), 14) 아침부터 저녁까지(대상 23:30; 시 92:1-2), 15) 항상(시 34:1, 71:8), 16) 평생(시 104:33), 그리고 17) _____(시 61:8) 찬양해야 합니다.

그리스도인들은 태어나서 죽을 때까지 하나님을 찬양하는 일에 게으르면 안 되고, 기쁠 때나 슬플 때, 감사할 때나 고통을 당할 때, 가난할 때나 부유할 때, 낮이나 밤이나, 건강할 때나 약할 때, 그리고 살아 숨 쉬는 동안, 즉 때와 상황에 관계없이 항상 하나님을 찬양할 수 있어야 합니다(참조. 시 104:33, 146:1-10; 행 2:46-47 등). 또한 그리스도인들은 영원토록 하나님을 찬양하며 살아야 하는 사람임을 기억하고, 늘 하나님을 찬양하는 것을 즐거워해야 합니다(참조. 대상 16:36; 시 113:1-3 등). 그리스도인들에게 하나님을 향한 찬양이 없는 삶은 상상할 수 없습니다. 그리스도인들은 인생을 사는 동안 자신의 입술과 삶에 찬양이 끊이지 않는 삶을 살도록, 항상 영적으로 깨어 있어야 합니다.

3. 그리스도인들은 어떤 방법으로 하나님께 찬양을 해야 할까요?

그리스도인들은 입으로(대하 20:19; 눅 19:37-38; 엡 5:19 등), __을 들고(시 134:2 등), 손뼉을 치며(시 47:1 등), 악기를 이용해(삼하 6:5; 시 150:3-5 등), 그리고 춤을 추고, 걷고 뛰면서, 서서, 허리를 굽히거나 무릎을 꿇고(삼하 6:14-15; 시 95:2, 149:3, 150:4; 행 3:8 등) 찬양해야 합니다.

그리스도인들은 자신이 취할 수 있는 좋은 자세(아픈 사람들은 누워서라도), 자신의 목소리나 몸으로 낼 수 있는 좋은 소리들, 자신이 사용할 수 있는 악기나 도구를 이용해 하나님께 찬양을 드려야 합니다. 그리고 혹시라도 말을 할 수 없고 움직일 수 없다면, 마음으로라도 하나님께 찬양을 드려야 합니다(참조. 삼하 6:14-16; 대상 13:8; 시 32:11, 34:1, 47:1, 63:4, 92:1-4, 98:1-9, 149:1, 150:1-6 등). 중요한 것은 감사와 기쁨으로 하나님께 찬양을 드리고자 하는 마음입니다. 예를 들어, 말을 못하는 아이는 옹알이가, 아픈 사람들은 신음소리가 하나님이 기뻐 받으시는 찬양이 될 수 있습니다.

4. 찬양의 3가지 유형은 무엇이며, 그 의미는 무엇일까요?

찬양의 3가지 유형은 __와 찬양과 신령한 노래입니다. 시와 찬양은 시편을, 그리고 신령한 노래는 영적인 찬양을 의미하며, 이 세 가지는 모두 ____의 감동으로 지어진 찬양들입니다(엡 5:19; 골 3:16 등).

그리스도인들은 성령 하나님께서 주시는 마음으로 하나님을 찬양해야 합니다. 그리스도인들이 찬양을 드릴 때는 시편을 비롯해 지혜서를 중심으로 쓰여진 시로 하나님께 찬양을 드려야 합니다. 그 외에도 성경적인 가사와 하나님께서 주신 마음으로 지은 시나 노래들을 통해 찬양을 드려야 합니다. 오늘날 다양한 유형의 찬양들이 많이 만들어져 있기에, 그 찬양들로 하나님을 열심히 찬양해야 합니다. 또한 그리스도인들은 시간과 장소에 구애됨이 없이 하나님을 찬양하며 살아야 합니다(참조. 대상 23:30; 대하 20:21; 시 57:9, 92:1-2, 149:5, 150:1; 행 16:25; 히 2:12 등).

5. 그리스도인들이 하나님께 찬양을 드림으로 얻게 되는 유익은 무엇일까요?

그리스도인들이 하나님께 찬양을 드림으로 얻게 되는 유익은 1) 하나님께 영광을 돌리게 되고(욥 1:21), 2) 영적인 즐거움과 만족을 얻게 되며(시 15:11-13, 63:5), 3) 마음에 _____이 없어지게 되고(시 56:3-4; 행 16:25), 4) 기적을 경험하게 되며(행 16:25-26), 5) 영적인 전쟁에서 승리를 경험하게 되고(삼상 16:23; 대하 20:29; 시 8:2; 사 42:10-13 등), 6) 믿지 않는 사람들을 두렵고 떨게 만들며(시 40:3), 7) 신앙이 성장하게 되고(사 38:18-20), 8) 마음의 근심이 제거됩니다(사 61:1-3).

하나님께서는 그리스도인들에게 하나님을 찬양하라고 명령하셨는데, 그 명령에 순종하여 하나님을 찬양하는 사람들에게 많은 은혜를 베풀어 주십니다. 하나님께서는 기쁨으로 찬양하기를 즐거워하는 사람들에게 은혜를 베풀어주시기에, 그리스도인들은 평생 기쁨으로 하나님을 찬양하며 살아야 합니다(참조. 시 7:2, 28:7; 욜 2:26; 행 16:25-26; 약 5:13 등). 물론 그리스도인들은 하나님께 은혜를 받을 목적이 아닌, 하나님께 받은 은혜와 사랑에 감사함으로 찬양을 드려야 합니다. 그런 마음으로 찬양을 드리는 사람들에게 하나님께서 은혜를 베풀어 주십니다.

토론 및 적용 질문

1. 당신은 교회의 성가대나 찬양팀에서 섬긴 적이 있습니까? 그렇다면 당신이 자신을 높이거나 자랑하기 위해 성가대나 찬양팀에서 찬양을 했던 적이 있었다면 나눠봅시다.

2. 가요나 세상적인 곡에 하나님을 찬양하는 가사를 붙이면 찬양이 될 수 있다고 생각하는지 나눠봅시다. 또한 자신이 찬양 가사를 쓴다면 어떤 내용으로 쓰고 싶은지 3-4문장으로 써 봅시다.

3. 그리스도인들이 대중가요나 세상적인 노래를 부르는 것에 대해 어떻게 생각하는지 나눠봅시다.

해답

1. 새 노래 2. 구원, 영원히 3. 손 4. 시, 성령 5. 두려움

기도는 '간청하다', '애원하다'는 의미이지만, 일방적으로 하는 독백이나 의미 없이 반복하는 주문이 아닙니다. 기도는 하나님과 하나님의 자녀들 간의 대화이며 교제입니다. 그리스도인들이 기도를 통해 하나님과 인격적으로 만난다는 것은 엄청난 은혜입니다. 하나님께서는 그리스도인들에게 쉬지 말고 기도하라는 명령을 통해, 그들과 항상 만나주시고 영적으로 깊은 교제를 하시기 원하십니다(참조. 마 6:5-13; 눅 11:1-13; 요 16:23-24; 빌 4:6; 살전 5:17 등). 물론 그리스도인들이 기도할 때는 항상 하나님께 감사하면서 깨어 있어야 합니다(골 4:2 등). 그리스도인들은 기도를 통해 하나님께 가까이 다가가고, 자신의 죄를 회개하며, 하나님의 뜻을 자신의 삶 가운데서 이루어 가야 합니다.

1 기도는 무엇일까요?

기도는 하나님의 은혜에 ____하고, 죄를 ____하며, 하나님의 뜻에 합당한 것을 믿음으로 구하는 말과 행위입니다 (마 6:5-13, 7:7-11; 눅 11:1-13; 요 16:23-24; 빌 4:6; 살전 5:17; 약 5:13-18; 요일 5:14-15 등).

그리스도인들이 해야 할 바른 기도는 하나님의 뜻대로 하는 기도입니다(참조. 마 6:5-13; 눅 11:1-13; 요일 5:14 등). 다시 말해 기도는 자신의 뜻을 하나님의 뜻에 맞게 바꾸는 행위이고, 오직 하나님의 뜻이 이루어지기를 바라는 간구입니다(참조. 마 26:39-42; 막 14:35-36; 눅 22:41-42). 그리스도인들이 바른 기도를 하기 위해서는 성령 안에서 기도해야 합니다(롬 8:26-27; 엡 6:18; 유 1:20). 또한 기도는 말로만 해서는 안 되고, 말로 기도한 내용을 실제 삶에서 온전히 실천해야 제대로 된 기도입니다(참조. 마 6:5-13 등). 예를 들어, 믿음을 달라고 기도하는 사람들은 성령을 의지하여 성경을 읽고 그 말씀을 실천해야 하며, 좋은 배우자를 달라고 기도하는 사람들은 자신이 먼저 좋은 배우자가 되기 위해 노력해야 하고, 좋은 대학에 들어가게 해 달라고 기도하는 사람들은 열심히 공부해야 합니다.

2 기도는 누구에게 해야 할까요?

그리스도인들은 오직 _____께 기도해야 합니다(시 62:8; 렘 33:1-3; 마 6:9; 눅 11:9-13; 요 16:23; 엡 3:14-21 등).

그리스도인들이 삼위일체 하나님께 기도해야 하는 이유는 그리스도인들이 하나님의 자녀들이기 때문이고, 하나님만이 기도를 듣고 응답해 주시기 때문이며, 하나님만이 하나님의 자녀들에게 은혜와 사랑을 베풀어 주시기 때문이고, 하나님만이 하나님의 자녀들을 돕고 문제를 해결해 주시기 때문입니다(참조. 마 7:7-11; 눅 11:9-13 등). 그리스도인들은 이 세상에 사는 동안 필요한 모든 것(영적인 것과 세상적인 것)을 하나님께 기도로 구해야 합니다. 또한 하나님께 기도하지 않는 사람은 하나님의 자녀가 아니고, 하나님의 자녀들은 반드시 하나님께 기도하며 삽니다. 그리스도인들이 세상에 사는 동안 하나님께 기도하지 않아도 되는 때와 기도할 수 없는 상황은 단 한 순간도 없습니다.

3. 그리스도인들은 누구의 이름으로 기도해야 할까요?

그리스도인들은 _____의 이름으로 기도해야 합니다(요 14:13-14, 15:16, 16:23-27 등).

그리스도인들이 예수님의 이름으로 기도하는 이유는 예수 그리스도께서 그분의 이름으로 기도하라고 말씀하셨기 때문입니다(요 16:23-24). 그리스도인들은 오직 예수 그리스도를 통해 하나님 아버지께 나아갈 수 있기에, 하나님께 기도할 때는 반드시 예수님의 이름으로 기도해야 합니다(참조. 요 14:6; 골 3:17; 히 7:25 등). 물론 그리스도인들이 하나님께 기도할 때 "예수님의 이름으로 기도합니다, 아멘"으로 마치지 않았다고 해서, 하나님께서 그 기도를 받지 않으신다는 의미가 아닙니다. 예수님의 이름으로 기도한다는 것은 예수 그리스도께서 우리의 죄를 대신해서 십자가에서 피 흘려 죽으셨다는 믿음과 우리의 구원자이심을 믿는 마음으로 기도해야 한다는 의미입니다.

---

4. 그리스도인들은 왜 기도해야 할까요?

그리스도인들이 기도해야 하는 이유는 _____의 명령이자 예수 그리스도께서 가르쳐 주신 것이고(마 6:9-13; 눅 11:1-4, 18:1, 21:36; 살전 5:17 등), 하나님의 힘과 도움을 얻기 위한 ____의 통로이며(사 40:31; 막 9:29; 히 4:16; 약 5:16 등), 하나님께 죄를 용서 받는 방법이기 때문입니다(대하 7:14; 요일 1:9 등).

예수 그리스도께서는 제자들에게 기도를 가르쳐 주셨을 뿐만 아니라, 그들과 함께 기도하셨습니다(참조. 마 6:9-13, 26:36-44; 막 14:32-42; 눅 11:1-4, 22:39-46 등). 물론 예수 그리스도께서는 이 세상에 사시는 동안 기도하는 삶을 사셨고(막 1:35; 눅 5:16; 히 5:7 등), 지금도 하나님의 자녀들을 위해 중보기도를 해 주시고 계십니다(참조. 롬 8:26-34; 히 7:25; 요일 2:1-2 등). 그리스도인들은 기도를 통해 하나님의 도움과 은혜를 받을 수 있고, 회개의 기도를 통해 죄를 용서 받을 수 있으며, 하나님의 능력을 힘입어 일을 성취할 수 있습니다. 그리고 그리스도인들은 기도를 통해 성령 충만을 받을 수 있고(눅 11:13; 행 21:1-4), 하늘 창고를 열 수 있으며(왕상 3:12; 빌 4:19), 영적인 싸움에서 승리할 수 있고, 마귀의 시험과 유혹에 넘어지지 않을 수 있습니다(마 26:41; 눅 22:40. 참조. 벧전 4:7, 5:8).

---

5. 예수 그리스도께서 기도에 대해 주신 약속은 무엇일까요?

예수 그리스도께서는 ____으로 구하는 기도는 이루어 주실 것이라고 약속해 주셨습니다(마 21:21-22; 막 11:22-24; 요 14:13-14; 약 1:6-7; 요일 3:21-22, 5:14-15 등).

성경은 하나님의 자녀들이 기도할 때(구하고 찾고 두드릴 때) 하나님 아버지께서 좋은 것, 즉 성령을 주시겠다고 말씀하셨습니다(마 7:7-11; 눅 11:9-13 등. 참조. 사 40:27-31; 히 11:6). 그리스도인들이 하나님으로부터 아무것도 받지 못하는 것은 구하지 않거나 정욕으로 쓰려고 잘못 구하기 때문입니다(요 16:23-24; 약 4:1-3). 물론 자신이 원하는 모든 것을 믿음으로 구한다고 해서 다 받는 것이 아니라, 그 기도가 하나님의 말씀에 합당하고 하나님의 뜻에 맞는 기도여야 합니다(약 4:2-3; 요일 5:14-15 등). 다시 말해 그리스도인들은 누구나 하나님께 기도할 수 있지만, 그들 모두가 하나님의 뜻에 맞는 바른 기도를 하는 것은 아닙니다. 그리스도인들은 자신이 하나님의 뜻대로 기도하는지, 아니면 하나님의 뜻과 상관없이 자기의 유익과 욕심, 세상적인 것만을 구하는 기도를 하는지 돌아보고 바른 기도를 하려고 노력해야 합니다.

토론 및 적용 질문

1. 당신의 기도 스타일(기도하는 시간, 기도하는 장소, 자세, 주로 하는 기도 내용 등)을 나눠봅시다. 또한 당신은 방언으로 기도하는 편입니까? 아니면 정확히 알아듣는 말로 기도하는 편입니까?

2. 요즘 당신이 자기 자신이나 가족들을 위해 기도할 때, 가장 많이 기도하는 내용은 무엇인지 나눠봅시다.

3. 요즘 당신이 다른 사람들이나 교회, 사회, 그리고 나라를 위해 어떤 내용으로 기도하는지 나눠봅시다.

해답
1. 감사, 회개   2. 삼위일체 하나님   3. 예수님   4. 하나님, 은혜   5. 믿음

30 기도 - 2

사람들이 아무리 열심히 기도를 해도 하나님의 말씀에서 벗어나는 기도는 잘못된 기도이고, 사람들이 보기에 아무리 열심히 기도하는 사람이라도 하나님의 말씀에 맞게 살지 않으면 거짓으로 기도하는 사람입니다. 그리스도인들이 하나님께 기도하면 하나님께서는 하나님의 때에 다양한 방법으로 그 기도에 응답해 주십니다(사 65:24; 고후 12:7-10; 히 4:16; 약 4:3; 요일 3:22 등). 물론 그리스도인들의 기도에 언제, 어떤 방법으로 응답하실 것인지는 하나님께서 결정하십니다. 그러기에 그리스도인들은 하나님께 기도한 후에는 그 결과를 하나님께 맡기고 기다려야 합니다. 하나님께서는 그리스도인들이 하나님의 뜻대로 기도하면, 그들에게 맞는 가장 좋은 것으로 응답해 주십니다(참조. 마 7:7-12; 눅 11:9-13 등).

1 그리스도인들은 어떻게 기도해야 할까요?

1) 그리스도인들은 순간순간(시 62:8), 쉬지 말고(살전 5:17), 성령 안에서(롬 8:26-27; 엡 6:18), ____함으로(빌 4:6; 골 4:2 등), 하나님의 뜻대로(요일 5:14), 믿음으로(마 21:22; 막 11:22-24; 약 1:6-8 등), 서로 한 마음으로(마 18:19) 기도해야 합니다.

2) 그리스도인들은 마음을 다 토해내듯(시 62:8), 때론 울면서(삼상 1:10), 부르짖으며(삿 3:9; 렘 33:3 등), 간절하게(눅 22:44; 히 5:7), 금식하며(단 9:3; 행 13:2-3) 기도해야 합니다.

3) 그리스도인들은 앉아서(대상 17:16-27), 무릎을 꿇고(왕상 8:54; 스 9:5; 눅 22:41; 행 9:40), 엎드려서(출 34:8; 수 7:6; 시 72:11; 마 26:39; 막 14:35), 서서(느 9:5; 막 11:25; 눅 18:13), 손을 들고(대하 6:12-13; 시 63:4; 딤전 2:8), 걸으면서(왕하 4:35), 그리고 아픈 사람들의 경우에는 누워서 기도할 수 있습니다.

예수 그리스도께서 십자가를 지시기 전에 겟세마네 동산에서 동일한 기도를 간절하게 세 번이나 하셨고, 바울도 자신의 병을 고쳐 달라고 세 번이나 간절히 기도했듯이, 그리스도인들도 하나님께 동일한 기도를 반복할 수 있습니다(마 26:36-46; 막 14:32-42; 눅 22:39-45; 고후 12:7-10 등). 그러나 그리스도인들은 하나님의 뜻과 상관없는 기도를 우상 숭배자들처럼 주문을 외우듯이 반복적으로 무조건 열심히 하면, 하나님께 좋은 것을 받을 것이라는 헛된 마음을 버려야 합니다(참조. 왕상 18:20-46 등). 또한 방언의 은사를 받은 그리스도인들은 방언으로 기도할 수 있지만, 방언보다 알아들을 수 있는 말로 기도하는 것이 더 유익할 수 있고, 방언으로만 기도하면 마음의 열매가 없음을 알고 기도해야 합니다(고전 14:14-19). 특히 그리스도인들은 함께 모여 한 마음으로 하나님께 기도해야 합니다(참조. 마 18:19-20; 행 2:44-47; 히 10:24-25 등).

2 그리스도인들의 기도는 어떻게 구성되어야 할까요?

1) 하나님 아버지께 영광을 돌려야 하고(마 6:9),

2) 하나님께 받은 은혜와 사랑에 감사해야 하며(빌 4:6),

3) 자신이 지은 죄를 회개해야 하고(시 51:1-19, 66:18; 사 1:15; 눅 18:9-14; 요일 1:8-10 등),

4) 자신이 원하는 것을 믿음으로 구해야 하며(마 7:7-12; 눅 11:9-13; 요 15:7; 딤전 2:1-3; 약 1:13-18 등),

5) 예수님의 이름으로 기도해야 하고(요 14:13-14, 15:16, 16:23-27. 참조. 요 14:6; 골 3:17; 히 7:25),

6) ____으로 마쳐야 합니다(고후 1:20).

그리스도인들이 기도할 때는 하나님의 이름을 높이고 찬양과 영광을 돌림으로 시작합니다. 그리고 하나님께 받은 은혜와 사랑에 감사 기도를 드려야 합니다. 이어서 거룩한 하나님과 영적으로 친밀한 관계를 유지하기 위해 자신이 지은 모든 죄를 회개해야 합니다. 그 후에 하나님의 뜻 안에서 하나님께 바라고 원하는 것을 믿음으로 간구해야 합니다. 자신이 원하는 간구를 다했으면 그 모든 기도가 예수 그리스도를 힘입어 하나님께 구했음을 인정하기 위해 예수님의 이름으로 기도하고, 자신이 드린 모든 기도가 하나님의 뜻에 합당하고 진실하며, 하나님께서 응답하실 것을 믿는다는 의미로 "아멘"으로 기도를 마쳐야 합니다. 물론 그리스도인들이 위급한 상황에서는 이런 기도의 형식 없이, 간절한 마음으로만 하나님을 찾아도 그 마음이 하나님께 기도가 되어 전달됩니다.

3 그리스도인들은 무엇을 위해 기도해야 할까요?

1) 그리스도인들은 하나님의 ____을 위해서와 이 세상에서 하나님의 __이 이루어지기를 기도해야 하고,

2) 자기 자신과 가족들을 위해 기도해야 하며,

3) 하나님의 교회와 그 교회를 섬기는 사람들을 위해 기도해야 하고,

4) 예수 복음을 전하는 사람들을 위해 기도해야 하며,

5) 다른 사람들(이웃들, 병들어 고통을 당하는 사람들, 고난과 핍박을 당하는 사람들, 가난한 사람들, 소외된 사람들, 힘들고 어려운 처지에 있는 사람들, 원수들과 자신을 핍박하는 사람들 등)을 위해 기도해야 하며,

6) 나라와 민족의 안녕과 평화를 비롯해 리더들을 위해 기도해야 하고,

7) 예수 복음을 통한 하나님의 나라의 확장과 믿지 않는 사람들의 구원을 위해서도 기도해야 합니다(참조. 렘 29:7; 마 5:43-48, 7:7-11; 눅 11:9-13; 골 1:3-10; 살전 5:25; 살후 1:11-12; 딤전 2:1-3; 약 5:13-18; 요일 5:14-17 등).

그리스도인들은 이 세상에 사는 동안 필요한 영적인 것들과 육체적인 것들, 그리고 일용할 양식을 비롯한 세상적인 것 등을 채워달라고 기도해야 합니다(참조. 마 5:13-16, 6:9-13; 엡 5:1-33 등). 물론 그리스도인들은 세상적이고 육체적인 것보다, 영적인 것을 위해 더 기도해야 합니다. 또한 그리스도인들은 마귀의 시험에 넘어지지 않을 뿐만 아니라, 마귀와의 영적인 싸움에서 승리할 수 있게 해 달라고 기도해야 합니다(참조. 마 7:7-11, 26:41; 막 14:38; 눅 11:9-13, 22:46 등). 사실, 이 외에도 그리스도인들이 하나님께 기도해야 하는 것들은 다양하고 많다는 것을, 믿음이 자라고 성숙해질수록 더 깨닫게 될 것입니다. 그렇지만 고의적으로 성령을 거역하고 모독하여 죽음에 이르는 죄를 짓는 사람들(적그리스도,

거짓 선생들, 배교자들 등)을 위해서는 기도할 필요가 없습니다(참조. 요일 5:16-17 등).

4. 그리스도인들은 하나님께 응답을 받기 위해 어떻게 기도해야 할까요?

1) ____의 도우심으로 하나님의 뜻에 맞게 기도해야 하고(롬 8:26-27; 요일 5:14-15 등. 참조. 마 26:39),

2) ____하지 않고 믿음으로 기도해야 하며(마 21:18-22; 막 11:22-24; 약 5:13-18 등),

3) 예수님의 이름으로 기도해야 하고(요 14:13-14, 15:16, 16:23-27. 참조. 요 14:6; 골 3:17; 히 7:25),

4) 예수 그리스도 안에 거하고 예수 그리스도의 말씀이 자신 안에 거하는 가운데 기도해야 하며(요 15:7 등),

5) 하나님의 말씀에 맞게 의롭게 살면서 기도해야 하나님께 응답을 받습니다(벧전 3:12; 요일 3:21-24 등).

기도를 할 때는 하나님께만 기도하고(마 6:6-9), 하나님의 뜻대로 기도하며(요일 5:14-15), 약속의 말씀을 붙잡고 기도하고(시 119:105-112; 요 15:7), 받은 줄로 믿고 기도하며(막 11:24; 요일 5:14-15), 가난한 심령으로 기도하고(시 51:17; 눅 18:13-14), 다른 사람들을 용서한 후에 기도하며(마 6:12; 막 11:25), 간절히 기도하고(렘 33:3; 눅 11:5-8 등), 끝까지 기도하며(창 32:24-28; 눅 18:7-8), 쉬지 말고 기도하고(삼상 12:23; 시 62:8; 살전 5:17), 구체적인 내용으로 기도(창 24:12-14; 마 7:7; 골 1:9-12)해야 합니다. 그리스도인들이 하나님께 열심히 기도하며 살아야 하는데, 이 때 중요한 것은 하나님의 뜻에 맞게 열심히 기도하며 사는 것입니다. 그렇지 않으면 아무리 기도를 열심히 한다고 해도, 그 기도는 중언부언하는 기도(의미 없는 말을 반복하여 기도하거나 많이 기도하는 것처럼 보이기 위해 동일한 말을 계속 반복하는 기도)일 뿐, 하나님이 원하시는 기도가 아닙니다(마 6:7-8 등). 그리스도인들이 하나님의 뜻 안에서 믿음으로 기도하기 위해서는 먼저 성경을 배워 영적인 분별력을 가져야 할 뿐만 아니라, 자신이 기도해야 할 하나님의 뜻이 무엇인지 알려달라고 하나님께 여쭈어야 합니다.

5. 하나님께 응답을 받지 못하는 기도는 어떻게 하는 기도일까요?

1) 믿음 없이 의심하는 기도(마 21:21; 막 9:14-29, 11:23-24; 약 1:6-8),

2) 하나님의 뜻이 아닌 자신의 유익만을 위한 기도(약 4:2-3),

3) ____하지 않은 죄가 있거나 자신을 의롭게 여기는 기도(시 66:18; 사 1:15-16, 59:1-3; 눅 18:9-14),

4) 하나님의 말씀을 듣지 않고 그 말씀을 지키지 않는 기도(잠 28:9; 요일 3:21-22)

5) 배우자를 귀히 여기지 않으면서 하는 기도(벧전 3:7) 등입니다.

하나님께 기도 응답을 받지 못하는 가장 큰 이유는 믿음으로 구하지 않거나, 하나님의 뜻대로 기도하지 않기 때문입니다. 물론 그 외에도 하나님께 기도 응답을 받지 못하는 경우들은 성경적이지 못한 것을 구하는 경우, 자신을 높이거나 욕심을 채우기 위해 구하는 경우, 영적인 것은 구하지 않고 오직 육체적이고 세상적인 것만 구하는 경우, "지성이면 감천" 식의 기복 신앙적 기도인 경우, 부부 관계나 다른 사람들과의 관계에 문제가 있는 경우, 마음에 근심과 걱정이 가득 차 있는 경우, 그리고 말로만 기도하고 삶으로는 그 기도에 맞게 행하지 않는 경우 등이 있습니다(참조. 마 5:23-24, 6:27; 약 4:2-3; 벧전 3:7 등). 그리스도인들이 기도한 후 물질, 건강 등 세속적이고 육체적인 복을 받았다고 해서, 그 모든 것이 하나님께서 주신 복이 아닐 수도 있음을 알아야 합니다. 자신이 받은 물질, 건강, 능력, 지혜 등 세속적이고 육체적인 복이 하나님께서 주신 복인지 아닌지 확인할 수 있는 방법은 그 복을 하나님께서 주신 줄 알고 하나님께 감사할 뿐만 아니라, 그 복을 하나님의 영광과 하나님께서 기뻐하시는 일을 위해 열심히 사용하며 산다면 하나님께서 주신 복이 맞습니다. 그러나 그 복으로 인해 하나님과 멀어지거나 영적으로 교만해지거나 다른 사람들을 위해 사용하지 않고 자기만을 위해 사용한다면, 그 복은 하나님이 주신 복이 아니라 영적으로 넘어지게 하려는 마귀의 유혹이나 시험에 불과합니다. 하나님께서는 그리스도인들이 하는 기도의 내용에 맞게 무조건 응답해 주시는 것이 아니라, 그들에게 가장 좋은 것으로 응답해 주시는 분이십니다(마 7:7-11; 눅 11:9-13; 요일 5:14-15 등).

토론 및 적용 질문

1. 당신이 하나님께 응답을 받은 기도 중에 가장 기억에 남는 기도는 무엇인지 나눠봅시다.

2. 당신이 하나님의 뜻이라고 생각하여 오랫동안 기도를 하고 있지만, 아직까지 응답을 받지 못해 계속 기도하고 있는 기도는 무엇인지 나눠봅시다.

3. 요즘 당신의 기도생활을 방해하는 것들은 무엇이 있는지 나눠봅시다. 만약 당신이 기도생활을 하지 않고 있다면, 그 이유는 무엇인지도 나눠봅시다.

해답

1. 감사   2. 아멘   3. 영광, 뜻   4. 성령, 의심   5. 회개

31 주기도문

주기도문은 예수 그리스도께서 제자들에게 가르쳐 주신 기도입니다(마 6:9-13; 눅 11:1-4). 주기도문은 예수 그리스도께서 하신 산상설교(마 5-7장)의 중심부에 있습니다. 다시 말해 주기도문은 그리스도인들이 하나님의 뜻에 맞게 기도할 수 있도록 가르쳐 주신 기도의 모범이자 기준입니다. 주기도문은 그리스도인들이 하나님 아버지께 기도하는 내용입니다. 주기도문은 하나님 아버지의 이름을 높이고 찬양하는 기도, 하나님의 뜻이 이루어지기를 바라는 기도, 자신에게 꼭 필요한 것을 구하는 간구, 그리고 죄를 용서해 달라는 기도로 구성되어 있습니다. 그리고 하나님의 이름을 높이고 찬양하며 기도를 마쳐야 한다는 것을 가르쳐 줍니다.

1 주기도문이 무엇일까요?

주기도문은 _____께서 제자들에게 가르쳐 주신 기도로, 그리스도인들이 하나님의 뜻에 맞게 기도할 수 있는 기도의 모범이자 기준입니다(마 6:9-13; 눅 11:1-4).

주기도문은 그리스도인들이 하나님께 드릴 기도의 기준이고, 복음과 신앙생활의 요약이라고 할 수 있습니다. 그리스도인들은 주기도문을 주문처럼 외우기만 하면 안 되고, 그 기도가 가르쳐 주는 의미에 맞게 하나님을 찬양하고 영광 돌리는 삶을 살아야 하고, 하나님의 뜻을 이루어 드리는 삶을 살아야 하며, 매일 하나님의 도우심을 구하여 하나님의 은혜로 살아야 하고, 용서의 삶과 거룩한 삶을 살아야 합니다. 그 뿐만 아니라, 그리스도인들이 주기도문의 내용과 형식을 참고하여 자신이 하는 기도의 내용과 형식을 맞춰간다면, 늘 하나님께 바른 기도를 할 수 있을 것입니다.

2 "하늘에 계신 우리 아버지"라는 기도의 의미가 무엇일까요?

하나님의 높고 위대하심을 찬양하고, 하나님께서 우리의 아버지 되심에 ____하는 기도입니다(요 1:12; 롬 8:14-17; 갈 4:6-7; 요일 5:1-21 등).

"하늘에 계신"은 전지전능하시며 찬양과 영광을 받으실 하나님의 높고 위대하심을 찬양하는 기도입니다. "우리 아버지"는 우리가 하나님의 은혜로 하나님을 아버지라고 부를 수 있는 하나님의 자녀가 되었음에 감사하는 기도입니다. 또한 "우리 아버지"는 하나님의 자녀들이 하나님께 아버지처럼 친밀하게 다가갈 수 있음을 가르쳐 주는 표현입니다(참조. 롬 8:14-17; 갈 4:4-7). 예를 들어, 어린 아이가 '아빠'를 부르며 친근하게 다가가 필요한 것을 달라고 구하듯이, 그리스도인들도 영적인 아버지께 친근하게 다가가 자신이 필요한 것을 구하는 것입니다.

3 주기도문에서 하나님을 위한 기도는 무엇일까요?

1) "아버지의 이름을 거룩하게 하시며"라는 기도는, 하나님을 거룩하신 분으로 인정할 뿐만 아니라, 거룩하신 그분의 이름에 합당한 ____이 드려지기를 원하는 기도입니다(출 20:7; 대상 16:29; 시 145:1-13; 사 57:15; 말 1:11; 롬 11:36 등).

"아버지의 이름"은 하나님의 인격 자체를 가리키고, 영광과 존귀를 받기에 합당한 존재임을 가르쳐 줍니다. 그리스도인들은 하나님의 이름을 함부로 부르거나 모독하지 말라고 하셨기에, 그분의 이름을 부르며 기도할 때는 그분에 대한 절대적인 믿음과 높이는 마음이 포함되어야 합니다(출 20:7; 레 24:11, 16; 신 5:11 등. 참조. 대상 16:29). 또한 "거룩하게 하시며"는 하나님께서 완전 거룩하신 분임을 믿고, 그 거룩하신 하나님께 영광을 올려 드리는 기도입니다(참조. 출 15:11; 삼상 2:2; 욥 34:10; 호 11:9 등). 그리스도인들이 기도할 때나 삶이 힘들어 하나님을 찾을 때, 그 외에도 삶에서 하나님 아버지를 부를 수 있지만, 하나님 아버지의 이름을 너무 가볍게 부르거나 그분의 이름을 자신을 높이거나 자랑하기 위한 도구로 사용해서는 안 됩니다.

2) "아버지의 나라가 오게 하시며"라는 기도는, 모든 사람들이 구원을 받아 하나님의 다스림을 받게 되는 하나님의 나라가 오기를 바라는 기도입니다(참조. 시 67:1-7; 마 24:13-14; 롬 10:1, 14:17-18; 계 22:20 등).

"아버지의 나라"는 하나님께서 주권적으로 통치하시는 나라입니다. 이 기도는 마귀의 세력, 즉 공중의 권세 잡은 악한 영(엡 2:2), 이 세상 임금(요 12:31; 요일 5:19), 어둠의 세상 주관자(엡 6:12)로 온 세상을 다스리는 통치자(요 12:31, 14:30, 16:11; 고후 4:4; 엡 2:2, 6:12; 요일 5:19)들과 그들을 따르는 악한 세력들을 완전히 몰아내고, 오직 하나님께서 통치하시는 하나님의 나라가 속히 오기를 바라는 기도입니다. 또한 그리스도인들이 하나님의 나라의 백성으로서 오직 하나님 아버지의 다스리심에 온전히 복종하겠다는 의미도 포함된 기도입니다.

3) "아버지의 뜻이 하늘에서와 같이 땅에서도 이루어지게 하소서"라는 기도는, 하나님 아버지의 뜻인 하나님의 ____이 그 본질에 맞게 이 세상에서 온전히 이루어지기를 바라는 기도입니다(마 7:21, 18:10-14, 26:39; 행 21:8-14; 갈 1:4; 요일 2:15-17 등. 참조. 요 6:39-40, 19:30).

이 기도는 하나님께서 세우신 모든 계획과 섭리이자 하나님 아버지의 뜻이, 하늘의 하나님의 나라에서 뿐만 아니라 이 땅에서도 하나님의 말씀의 본질에 맞게 온전히 이루어지기를 바라는 기도입니다(마 7:21, 12:50; 눅 10:21, 22:42; 요 6:40; 롬 12:2; 고전 1:27-29; 갈 1:4; 딤전 2:4 등). 또한 이 기도는 하나님의 뜻 외에 사람들의 헛된 뜻이나 악한 마귀의 뜻은 절대 이루어지지 않기를 바라는 의미도 포함된 기도입니다. 그리스도인들은 기도할 때마다 자신의 뜻이 아닌, 하나님의 뜻이 이루어지기를 간절히 기도해야 합니다(참조. 마 26:36-44; 막 14:32-39; 눅 22:39-45 등).

4 주기도문에서 우리(인간)를 위한 기도는 무엇일까요?

1) "오늘 우리에게 일용할 양식을 주시고"라는 기도는, 우리에게 하루 동안 필요한 양식을 하나님께서 베풀어 주시기를 바라는 기도입니다(신 8:17-18; 시 107:9, 145:15; 잠 30:8-9; 딤전 6:6-10; 히 13:21 등. 참조. 마 7:9-11; 눅 11:11-13). 다시 말해 이 기도는 하나님께서 매일 우리를 돕지 아니하시면 생명을 유지할 수 없다는 믿음과 날마다 하나님만을 의지하며 살게 해 달라는 간절한 기도입니다.

하나님께서 광야에서 하루 동안 먹을 만큼의 만나를 주신 것처럼, 우리에게도 하루 동안 필요한 양식을 베풀어 주셔서 매일매일 하나님이 주시는 것으로 생명을 유지하게 해 달라는 기도입니다(참조. 출 16:1-36). 이 기도는 물질적인 풍요와 같은 헛된 욕심을 구하는 기도가 아니라, 생명을 유지하는 데 꼭 필요한 양식을 채워달라는 기도입니다(참조. 마 6:25-34; 딤전 6:10; 약 1:26-27, 2:14-17, 4:3 등). 그 뿐만 아니라, 이 기도는 하나님의 자녀인 우리에게 하나님께서 먹고 마시고 입는 것을 채워주실 줄을 믿고, 내일 일을 걱정하지 않고 살겠다는 믿음의 기도이기도 합니다(참조. 마 6:25-34 등). 물론 이 기도는 매일 자신에게 주어진 삶과 일을 하나님 안에서 최선을 다해 살면서, 그날 필요한 양식과 필요한 것들을 채워달라는 기도입니다(참조. 살후 3:10 등).

2) "우리가 우리에게 잘못한 사람을 용서해 준 것 같이 우리 죄를 용서해 주시고"라는 기도는, 하나님께서 우리가 용서하는 삶을 살 수 있도록 도와주실 뿐만 아니라, 우리의 죄를 용서해 달라는 기도입니다(시 51:1-19; 마 6:12-15, 18:21-35; 눅 11:4; 롬 3:24-25; 엡 4:32 등).

그리스도인들이 용서의 삶을 살아야 하는 이유는 하나님께 죄를 용서받은 사람이기 때문이고(사 1:15-18; 엡 1:7, 4:31-32; 골 3:13; 요일 1:9 등), 하나님께서 용서하며 살라고 하신 말씀에 순종해야 하기 때문이며(마 18:21-35; 눅 17:3-4 등), 용서하는 삶을 살면 하나님께 용서를 받을 수 있고, 용서하지 않는 삶을 살면 하나님께 용서를 받을 수 없기 때문입니다(마 6:14-15, 18:35; 막 11:25-26; 눅 6:37; 고후 2:10 등). 또한 그리스도인들이 용서하지 않고 분을 내거나 진노(복수와 보복 포함)를 하게 되면 하나님의 의를 이루지 못하게 되고(약 1:19-20 등), 더 나아가 사탄에게 이용을 당해 분노, 복수, 보복 등의 잘못을 저지를 수 있기 때문에(고후 2:5-11 통. 침조. 벧전 5.8 등), 그리스도인들은 용서의 삶을 살아야 합니다.

3) "우리를 시험에 빠지지 않게 하시고 악에서 구하소서"라는 기도는, 하나님께서 우리를 ____에게서 보호하시고, 시험에 빠지지 않도록 지켜주시기를 바라는 기도입니다(시 19:12-13; 마 26:41; 고전 10:13; 갈 5:16-18; 엡 6:10-18; 약 1:12-16; 벧전 5:8-9 등).

이 기도는 우는 사자와 같이 우리를 넘어지게 하려는 마귀와 악한 것들로부터 해를 당하지 않도록 안전하게 지켜달라는 기도입니다. 그리고 이 기도는 시험하고 미혹하는 마귀와의 영적인 싸움에서 이길 수 있게 해 달라는 기도입니다. 물론 넓은 의미에서 이 기도는, 그리스도인들은 믿음이 연약하여 마귀의 시험이나 유혹에 넘어질 때와 마음에 헛된 욕심이 생길 때 죄를 지을 수 있기에, 그런 이유들로 인해 죄악을 저지르지 않게 도와달라는 기도입니다(참조. 막 9:14-29; 요 8:39-47; 롬 7:23-24; 살전 3:5; 약 1:14-15; 요일 4:1-6 등).

5. "나라와 권세와 영광이 아버지께 영원히 있사옵나이다"라는 기도의 의미는 무엇일까요?

1) "나라와 권능과 영광이"라는 기도는, 하나님께서는 하나님의 나라를 통치하시고 능력으로 _____하시는 분으로, 하나님께서는 영광을 받으시기에 합당한 분이심을 인정하는 기도입니다(대하 20:6-9; 시 103:19, 145:1-21; 엡 1:19-23; 벧전 1:5 등).

하나님께서는 하나님의 나라의 주인으로서 찬양과 영광을 받으실 뿐만 아니라, 하나님의 능력으로 죄로 죽어가는 사람들을 구원하셔서 하나님의 나라의 백성으로 삼으시고, 하나님의 나라와 그 백성들을 하나님의 말씀으로 통치하시는 분임을 찬양하고 높이는 기도입니다(참조. 딤전 1:16-17; 계 4:11 등). 다시 말해 그리스도인들 모두는 하나님께서 자신을 구원해 주신 은혜에 감사하고, 하나님의 백성으로서 하나님의 다스리심을 받으며, 자신이 할 수 있는 모든 것으로 하나님께 영광을 돌리는 삶을 살아야 합니다.

2) "영원히 아버지의 것입니다."라는 기도는, 하나님의 _____와 능력과 영광이 오직 하나님의 것으로, 오직 하나님만이 영원히 높임과 찬양을 받으실 것임을 인정하는 기도입니다(대상 29:10-13; 시 72:18-19, 89:52; 롬 1:25; 고전 14:15-16 등).

"아버지"는 예수 그리스도께서 성부 하나님을 가리키지만, 그리스도인들은 기도를 받으실 삼위일체 하나님으로 보아야 합니다. 그래서 "영원히 아버지의 것"이라는 기도는, 삼위일체 하나님께서 하나님의 나라와 하나님의 능력으로 구원하신 하나님의 나라의 백성들을 통해, 영원토록 영광을 받으실 분이라고 높이고 찬양하는 기도입니다(참조. 신 6:13-15; 사 43:7, 21; 마 4:10 등). 그리스도인들은 한 순간도 하나님을 높이고 찬양해야 한다는 사실을 잊어버리면 안 되고, 하나님을 높이고 찬양하는 삶을 게을리 해서도 안 됩니다. 왜냐하면 그리스도인들은 하나님을 찬양하기 위해 하나님께 부름을 받은 사람들로, 이 세상에서 뿐만 아니라 천국에서도 영원히 하나님을 찬양하며 살아야 하기 때문입니다(시 115:18 등).

토론 및 적용 질문

1. 요즘 당신이 하나님께 기도하는 내용 중에 가장 시급하게 이루어지기를 바라는 영적인 간구와 육체적인 간구는 무엇인지 나눠봅시다.

2. 당신의 마음에 아직도 용서하지 못하고 있는 사람이 있다면, 용서하지 못하는 이유가 무엇인지 나눠봅시다.

3. 당신이 육체적인 욕심을 채우기 위해서 기도한 적이 있었다면, 어떤 욕심이었는지 나눠봅시다.

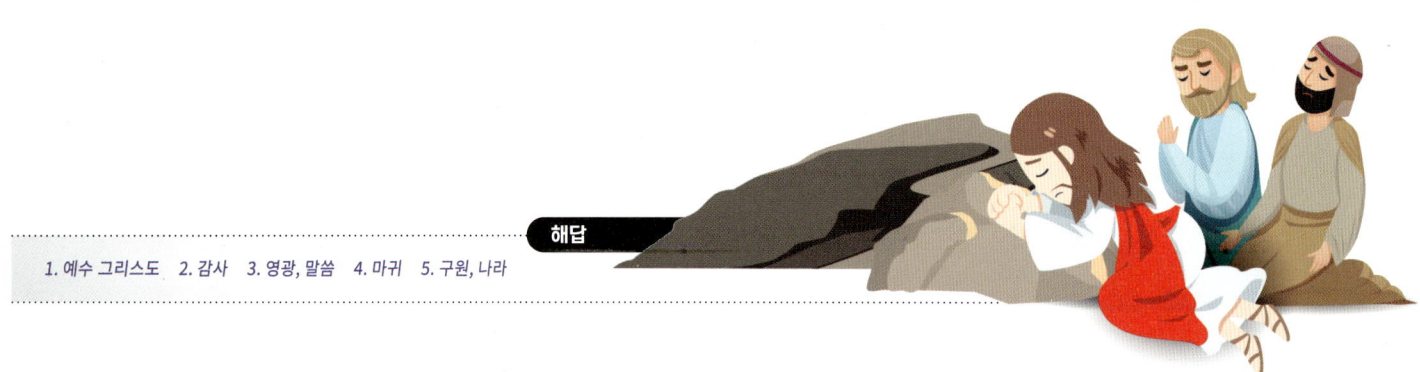

해답
1. 예수 그리스도   2. 감사   3. 영광, 말씀   4. 마귀   5. 구원, 나라

32 사도신경

사도신경은 그리스도인들이 삼위일체 하나님(성부 하나님, 예수 그리스도, 성령 하나님)에 대한 자신의 신앙을 고백하기 쉽게 만들어진 신앙고백입니다. 그리고 사도신경은 삼위일체 하나님께서 세상의 시작인 창조부터 구원, 영원한 생명을 주시는 마지막 때까지를 모두 주관하신다는 것을 믿음으로 고백할 수 있도록 구성되어 있습니다. 또한 사도신경의 내용은 그리스도인들에게 가장 중요한 교리에 해당하는 삼위일체 하나님에 대한 고백이기에, 그리스도인이라면 사도신경에 나와 있는 내용을 믿음으로 고백할 수 있어야 합니다. 그래서 사도신경은 많은 지역 교회들의 공적인 예배에서, 성도들의 신앙고백으로 사용되고 있습니다.

1 사도신경은 무엇일까요?

사도신경은 _____ 하나님(성부 하나님, 예수 그리스도, 성령 하나님)에 대한 신앙을 성경에 맞게 요약하여, 그리스도인들이 공적인 예배, 또는 그 외의 모임에서나 개인적으로 쉽게 고백할 수 있도록 정리한 신앙고백입니다 (참조. 창 1:1-31; 민 6:24-26; 마 3:13-17; 요 1:1-18; 고전 8:5-6; 고후 13:13; 갈 4:4-6; 딤전 2:5 등).

사도신경은 원래 초대교회에서 예수 그리스도를 믿고 구원받은 사람에게 세례를 주기에 앞서, 그들에게 신앙생활의 기초를 가르치고 삼위일체 하나님에 대한 그들의 신앙을 확인할 때 사용하던 것이었습니다. 또한 사도신경은 사도들이 직접 만들지는 않았지만, 성경을 왜곡하는 이단들이나 잘못된 선생들로부터 바른 신앙을 지켜내기 위해 성경의 핵심 교리를 정리하여 만든 것입니다. 그것을 루피누스라는 사람이 지금의 형태로 재정리(A.D. 404년)하였고, 그 후에 몇 사례의 수정을 거쳐 A.D. 10세기 경부터 지금 교회에서 사용하는 것과 가장 비슷한 내용과 형태로 사용하기 시작했습니다. 물론 그리스도인들이 성경을 기준으로 자신의 신앙을 고백할 수 있는 것들로는 사도신경 외에도 니케아 신경(A.D. 325년)이나 칼케돈 신경(A.D. 451년) 등이 있는데, 요즘 교회에서 가장 많이 사용하는 신앙고백은 사도신경입니다.

2 사도신경은 어떻게 구성되어 있을까요?

사도신경은 크게 ____의 항목(성부 하나님, 예수 그리스도, 성령 하나님)으로 구성되어 있고, 세부적으로는 12개의 항목(성부 하나님에 대한 항목 1개, 예수 그리스도에 대한 항목 6개, 성령 하나님에 대한 항목 5개)로 구성되어 있습니다.

사도신경은 신앙의 기준, 교회의 기준, 진리의 기준, 교리의 핵심, 그리스도인들의 신앙의 핵심 등으로 여겨져 왔습니다. 그래서 예수 그리스도를 믿고 구원을 받았다고 고백하는 사람들에게 가장 먼저 가르치고 외우도록 한 것이 사도신경입니다. 그리고 교회에서 그들에게 세례를 주기 위해 교육을 할 때도, 사도신경의 내용은 삼위일체 하나님에 대한 설명을 할 때 반복적으로 확실히 이해하고 믿도록 가르쳤습니다. 그리스도인들이라면 사도신경의 삼위일체 하나님에 대한 내용을 의심하면 안 되고, 반드시 자신의 마음으로 믿고 고백할 수 있어야 합니다.

또한 그리스도인들은 사도신경은 삼위일체 하나님에 대한 기초적인 내용이기 때문에, 성경을 통해 삼위일체 하나님에 대해 더 자세히 알아가야 합니다.

3. 그리스도인들이 사도신경을 통해 고백하는 성부 하나님(아버지 하나님)에 대한 신앙은 무엇일까요?

"전능하사 천지를 만드신 하나님 아버지를 내가 믿습니다."라는 신앙고백은, _____을 아버지요, 전능하신 분, 그리고 천지를 창조하신 분으로 믿는다는 의미입니다(창 1:1-2:25, 17:1; 시 148:1-14; 요 1:1-3; 롬 8:14-16; 고전 8:6; 갈 4:4-6; 계 1:8 등).

이 신앙고백은 그리스도인들이 하나님의 자녀로서 성부 하나님(아버지 하나님)을 자신의 영적인 아버지로 믿는다는 고백입니다. 그래서 하나님의 자녀들은 하나님을 아버지라고 부르는 것입니다(롬 8:14-16; 갈 4:4-6 등. 참조. 요 1:12). 그리고 이 신앙고백은 하나님 아버지께서 우리를 구원해 주시고, 지켜주시며, 하나님의 나라로 인도해 주시고, 영원한 생명을 주시는 전능하신 분임을 믿는다는 고백입니다. 또한 하나님 아버지께서는 모든 만물을 말씀으로 창조하시고, 영원토록 다스리신다는 믿음의 고백입니다(참조. 창 1:1-31; 요 1:12 등). 그리스도인들이 자신을 창조하시고 은혜와 사랑으로 구원해 주신 하나님을 믿기에, 마음과 삶으로 하나님께 감사와 영광과 찬양을 돌리고 있음을 고백하는 것입니다(참조. 요 3:16; 롬 5:6-10, 8:28-39; 고전 10:23-33; 요일 4:7-21 등).

4. 그리스도인들이 사도신경을 통해 고백하는 예수 그리스도에 대한 신앙은 무엇일까요?

1) "그분의 외아들, 우리 주 예수 그리스도를 믿습니다."라는 신앙고백은, 예수님을 하나님의 외아들이시고, 우리의 주님이시며, 우리를 ____하신 그리스도로 믿는다는 의미입니다(창 3:5; 마 1:21, 3:17, 16:16; 요 1:1-18, 3:16, 20:28; 행 4:11-12 등).

이 신앙고백은 예수 그리스도께서는 하나님이시고, 창조주로서 모든 만물의 주인이신 주님이시며, 죄로 죽어가는 사람들을 구원해 주시는 그리스도이심을 믿는다는 고백입니다. 그리스도인들은 모두 다 예수 그리스도를 믿는다는 신앙고백을 통해, 하나님께 구원을 받은 사람들입니다(참조. 요 1:12, 3:16 등). 또한 그리스도인들의 이 신앙고백은 예수 그리스도만이 구원자요, 그분 외에는 그 어떤 존재도 절대로 구원자가 될 수 없음을 믿는다는 고백도 포함합니다(참조. 행 4:11-12).

2) "예수님은 성령으로 잉태되어 동정녀 마리아에게서 나시고"라는 신앙고백은, 예수님께서 성령으로 잉태되어 처녀인 마리아에게서 나셨음을 믿는다는 의미입니다(창 3:15; 사 7:14; 마 1:18-25; 눅 1:35; 갈 4:4-5 등. 참조. 빌 2:6-8).

이 신앙고백은 예수 그리스도께서 하나님의 때에, 하나님의 방법으로, 성령을 통해 죄가 없는 완전한 인간으로 이 세상에 오셨음을 믿는다는 고백입니다. 다시 말해 예수님께서는 성령 하나님의 능력으로 처녀인 마리아의 몸에 잉태되어 이 세상에 태어나셨기에, 아담의 원죄를 전가받지 않으셨습니다(눅 1:35; 히 4:15 등. 참조. 창 3:1-24; 시 51:5; 롬 5:12-21 등). 예수 그리스도께서 성육신하셔서 이 세상에 오신 것은, 인간적인 노력이나 방법이 아닌 오직 하나님의 능력으로만 이루어졌습니다. 하나님께서는 죄로 죽어가는 사람들을 불쌍히 여겨 그들을 구원해 주시기로 작정하신 그 사랑을 이루시기 위해, 이 세상에 예수 그리스도를 보내신 것입니다(참조. 창 3:15; 요 3:16-17; 롬 5:6-8; 갈 4:4-5 등).

3) "본디오 빌라도에게 고난을 받으시고 십자가에서 못 박혀 죽으셨으며"라는 신앙고백은, 예수 그리스도께서 본디오 빌라도에게 고난을 받으시고, 죄로 죽어가는 사람들의 죄를 대신 지시고 십자가에서 못 박혀 죽으셨음을 믿는다는 의미입니다(마 27:11-51; 막 15:1-47; 눅 23:1-56; 요 19:1-42; 갈 2:20; 골 1:20-22 등).

이 신앙고백은 예수 그리스도의 고난과 십자가의 죽으심에 대한 모든 것을 믿는다는 고백입니다. 예수 그리스도께서는 죄가 없으심에도 불구하고 죄로 죽어가는 인간들의 죄를 대신해서, 본디오 빌라도에게 고난을 받으시고 십자가에 못 박혀 죽으셨습니다(참조. 요 1:29; 히 4:15; 벧전 2:21-24 등). 또한 예수 그리스도께서는 십자가에 달려 죽으심으로, 예수 그리스도를 믿는 모든 사람들을 구원하셨습니다(참조. 마 20:17-19; 요 3:14-15, 12:32-33, 18:28-32; 갈 3:13-14 등). 그리스도인들은 이 모든 사실을 믿을 뿐만 아니라, 자기를 부인하고 자기 십자가를 지고 예수 그리스도를 따르며 사는 사람들입니다(마 16:24; 막 8:34; 눅 9:23; 갈 2:20 등).

4) "장사되신 지 사흘 만에 죽은 자 가운데서 다시 살아나셨고"라는 신앙고백은, 예수 그리스도께서 십자가에서 죽으신 지 삼일 만에 죽은 자 가운데서 _____으로 다시 살아나셨음을 믿는다는 의미입니다(마 28:1-20; 막 16:1-18; 눅 24:1-49; 요 11:25-26, 20:1-29; 행 1:3; 롬 1:4; 고전 15:1-58 등).

이 신앙고백은 예수 그리스도께서 십자가에서 육체적으로 죽으신 후, 요셉과 니고데모에 의해 동산 옆 새 무덤에 장사되셨으며, 무덤에 장사되신 지 삼일 만에 하나님의 능력으로 죄와 사망의 권세를 모두 이기시고, 썩지 않을 완전한 육체로 부활하셔서 잠자는 자들의 첫 열매가 되셨음을 믿는다는 고백입니다(참조. 행 2:23-24; 고전 15:1-58; 고후 13:4; 엡 1:20-22; 골 2:12 등). 만약 예수 그리스도께서 부활하지 않으셨다면 우리들이 전하는 복음이 헛것이고, 우리들이 믿는 믿음도 헛것이며, 우리들이 하나님의 거짓 증인이 될 것이고, 우리들은 아직도 죄 가운데 있을 것이며, 그리스도 안에서 잠자는 자들도 망했을 것이고, 이 세상에서 우리 같이 불쌍한 사람들은 없을 것입니다(고전 15:12-19. 참조. 마 22:23-33; 막 12:18-27; 눅 20:27-40).

5) "하늘에 오르시어 전능하신 아버지 하나님 우편에 앉아 계시다가"라는 신앙고백은, 예수 그리스도께서 하늘에 오르신 후 전능하신 하나님의 능력을 회복하시고, 하나님 아버지와 함께 계심을 믿는다는 의미입니다(막 16:19; 눅 24:50-51; 요 14:2-4; 행 1:9-11; 엡 1:19-20, 4:9-10; 딤전 3:16 등).

이 신앙고백은 예수 그리스도께서 제자들과 사람들이 보는 가운데 다시 오실 것을 약속하신 후, 하늘로 올라가셨음을 믿는다는 고백입니다. 또한 이 신앙고백은 예수 그리스도께서 전능하신 하나님의 능력을 회복하시어 하나님 아버지와 함께 교회와 모든 만물을 다스리고 계시고, 우리를 돕고 계시며, 우리에게 능력을 주고 계시고, 우리를 위해 기도해 주고 계시며, 이 세상에 다시 오실 날을 기다리고 계심을 믿는다는 고백입니다(참조. 마 25:13; 롬 8:34; 엡 1:20-23; 골 3:1-25; 살전 5:1-11; 히 4:14-16; 벧전 3:22, 4:7-9; 벧후 3:9-14; 요일 2:1 등). 예수 그리스도께서는 승천을 하신 후에는 성령 하나님과 예수 그리스도를 믿고 구원받은 사람들을 통해 이 세상에서 사역하고 계십니다(요 14:15-26, 15:26-27, 16:5-15; 고후 3:1-18; 벧전 1:11-12 등. 참조. 마 28:18-20; 롬 1:1-6, 8:26-27).

6) "거기로부터 살아있는 자와 죽은 자를 심판하러 오십니다."라는 신앙고백은, 예수 그리스도께서 언젠가 하나님의 때에 살아있는 자와 죽은 자를 심판(최후의 심판)하시기 위해 이 세상에 다시 오심을 믿는다는 의미입니다(마 25:31-46; 요 5:22-30; 롬 2:16; 고후 5:10; 빌 2:6-11; 계 1:7 등).

이 신앙고백은 예수 그리스도께서 언젠가 하나님 아버지께서 정하신 때에, 하늘의 하나님의 나라에서 이 세상에 다시 오실 것을 믿는다는 고백입니다(참조. 마 24:36-44; 막 13:32-37; 살전 5:1-11; 벧후 3:9-10; 계 16:15 등). 그리고 예수 그리스도께서 이 세상에 다시 오시면 죽은 사람들은 죽음에서 부활하고 살아 있는 사람들은 완전한 몸으로 변화하여, 재판장이신 예수 그리스도 앞에서 최후의 심판을 받게 됨을 믿는다는 고백입니다. 예수 그리스도께서 최후의 심판에서 심판장이 되시는 이유는 인자되심, 즉 인간으로 이 세상에 오셔서 십자가에서 죽으심에 대한 보상으로, 하나님 아버지께 산 자와 죽은 자를 심판하실 권한을 받으셨기 때문입니다(요 5:27; 벧전 4:1-6 등. 참조. 빌 2:6-11 등). 예수 그리스도께서는 최후의 심판을 통해 의인들에게는 상(천국에서 영원토록 살게 하심)을 주시고, 악인들에게는 벌(지옥에서 영원토록 고통을 받게 하심)을 내리십니다(참조. 마 25:31-46; 롬 11:36; 딤후 4:7-8; 계 1:7 등).

5 **그리스도인들이 사도신경을 통해 고백하는 성령 하나님에 대한 신앙은 무엇일까요?**

1) "나는 성령을 믿습니다."라는 신앙고백은, 성령께서 _____이심을 믿는다는 의미입니다(창 1:26-27; 마 28:19; 요 14:16-17; 행 1:8, 5:1-11; 고전 2:10-16; 고후 13:13 등).

이 신앙고백은 성령 하나님께서는 삼위일체 하나님이시고, 창조주 하나님이시며, 생명의 근원이시고, 모든 만물을 보호하고 계시며, 사람들을 감동시켜 성경을 기록하게 하신 진리의 영이시고, 예수 그리스도의 영으로 예수 그리스도의 말씀을 깨닫게 하시는 분이시며, 예수 그리스도를 믿어 구원 얻게 하시는 분이시고, 죄를 깨닫게 하시는 분으로 믿는다는 고백입니다(참조. 욥 33:4; 시 104:29-30; 요 16:7-15; 고전 12:3; 고후 1:21-22; 갈 4:6; 엡 1:13-24; 빌 1:19-21; 딤후 3:16-17; 벧후 1:20-21 등). 다시 말해 그리스도인들은 성령 하나님을 통해 예수 그리스도를 믿고 구원을 받았으며, 하나님의 말씀의 본질을 제대로 깨달아 알고 그 말씀을 삶에서 지켜 행하고 있으며, 기도로 하나님의 뜻을 알 뿐만 아니라 기도한 것에 대해 하나님께 응답을 받고, 하나님의 은혜와 사랑을 받으면서 살고 있는 것입니다(참조. 요 14:26, 16:13-14; 롬 8:19-27; 고전 2:1-16, 12:1-11; 갈 5:16-26; 엡 4:11-13; 살전 1:6; 살후 2:13-14; 벧전 1:11-12 등).

2) "거룩한 공교회와 성도가 서로 교통하는 것과"라는 신앙고백은, 성령 하나님께서 거룩한 교회를 세워주시는 분이시고, 성도들이 주 안에서 서로 교제할 수 있게 도와주시는 분이심을 믿는다는 의미입니다(요 14:16-17; 행 9:31, 20:28; 고전 3:16, 12:1-31; 고후 13:13; 엡 1:13-14 등).

이 신앙고백은 성령 하나님께서 예수 그리스도께서 머리되신 거룩한 하나님의 교회를 세우시고, 그 교회를 선하게 이끌어 가시는 분이심을 믿는다는 고백입니다(참조. 고전 12:1-31; 엡 1:22-23, 4:3-32, 5:21-33; 골 1:18-24 등). 그리고 성령 하나님께서는 하나님의 교회의 성도들이 하나님 안에서 영적으로 교제할 수 있도록 도우실 뿐만 아니라, 기쁨과 사랑으로 함께 하나님의 영광을 위해 살 수 있도록 돕는 분이심을 믿는다는 고백입니다. 그리스도인들은 교회를 바르게 세우고 운영하기 위해서, 끊임없이 성령 하나님께 도움을 요청하고 그분의 요구에 맞게 행해야 합니다(참조. 롬 8:14-17, 28-30; 고전 15:57-58; 고후 2:14; 갈 5:16-26; 빌 4:11-13; 요일 5:1-5 등).

3) "죄를 사하여 주시는 것"이라는 신앙고백은, 성령 하나님께서 우리가 지은 죄를 깨닫고 회개하게 하실 뿐만 아니라, 우리가 회개하는 죄를 ____해 주시는 분이심을 믿는다는 의미입니다(요 16:7-15; 롬 8:13; 살후 2:13; 딛 3:5-7; 벧전 1:2; 요일 1:9 등).

이 신앙고백은 성령 하나님께서는 사람들이 자신이 지은 죄를 깨닫고 회개하게 하심으로, 그들을 용서하여 거룩하게 하시고, 그들을 거룩하신 하나님과 영적으로 올바른 관계를 맺도록 도와주시는 분이심을 믿는다는 고백입니다(참조. 행 10:44; 엡 2:11-22; 요일 3:23-24 등). 그리스도인들은 성령 하나님의 도우심으로 죄의 문제를 해결 받아서, 거룩하신 하나님께 가까이 나아갈 수 있게 된 것입니다(참조. 요 16:7-15; 고전 12:3; 약 4:8 등). 반면, 자신의 죄를 인정하지 않는 사람은 자신의 죄의 문제를 해결받지 못해 거룩하신 하나님 앞에 나아가지 못할 뿐만 아니라, 자기 자신을 속이는 사람이고, 진리가 그 마음 안에 없는 사람이며, 하나님을 거짓말하는 분으로 만드는 사람입니다(요일 1:8-10).

4) "몸이 다시 사는 것"이라는 신앙고백은, 성령 하나님께서는 예수 그리스도께서 이 세상에 다시 오실 때, 우리를 부활하게 하실 분이심을 믿는다는 의미입니다(요 6:38-40, 11:25-26; 고전 15:42-44; 빌 3:21 등).

이 신앙고백은 성령 하나님께서는 예수 그리스도께서 이 세상에 다시 오실 때, 이미 죽은 사람들은 부활을 시키시고 세상에 아직 살고 있는 사람들은 변화를 시키시는 분이심을 믿는다는 고백입니다. 성경은 이 때 선한 일을 행한 사람들은 생명의 부활을, 악한 일을 행한 사람들은 심판의 부활을 할 것이라고 말씀합니다(요 5:29; 행 24:15 등). 그리스도인들은 예수 그리스도처럼 썩지 않고 영원히 죽지 않을 영적인 몸으로 부활하게 될 것입니다(눅 20:35-36; 요 5:28-29; 고전 15:42-54; 빌 3:10-11, 21 등. 참조. 사 26:19; 단 12:2). 그리스도인들은 하나님의 때에 예수 그리스도께서 이 세상에 다시 오시면, 자신도 부활할 것이라는 확실한 믿음을 가지고 살아야 합니다.

5) "영원히 사는 것을 믿습니다."라는 신앙고백은, 성령 하나님께서는 예수 그리스도를 믿음으로 구원을 받은 우리를, 영원히 살게 해 주실 분이심을 믿는다는 의미입니다(요 14:16-17; 롬 6:23, 8:1-39; 요일 2:23-25 등. 참조. 마 25:46; 요 6:38-40, 10:27-30).

이 신앙고백은 성령 하나님께서는 예수 그리스도를 믿음으로 구원을 받은 그리스도인들을 천국으로 인도하실 뿐만 아니라, 죽음이 없는 천국에서 영원히 살게 하실 분이심을 믿는다는 고백입니다(참조. 계 21:3-4). 그리스도인들이 영원히 살 수 있는 것은, 영원하신 성령 하나님께서 그들 안에 임재 해 계시기 때문입니다(요 14:16-17; 고전 3:16-17, 6:19-20 등). 사실, 죄를 지은 사람들은 원래 하나님의 영광에 이르지 못하고 영원히 죽을 수 밖에 없는 존재였지만, 하나님께서는 그들을 불쌍히 여기심으로 구원해 주실 뿐만 아니라 영원한 생명을 선물로 주셨습니다(요 3:16-21, 5:24, 6:47; 롬 3:23-24, 6:23; 엡 2:8-9 등).

토론 및 적용 질문

1. 당신은 삼위일체 하나님에 대한 확실한 믿음으로 사도신경을 고백합니까?
2. 당신의 일상생활에서 삼위일체 하나님과 어떻게 만나며 사는지 나눠봅시다.
3. 요즘 공적인 예배에서 사도신경을 고백하지 않는 교회들이 늘어나고 있는데, 그 이유가 무엇이라고 생각하는지 나눠봅시다.

해답

1. 삼위일체   2. 3개   3. 하나님   4. 구원, 하나님의 능력   5. 하나님, 용서

33 십계명 - 1

십계명은 율법의 요약으로, 하나님의 자녀들이 지켜야 하는 가장 기초적인 법입니다. 하나님께서는 십계명을 통해 하나님의 백성들에게 자신이 하나님이시고, 구원자이심을 가르쳐 주십니다. 또한 하나님의 백성들이 지켜야 할 의무들을 가르쳐 주십니다(참조. 창 26:1-5; 출 20:1-40:38; 수 1:7-8; 갈 3:21-26 등). 십계명은 하나님에 대한 계명들(1-4계명)과 사람에 대한 계명들(5-10계명)로 구성되어 있습니다. 하나님에 대한 계명들은 마음과 생명, 힘과 뜻을 다해 오직 하나님만을 사랑하는 것이 핵심이며, 사람에 대한 계명들은 이웃을 자기 몸처럼 사랑하는 것이 핵심입니다(출 20:1-17; 신 5:1-33; 마 22:34-40; 막 12:28-34; 눅 10:25-37 등).

1. 제1 계명은 무엇이며, 그 의미는 무엇일까요?

제1 계명은 "너는 나 외에는 다른 신들을 두지 말라."(출 20:3; 신 5:7)입니다. 이 계명은 오직 하나님만을 ____하고 섬기라는 의미입니다(신 4:32-40, 6:1-25; 대상 28:9; 사 42:8; 마 4:10, 22:37 등).

제1 계명은 십계명에서 가장 중요한 계명으로, 하나님께서는 하나님께 드려야 할 영광, 예배, 찬양 등을 결단코 우상들에게 빼앗기지 않으실 뿐만 아니라, 하나님의 백성들로부터 영광, 예배, 찬양, 사랑, 그리고 섬김을 반드시 받으시겠다는 마음이 담겨 있는 계명입니다(참조. 사 42:8, 43:1-7; 마 6:31-33, 22:37-38; 고전 6:19-20 등). 제1 계명을 어기는 죄는 하나님 외에 다른 신들(우상)을 섬기는 사람들, 하나님이 없다고 하는 사람들, 그리고 하나님을 거절하는 사람들이 짓는 죄입니다(참조. 시 10:3-4, 14:1-7, 53:1-6 등). 신약 시대에는 예수 그리스도를 믿지 않는 모든 사람들이 이 계명을 어긴 사람들이 됩니다.

2. 제2 계명은 무엇이며, 그 의미는 무엇일까요?

제2 계명은 "너를 위하여 새긴 우상을 만들지 말고 또 위로 하늘에 있는 것이나 아래로 땅에 있는 것이나 땅 아래 물 속에 있는 것의 어떤 형상도 만들지 말며 그것들에게 절하지 말며 그것들을 섬기지 말라."(출 20:4-6; 신 5:8-10)입니다. 이 계명은 하나님 외에 그 어떤 존재에게도 _____께 하듯이 예배하거나 섬기지 말라는 의미입니다(출 20:22-26, 34:12-17; 레 19:4; 신 6:13-15; 요 4:21-24; 롬 12:1; 고전 10:7-22; 요일 5:21 등).

제2 계명은 하나님이 아닌 다른 존재를 예배하거나 섬기지 말고, 어떤 형상을 만들어 그것을 하나님이라고 여기지도 말라는 의미입니다. 하나님께서는 질투하시는 하나님이시라고 말씀합니다(출 20:5; 신 5:9; 시 78:58; 고전 10:22 등). 그래서 하나님을 사랑하고 그분의 명령을 잘 지키는 사람에게는 그 사람과 그의 후손 천 대까지 사랑을 베풀어 주시겠지만, 하나님을 미워하는 사람(우상을 숭배하는 사람, 하나님을 믿지 않는 사람 등)에게는 그 사람과 그의 후손 삼사 대까지 벌을 내리시겠다고 말씀합니다(출 20:4-6, 34:7; 신 5:8-10). 그리스도인들은 오직 하나님을 사랑하고, 하나님께 기쁨과 감사로 예배하고 순종하며 살아야 합니다(참조. 신 6:4-5, 26:17; 대상 28:9; 마 4:10, 22:37-38; 히 13:15-16 등).

3. 제3 계명은 무엇이며, 그 의미는 무엇일까요?

제3 계명은 "나 여호와 너의 하나님의 이름을 함부로 부르지 말라."(출 20:7; 신 5:11)입니다. 이 계명은 하나님의 이름을 바르고 ____하게 사용하라는 의미입니다(레 21:6; 시 29:2; 사 48:11; 말 1:6-14; 마 6:9 등. 참조. 사 52:5-6; 롬 2:23-24).

하나님의 이름을 부끄러워하거나 자신을 높이기 위한 수단으로 하나님의 이름을 사용하는 것, 자신의 거짓(거짓 맹세 포함)을 감추거나 거짓된 교리를 합리화시키기 위해 하나님의 이름을 사용하는 것, 하나님의 이름으로 농담을 하거나 다른 사람들을 저주하는 것, 하나님을 비난하거나 욕하기 위해 하나님의 이름을 사용하는 것, 그리고 그분의 이름을 헛되게 부르거나 함부로, 가볍게, 생각 없이 부르는 것 등은 하나님의 이름을 모독하고 욕되게 하는 것입니다. 이것은 하나님께 큰 죄를 짓는 것입니다(참조. 렘 5:1-2; 호 10:1-4; 슥 8:17; 말 3:5; 마 12:30-32 등).

4. 제4 계명은 무엇이며, 그 의미는 무엇일까요?

제4 계명은 "안식일을 기억하여 거룩한 날로 지켜라."(출 20:8-11; 신 5:12-15)입니다. 이 계명은 안식일에는 하나님께서 육일 동안 만물을 창조하시고 칠일 째 쉬신 것처럼, 사람들도 육일 동안 땀 흘려 힘써 __하고 칠일 째(안식일)에는 하나님 안에서 쉴 뿐만 아니라, 하나님께 예배드리고 찬양함으로 ____하게 지내라는 의미입니다(창 2:2-3; 출 16:25-30; 레 23:1-3; 사 58:13-14; 렘 17:21-22; 마 12:1-13; 막 2:27-28; 눅 4:16; 행 15:21; 히 4:1-11 등).

그리스도인들은 안식일(오늘날의 주일)에 자신을 비롯해 가족들, 그리고 함께 일하는 사람들이 다 일을 쉬고, 세속적인 삶을 멀리해야 합니다(창 2:2-3; 출 31:12-17; 느 13:15-22; 사 58:13-14; 겔 44:15-18 등). 그 대신, 그리스도인들은 안식일에 교회에 모여 하나님께 온전히 예배를 드리고, 예수 그리스도의 부활을 기뻐하며, 하나님의 말씀을 배우고, 믿음의 형제들과 영적인 교제를 나누며, 세상 사람들에게 예수 복음을 전하고, 소외된 사람들을 찾아 돌보며, 가족들과 함께 평안히 쉬어야 합니다(참조. 사 58:13-14; 막 3:1-5; 눅 4:16-32, 6:1-10; 행 2:41-47, 4:32-37, 16:13-15 등). 사실, 그리스도인들에게 안식일(오늘날의 주일)은 교회에 모여 하나님께 예배와 찬양을 드리고, 말씀과 기도로 영적인 재충전을 하며, 그 힘으로 세상에 나가 영적인 싸움에서 승리할 수 있도록 준비하거나 훈련하고, 믿음의 형제들과 깊은 영적인 교제를 통해 위로와 권면을 받으며, 육체적인 쉼을 통해 한 주간 열심히 땀 흘려 일할 수 있는 새 힘을 얻는 날입니다.

5. 제5 계명은 무엇이며, 그 의미는 무엇일까요?

제5 계명은 "네 아버지와 어머니를 공경하라."(출 20:12; 신 5:16)입니다. 이 계명은 부모님과 어른들에게 ____하고 그들을 존중하여 섬기라는 의미입니다(레 19:3; 잠 23:25; 막 7:1-13; 롬 13:1-7; 엡 6:1-3 등).

제5 계명은 하나님의 약속이 보장된 첫 계명입니다(엡 6:1-3). 하나님께서는 부모를 공경하는 사람들에게 하는 일이 잘 되고, 이 세상에서 오래 살게 하겠다고 약속하십니다. 또한 하나님께서는 부모에게 순종하는 삶은 하나님을 기쁘시게 해 드리는 일이라고 말씀합니다(골 3:20). 그러기에 그리스도인들은 부모님과 어른들에게 순종하고 존중하여 섬김으로, 하나님이 주시는 복을 받으며 살아야 합니다(참조. 막 7:1-13; 딤전 5:1-4 등). 그리스도인 부모들은 자녀들에게 어릴 때부터 하나님의 말씀을 잘 가르칠 뿐만 아니라, 부모를 공경하고 순종하는 자녀들이 되도록 가르쳐, 그 자녀들이 부모를 공경하고 순종하며 살므로 하나님이 주시는 복을 받으며 살 수 있게 도와주어야 합니다(참조. 잠 4:1-4; 마 15:3-6; 막 7:9-13; 엡 6:1-3 등).

토론 및 적용 질문

1. 당신은 하나님 외에 믿음의 대상이 있거나 하나님보다 더 사랑하는 존재가 있습니까? 또한 당신이 하나님을 믿고 순종하는 데 방해가 되는 사람이나 일이 있다면 무엇인지 나눠봅시다.

2. 당신은 하나님의 이름으로 거짓 맹세를 한 적이나 자신의 결백을 주장하기 위해 하나님의 이름을 사용한 적이 있었다면 나눠봅시다. 또한 당신이 다른 사람을 저주하는데 하나님의 이름을 사용한 적이 있었다면 나눠봅시다.

3. 당신의 가족들이나 주변 사람들 중에 하나님을 신실하게 믿음으로 인해, 하나님께 큰 복을 받은 사람을 알고 있다면 나눠봅시다.

해답

1. 예배   2. 하나님   3. 거룩   4. 일, 거룩   5. 순종

34. 십계명 - 2

십계명은 율법의 핵심입니다. 하나님께서는 이스라엘 백성들을 종살이하던 애굽에서 구해내신 후에, 그들에게 십계명을 주어 지켜 행하게 하셨습니다(출 20:1-2; 신 5:4-6). 그리스도인들은 하나님의 법인 율법("십계명")을 본질에 맞게 믿고 지키며 살아야 합니다(마 5:1-7:29, 12:1-14; 요 14:15-21; 롬 3:31, 8:1-11, 13:8-10; 갈 3:15-29, 4:1-7, 5:1-26; 엡 2:11-22; 요일 2:1-6 등). 그리스도인들은 율법주의자들처럼 겉과 속이 다른 위선자나 하나님의 말씀을 지키는 척 만하는 형식적인 신앙인이 되면 안 됩니다(마 6:1-18, 23:1-36; 눅 11:37-54; 딤후 3:1-9; 벧전 2:1 등).

1. 제6 계명은 무엇이며, 그 의미는 무엇일까요?

제6 계명은 "살인하지 말라."(출 20:13; 신 5:17)입니다. 이 계명은 자기 자신과 다른 사람들의 생명을 해치지 말고, ____을 귀하게 여기라는 의미입니다(창 9:1-7; 마 5:21-26, 16:25-26; 행 16:27-28; 요일 3:15 등).

그리스도인들은 다른 사람들을 미워하거나 그들을 향해 분노의 마음을 가져서는 안 됩니다(마 5:21-26 등). 그리고 그리스도인들은 다른 사람들의 생명을 해치거나 폭력(언어 폭력, 성폭력 포함)을 행하면 안 됩니다(참조. 창 4:8-15, 23-24, 34:1-31; 삼하 13:1-39 등). 또한 그리스도인들은 자신의 건강을 해치는 삶을 살면 안 되고, 자살을 시도하거나 다른 사람들의 자살을 방조하면 안 되며, 굶주리는 사람들이나 죽을 만큼 고통을 당하는 사람들을 돕지 않으면 안 됩니다(참조. 삼상 31:3-13; 삼하 1:1-15). 또 그리스도인들은 사람들의 생명(영적인 생명과 육체적인 생명)을 살리는 일과 지키는 일에 힘쓰며 살아야 합니다(참조. 롬 8:1-2 등).

2. 제7 계명은 무엇이며, 그 의미는 무엇일까요?

제7 계명은 "간음하지 말라."(출 20:14; 신 5:18)입니다. 이 계명은 성적인 죄를 짓지 말고, 마음과 행위를 깨끗하고 ____하게 유지하라는 의미입니다(레 18:1-30; 신 22:13-30; 마 5:27-32; 롬 1:21-32; 고전 6:18; 갈 5:16-21; 엡 5:3-5; 히 13:4 등).

간음하지 말라는 말씀은 결혼을 귀하게 여기고, 간음, 동성애, 성을 사고파는 행위, 혼전 성관계를 비롯해 생각과 말과 행동에서 성적인 죄와 모든 음란을 버리라는 말씀입니다(참조. 창 19:1-38; 삼하 11:1-12:23; 말 2:15-16; 마 19:3-12; 롬 1:24-27 등). 성경은 사람이 행하는 모든 죄는 몸 밖에 있으나, 음란은 자기 몸에 짓는 죄라고 말씀합니다(고전 6:18). 또한 그리스도인들은 음란한 일을 계획하지 말고, 음란한 것(포르노나 음란한 영상 등)을 보지 말며, 다른 사람을 성적으로 유혹하거나 넘어뜨리지 말라는 말씀입니다(참조. 창 38:1-30, 39:1-23 등). 그리고 그리스도인들은 하나님의 말씀 안에서 절제하고 순결한 삶을 유지하라는 말씀입니다(참조. 잠 6:32, 7:1-27; 갈 5:16-26; 엡 4:17-20; 살전 4:5; 벧전 3:1-7 등).

3. 제8 계명은 무엇이며, 그 의미는 무엇일까요?

제8 계명은 "도둑질하지 말라."(출 20:15; 신 5:19)입니다. 이 계명은 다른 사람들의 것을 훔치거나 ____을 내지 말고, 부지런히 일하라는 의미입니다(출 22:1-15; 레 6:1-7; 엡 4:28; 살후 3:6-12; 약 5:4 등. 참조. 말 3:6-12; 막 7:17-23; 딛 2:9-10).

그리스도인들은 어떤 경우에도 다른 사람들의 것을 훔치거나 강제로 빼앗지 않아야 합니다(참조. 왕상 21:1-29 등). 그리고 그리스도인들은 저울을 속이는 죄와 사기 등 부당한 이익을 얻는 행위, 착취, 낭비 등을 하지 않아야 합니다(참조. 엡 5:16-18 등). 그리스도인들이 하나님께서 주시는 지혜와 능력으로 부지런히 땀 흘려 일하고, 욕심을 부리지 말며, 바른 방법으로 돈을 벌라는 말씀이기도 합니다(참조. 잠 16:8, 24:30-34, 30:8-9; 살후 3:6-12 등). 또한 그리스도인들이 하나님의 것을 도둑질하지 않기 위해 십일조와 헌금을 바르게 드리고, 가난한 이웃들과 잘 나누라는 말씀이기도 합니다(참조. 레 25:1-55; 잠 3:27-28; 말 3:6-12; 갈 6:10; 약 2:15-16 등). 또한 모든 사람들은 도둑질을 멈추고 부지런히 일을 해서, 가난한 사람들을 돕는 등의 선한 일을 하라는 의미가 담겨 있는 말씀입니다(엡 4:28 등).

4. 제9 계명은 무엇이며, 그 의미는 무엇일까요?

제9 계명은 "네 이웃에 대하여 거짓 증언을 하지 말라."(출 20:16; 신 5:20)입니다. 이 계명은 ____의 자녀처럼 거짓된 삶을 살지 말고, 하나님의 자녀답게 ____하라는 의미입니다(레 19:11-12; 잠 30:6-8; 슥 8:16-17; 요 8:44; 골 3:9-10; 약 3:14 등. 참조. 요일 3:6-10).

하나님께서는 이웃을 사랑할 뿐만 아니라, 선한 이웃으로 살라고 말씀하셨습니다(참조. 마 22:34-40; 눅 10:25-37 등). 그리고 그리스도인들은 거짓 증언, 거짓 맹세, 거짓 증거, 거짓말을 하지 말고, 속이는 저울을 사용하지 말아야 합니다(참조. 잠 11:1-3; 마 5:33-37; 약 5:12 등). 그 대신, 그리스도인들은 공정하고 정직한 재판, 정직한 변호, 정직한 증언을 하고, 하나님의 말씀인 진리에 맞게 말하고 행동하며 살아야 합니다(참조. 레 19:11-15; 잠 14:5, 25, 19:5, 31:8-9 등). 또한 그리스도인들은 이웃과 함께 거짓된 일을 공모해서도 안 되고, 이웃을 모함하기 위해 거짓말을 해서도 안 됩니다. 그리스도인들은 거짓의 아비인 마귀가 주는 거짓된 삶을 버리고, 하나님의 자녀로서 정직하고 진실하게 다른 사람들과 관계를 맺으며 살아야 합니다(참조. 시 15:2-4; 요 8:44; 고후 1:17-20 등).

5. 제10 계명은 무엇이며, 그 의미는 무엇일까요?

제10 계명은 "네 이웃의 집을 탐내지 말라."(출 20:17; 신 5:21)입니다. 이 계명은 어떤 것이든 이웃의 것을 탐내지 말고, 자신이 하나님께 받은 것으로 ____하고 감사하며 살라는 의미입니다(레 19:13; 빌 4:11-12; 골 3:5; 딤전 6:6-10; 히 13:5 등).

하나님께 받은 은혜와 사랑에 감사하는 사람은 이웃의 것을 탐내지 않을 뿐만 아니라, 자신이 가진 것과 자신의 삶에 만족하며 살 것입니다. 사람이 가진 것에 감사와 만족을 하지 못하고 욕심이 생기면 죄를 짓게 된다고 말씀합니다(약 1:14-15). 또한 어떤 사람은 욕심으로 남의 집에 들어가 여자를 유혹하는 죄를 짓기도 한다고 말씀합니다(딤후 3:6-7). 그리스도인들은 하나님께 받은 은혜와 사랑에 감사하고 만족함으로, 이웃의 것들 중에서 단 한 가지도 욕심을 내거나 탐내지 말아야 합니다(참조. 욥 1:21; 눅 12:15; 빌 4:11-13; 살전 5:18; 딤전 6:6-8 등).

토론 및 적용 질문

1. 당신이 부모를 공경함으로 하나님께 받은 복이 있다면 나눠봅시다. 또는 당신 주변에 부모를 공경하여 하나님께 큰 복을 받은 사람이 있다면 나눠봅시다.

2. 당신이 포르노나 음란한 삶에 중독된 사람, 또는 간음이나 성범죄를 저지른 사람들을 알고 있다면 나눠봅시다. 만약 그리스도인들이 자신의 주변에 그런 사람들이 있다면 어떻게 해야 할지 나눠봅시다.

3. 그리스도인들은 주변 사람들이 범죄(사기, 도둑, 강도, 성폭행 등) 피해를 당하거나 자살을 시도하는 사람이 생길 경우, 그들을 어떻게 도와주어야 할지 나눠봅시다.

해답

1. 생명 2. 순결 3. 욕심 4. 마귀, 진실 5. 만족

35 헌금 - 1

헌금은 그리스도인들이 하나님께 받은 은혜와 사랑에 감사해서, 물질을 하나님께 드림으로 자신의 신앙을 고백하는 행위입니다. 그리스도인들이 하나님께 헌금을 드리는 행위는 감사와 기쁨의 표현이고, 신앙과 삶의 당연한 의무입니다. 사실, 그리스도인들은 자신이 가진 모든 것, 즉 생명까지라도 하나님께 드릴 수 있는 믿음으로 헌금을 드려야 합니다. 또한 그리스도인들은 만물의 주인이신 하나님의 것을 맡은 청지기입니다(참조. 마 25:14-30; 눅 16:1-13 등). 그리스도인들에게도 물질은 중요합니다. 그래서 그리스도인들이 십일조를 비롯해 기쁨으로 하나님께 헌금을 드리는 모습은, 그 사람의 신앙의 수준을 가늠할 수 있는 척도가 되기도 합니다(참조. 마 6:24, 23:23; 막 10:17-31, 12:41-44; 눅 7:36-50, 12:34 등).

1 헌금은 무엇일까요?

헌금은 하나님께 받은 _____에 감사해서, 우리가 가진 물질을 믿음으로 하나님께 드리는 행위입니다(신 14:22-29; 마 23:23; 막 12:13-17; 눅 21:1-4; 고후 9:1-15 등).

그리스도인들이 하나님께 헌금을 드리는 것은 자신의 신앙을 하나님께 고백하는 것과 같습니다. 물론 그리스도인들이 하나님께 드리는 헌금은, 하나님으로부터 받은 물질 중에 그 일부를 감사함으로 드리는 것입니다. 하나님께서는 인색하거나 억지로 내는 것이 아닌, 기쁨으로 헌금을 드리는 사람들을 사랑하신다고 말씀하십니다(고후 9:5-7). 하나님께 헌금을 드리는 사람들에게 주시는 약속은, 하나님께서 넉넉하게 갚아 주시고, 심는 대로(하나님께 드리고, 이웃들에게 나누는 만큼) 거두게 하시며, 쌓을 곳이 없도록 풍성히 복을 부어 주시겠다는 것입니다(참조. 말 3:10-12; 눅 6:38; 행 20:35; 고후 9:6 등).

2 그리스도인들이 하나님께 헌금을 드려야 하는 이유가 무엇일까요?

그리스도인들이 하나님께 헌금을 드려야 하는 이유는 하나님의 명령이고(신 12:5-7, 16:9-17; 대상 16:29 등), 하나님께 대한 감사이며(고후 9:11-13 등), 하나님을 향한 _____이기 때문입니다(잠 3:9-10; 마 6:19-21; 빌 4:15-20 등).

그리스도인들이 하나님께 기쁨으로 헌금을 드리는 것은, 하나님의 은혜로 예수 그리스도를 믿고 구원을 받은 사람들의 당연한 의무로서, 자신이 가진 모든 것이 하나님께서 주신 것임을 인정하며, 하나님의 말씀에 실제적인 삶으로 순종하고, 그리스도인들끼리 나눔을 통해 서로의 삶의 균형을 맞추기 위한 것입니다(참조. 잠 3:9-10; 행 2:44-47, 4:32-37; 고후 8:13-14, 9:13 등). 또한 그리스도인들이 하나님께 영광을 돌리고, 하나님의 교회를 세워 운영하며, 예배와 찬양을 잘 드리고, 하나님의 말씀을 가르치며, 예수 복음을 전하고, 성도들끼리 교제를 하며, 영혼들을 사랑으로 돌보고, 가난한 사람들에게 나누는 일을 하기 위해 하나님께 헌금을 드리는 것입니다.

3. 그리스도인들은 헌금을 누구에게 드려야 할까요?

그리스도인들은 _____께 헌금을 드려야 합니다(잠 3:9-10, 19:17; 빌 4:15-20; 약 2:15-16 등).

그리스도인들이 하나님께 헌금을 드리는 방법은 다양합니다. 하나님께 헌금을 드릴 때 자신이 섬기는 교회를 통해 드리는 방법, 선교단체와 선교사를 통해 드리는 방법, 그리고 하나님의 일을 하는 공동체나 사역자들을 통해 드리는 방법이 있습니다. 물론 경우에 따라서는 가난한 사람들에게 하나님께 드리는 마음으로 직접 나눔으로써, 하나님께 헌금을 드리는 방법도 있습니다. 그 중에서 하나님께 헌금을 드리는 가장 좋은 방법은 자신이 섬기고 있는 교회를 통해 드리고, 그 헌금으로 교회를 운영하고 선교와 구제를 하는 것입니다. 교회는 성도들의 헌금 생활을 통해 그 사람의 신앙적인 수준을 가늠하여 리더를 세우는 조건으로 활용하기도 하기에, 성도들은 교회를 통해서 하나님께 헌금을 드리는 것이 가장 좋습니다.

4. 헌금을 드릴 때의 올바른 태도는 무엇일까요?

헌금은 1) _____대로(고후 8:5), 2) 미리 준비해서(고전 16:2; 고후 9:5 등), 3) 억지로 내는 것이 아니라 ____으로(고후 9:5-7. 참조. 출 25:1-2), 4) 넉넉하게(고후 8:2-5, 9:9-13 등), 5) 자신의 모든 것을 드리는 마음(막 12:41-44; 눅 21:1-4 등)으로 드려야 합니다.

그리스도인들은 자신의 믿음의 수준에 맞게, 하나님께 헌금을 드리면 됩니다(고후 8:2). 헌금을 드릴 때 다른 사람들의 눈치를 보거나, 하나님께 드린 후에 후회하거나 아까워하는 마음이 생기지 않아야 합니다. 그리스도인들의 믿음이 성장하고 성숙해질수록, 하나님의 교회가 잘 세워지고 하나님의 나라가 확장될 수 있도록 더 많은 헌금을 드리려고 노력을 하게 될 것입니다. 그리고 그리스도인들이 헌금을 드릴 때는 자신의 생명까지도 하나님의 것임을 인정하는 마음과 자신의 모든 것을 바친다는 심정으로 드려야 합니다(대상 29:10-14). 그리스도인들은 헌금을 드리는 것 때문에 가족들과 다투어서는 안 되고, 헌금을 많이 드린다고 해서 교회에서 자기가 대단한 것처럼 행동하거나 다른 사람들에게 뽐내서도 안 됩니다.

5. 그리스도인들이 하나님께 드려야 할 헌금의 종류는 무엇이 있을까요?

그리스도인들이 하나님께 드려야 할 헌금은 _____, 주일예배 헌금, 감사 헌금, 선교 헌금, 성전건축 헌금, 구제 헌금 등입니다(참조. 창 14:17-24; 출 36:1-6; 레 27:30; 신 12:5-7, 16:9-17; 대하 31:1-21; 마 23:23; 고후 8:1-15, 9:1-15 등).

교회를 통해 하나님께 드려진 헌금을 사용할 때, 십일조는 교회의 운영과 사역자들의 사례를 위해서 사용하고, 주일예배 헌금은 교회의 공적인 예배를 위해서 사용하며, 선교 헌금은 영혼 구원하는 일인 전도와 선교의 일을 할 때와 선교사들을 지원하는 것에 사용하고, 성전건축 헌금은 교회의 건축이나 보수나 수리에 사용하며, 구제 헌금은 가난한 사람들과 아픈 사람들을 비롯해 어렵고 힘든 사람들을 돕고 돌보는 데 사용합니다(참조. 민 18:21-24; 신 14:22-29, 26:12; 느 10:32-39; 마 6:11; 고전 9:1-15; 고후 9:1-15 등). 물론 교회는 성도들이 하나님께 드린 헌금을 하나님의 뜻에 맞게 사용해야지 세속적으로 사용하면 안 되고, 충분히 기도하여 꼭 필요한 곳에 잘 분배해서 사용해야 합니다.

토론 및 적용 질문

1. 당신은 자신이 가진 모든 것이 하나님의 것임을 인정하고, 그것을 하나님께서 원하시면 언제든지 기쁘게 드릴 마음이 있습니까? 또한 하나님께 헌금을 드릴 때 하나님께 받은 은혜에 감사하는 마음으로 기쁘게 드립니까?

2. 혹시 당신이 돈이 아까워서 헌금을 드리지 않았거나 가난한 사람을 보고도 외면한 적이 있었다면 나눠봅시다.

3. 당신이나 가족들 중에 헌금에 대한 특별한 에피소드가 있다면 나눠봅시다. 또한 헌금을 드리는 것 때문에 부부나 가족들 간에 갈등했던 적이 있었다면 나눠봅시다.

해답

1. 은혜 2. 신앙고백 3. 하나님 4. 하나님의 뜻, 기쁨 5. 십일조

36 헌금 - 2

그리스도인들이 하나님께 헌금을 바르게 드리기 위해서는 하나님을 사랑하고, 정의를 행하며, 사람들을 긍휼히 여기고, 하나님의 말씀에 맞게 믿음으로 살아야 합니다(마 23:23; 눅 11:42 등). 또한 그리스도인들은 하나님을 그 무엇보다 사랑하는 마음, 하나님께 받은 사랑과 은혜에 감사하는 마음, 하나님의 교회를 온전히 세우고자 하는 마음, 그리고 예수 복음을 전하여 하나님의 나라를 확장하고자 하는 마음으로 기쁘게 헌금을 드리며 살아야 합니다(참조. 마 6:19-34; 고후 8:1-15; 요일 3:11-19 등). 그리스도인들 가운데 하나님께 복을 받기 위한 수단으로 헌금을 드리는 사람들이 있다면, 그것은 수준 낮은 신앙이자 기복신앙과 같은 모습이기에 마땅히 그러한 마음을 버려야 합니다.

1 성경에서 말씀하고 있는 십일조란 무엇일까요?

십일조는 자신의 수입의 _____을 하나님께 바치는 것으로, 자신의 모든 것이 하나님의 것임을 인정하는 신앙고백입니다(창 14:17-24; 신 12:5-7; 마 23:23; 눅 11:42 등).

십일조를 자신의 수입 중에 1/10을 하나님께 바치는 것으로만 생각하는 그리스도인들이 많습니다. 그러나 그리스도인들에게 십일조는 물질을 하나님께 드리는 것보다, 십일조를 드리는 신앙을 가진 사람답게 하나님의 말씀을 지켜 행하는 삶을 사는 것이 더 중요합니다(참조. 창 28:20-22; 말 3:7-12; 마 23:23; 고전 3:21-23 등). 그리스도인들이 하나님의 말씀에 맞게 살지 않으면서, 하나님께 물질로만 십일조를 드리는 것은 위선적인 모습에 불과합니다. 또한 구약시대에 십일조는 하나님의 것이기에, 하나님께 드리지 않고 개인적으로 사용했을 경우는 그 값의 1/5을 더 내야 하고, 속건 제사를 드려야 그 죄를 용서받았습니다(레 5:15-16, 27:30).

2 하나님께 드린 헌금은 어떻게 사용해야 할까요?

하나님께 드린 헌금은 목회자를 비롯해 교회에서 봉사하는 사람들을 위해(민 18:21-24; 고전 9:9-14; 빌 4:15-20 등), _____와 선교를 비롯한 교회 운영을 위해(신 14:23-27 등), 가난한 교회와 가난한 사람들을 구제하기 위해(신 26:1-15; 잠 19:17; 행 11:27-30; 갈 2:10; 약 2:15-16 등) 사용해야 합니다.

하나님께 드린 헌금은 하나님의 뜻에 맞게 잘 분배하는 지혜가 필요합니다. 사실, 교회의 영적인 리더들은 말씀을 가르치고 예배를 잘 드리는 일도 중요하지만, 하나님께 드려진 헌금을 잘 분배하여 사용하는 데에도 많은 기도와 영적인 분별력이 필요합니다. 그런데 요즘 많은 교회들이 헌금을 하나님의 뜻에 맞게 제대로 사용하지 않음으로 인해, 교회 안에 크고 작은 많은 문제들을 낳고 있는 것이 안타까운 현실입니다. 그리스도인들과 지역 교회들은 각자가 가진 것들을 하나님 안에서 서로 나눔으로, 너무 부유하거나 너무 가난한 교회나 성도들이 없이 서로 비슷한 수준으로 살 수 있도록 협력해야 합니다(참조. 신 15:7-11; 마 6:1-4, 22:34-40; 행 2:42-47, 4:32-37; 고후 9:9-11; 히 13:16 등).

3. 그리스도인들은 자신이 가진 모든 것을 자기 마음대로 사용해도 될까요?

아니오. 그리스도인들은 자신이 가진 모든 것을 자기 마음대로 사용하면 안 되고, 하나님께서 원하시는 대로 사용해야 합니다. 왜냐하면 그리스도인들은 하나님의 것을 맡아서 관리하는 _____이고, 자신이 가진 모든 것이 다 하나님의 것이기 때문입니다(창 1:28, 2:15, 9:1-2; 대상 29:10-14; 시 24:1, 89:11; 고전 3:21-23, 4:1-2; 벧전 4:10 등).

그리스도인들은 청지기로서 주인이신 하나님이 맡겨주신 것을 잘 관리하며 살아야 합니다. 그리스도인들은 하나님께서 자신에게 맡겨주신 생명, 건강, 물질, 지혜와 능력, 시간을 비롯해 자신이 가지고 있거나 누리고 있는 모든 것을 주인이신 하나님의 뜻에 맞게 사용해야 합니다. 다시 말해 그리스도인들은 하나님께서 주신 모든 것들을 하나님의 영광을 위해 드리고, 자신의 유익을 위해 사용할 뿐만 아니라, 많은 사람과 하나님의 이름으로 좋은 것을 나누며 살아야 합니다(참조. 창 1:28; 마 25:14-30; 눅 16:1-13; 고전 10:23-33; 엡 5:1-20 등). 또한 그리스도인들은 자기의 능력으로 물질을 얻는 것이 아니라, 자신이 가진 모든 물질은 하나님께서 주셨다는 사실을 늘 명심해야 합니다(신 8:17-18; 삼상 2:7; 대상 29:11-12; 욥 1:21; 시 49:1-20; 잠 10:22, 30:8-9; 전 5:19; 호 12:6-9; 고후 9:10; 딤전 6:17).

4. 그리스도인들이 하나님께 헌금을 드리지 않으면 어떻게 될까요?

그리스도인들이 하나님께 헌금을 드리지 않으면 하나님의 것을 훔치는 사람이 되기에, 하나님의 ____을 받게 됩니다(말 3:7-9 등).

하나님께서는 우리가 헌금을 드릴 때 물질보다 헌금을 드리는 우리의 마음에 관심을 두십니다(참조. 고후 8:12, 19). 또한 하나님께 헌금을 드리지 않는 사람들은 하나님을 향한 믿음이 없는 사람이고, 자신이 가진 모든 것이 하나님의 것임을 인정하지 않는 사람이며, 하나님을 사랑하지 않는 사람이고, 하나님의 은혜와 사랑에 감사하지 않는 사람이며, 하나님의 말씀에 순종하지 않는 사람이고, 하나님의 교회를 잘 세울 마음이 없는 사람이며, 하나님의 나라를 확장할 마음이 없는 사람이고, 하나님을 섬기지 않는 사람이며, 소외된 사람들이나 영혼 구원에 관심이 없는 사람이라고 할 수 있습니다.

5. 물질이 하나님께 드려질 때는 헌금이지만, 사람들이 그 돈을 사랑하면 어떻게 될까요?

사람들이 돈을 사랑하면 __를 지을 수 있고, 돈을 지나치게 좋아하면 결국 ____을 떠날 수도 있다고 성경은 말씀합니다(딤전 6:5-10).

성경은 하나님과 재물을 동시에 섬길 수 없다고 말씀합니다(마 6:24; 눅 16:13). 그리고 그리스도인들이 돈을 사랑하면 수많은 악의 뿌리가 되어 죄를 짓고 믿음에서 떠날 수 있다고 경고합니다(딤전 6:5-10 등). 또한 그리스도인들이 가진 것에 만족하는 것은 경건에 도움이 되지만, 돈을 더 많이 얻으려고 하다가는 진실한 믿음에서 떠나 큰 근심과 고통만 당하게 될 것이라고 말씀합니다(전 5:11-20; 딤전 6:6-10; 히 13:5 등). 그러기에 그리스도인들은 물질을 사랑하거나 섬기거나 지나치게 좋아하거나 집착하면 안 됩니다. 그리고 그리스도인들은 물질적인 것을 추구하는 삶을 살기보다, 먼저 하나님 아버지의 나라와 그분의 의를 구하는 영적인 삶을 추구하며 살아야 합니다(마 6:25-33; 눅 12:22-34 등).

토론 및 적용 질문

1. 당신이 교회를 통해 하나님께 드리는 헌금이 교회에서 어떻게 쓰여지길 원하는지 나눠봅시다.

2. 당신이 가진 시간과 물질, 지혜와 능력을 어떻게 하나님께 드리고, 다른 사람들에게 나누는지 나눠봅시다.

3. 당신이 하나님께 드리고자 준비한 헌금을 선교 단체나 선교사, 가난한 교회나 목회자, 그리고 가난한 사람들에게 직접 준 적이 있었거나 지금도 주고 있다면 그것에 대해 나눠봅시다.

해답

1. 십분의 일   2. 예배   3. 청지기   4. 심판   5. 죄, 믿음

37 복음 - 1

복음은 죄인들이 예수 그리스도를 믿음으로 구원받아, 영원한 생명을 얻는다는 기쁜 소식입니다. 다시 말해 복음은 하나님께서 죄인들을 거룩한 삶으로 부르시는 복된 초대입니다. 또한 복음의 내용은 예수 그리스도(탄생, 공적인 사역, 고난과 십자가의 죽으심, 부활, 승천, 다시 오심, 그리고 최후의 심판 등)와 하나님의 나라입니다(참조. 창 3:15; 막 1:1; 요 3:14-17; 갈 1:6-9; 빌 1:27 등). 사람들이 복음을 믿음으로 받아들이면, 자신의 죄를 용서받고 구원을 받아 천국에서 영원히 살게 됩니다. 복음은 모든 사람들의 믿음의 시작이고, 그리스도인들을 영적으로 견고하게 세워주며, 하나님에 대한 절대적인 믿음을 끝까지 지킬 수 있도록 돕는 힘이기도 합니다.

1 복음이 무엇일까요?

복음은 예수 그리스도에 대한 _____으로, 복음의 핵심은 죄인들이 하나님의 은혜로 예수 그리스도를 믿어 구원을 받는 것과 구원받은 사람들이 천국(하나님의 나라)에서 영원히 사는 것입니다(요 3:14-17; 행 8:35; 롬 1:1-4, 16-17, 6:1-23; 고전 15:1-11; 갈 1:6-9 등. 참조. 요 20:30-31).

이 복음은 이 세상에 사는 모든 사람들이 꼭 들어야 하는 것으로, 그 복음을 믿음으로 받아들이는 사람들에게는 차별 없이 구원의 은혜가 주어집니다(참조. 롬 3:22; 고전 1:23-24; 갈 3:26-29; 엡 3:6; 골 3:11-12; 살후 2:13-14 등). 예수 그리스도께서는 복음을 믿고 세례를 받는 사람은 구원을 받을 것이고, 복음을 믿지 않는 사람은 정죄를 받을 것이라고 말씀하셨습니다(막 16:15-16). 율법은 죄를 깨닫게 할뿐 율법의 행위로는 의롭게 될 수 없으나, 복음은 믿는 사람들을 의롭게 할 것이라고 성경은 말씀합니다(롬 1:16-17, 3:20 등). 누군가 전해 준 예수 복음을 듣고 믿음으로 구원을 받은 그리스도인들은, 믿지 않는 사람들에게 적극적으로 복음을 전하여 그들을 구원으로 인도하며 살아야 합니다(마 28:18-20; 눅 10:1-20; 고전 1:21, 9:16 등).

2 사람들에게 복음을 주신 분은 누구실까요?

복음은 하나님께서 사람들을 ____하기 위해 주셨습니다(창 3:15; 행 26:23; 롬 1:2; 갈 1:11-12; 살후 2:14 등). 복음은 예수 그리스도를 믿는 모든 사람을 구원에 이르게 하는 하나님의 능력입니다(참조. 막 16:15-16; 롬 1:16-17, 10:9-13; 고전 1:18 등).

하나님께서 사람들에게 복음을 주시지 않으셨다면, 사람들은 자신이 지은 죄로 인해 하나님의 영광에 이르지 못하고, 죽은 후에 지옥에서 영원히 고통을 당했을 것입니다(참조. 롬 6:23 등). 사실, 아직도 복음을 모르는 사람들은 자신이 어떤 존재이고, 어떻게 구원을 받는지도 모를 것입니다. 그들은 자신들이 육체적으로 태어나 인생을 살다가 죽으면 다 끝난다고 생각하거나 거짓 종교의 유혹에 넘어가 잘못된 길을 진리라고 믿고 삽니다. 그러나 하나님께서는 죄로 죽어가는 그들을 불쌍히 여기셔서, 그들에게 구원을 얻는 방법이 무엇인지 복음을 통해 알게 해 주셨습니다(참조. 요 3:16-17; 롬 1:16-17 등). 하나님께서 주신 복음은 예수 그리스도를 믿음으로 죄를 용서를 받고, 구원과 영원한 생명을 선물로 받게 된다는 것입니다(참조. 롬 3:23-24, 6:23; 엡 2:8-9 등).

3 하나님께서 사람들에게 복음을 처음 주신 때는 언제일까요?

하나님께서는 ____이 범죄 한 후에 바로 복음을 주셨습니다(창 3:15 등. 참조. 갈 4:4-7).

하나님께서 사람들에게 복음을 처음 주신 때는, 아담과 하와가 선과 악을 알게 하는 나무의 열매를 따먹는 범죄를 저지른 직후였습니다(참조. 창 3:1-21). 아담과 하와는 선과 악을 알게 하는 나무의 열매를 먹은 후, 자신들이 벌거벗었음을 알고 부끄러워서 무화과 잎으로 옷을 만들어 몸을 가렸습니다. 그리고 그들은 하나님께서 찾아와 부르셨을 때, 하나님의 음성을 듣고도 그분을 피해 에덴동산의 나무 사이에 숨었습니다(창 3:1-8). 하나님께서 아담과 하와가 범죄 한 후에 바로 복음을 주신 것은, 하나님의 형상과 모양으로 지은 사람들을 불쌍히 여기심으로, 그들에게 하나님의 사랑과 은혜를 베풀어 주시기 위한 것이었습니다(참조. 요 3:16-18; 롬 5:6-8; 요일 4:7-19 등).

4 하나님께서는 이 세상에 몇 가지의 복음을 주셨을까요?

하나님께서는 이 세상에 오직 _____의 복음 한 가지만 주셨습니다(요 1:9-13, 3:14-18, 14:6; 행 4:11-12; 고전 3:11; 갈 1:6-9 등. 참조. 벧전 1:23-25, 2:4-10).

그리스도인들은 하나님께서 예수 복음 외에는 그 어떤 복음도 주시지 않았다고 성경에서 말씀하시기에, 예수 복음 외에 다른 복음은 거들떠 보지도 말아야 합니다(참조. 행 4:11-12; 고후 11:1-15; 갈 1:6-9 등). 만약 어떤 사람이 예수 그리스도 외에 다른 방법으로 구원을 얻을 수 있다고 말한다면, 그 사람은 절대 하나님의 사람이 아닙니다. 바울은 예수 복음(구원과 영원한 생명으로 인도함)외에 다른 복음(멸망과 영원한 죽음으로 인도함)을 전하는 사람은, 하나님께 저주를 받을 것이라고 말했습니다(갈 1:7-9). 성경은 창세기부터 요한계시록까지 예수 그리스도를 통한 구속사적인 관점으로 기록되었습니다. 요즘 세상에는 예수 그리스도 외에 구원을 얻을 수 있는 방법이 있다고 말하는 헛된 종교들이나 이단들이 넘쳐나기에, 그리스도인들은 그런 헛된 종교들이나 이단들에 현혹되지 말아야 합니다.

5 복음을 믿고 받아들인 사람들에게 주어지는 혜택은 무엇일까요?

복음을 믿고 받아들인 사람들은 1) 구원을 받아 _____가 되고(막 16:15-16; 요 1:12; 롬 1:16-17, 8:14-17; 갈 4:4-7; 엡 2:8-9 등), 2) 죄 사함을 받아 의롭게 되며(롬 1:16-17, 10:9-10; 엡 1:7 등), 3) 하나님과의 영적인 관계가 회복 되고(롬 3:21-25, 5:6-11; 고후 5:11-21; 골 1:13-23; 히 9:15 등), 4) _____을 얻게 되며(마 25:31-46; 요 3:16, 5:24, 6:47; 딤후 1:10 등), 5) 영적으로 견고해집니다(롬 16:25-27; 딤후 1:8 등).

성령 하나님께서는 미리 정하신 사람들을 부르시는데, 그들을 부르시는 방법은 이미 구원받은 사람들이 전하는 예수 복음을 듣게 하는 것입니다(참조. 마 28:18-20; 행 1:8; 롬 8:29-30; 고전 1:21 등). 복음을 믿고 받아들여 구원을 받아 하나님의 자녀가 된 사람들은, 하나님의 영광에 참여할 뿐만 아니라, 예수 그리스도께서 겪으신 고난에도 참여하며 살게 됩니다(참조. 롬 8:18; 빌 1:29 등). 또한 하나님의 자녀들은 성령 하나님의 요구와 그분이 인도하는 대로 살아야 됩니다(참조. 롬 8:14-17, 28-30; 갈 5:16-26 등). 복음을 받아들인 사람들은 하나님의 말씀을 형식적으로만 지키는 척 하며 사는 율법주의자가 되면 안 되고, 하나님의 말씀을 본질에 맞게 믿고 그 말씀을 기쁨으로 지켜 행하며 살아야 합니다(마 5:1-7:29, 23:1-36; 갈 4:21-31; 딤후 3:1-5 등).

토론 및 적용 질문

1. 당신은 언제, 누구에게서 복음을 처음 들었으며, 그 때 마음이 어땠었는지 나눠봅시다.

2. 요즘 당신이 구원을 얻게 하고자 간절한 마음으로 복음을 전하는 사람이 있다면 누구인지 나눠봅시다.

3. 당신은 믿지 않는 사람들에게 언제든지 복음을 정확하게 전할 수 있도록 준비되어 있습니까? 또한 당신은 믿지 않는 사람들에게 어떤 방법으로 복음을 전하는지 나눠봅시다.

해답

1. 기쁜 소식   2. 구원   3. 아담   4. 예수 그리스도   5. 하나님의 자녀, 영원한 생명

38 복음 - 2

복음은 이 세상에 태어난 모든 사람들이 들어야 하는 가장 중요한 소식입니다. 그 이유는 복음을 듣고 믿음으로 받아들이는 모든 사람들은, 차별 없이 구원의 선물을 받게 되기 때문입니다(롬 3:22-24, 10:11-13; 고전 1:18-31; 갈 3:26-29; 엡 3:6 등). 그리스도인들이 이 세상에 살고 있는 중요한 이유 중에 하나도, 세상 사람들에게 복음을 전하라는 예수 그리스도의 명령을 이루기 위해서입니다(마 28:18-20; 행 1:8; 고전 1:21, 9:16-18 등). 사실, 그리스도인들은 누군가로부터 전하여 들은 복음을 통해, 예수 그리스도를 믿어 구원을 얻었습니다. 그리스도인들은 그 사실을 기억하고, 세상 사람들에게 복음을 전하는 일에 항상 힘써야 합니다.

1 복음과 그리스도인들은 어떤 관계가 있을까요?

1) 그리스도인들은 복음의 증인으로, 복음을 전하기 위해 세상에 보냄을 받은 사람들입니다(마 28:18-20; 막 16:15-18; 눅 24:45-48; 고전 9:16-18 등).

2) 그리스도인들은 복음을 땅 끝까지, 그리고 세상 _____까지 증거하는 삶을 살아야 합니다(마 28:18-20; 행 1:8, 20:24; 고전 1:17-21, 9:16-23, 11:26 등).

3) 그리스도인들은 복음을 믿고 전하는 사람답게 복음에 합당하게 생활해야 합니다(참조. 고전 10:23-33; 엡 4:1-3; 빌 1:27; 딤후 1:8 등).

그리스도인들은 세상에 사는 동안 복음을 증거하기 위해 복음이 무엇인지 정확히 알아야 하고, 언제, 어디서, 누구에게든지 복음을 전할 수 있는 준비를 하며 살아야 합니다. 그리스도인들이 세상 사람들에게 복음을 전할 때는, 성령 하나님께 기도하고 그분의 인도하심에 따라야 합니다(참조. 행 10:1-48, 16:6-10 등). 또한 그리스도인들이 복음을 전할 때는 말로만 전하는 것이 아니라, 복음에 합당하게 사는 모습을 보여주는 것으로도 복음을 전해야 합니다(참조. 행 20:23-24; 고전 9:16-27; 엡 4:1-3; 딤후 4:7-8 등). 그리스도인들은 구원에 이르게 하는 하나님의 능력인 복음과 그 복음 전하는 것을, 부끄러워하면 안 되고 자랑스럽게 여겨야 합니다(참조. 롬 1:16-25; 고전 1:17-31; 딤후 1:8-12).

2 예수 그리스도와 복음을 위해 사는 사람들이 받게 될 복은 무엇일까요?

하나님께서는 예수 그리스도와 복음을 위해 사는 사람들에게 은혜와 능력을 베풀어 주시고, 예수 그리스도께서는 그들과 항상 함께 해 주시며, 그들에게 _____을 주시고, 영적인 좋은 열매를 맺게 해 주십니다(마 19:27-30, 28:18-20; 막 8:34-35, 10:29-31; 행 20:24; 고전 9:14; 엡 3:7-8; 골 1:6 등).

복음은 사단의 권세를 무너뜨려 영적으로 승리하게 하고, 귀신들이 항복하게 하며, 죽은 자를 살려 영원히 살게 하고, 하나님의 나라가 확장

되게 하는 능력이 있습니다(눅 10:1-21; 롬 1:16-17 등. 참조. 사 14:4-21; 마 12:28; 살전 1:5 등). 그리스도인들은 믿지 않는 사람들에게 예수 복음을 전하는 일에 힘씀으로, 하나님께서 주시는 복을 받으며 살아야 합니다(참조. 마 28:18-20; 행 20:24; 골 1:6 등). 또한 그리스도인들이 믿지 않는 사람들에게 예수 복음을 전하여 구원을 받게 하면, 그들이 그리스도인들의 영적인 열매가 됩니다(롬 1:13; 고전 16:15; 살전 2:19-20 등. 참조. 요 12:24, 15:16). 한 영혼이 천하보다 귀하고 하나님께서는 영혼들이 하나님께 돌아올 때 무척 기뻐하시기에, 그리스도인들은 하나님을 기쁘시게 하고 세상 사람들을 영원히 살 수 있는 길로 인도하기 위해 부지런히 복음을 전해야 합니다.

3. 예수 그리스도의 복음을 믿지 않고 그 복음에 순종하지 않는 사람들은 어떻게 될까요?

예수 그리스도의 복음을 믿지 않고 그 복음에 순종하지 않는 사람들은 구원을 받지 못하고, 하나님께 정죄를 받아 ____을 당해 지옥에서 영원히 고통을 당하게 됩니다(살후 1:8-9; 히 4:6; 벧전 4:17-18 등. 참조. 막 16:15-16).

그리스도인들은 아직도 예수 복음을 듣지 못한 사람들과 예수 그리스도를 믿지 않고 있는 사람들에게 더 적극적으로 복음을 전해야 합니다(참조. 행 1:8, 20:17-27; 고전 1:21, 9:14-27; 딤후 4:1-8 등). 왜냐하면 그들이 죽을 때까지 예수 그리스도를 믿지 않으면, 그들은 영원히 고통을 당하는 지옥에 가기 때문입니다. 물론 예수 복음을 완강하게 거부하거나 무시하는 사람들, 예수 복음을 경멸하거나 복음 전하는 사람을 박해하는 사람들, 그리고 예수 복음 전하는 것을 심각하게 방해하는 세력들(이단들, 우상 숭배자들 등)에게 복음을 전하기 위해 너무 많은 시간과 노력을 들이는 것은 현명하지 않은 모습입니다(참조. 마 7:6, 10:1-23; 막 6:10-11; 눅 10:1-12; 행 18:1-6 등). 그런 종류의 사람들에게 복음을 전하는 시간과 힘을, 그렇지 않은 세상 사람들에게 복음을 전하는 데 사용하는 것이 더 지혜로운 방법입니다(참조. 요일 5:16).

4. 복음과 마지막 때는 어떤 관계가 있을까요?

복음이 온 세상, 즉 모든 나라와 모든 민족에게 전파될 때, _____께서 다시 오시는 ___의 끝이 올 것입니다(마 24:14; 막 13:10; 벧후 3:9-10 등).

모든 사람들에게 구원의 기회를 주기 원하시는 하나님의 사랑 때문에, 예수 그리스도의 복음이 온 세상(모든 나라와 모든 민족)에 전파될 때 이 세상의 끝이 옵니다. 예수 그리스도께서 이 세상에 더디게 오시는 것처럼 느껴지는 이유는, 한 사람이라도 더 회개하고 돌아오기를 바라시는 하나님의 인내와 사랑 때문입니다(벧후 3:9-10. 참조. 롬 11:25-32; 살후 1:7-10; 딤전 2:4-6). 예수 그리스도께서는 하나님 아버지께서 정하신 때에, 하늘로 올라가신 모습 그대로 반드시 다시 오실 것입니다(참조. 마 24:36-44; 막 13:32-37; 살전 5:1-2; 히 10:37; 벧후 3:10; 계 16:15 등). 그러기에 그리스도인들은 예수 그리스도께서 다시 오실 것을 사모하고, 항상 깨어 기도하며, 술 취함과 방탕한 생활을 비롯해 죄를 멀리하고, 한 사람이라도 더 구원으로 인도하기 위해 예수 복음을 열심히 전하며 살아야 합니다(마 28:18-20; 행 1:8; 빌 3:20; 살전 5:1-11; 약 5:7-8; 벧전 4:7-9; 벧후 3:9-14; 계 22:20 등).

5. **사람들이 예수 그리스도의 복음을 믿지 않는 이유가 무엇일까요?**

1) 하나님이 없다고 생각하기 때문입니다(시 10:4, 14:1, 53:1. 참조. 요일 3:1).
2) 하나님이 없다는 생각으로 하나님을 _____하지 않기 때문입니다(시 36:1. 참조. 마 10:26-31).
3) 하나님께 속한 사람들이 아니고 마귀에게 속한 사람들이기 때문입니다(요 8:39-47; 요일 3:8-10).
4) 하나님과 하나님의 말씀을 믿지 않기 때문입니다(요 5:42-47; 살후 2:9-12; 벧전 2:1-10; 요일 5:10 등).
5) 빛보다 어두움을 좋아하고, 영적인 것을 깨닫지 못하기 때문입니다(마 13:1-15; 행 26:17-18; 엡 4:17-19 등).
6) 하나님께서 선택한 사람들이 아니기 때문입니다(마 22:14; 요 10:25-26; 엡 1:11; 딤후 2:10; 벧후 1:10 등).
7) ___가 예수 그리스도를 믿지 못하게 방해하기 때문입니다(눅 8:12; 요 8:43-45; 고후 4:4; 요일 3:8-10 등).
8) 예수 그리스도의 십자가의 죽으심과 부활 등을 어리석은 것으로 생각하기 때문입니다(고전 1:18-24).
9) 유대인들이나 가짜 그리스도인들이 믿지 못하게 방해하기 때문입니다(마 18:6-7; 살전 2:15-16 등).
10) 하나님과 하나님의 말씀을 마음에 두기 싫어하고(롬 1:28), 죄악된 삶을 당연하게 여기기 때문입니다 (롬 1:18-32; 엡 4:19 등).

마귀는 사람들의 영적인 마음을 어둡게 하고 그들을 지속적으로 속이고 거짓을 따르게 하여, 결국 예수 복음을 받아들이지 못하게 방해합니다 (참조. 잠 4:26-27; 눅 8:4-15; 요 8:43-45; 요일 3:8-10 등). 사실, 예수 그리스도를 믿지 않는 사람들은 자신이 마귀에게 사로잡혀 살고 있음을 알지 못하고, 자신들이 예수 복음을 받아들이지 않는 것이 마귀의 방해임을 전혀 알지 못하며, 자신들의 영적인 눈이 가려 세상적인 것만을 추구하며 살고 있음을 깨닫지 못합니다. 그리고 그들은 마귀에게 사로 잡혀 죽음 이후의 세계가 없다고 여기거나 죽으면 모든 것이 끝난다고 생각합니다. 또한 세상 사람들 중에 거짓 종교(기독교 외의 모든 종교들)에서 신앙생활을 하는 사람들은, 마귀에게 속아 예수님 외에 다른 방법으로도 구원을 받을 수 있다는 잘못된 믿음으로 사는 사람들입니다(참조. 행 4:10-12 등).

토론 및 적용 질문

1. 당신이 예수 복음을 전하면서 만났던 특별한 사람이나 예수 복음을 전하는 동안 받았던 특별한 은혜들이 있다면 나눠봅시다.
2. 당신은 믿지 않는 사람들을 만나면 적극적으로 예수 복음을 전하는 편입니까? 만약 지금 당신이 누군가에게 복음을 전해야 한다면 어떻게 전할 것인지 나눠봅시다.
3. 그리스도인들이 세상 사람들에게 복음을 잘 전하기 위해 준비해야 하는 것들은 무엇일지 나눠봅시다.

해답
1. 끝 날 2. 영원한 생명 3. 멸망 4. 예수 그리스도, 세상 5. 두려워, 마귀

39 전도와 선교 - 1

예수 그리스도를 믿지 않는 사람들에게 복음(예수 그리스도와 하나님의 나라)을 전하여, 하나님께서 원하시는 구원으로 초대하기 위한 방법이 전도입니다(마 10:1-15; 눅 10:1-20; 행 1:8; 롬 10:13-15; 고전 1:21 등). 그리고 문화의 경계를 넘어 복음을 믿지 않는 사람들에게 전하는 것이 선교입니다. 전도와 선교는 그리스도인들이 기쁨으로 행할 의무이자 사명입니다(참조. 행 20:24; 고전 1:21, 9:6 등). 전도와 선교는 하나님께서 죄로 죽어가는 사람들을 구원으로 부르시는 방법이기에, 먼저 구원받은 그리스도인들은 믿지 않는 사람들을 구원의 길로 인도하는 전도와 선교에 최선을 다해야 합니다. 사실, 예수 그리스도께서도 복음을 전파하시며 사셨고, 승천하실 때는 제자들에게 복음의 증인으로 살라고 명령하셨습니다(마 4:23, 9:35, 28:18-20; 막 1:38-39, 16:15-16; 행 1:8 등).

① 전도와 선교가 무엇일까요?

전도는 믿지 않는 사람들에게 ____(예수 그리스도와 하나님의 나라)을 전하는 것이고(마 4:23-25, 9:35-38, 28:18-20; 막 1:14-15; 눅 8:1; 행 10:36-43 등), 선교는 다른 _____의 믿지 않는 사람들에게 복음을 전하는 것입니다(막 16:15-16; 행 1:8, 8:1-8, 15:22-35; 갈 2:7 등).

그리스도인들은 전도(선교)를 통해 죄로 인해 죽어가는 세상 사람들에게 복음을 전해야 하고, 그들을 예수 그리스도의 제자로 삼아야 하며, 그들에게 세례를 주어야 하고, 그들에게 하나님의 말씀을 가르쳐 지키게 해야 합니다(참조. 마 3:1-17, 9:35-38, 28:18-20; 막 16:15-16; 눅 24:46-48; 행 1:8, 11:19-21 등). 그리스도인들은 자신이 직접 전도(선교)를 하지 못할 경우, 이미 보냄 받은 사람들(전도자, 선교사, 선교단체 등)을 위해서 기도하고, 그들에게 물질을 비롯한 다양한 후원을 통해 전도(선교)에 동참해야 합니다(참조. 요삼 1:5-8 등). 사실, 그리스도인들에게 전도(선교)는 이 세상에 사는 가장 중요한 목적들 중에 하나입니다.

② 그리스도인들이 전도와 선교를 해야 하는 이유는 무엇일까요?

그리스도인들이 전도와 선교를 해야 하는 이유는 예수 그리스도께서 복음을 전하며 사셨기 때문이고, 예수 그리스도께서 전도하라고 명령하셨기 때문이며, 하나님께서 전도를 통해 세상 사람들을 ____하시기로 계획하셨기 때문이고, 성령 하나님께서 그리스도인들을 예수 복음의 증인으로 살게 하시기 때문입니다(마 28:18-20; 막 16:15-20; 행 1:8; 롬 10:14-15; 고전 1:21; 살후 2:13-14; 딛 1:3 등. 참조. 눅 24:46-48; 고전 9:16-18).

그리스도인들이 세상 사람들에게 복음을 전하지 않으면 하나님의 진노가 임할 것이기에, 그리스도인들 모두는 예수 복음을 열심히 전하며 살아야 합니다(참조. 행 20:24; 고전 9:16-18 등). 사람들이 그리스도인이 되면 자신들이 받은 구원이 얼마나 큰 하나님의 은혜와 사랑인지 알게 되고, 생명이 얼마나 귀한 지 깨닫게 되며, 영혼을 구원하는 사역이 얼마나 중요한지 알게 되고, 죄로 인해 영원히 죽는 것이 얼마나 무서운지 깨닫게 되며, 예수 그리스도를 믿지 않는 사람들이 얼마나 불쌍한 인생인지도 알게 됩니다. 그래서 그리스도인들은 믿지 않는 사람들을 전도(선교)하기 위해 부지런히 복음을 전하는 삶을 사는 것입니다.

3. 전도(선교)의 목적은 무엇일까요?

전도(선교)는 __로 죽어가는 사람들을 살리는데 목적이 있습니다(막 8:35-38; 롬 1:16-17; 고전 1:21 등. 참조. 마 22:1-14; 눅 14:16-24; 요 14:6; 살후 1:8-10; 약 5:19-20).

전도(선교)는 죄로 죽어가는 사람들을 살리는 목적뿐만 아니라, 구원받은 사람들이 하나님의 교회를 세우고, 하나님께 예배와 찬양을 드리며, 하나님의 말씀을 배워 가르치고, 예수 그리스도의 제자로 양육되며, 죄로 죽어가는 사람들에게 예수 복음을 전하는 사명자(전도와 선교)로 살 수 있게 하는 목적도 있습니다(참조. 롬 14:7-9; 고전 9:16-18; 빌 1:20-30; 골 1:28-29; 약 5:19-20 등). 그리스도인들이 이 세상에 사는 동안 그 무엇보다 열심히 전도해야 하는 이유는 이 세상에 살고 있는 사람들에게만 전도할 수 있음을 알기 때문이고, 그들의 죽음이 속히 찾아올 수 있기 때문이며, 그들이 예수 그리스도를 믿지 않고 죽으면 그 어떤 고통보다 큰 지옥의 고통을 영원히 당한다는 것을 알기 때문입니다.

4. 전도(선교)는 누구한테 해야 할까요?

_____를 믿지 않는 모든 사람들에게 전도해야 합니다(마 24:14, 28:19-20; 막 16:15-16; 눅 24:46-48; 행 1:8; 골 1:23 등).

전도(선교)의 대상은 자신의 죄로 인해 죽어가는 모든 사람들, 즉 이 세상에 태어나 살면서 예수 그리스도를 믿지 않는 모든 사람들입니다(참조. 막 13:10; 롬 11:11-32 등). 그리스도인들은 그 누구보다 먼저 자신의 가족들과 가까운 이웃들을 전도하려는 노력을 해야 합니다(요 1:35-42; 행 10:1-48, 16:24-34; 딤전 5:8 등). 자신의 사랑하는 가족들이 구원을 받지 못하고 죽음으로 지옥에서 영원히 고통을 받게 될 것이라는 생각이 드는 그리스도인들은, 믿지 않는 가족들에게 예수 복음을 전하지 않고는 견딜 수 없는 마음이 생길 것입니다. 또한 세상에서 큰 고통을 당해 본 그리스도인들은, 지옥에서 영원히 고통을 당할 불신자들이 너무 불쌍하다는 것을 알고 그들에게 더 열심히 복음을 전할 것입니다.

5. 전도(선교)는 언제까지 해야 할까요?

전도(선교)는 예수 그리스도께서 이 세상에 다시 오실 때까지, 즉 세상이 _____까지 해야 합니다(마 24:3-14; 막 13:3-10 등. 참조. 마 28:19-20; 고전 11:26).

그리스도인들은 각자에게 주어진 전도(선교)의 사명을, 자신이 죽을 때까지 평생 동안 감당해야 합니다(참조. 행 20:24). 그리스도인들의 전도(선교)의 사명은 모든 나라와 민족에게 복음이 전파되고, 이스라엘의 회심, 즉 유대인들 중에 택함 받은 사람들 모두가 돌아오며, 이방인의 충만한 수가 구원을 얻을 때까지 계속 되어져야 한다고 성경은 말씀합니다(참조. 슥 12:10, 13:1; 마 24:14, 28:19; 막 13:10; 롬 11:11-32; 고후 3:15-16;

계 6:11 등). 그러기에 그리스도인들은 구원받은 순간부터 죽음에 이를 때까지, 열심히 예수 복음을 전하며 살아야 합니다.

토론 및 적용 질문

1. 당신이 전한 예수 복음을 듣고 구원에 이르게 된 사람들이 있다면 나눠봅시다.

2. 당신이 전도(선교)하는 사람들을 돕거나 후원하고 있다면, 어떤 방법으로 돕고 후원하는지 나눠봅시다.

3. 당신이 해외 선교를 간 적이 있었거나 외국 사람들에게 예수 복음을 전해 본 적이 있었다면 나눠봅시다.

해답

1. 복음, 문화권   2. 구원   3. 죄   4. 예수 그리스도   5. 끝나는 날

40 전도와 선교 - 2

전도와 선교는 죄로 인해 죽어가는 영혼들을 구원하여 살리고자 하시는, 하나님의 영원한 계획으로부터 시작된 것입니다(참조. 창 3:15; 요 3:16-17; 롬 5:6-8, 8:29-30; 엡 1:3-14; 살후 2:13-14 등). 그리스도인들이나 지역 교회들이 전도와 선교를 할 때, 가장 중요한 것은 성령 하나님의 도우심입니다. 왜냐하면 그리스도인들과 지역 교회들이 믿지 않는 사람들을 구원의 길이신 예수 그리스도께로 인도할 수는 있지만, 그 사람들을 구원하는 것은 성령 하나님의 능력으로 이루어지기 때문입니다(롬 8:1-17; 고전 6:19-20, 12:3; 갈 4:6-7; 엡 1:13-14, 2:8-9 등). 그리스도인들이 전도와 선교를 통해 세상 사람들을 하나님께 인도하여 구원을 얻게 하면, 그들은 그리스도인들의 기쁨이자 면류관이 됩니다(살전 2:19-20. 참조. 약 5:19-20).

1 예수 그리스도의 전도(선교)의 중심은 무엇이었을까요?

예수 그리스도의 전도(선교)의 중심은 '_____'였습니다(마 4:17, 9:35, 13:1-58, 24:14; 눅 16:16; 행 1:3 등).

예수 그리스도께서 공적인 사역을 시작하실 때, 하나님의 나라가 가까이 왔으니 회개하라고 선포하셨습니다(마 4:17; 막 1:14-15). 그리고 3년 동안의 공적인 사역을 하실 때도 '하나님의 나라' 중심의 전도(선교)를 하셨습니다(마 4:23, 9:35, 11:2-6, 24:14; 눅 8:1, 16:16 등). 그 뿐만 아니라, 부활하신 후 승천하시기까지 사십일 동안 이 세상에 계시는 동안에도, 하나님의 나라를 선포하시며 전도(선교)를 하셨습니다(행 1:3 등). 물론 예수 그리스도께서 하나님의 나라를 선포하실 때 전하셨던 복음의 핵심은, 바로 예수 그리스도 자신이셨습니다(마 16:21; 막 8:31; 눅 9:22, 24:13-48; 요 14:6 등).

2 성령 하나님과 전도(선교)는 어떤 관계가 있을까요?

전도(선교)는 성령 하나님으로부터 시작되고, 성령 하나님의 ____으로 예수 그리스도의 복음을 믿는 사람들이 생깁니다(행 1:8; 고전 2:1-5, 12:3; 살후 2:13-14; 벧전 1:12 등).

전도(선교)는 성령 하나님의 도우심이 없이는 불가능한 사역입니다. 복음을 듣는 사람들에게 예수 그리스도를 믿게 하시는 분이 성령 하나님이시기 때문입니다(롬 8:1-17; 고전 6:19-20, 12:3; 갈 4:6-7; 엡 1:13-14, 2:8-9 등). 다시 말해 성령 하나님께서 그리스도인들의 마음에 전도(선교)할 마음을 주시고, 복음을 듣는 사람들에게는 마음을 열어 복음을 받아들이고 믿게 해 구원해 주시기 때문입니다. 전도(선교)할 때는 성령 하나님의 도우심과 인도하심이 반드시 필요하기에, 그리스도인들은 전도(선교)할 때마다 자신의 능력으로 할 수 없음을 인정하고, 성령 하나님께 도와달라고 간절히 기도해야 합니다(참조. 행 8:4-20, 10:1-48, 16:6-10; 고전 3:4-7 등).

3 그리스도인들에게 전도(선교)는 어떤 의미가 있을까요?

그리스도인들에게 전도(선교)는 _____이고, 가장 중요한 신앙생활 중 하나입니다(롬 10:11-15; 고전 1:21, 9:16-18; 딤후 4:1-5 등).

예수 복음이 온 세상과 모든 사람들에게 전파될 때가 세상의 끝이며, 그 때 예수 그리스도께서 이 세상에 다시 오십니다(마 24:14; 롬 11:11-32 등). 성령 충만한 그리스도인들은 예수 그리스도께서 속히 이 세상에 다시 오시도록, 복음을 전하는 일인 전도(선교)를 열심히 하며 삽니다(참조. 마 24:14; 막 13:10; 행 1:8; 롬 10:14-15; 고전 1:21 등). 물론 그리스도인들이 전도(선교)를 한다는 평계로 죄를 짓는 것을 합리화하거나 믿지 않는 사람과 결혼하는 것을 정당화해서는 안 됩니다(참조. 고후 6:14-18; 빌 1:12-18 등). 그리스도인들은 전도(선교)할 때 하나님께서 말씀하시고 인도하시는 대로 순종해야지, 자신의 판단이나 세속적인 방법을 비롯해 하나님의 말씀을 어기는 죄를 지으면서까지 전도(선교)를 하려고 해서는 안 됩니다.

---

4 전도(선교)하는 사람들에게 필요한 것은 무엇일까요?

_____의 도우심으로 전도의 문이 열리고, 예수 그리스도의 복음을 확실하고 올바르게 전하는 것이 필요합니다(고전 12:3; 고후 2:12; 엡 1:13-14; 골 4:3-4 등).

그리스도인들은 세상 사람들을 죽음에서 생명으로 옮기는 일인 전도(선교)를 할 때, 성령 하나님께서 전도할 수 있는 지혜와 능력을 주시고, 전도의 문이 열리게 해 달라고 기도해야 합니다. 또한 그리스도인들은 한 영혼을 귀하고 불쌍히 여기는 마음으로 복음을 확실하게 전해야 하고, 참고 인내하며 그들을 구원의 길로 인도해야 합니다(참조. 마 9:37-38; 눅 10:2, 24:44-48; 딤후 4:2; 유 1:22-23 등). 그리스도인들은 믿지 않는 사람들에게 복음을 잘 전하기 위해서, 항상 선함(골 4:5-6; 살전 5:15. 참조. 살전 4:1-12)과 사랑(마 5:43-44, 22:39; 고전 16:14; 갈 5:14; 약 2:8), 그리고 온유함(갈 6:1; 딤후 2:25)으로 그들을 대해야 합니다.

---

5 그리스도인들은 전도와 선교를 할 때, 어떤 자세로 복음을 전해야 할까요?

1) 그리스도인들은 복음을 말로만 전하는 것이 아니라, 하나님의 _____과 성령과 큰 믿음으로 하나님을 의지하여 담대하게 전해야 합니다(행 4:31, 14:1-7, 18:9-10; 롬 1:16; 살전 1:5 등. 참조. 마 10:1-15; 행 20:21-24).

2) 그리스도인들은 세상의 소금과 빛으로서 선한 모범(말과 행동)을 보이며 사는 모습으로, 믿지 않는 사람들에게 복음을 전해야 합니다(마 5:13-16; 벧전 2:11-12 등. 참조. 유 1:22-23).

그리스도인들이 세상 사람들을 전도(선교)하기 위해서는 교회에 함께 모여 복음이 무엇인지 배우고, 복음을 어떻게 전할지 연구하고 훈련해야 합니다. 그리고 그리스도인들이 실제로 세상 사람들에게 복음을 전한 후에는, 다시 교회에 모여 서로의 경험을 나누고, 전도 방법을 지속적으로 수정하고 보완하며, 가장 좋은 전도의 방법을 찾는데 힘써야 합니다. 또한 그리스도인들이 세상 사람들을 전도할 때는 예수 복음을 전하는데 집중해야지, 교회 소개나 목회자 소개를 비롯해 예수 복음과 상관없는 세상적인 것을 더 부각시키는 것은 성경적인 전도라고 할 수 없습니다(참조. 갈 1:6-10). 사실, 그리스도인들이 세상 사람들을 전도(선교)하기 위해서는 함께 모여 기도로 성령 하나님의 도우심을 구할 뿐만 아니라, 서로 적극적으로 대화하고 협력해야 합니다.

토론 및 적용 질문

1. 예수 그리스도를 믿지 않는 사람들을 전도할 때, 효과적인 전도 방법들은 무엇이 있을지 나눠봅시다.
2. 요즘 당신이 섬기는 교회에서 가장 많이 전도하는 대상은 누구이며, 그들에게 어떤 방법으로 전도를 하는지 구체적으로 나눠봅시다.
3. 전도(선교)를 통해 예수 그리스도를 영접한 사람들을 하나님의 말씀으로 지속적으로 가르치고 양육하기 위해서는 어떻게 해야 할지 나눠봅시다.

해답
1. 하나님의 나라 2. 능력 3. 의무 4. 하나님 5. 능력

41 세례 - 1

세례는 예수 그리스도를 믿어 구원받은 사람들이 자신의 죄를 씻어내고, 예수 그리스도와 연합된 하나님의 언약의 자녀가 되었음을 공적으로 확인하는 예식입니다(마 28:19; 엡 5:26; 딛 3:5; 히 10:21-22 등. 참조. 시 51:1-12). 할례는 하나님께 선택을 받은 사람들이 자신의 죄를 끊어내고 하나님의 언약의 백성이 되었음을 공적으로 확인하는 예식입니다(창 17:1-14; 골 2:11-15 등). 세례는 구약 시대의 할례와 동일한 의미를 가지며, 이스라엘 백성들에게 주어졌던 하나님의 구속 언약에 근거합니다. 물론 세례나 할례는 모두 거룩한 하나님의 사람이 되었다는 것을 확인하는 예식일 뿐, 사람들이 구원을 받기 위해 필요한 조건은 아닙니다(참조. 요 1:12; 갈 5:2-12; 엡 1:13-14, 2:8-9 등).

1. 성경에 기록된 성례는 무엇일까요?

성례는 세례와 ____ 두 가지입니다(마 26:26-29, 28:18-20; 행 2:38-41; 롬 6:1-10; 고전 11:17-31; 골 2:11-15 등).

그리스도인들이 지켜야 할 거룩한 예식인 성례는 하나님께서 은혜를 베풀어 주시는 방편입니다(참조. 마 28:19-20; 행 10:47-48 등). 성례는 두 가지로, 예수 그리스도께서 잡히시던 날 밤 유월절 만찬에서 행하셨던 성찬과 부활하신 예수 그리스도께서 제자들에게 복음의 증인으로 살라고 명령하실 때, 그 복음을 받아들인 사람들을 제자로 삼고 시행하라고 말씀하셨던 세례입니다. 세례는 예수 그리스도를 믿음으로 구원받은 사람들이 받아야 합니다(행 2:14-42, 8:26-39, 16:11-15 등). 세례를 받은 그리스도인들은 죄악을 저지르는 삶을 살지 않고, 선한 삶으로 하나님의 거룩함을 닮아가야 합니다. 또한 성찬은 자신의 신앙을 공적으로 나타내는 세례를 받은 그리스도인들 중에, 성찬의 의미를 정확히 알고 자신의 죄를 회개한 사람들이 참여하는 것이 바람직합니다(참조. 고전 11:27-32).

2. 세례가 무엇일까요?

세례는 _____와 아들과 성령의 이름으로 우리의 몸을 물로 씻는 예식입니다(마 28:19; 엡 5:26; 딛 3:5; 히 10:21-22 등. 참조. 마 3:16-17; 요일 5:6-8).

세례는 '물에 잠기거나, 물로 씻는 것'입니다(왕하 5:14; 시 68:23; 딛 3:5 등). 그리스도인들은 세례를 받기 전에 기도로 자신의 삶을 돌아보아 회개와 감사를 하고, 오직 예수 그리스도만을 의지하며 살겠다는 다짐을 해야 합니다(참조. 민 19:13; 겔 36:22-28; 눅 3:7 등). 그래서 그리스도인들 모두는 세례를 통해 하나님께서 베푸시는 은혜를 받아 누려야 합니다. 할례는 아브라함 때부터 시행되었고, 아버지와 아들과 성령의 이름으로 시행하는 세례는 초대교회 때부터 시행되었습니다(창 17:1-14; 마 28:18-20; 행 2:14-41 등). 특히 노아 시대의 홍수는 구원의 세례(성령 세례)와 같은 의미를 가지고 있고, 물세례는 할례와 같은 의미를 가지고 있습니다(골 2:11-12; 벧전 3:20-21 등).

3 세례의 의미는 무엇일까요?

세례는 죄를 용서 받고 예수 그리스도와 ____되는 것과 예수 그리스도와 함께 죽고, 예수 그리스도와 함께 다시 살아나는 것을 의미합니다. 세례는 하나님의 은혜에 참여하는 하나님의 자녀가 됨을 공적으로 확인을 받는 것입니다(행 2:38-39, 22:16; 롬 6:1-14; 갈 3:26-27; 엡 5:26; 골 2:11-15 등. 참조. 갈 2:20).

세례는 예수 그리스도의 대속의 피로 인해 죄를 씻음 받는다는 의미(행 2:38, 22:16), 하나님의 자녀로서 예수 그리스도와 연합되었다는 의미(고후 1:22; 갈 3:26-27; 엡 1:13; 빌 3:20 등), 예수 그리스도와 함께 죽고 다시 살므로 오직 예수 그리스도만을 위해 살겠다는 의미(롬 6:3-5, 12-13; 갈 2:20, 6:14), 그리고 공적으로 하나님의 교회의 성도(교인)로 입교한다는 의미(행 2:41)가 있습니다. 세례를 받은 그리스도인들은 자신이 세례를 받았다는 사실을 자랑스럽게 생각해야 할 뿐만 아니라, 어떤 상황에서도 예수 그리스도와 그분의 말씀을 부끄러워하지 않고, 예수 그리스도와 그분의 말씀을 자랑하며 살아야 합니다(막 8:38; 눅 9:26 등).

4 세례를 행하는 이유는 무엇일까요?

세례를 행하는 이유는 _____께서 세례를 주라고 명령하셨기 때문입니다(마 28:19; 막 16:15-16. 참조. 행 2:38, 10:47-48 등).

교회와 그리스도인들이 세례를 행하는 이유는 예수 그리스도께서 승천하시기 전에 제자들에게 예수 복음을 모든 민족에게 증거하여, 그들을 제자로 삼아 그들에게 아버지와 아들과 성령의 이름으로 세례를 주라고 명령하셨기 때문입니다. 교회와 그리스도인들은 모든 민족에게 예수 복음을 전하여 제자를 삼는 일에 힘써야 하고, 예수 그리스도를 믿음으로 구원받은 사람들에게 세례를 주어야 합니다. 그 뿐만 아니라, 세례를 받은 사람들에게 하나님의 말씀을 잘 가르쳐 지키게 하고, 더 나아가 믿지 않는 사람들에게 예수 복음을 전할 수 있도록 가르치고 훈련을 시켜야 합니다.

5 세례를 받을 수 있는 사람들은 누구일까요?

예수 그리스도를 믿음으로 ____을 받아, 예수 그리스도께 순종하고 따르기로 고백하는 사람들이 세례를 받을 수 있습니다(행 2:38-41, 8:9-13, 35-38, 10:44-48, 16:24-34, 18:4-8 등).

세례는 예수 그리스도를 믿음으로 구원을 받은 사람들이 받는 것이기에, 구원을 받기 위해 세례를 받거나 세례를 받는 것이 구원의 조건이라고 말하는 것, 예수 그리스도를 믿지 않거나 하나님의 말씀에 순종하며 살 마음이 없으면서도 세례를 받았으니 구원받은 것처럼 여기는 것 등은 잘못입니다(참조. 마 3:11; 요 1:33 등). 또한 세례를 받을 수 있는 사람들은 예수 그리스도에 대한 믿음을 다른 사람들 앞에서 공적으로 고백한 이후에는, 더 적극적으로 예수 그리스도를 위해 살아야 하고, 가족들을 비롯한 다른 사람들에게도 더 적극적으로 세례를 받은 사람으로서의 모범을 보이며 살아야 합니다(참조. 롬 14:7-9).

토론 및 적용 질문

1. 당신이 세례를 받았다면 언제, 누구에게, 어떤 방식으로 받았는지 나눠봅시다.

2. 당신이 세례를 받은 후에 자신에게 일어났던 가장 큰 마음과 삶의 변화는 무엇인지 나눠봅시다.

3. 당신이나 당신의 가족들 중에 세례를 받을 때, 성령의 충만을 경험한 사람이 있었다면 나눠봅시다.

해답

1. 성찬 2. 아버지 3. 연합 4. 예수 그리스도 5. 구원

42 세례 - 2

세례는 예수 그리스도를 믿음으로 이미 구원을 받았음을 외적으로 확인하는 예식일 뿐, 세례 자체가 죄를 직접 씻어주거나 구원을 받게 하는 조건은 아닙니다(행 2:14-42, 8:26-39, 16:11-15; 고전 12:13 등). 사실, 요즘 대부분의 그리스도인들은 예수 복음을 듣고 그 복음을 믿음으로 받아들이며, 세례를 받은 후에 비교적 평안하게 신앙생활을 합니다. 그렇지만 그리스도인들을 핍박하거나 박해하는 나라에 사는 사람들은, 예수 그리스도를 믿음으로 세례를 받는 행위는 자신의 목숨을 걸어야 할 만큼 중대한 일이기도 합니다. 그러기에 세례를 받은 모든 그리스도인들은 사나 죽으나 오직 하나님께만 영광을 돌리고, 하나님의 말씀에 순종하며, 예수 그리스도를 위해 자신의 목숨까지 기쁨으로 드리겠다는 마음으로 살아야 합니다(참조. 롬 2:17-29, 14:8 등).

1 세례는 언제까지 행해져야 할까요?

세례는 세상 _____ 까지 시행해야 합니다(마 24:14, 28:18-20 등).

세례는 세상 끝나는 날, 즉 예수 복음이 온 세상과 모든 민족에게 전해져 예수 그리스도께서 이 세상에 다시 오실 때까지 시행해야 합니다. 세례는 거룩한 예식이기 때문에 귀하게 여길 뿐만 아니라, 세례를 받기 위해서는 자신의 죄를 회개하고, 앞으로 죄를 멀리하는 거룩한 삶을 살겠노라고 다짐하며, 세례를 통해 하나님의 은혜를 경험하게 해 달라고 기도로 준비해야 합니다(참조. 롬 6:1-11; 골 2:12 등). 물론 교회에 다니는 사람이라도 예수 그리스도에 대한 믿음의 확신이 없는 사람들과 하나님의 말씀에 순종하지 않는 사람들은 세례를 받지 말아야 합니다(참조. 히 6:4-8 등).

2 세례를 주는 방법은 무엇일까요?

세례는 물에 잠기게 하거나 물을 머리에 뿌리면서, 성부와 ____ 와 성령의 이름으로 세례를 주어야 합니다(마 28:19-20. 참조. 마 3:16-17; 요 1:29-34).

세례는 몸 전체를 물속에 잠기게 하는 방법이나 머리에 물을 뿌리는 방법으로 시행합니다. 세례를 받는 방법은 교단에 따라서, 그리고 사람들의 상황(환자 등)에 따라서 조금은 다를 수 있는데, 중요한 것은 세례를 받는 방법보다 성부와 성자와 성령의 이름으로 세례를 받는 것입니다. 세례는 특별한 경우가 아니라면 안수를 받은 목사나 선교사를 통해, 가족들이나 믿음의 형제들이 보는 앞에서 공적으로 받아야 합니다. 사실, 요즘 대부분의 그리스도인들은 교회에서 기초적인 성경 교육을 받은 후, 가족들이나 교회의 성도들이 지켜보는 가운데서 세례를 받습니다. 이 때, 이미 세례를 받은 성도들이 새롭게 세례를 받는 사람들을 위해 기도해 주고, 그들과 교제하며 축복하는 시간을 갖습니다.

3. 그리스도인들은 평생 동안 몇 번의 세례를 받아야 할까요?

그리스도인들은 평생 동안 _____의 세례만 받으면 되는데, 그 이유는 성부와 성자와 성령의 이름으로 세례를 받기 때문이고, 우리를 깨끗하게 하시는 성령 하나님께서 마음 안에 임재해 계시기 때문이며, 변하지 않으시는 하나님의 이름으로 받은 세례의 효력도 변하지 않기 때문입니다(마 28:19; 고전 12:3, 13; 딛 3:5 등. 참조. 요 14:16; 엡 1:13-14).

구약 시대의 할례도 평생 한 번만 받고, 할례 받은 후 하나님의 언약의 백성이 되었습니다(창 17:9-14, 21:4; 눅 1:59, 2:21; 빌 3:5 등). 요즘 대부분의 교회에서는 만 13세(또는 14세) 이후에 단 한 번 세례를 받습니다. 교단에 따라서는 구약 시대에 언약의 백성들의 어린 자녀들이 할례를 받았다는 것을 근거로, 만 2세 이하의 유아들에게 하나님의 언약의 백성이 되었다는 표시로 유아세례를 베풀기도 합니다(참조. 창 17:1-14; 출 4:25-26; 레 12:3; 막 10:13-16; 행 2:38-41, 16:14-34; 롬 11:16; 고전 1:16, 7:14; 갈 3:15-29; 골 2:11-12). 그리고 유아 세례를 받은 사람들은 만 13세(또는 14세)에 공적으로 입교 예식(자신이 예수 그리스도를 믿어 구원을 받은 사람임을 공적으로 고백하는 예식)을 행함으로, 교회의 세례 교인으로 인정을 받습니다.

4. 세례의 효과는 언제까지 지속될까요?

세례의 효과는 세례를 받는 순간부터 _____ 지속됩니다. 예수 그리스도께서 영원하시기 때문에, 예수 그리스도께 연합된 그리스도인들의 세례의 효과도 _____ 지속되는 것입니다(참조. 요 15:1-17; 롬 6:3-5, 8:35-39; 고전 3:16; 갈 3:27 등).

세례는 하나님의 권위를 위임받은 목회자가 성부와 성자와 성령의 이름으로 베푸는 예식이기 때문에, 변함이 없으신 하나님의 속성대로 세례의 효과는 없어지지 않습니다. 세례를 받은 그리스도인들은 자신이 받은 세례의 효과를 의심하거나 세례를 다시 받고 싶은 유혹에 빠져 또 다시 세례를 받으려고 해서는 안 됩니다. 그리고 교회는 예수 그리스도에 대한 믿음의 확신이 없는 사람들이나 이미 세례를 받은 사람들에게 다시 세례를 시행하는 잘못을 범하지 않도록 조심해야 합니다.

5. 세례 받은 그리스도인들은 어떻게 살아야 할까요?

세례 받은 그리스도인들은 예수 그리스도와 연합하였기에 예수 그리스도를 _____을 살아야 하고, 더 이상 죄를 짓지 않기 위해 노력하면서 살아야 하며, 공적으로 하나님의 자녀다운 모습으로 살아야 합니다(롬 8:13-14; 엡 4:22-32; 골 2:11-15; 요일 2:6, 3:9 등).

세례를 받은 그리스도인들은 예수 그리스도와 연합된 하나님의 자녀요, 하나님의 나라의 백성답게 하나님의 말씀을 믿고 그 말씀을 실천하며 살아야 합니다. 또한 하나님의 말씀과 교회의 권위에 순종하고, 온전한 예배자요 전도자로 살아야 하며, 교회에서 봉사와 섬김의 직무를 잘 감당해야 합니다. 그리고 세상에서 소금과 빛된 선한 삶을 살아야 하고, 예수 복음의 증인으로서의 사명을 비롯해 하나님께서 맡겨주신 역할과 사명을 충실히 행하며 살아야 합니다(참조. 마 5:13-16; 요 3:1-8 등).

토론 및 적용 질문

1. 당신 주변에 구원의 확신이 없으면서도, 물세례를 받은 사람들이 있다면 나눠봅시다.

2. 당신 주변에 물세례를 여러 번 주는 교회나 물세례를 여러 번 받은 사람을 알고 있다면 나눠봅시다. 세례가 구원의 조건이라고 가르치는 교회를 알고 있다면 나눠봅시다.

3. 당신 주변에 세례를 받았음에도 불구하고, 자신이 그리스도인임을 숨기는 사람들이 있다면 나눠봅시다.

해답
1. 끝나는 날 2. 성자 3. 단 한 번 4. 영원히, 영원히 5. 닮아가는 삶

43 주의 성찬 - 1

주의 성찬은 예수 그리스도께서 유월절 만찬에서 친히 제정하신 예식으로, 하나님께서 은혜를 베풀어 주시는 예식입니다. 그리스도인들은 성찬 예식을 통해 예수 그리스도와 연합하여 영적인 교제를 할 수 있습니다(참조. 마 26:26-30; 막 14:22-26; 눅 22:14-20; 요 6:45-59; 고전 10:16-17, 11:17-34 등). 그리스도인들은 주의 성찬에서 떡(십자가의 고난으로 찢기신 예수님의 몸을 상징)과 잔(포도주, 십자가에서 흘리신 예수님의 피를 상징)을 대할 때마다, 예수 그리스도의 십자가의 죽으심을 기억할 뿐만 아니라, 부활의 기쁨과 감사의 마음으로 참여해야 합니다. 성찬 예식에 참여하는 그리스도인들은 죄를 짓지 않을 뿐만 아니라, 하나님의 은혜를 받기 위해 회개와 기도로 준비해야 합니다.

1 주의 성찬이 무엇일까요?

주의 성찬은 예수 그리스도의 십자가의 _____을 기억하고 기념할 뿐만 아니라, 예수 그리스도와 영적인 교제를 하고, 부활에 대한 기쁨과 소망을 마음에 새기는 예식입니다(마 26:26-30; 막 14:22-26; 눅 22:14-20; 요 6:45-59; 고전 11:17-34 등).

주의 성찬은 예수 그리스도께서 잡히시던 날 밤에 유월절 만찬에서 행하신 예식입니다. 또한 주의 성찬은 그리스도인들이 예수 그리스도와 가장 친밀하게 교제하는 예식입니다. 이 예식은 예수 그리스도께서 십자가에서 죽으심으로 새 언약의 중보자이심을 확실히 알게 해 주신 것을, 그리스도인들이 기억하고 기념하는 것입니다(참조. 렘 31:31-34; 요 19:30; 히 6:17-20, 8:1-13, 10:5-10 등). 그리스도인들은 주의 성찬을 통해 예수 그리스도의 몸과 피를 상징하는 떡과 잔(포도주)을 대하는데, 이 때 예수 그리스도께서는 그들에게 영적으로 임재하십니다. 그래서 그리스도인들은 주의 성찬을 통해 예수 그리스도와 영적으로 하나가 되고, 이 예식에 참여하는 그리스도인들도 서로 그리스도 안에서 한 몸이 됩니다(참조. 행 2:42-47; 고전 10:16-17 등).

2 떡은 무엇을 상징할까요?

떡은 생명을 살리는 양식으로, 우리의 죄 때문에 고난을 받아 찢기시고 십자가에 못 박히신 예수 그리스도의 __을 상징합니다(마 26:26-28; 막 14:22-25; 눅 22:17-20; 요 6:55; 고전 11:24 등. 참조. 고전 5:6-8, 10:16-17).

예수 그리스도께서 십자가에서 죽으심으로, 그분을 믿는 모든 사람들의 죄가 용서되고 새 생명을 얻게 된 것입니다. 물론 "인자의 살을 먹지 아니하고 인자의 피를 마시지 아니하면 너희 속에 생명이 없느니라"(요 6:53)는 말씀은, 예수 그리스도와 연합하여 영적인 교제를 하는 성찬에 대한 의미뿐만 아니라, 예수 그리스도를 믿음으로 영접하는 사람들에게 주실 구원과 영원한 생명에 대한 의미가 포함된 말씀입니다(참조. 요 6:45-59). 그리스도인들은 주의 성찬에 참여하여 떡을 받을 때마다, 자신을 위해 십자가에서 고난을 받으시고 몸이 찢겨 죽으시기까지 사랑과 은혜를 베풀어 주신 예수 그리스도께 감사하고, 자신들도 죽어가는 영혼들을 살리기 위해 복음을 적극적으로 전하며 살겠다는 다짐을 해야 합니다.

그리고 그리스도인들은 주의 성찬에 참여한 후에는 자신이 다짐한 대로, 세상 사람들의 생명을 살리기 위해 적극적으로 복음을 전해야 합니다.

3 포도주는 무엇을 상징할까요?

포도주는 생명을 살리는 참된 ____로, 우리들의 구원을 위해 십자가에서 흘리신 예수 그리스도의 보배로운 피, 즉 언약의 피를 상징합니다(마 26:26-28; 막 14:22-25; 눅 22:17-20; 요 6:55; 고전 11:25 등. 참조. 고전 10:16; 벧전 1:19).

예수 그리스도께서 십자가에서 흘리신 피는, 예수 그리스도를 믿는 모든 사람들의 죄를 용서해 주신다는 의미가 있습니다. 그리스도인들은 주의 성찬에 참여하여 포도주를 받을 때마다, 자신의 죄를 용서해 주시기 위해 십자가에서 피 흘려 죽으신 예수 그리스도께 감사하고, 죄를 멀리하며, 혹시라도 죄를 지으면 즉각적으로 회개하고 돌이킬 뿐만 아니라, 거룩하고 선하게 살겠다는 다짐을 해야 합니다. 물론 그리스도인들이 주의 성찬에 참여한 후에는 자신이 다짐한 대로 죄를 멀리하고, 적극적으로 하나님께서 기뻐하시는 선을 행하며 살아야 합니다.

4 주의 성찬은 언제부터 시작되었을까요?

주의 성찬은 예수 그리스도께서 죽으시기 전날 밤에, 제자들과 함께 _____ 만찬을 행하실 때 시작되었습니다(마 26:26-30; 눅 22:19-20; 고전 11:23-29 등).

예수 그리스도께서는 죽음을 목전에 두신 상황에서 유월절을 기념하여, 제자들과 최후의 만찬을 함께 하셨습니다. 그리고 이 때 예수 그리스도께서는 자신의 죽음이 그들을 위한 것이라고 말씀하시면서, 그들과 함께 자신의 몸을 상징하는 떡을 먹고, 자신의 피를 상징하는 잔(포도주)을 마셨습니다. 그리고 예수 그리스도께서는 그들에게 주의 성찬을 기억하고 기념하라고 하셨습니다. 사실, 주의 성찬은 그리스도인들에게 예수 그리스도와의 영적인 깊은 만남을 통해 힘과 위로를 얻고, 사랑과 은혜를 받는 기쁨과 감사의 시간입니다. 그리고 주의 성찬은 그리스도인들에게 베풀어 주신 예수 그리스도의 배려이자 선물과 같은 예식입니다.

5 주의 성찬은 언제까지 행해져야 할까요?

주의 성찬은 예수 그리스도께서 이 세상에 _____까지 계속해서 기념하고 행해져야 합니다(고전 11:26).

그리스도인들이 예수 그리스도와 친밀하게 지내지 않으면 영적으로 무기력해질 뿐만 아니라, 마귀의 시험과 유혹에 쉽게 넘어져 죄를 짓고 세속적인 삶을 추구하며 살게 됩니다. 그런 면에서, 그리스도인들에게 주의 성찬은 예수 그리스도와 영적으로 깊이 만날 수 있는 시간이요, 예수 그리스도를 통해 하나님의 은혜를 받을 수 있는 시간이기에, 그리스도인들은 평생 동안 주의 성찬을 계속 기념하고 행해야 합니다. 물론 그리스도인들은 성찬 예식을 행할 때마다 예수 그리스도의 십자가의 죽으심과 부활을 더 깊이 묵상하고, 예수 그리스도의 은혜와 사랑에 감사하며, 예수 복음을 증거하며 살기로 다짐해야 합니다.

토론 및 적용 질문

1. 당신은 주의 성찬에 참여할 때, 어떻게 준비를 한 후 참여하는지 구체적으로 나눠봅시다.

2. 당신이 주의 성찬에 참여하는 동안, 영적으로 큰 은혜를 받았던 적이 있었다면 나눠봅시다.

3. 당신에게 가장 기억에 남는 주의 성찬과 주의 성찬 예식을 진행하는 방법 중 가장 기억에 남는 방식이 있다면 무엇인지 나눠봅시다.

해답

1. 죽으심 2. 몸 3. 음료 4. 유월절 5. 다시 오실 때

44 주의 성찬 - 2

하나님께서는 주의 성찬을 통해 하나님의 자녀들을 영적으로 먹이시고, 그들이 자신의 신앙과 삶을 돌아보게 하시며, 세상에서 겪는 다양한 고난과 고통을 위로해 주시고, 하나님의 자녀임을 더 확실하게 알게 하시며, 예수 그리스도의 구원에 온전히 참여하고 있음을 깨닫게 해 주시고, 예수 그리스도의 죽으심과 부활을 더 깊이 묵상할 수 있게 하시는 은혜를 베풀어 주십니다. 그리고 주의 성찬에 합당하게 참여하는 사람들은 예수 그리스도께서 이 세상에 다시 오시는 날에 영광의 부활에 참여하여 영원히 살 뿐만 아니라, 하나님의 은혜와 사랑을 세상 사람들에게 더 잘 증거할 수 있게 됩니다(참조. 마 26:26-29; 막 14:22-25; 눅 22:17-20; 요 6:53-56; 고전 10:16-17, 11:23-28 등).

1 주의 성찬에 참여하는 사람들에게 주어지는 유익은 무엇일까요?

주의 성찬에 참여하는 사람들에게는 예수 그리스도 안에서 살게 되고, 영원한 생명을 갖게 되며, 마지막 날에 영광의 ____에 참여하게 되는 유익이 있습니다(요 6:53-58. 참조. 요 6:22-59).

주의 성찬에 합당하게 참여하는 사람들은, 하나님께서 베풀어 주시는 은혜를 받게 됩니다. 사실, 주의 성찬에 합당하게 참여하는 그리스도인들은 예수 그리스도와 영적으로 깊은 만남을 가질 것이고, 그분과 깊은 만남을 가져본 그리스도인들은 주의 성찬을 통해 주어지는 유익이 셀 수 없이 많다는 것을 알게 되었을 것입니다. 그래서 그들은 주의 성찬에 참여하는 것을 사모하고, 성찬에 참여할 때는 죄를 회개할 뿐만 아니라 하나님의 은혜를 간절히 구하며, 주의 성찬에 참여한 후에는 어떻게든지 죄를 멀리하고, 하나님이 기뻐하시는 신한 삶을 살기 위해 노력합니다.

2 주의 성찬에 참여할 수 있는 사람은 누구일까요?

주의 성찬에 참여할 수 있는 사람은 예수 그리스도를 믿음으로 구원받은 사람, 성부와 성자와 성령의 이름으로 ____를 받은 사람, 자신을 돌아보고 회개한 사람, 주의 성찬의 의미를 정확히 아는 사람, 예수 그리스도의 몸을 분별할 줄 아는 사람, 그리고 예수 그리스도를 향한 믿음과 사랑으로 순종하며 사는 사람이어야 합니다(고전 11:27-30. 참조. 빌 3:7-9; 요일 5:1-14 등).

요즘 대부분의 교회에서는 만 13세(또는 14세) 이상의 세례 교인(유아 세례를 받고 입교한 사람 포함)이 주의 성찬에 참여할 수 있다고 규정하고 있습니다. 그리고 대부분의 교회는 주의 성찬을 행하기 전에 성도들에게 자신의 죄를 회개하고 하나님께 은혜를 구하는 기도로 미리 준비한 후에 참여하라고 안내합니다. 또한 교회는 주의 성찬 예식을 시작하기 직전에도 성도들이 다시 한 번 자신의 죄를 회개하고, 하나님의 은혜를 사모하는 기도를 할 수 있도록 시간을 줍니다. 그리스도인들은 성경에 맞는 완전한 삶을 살지 못한다고 해도, 자신의 죄에 대해 충분히 회개한 후에는 적극적으로 성찬에 참여하여 하나님께서 베풀어 주시는 은혜를 받기 위해 힘써야 합니다.

3 주의 성찬에 참여할 수 없는 사람은 누구일까요?

주의 성찬에 참여할 수 없는 사람은 예수 그리스도를 믿지 않아 ___받지 못한 사람, 구원을 받았다고 하더라도 자신의 삶에서 지은 죄를 ___하지 않은 사람, 세례를 받지 않은 사람, 주의 성찬의 의미를 제대로 알지 못하는 사람, 그리고 교회를 부끄럽게 할 만한 죄를 지은 사람입니다(고전 11:27-30. 참조. 마 7:6; 고전 5:1-13; 고후 13:5 등).

요즘 대부분의 교회에서는 13세(또는 14세) 미만의 어린이들과 구원을 받지 않은 사람, 그리고 예수 그리스도에 대한 신앙을 온전히 고백하지 못하는 사람들은 주의 성찬에 참여하지 못하도록 규정하고 있습니다. 그리고 그리스도인들이라도 윤리적으로 크게 잘못을 했거나 사회에서 범죄로 규정하는 죄를 비롯해 하나님과 교회를 욕되게 하는 죄를 지어 근신이 필요할 때는, 주의 성찬에 참여하는 대신에 자신의 잘못이나 죄를 회개할 것을 권면합니다. 물론 이 외에도 자신이 그리스도인이지만 주의 성찬에 참여할 마음의 준비가 되지 않았다면, 주의 성찬에 억지로는 참여하지 말도록 권면하기도 합니다.

4 주의 성찬에 잘못된 모습으로 참여하면 어떻게 될까요?

1) 주의 떡이나 잔을 합당하지 않게 먹고 마시면 주의 몸과 __에 대하여 죄를 짓게 되고(고전 11:27-28),

2) 주님의 몸이라는 인식이 없이 먹고 마시거나 자기를 살피지 않고 먹고 마시면 자기의 죄를 먹고 마시는 것이 되어 하나님께 심판(징계)을 받게 됩니다(고전 11:29-32).

주의 성찬에 잘못된 모습으로 참여하여 주의 떡이나 잔을 먹고 마시면, 죄를 짓는 것으로 하나님의 심판(징계)을 받게 됩니다. 그리스도인들은 주의 성찬에 참여하기 위해, 자신의 삶을 돌아보아 죄와 허물이 있으면 회개하고 돌이켜야 합니다. 사실, 모든 그리스도인들은 구원받은 후 성찬의 의미가 무엇인지 정확히 배워야 하고, 주의 성찬에 참여하기 위해 회개와 기도로 잘 준비해야 합니다. 또한 그리스도인이라면 예수 그리스도의 십자가의 죽으심을 기념하는 주의 성찬을 절대로 가볍게 여겨서는 안 됩니다(참조. 고전 10:21, 11:17-22).

5 주의 성찬에 참여하는 사람들의 의무는 무엇일까요?

주의 성찬에 참여하는 사람들의 의무는 예수 그리스도께서 이 세상에 다시 오실 때까지 예수 ___을 세상에 전하며 사는 것입니다(고전 11:26 등).

예수 그리스도께서는 그리스도인들에게 세상 끝나는 날까지 예수 복음을 증거하여 모든 민족을 제자로 삼으라고 명령하셨습니다(참조. 마 28:18-20; 눅 24:46-49; 고전 1:21, 9:16 등). 그리스도인들은 이 세상에 사는 동안 주의 성찬에 적극적으로 참여할 뿐만 아니라, 그 누구보다 열심히 예수 복음을 증거하며 살아야 합니다(참조. 행 20:24; 고전 9:16 등). 그리스도인들이 주의 성찬에는 적극적으로 참여하면서 예수 복음을 전하는 일에는 게으르다면, 자신이 위선적인 삶을 살고 있음을 깨달아야 합니다.

토론 및 적용 질문

1. 당신이 섬기는 교회는 얼마나 자주 주의 성찬을 행하며, 주의 성찬을 어떤 방법으로 진행하는지 나눠봅시다.

2. 그리스도인들이 주의 성찬에 자주 참여하면 어떤 유익이 있는지 나눠보고, 당신이 주의 성찬에 참여함으로 얻은 유익은 무엇인지 나눠봅시다.

3. 주의 성찬을 잘못된 모습으로 진행하거나 주의 성찬에 참여하면 안 되는 사람들(교리를 모르는 어린 아이, 구원의 확신이 없는 사람, 불신자 등)이 참여하는 것을 본 적이 있었다면 나눠봅시다.

해답

1. 부활 2. 세례 3. 구원, 회개 4. 피 5. 복음

45 교회의 직분 - 1

하나님의 교회에는 하나님께서 세워주시는 다양한 직분자들(사도, 선지자, 목사, 장로, 집사, 교사 등)이 있습니다(고전 12:28-30; 엡 4:11-13; 딤후 1:11 등). 그 직분자들을 통해 하나님의 교회와 성도들을 섬기고, 그 섬김으로 그리스도의 몸인 교회를 견고하고 온전히 세우게 됩니다(참조. 엡 4:11-13 등). 교회의 직분자들은 자신에게 주어진 직분을 성실하고 충성되게 감당해서, 하나님의 교회와 성도들이 바로 세워질 수 있도록 늘 힘써야 합니다(참조. 고전 4:1-21; 딤후 2:20-21). 또한 직분자들은 성령 충만해야 하고, 하나님께서 주신 권위를 사용하되 교만하지 말아야 하며, 하나님께 감사하는 마음과 겸손한 모습으로 섬겨야 합니다(참조. 행 6:1-7; 엡 4:11-13; 벧전 5:1-5 등). 교회의 직분자들이 너무 권위적이거나 교만하면, 교회에 갈등이나 다툼을 유발하거나 교회를 무너뜨리는 결과를 낳기도 합니다.

1. 교회의 직분자들은 누가 세우실까요?

교회의 직분자들은 _____께서 세우십니다(행 1:20-26, 6:1-6; 고전 12:28-29; 엡 3:7, 4:7-13 등).

하나님께서는 예수 그리스도의 제자들 중 열두 명을 사도로 세우셨고, 초대교회에서 성령과 지혜로 충만한 일곱 명을 집사로 세우셨으며, 바울을 이방인들에게 예수 복음을 전하는 사도로 세우셨습니다. 또한 하나님께서는 어떤 사람은 사도로, 어떤 사람은 선지자로, 어떤 사람은 복음을 전하는 자로, 어떤 사람은 말씀을 가르치는 목사로, 그리고 어떤 사람은 교회와 성도들을 섬기고 돌보는 장로나 교사로 세우십니다(행 11:27-28, 13:1, 15:32, 21:8; 엡 2:20, 3:5, 4:11; 딤후 4:5 등). 하나님께서는 교회에 직분자를 세워주실 뿐만 아니라, 그들에게 교회와 성도들을 섬기고 이끌어 갈 수 있는 지혜와 능력, 그리고 권위도 주십니다. 요즘 하나님의 교회의 성도들은 목사, 장로, 집사, 그리고 평신도로 구성되어 있습니다.

2. 교회에 직분자들을 세우는 이유는 무엇일까요?

교회에 직분자들을 세우는 이유는 성도들의 영적인 성장을 돕고, 교회에서 ____를 하게 하며, 복음을 전하여 그리스도의 몸된 교회를 잘 세우고 섬기게 하기 위해서입니다(엡 4:11-13 등).

교회의 직분자들은 예수 그리스도의 몸된 교회와 성도들을 잘 세우고 섬기기 위해, 하나님의 뜻을 잘 분별할 수 있어야 합니다. 그러기 위해, 교회의 직분자들은 자신의 영적인 상태를 잘 점검하고, 항상 성령 충만한 영적인 상태를 유지하도록 말씀과 기도로 깨어 있어야 합니다. 그리고 교회의 직분자들은 성도들의 영적인 성장을 돕기 위해 그들을 말씀으로 가르치고 섬기며 인도함으로써, 그들이 바른 성도가 되도록 항상 도와주어야 합니다. 또한 교회의 직분자들은 교회에서 봉사의 일을 하기 위해 세움 받았음을 알고, 교회에서 자신이 맡은 역할과 필요한 일들을 기쁨으로, 그리고 적극적으로 찾아 열심히 행해야 합니다.

3 교회의 직분자들은 어떻게 세울까요?

교회의 직분자들은 교회의 성도들이 보는 앞에서, 성부와 성자와 성령의 이름으로 ____하여 공적으로 세워야 합니다(행 13:1-3; 딤전 4:14, 5:17-22 등. 참조. 민 27:12-23; 행 6:1-6).

교회의 직분자들은 사도, 선지자, 전도자, 목사, 장로, 집사, 교사 등입니다(행 6:2-4; 엡 4:11-13; 딤전 3:1, 5:17; 벧전 5:1-5). 하나님께서는 거룩하고 성령 충만하여 영적으로 바로 서 있는 그리스도인들을 교회의 직분자로 세우셔서, 하나님의 교회를 견고하게 세워 가십니다(참조. 엡 2:19-22; 딤후 2:20-21; 계 3:12 등). 교회는 직분자로 세울 예정인 사람들의 영적인 상태와 인격적인 부분을 잘 확인해야 하고, 가정과 사회에서 선한 영향력을 끼치는지 확인해야 하며, 신앙의 초신자가 아닌지 확인해야 하고, 교회에서 하나님의 말씀을 가르치거나 교회의 부서들에서 다른 사람들을 믿음으로 섬길 수 있을만한 사람인지 확인해야 합니다. 요즘 교회들 중에는 직분자들을 잘못 세워서 교회 내에 문제가 생기는 경우가 적지 않습니다.

4 교회의 직분자들에게 요구되는 자세는 무엇일까요?

교회의 직분자들은 1) 예수 그리스도를 믿는 것, 아는 것, 그리고 닮아가는 것에 열심이어야 하고, 2) 그리스도의 일꾼이요, 하나님의 말씀과 복음을 맡은 사람답게 주인이신 하나님께 순종하고 ____해야 하며, 3) 자원하는 마음과 기쁨으로 하나님과 자신에게 맡겨진 사람들을 잘 섬겨야 하고, 4) __을 생각하지 말고 맡은 직분을 잘 감당해야 하며, 5) 성도들을 지배하려는 마음이 아니라, 신앙생활의 모범을 보이는 사람이어야 합니다(고전 4:1-21; 엡 4:13-16; 벧전 5:1-3등).

교회의 직분자들은 하나님께 세움을 받은 일꾼임을 명심하고, 하나님께서 원하시는 모습으로 섬겨야 합니다. 그리고 교회의 직분자들은 자신이 연약하고 부족한 사람임에도 불구하고, 하나님께서 자신에게 귀한 직분을 맡겨주셨음을 알고, 교만하거나 자기를 자랑하지 말고 오직 하나님께 감사하는 마음으로 섬겨야 합니다. 또한 교회의 직분자들은 권위를 내세우기보다는 겸손하고 낮은 자의 마음으로 교회와 성도들을 섬겨야 합니다(참조. 딤전 4:9-16 등). 그 뿐만 아니라, 교회의 직분자들은 자신의 뜻이 아닌 오직 성령 하나님께서 요구하시는 대로 교회를 섬겨야 합니다. 교회의 모든 직분자들은 하나님께서 맡겨주신 일이라면, 그 일이 무슨 일이든 하나님을 섬기는 마음으로 솔선수범하여 행해야 합니다.

5 사도들은 어떤 사람들일까요?

1) 사도들은 예수 그리스도께서 요한에게 ____를 받으셨을 때부터 예수 그리스도께서 하늘로 올라가셨을 때까지 함께 있었던 사람들 중에서, 예수 그리스도께서 복음을 전하고 하나님의 말씀을 가르치라고 세상에 보냄을 받은 사람들입니다(마 10:1-4; 막 3:13-19; 눅 6:12-16; 행 1:13-26; 고전 9:1-27; 엡 4:11-12 등). 물론 바울은 하나님의 뜻에 의해 사도로 세워져 이방인의 사도로 보냄을 받았습니다(고전 1:1; 갈 1:1; 엡 1:1; 골 1:1; 딤후 1:1 등).

2) 사도들은 하나님께서 주시는 능력과 은사로 세상 사람들에게 예수 복음을 증거하고, 그 복음을 듣고 믿어 구원을 받은 사람들에게 세례를 주었으며, 그들에게 하나님의 말씀을 지켜 행하는 그리스도의 제자가 되게 했고, 하나님의

능력으로 귀신을 내쫓고 병을 고쳤으며, 복음을 전하는 곳에는 하나님의 ____를 세웠고, 교회의 직분자들을 안수하여 세웠으며, 그들 중 일부는 성령의 감동으로 성경을 기록했습니다(마 10:1-15, 28:18-20; 막 3:13-19; 행 2:14-47, 6:1-7, 20:1-38; 롬 1:1; 고전 9:16-17, 12:1-31; 엡 4:11-13 등).

사도들은 예수 그리스도의 말씀을 직접 듣고 배웠으며, 그분의 죽으심과 부활을 목격하였고, 그분이 하늘로 올라가셨을 때까지 그분과 함께했던 사람들이었습니다. 또한 하나님께서는 예수 그리스도께서 승천하신 후 가룟 유다를 대신해서 맛디아를 사도로 세우셨고, 그 후에 바울을 이방인의 사도로 세우셨습니다(막 3:14; 행 1:21-26; 갈 1:1; 엡 4:11 등). 하나님께서는 사도들에게 성경을 기록하고 하나님의 말씀을 가르칠 수 있는 능력을 주셨고, 상황에 따라 기적을 일으킬 수 있게 하셨으며, 사람들에게 안수하여 성령을 받게 하기도 했고, 하나님의 나라를 확장할 수 있도록 전도의 열매를 많이 맺게 하셨으며, 많은 지역에 교회를 세우게 하셨습니다(마 10:1-15; 행 2:14-47, 8:4-17, 9:32-43, 20:7-12; 고전 3:10-15 등). 오늘날 지역 교회에서 사도의 직분은 더 이상 없습니다. 그렇지만 하나님께서는 사도들이 행했던 사역들 중 성경을 기록하게 하는 사역을 제외하고는, 지역 교회의 성도들(목사, 장로, 집사, 평신도 등)에게 사도들이 맡았었던 사역들 대부분을 계속 행할 수 있도록 그들에게 능력과 은사를 부어주십니다.

토론 및 적용 질문

1. 당신의 신앙에 가장 좋은 영향을 끼친 사람이 누구인지 나눠봅시다.
2. 당신이 교회의 직분자들 중에 닮고 싶은 사람이 있었다면/있다면, 그 이유는 무엇인지 나눠봅시다.
3. 교회의 직분자들이 가져야 할 기본 자세는 '순종, 충성, 사랑, 겸손, 섬김' 등인데, 그런 직분자가 되기 위해서는 어떻게 해야 할지 나눠봅시다.

해답

1. 하나님 2. 봉사 3. 안수 4. 충성, 돈 5. 세례, 교회

46 교회의 직분 - 2

교회에서 직분자를 세울 때는 하나님이 보시기에 합당한 사람을 세울 수 있게 해 달라고, 온 교회가 함께 기도해야 합니다. 그리고 교회의 직분자들은 하나님께서 자신을 세워주셨음에 감사하고, 자신이 하나님의 일에 쓰임을 받는 것에 대해 귀히 여겨야 합니다. 그 뿐만 아니라, 교회의 직분자들은 하나님의 영광을 나타내는 모습으로 살면서, 교회에서 맡겨주신 직분을 하나님의 뜻에 맞게 잘 감당하게 해 달라고 기도해야 합니다. 요즘 교회들 중에는 교회의 운영을 효율적으로 하기 위해, 안수를 받지 않은 평신도들 중에서 다양한 보조 직분자들(전도사, 교사, 행정 간사 등)을 세우기도 합니다. 교회의 성도들이나 직분자들은 오직 하나님의 은혜로 충만할 때만 성도답고 직분자다운 모습으로 살 수 있기에, 항상 하나님의 은혜를 구하고 그 은혜로 살고자 힘써야 합니다.

1 교회에서 목사는 어떤 직분일까요?

목사는 1) 하나님을 믿고 따르면서 ___를 인도하고, 2) _____을 선포하고 가르치며, 3) 예수 그리스도와 하나님의 나라의 복음을 전하고, 4) 교회를 이끌어 갈 일꾼들을 세우며, 5) 성도들의 모범이 되어 그들을 양육하고 다스리는 사람입니다(행 20:28; 엡 4:11-12; 딤전 3:1-7, 4:12-16, 5:17; 딛 1:5-9; 벧전 5:1-4 등).

목사를 감독(행 20:28), 그리스도의 일꾼(고전 4:1), 장로(딤전 5:17; 딛 1:5-9; 벧전 5:1-3), 교회의 사자(계1:20, 2:1), 그리스도의 사신(고후 5:20), 교사(엡 4:11), 그리고 하나님의 비밀을 맡은 자(고전 4:1) 등으로 표현하기도 합니다. 목사는 성경을 읽는 것, 기도하는 것, 말씀을 가르치는 것, 그리고 권면하는 것에 전념해야 합니다(딤전 4:13. 참조. 행 6:1-7). 또한 목사는 교회에서 예배 인도자로서 성도들이 영과 진리로 예배드릴 수 있도록 준비하고 진행해야 하며, 교사로서 성도들에게 하나님의 말씀을 가르치고, 전도자로서 세상 사람들에게 복음을 전하며, 위로자로서 성도들을 돌아보고, 치리자로서 교회와 성도들을 다스리며, 성도들에게 모범이 됨으로 존경받는 자로 살아야 합니다(참조. 마 28:18-20; 딤전 3:1, 5:17; 벧전 5:1-5 등).

2 교회에서 장로는 어떤 직분일까요?

장로는 교회의 행정을 맡아서 일하고, 목사를 도와서 교회를 잘 돌보며, ___들을 영적으로 돕는 사람입니다(행 20:28; 딤전 3:1-7, 4:12-16, 5:17; 딛 1:5-9; 벧전 5:1-3 등).

교회에서 목사와 장로는 약간의 차이가 있습니다. 교회의 공적인 예배에서 설교와 축도는 목사만 할 수 있고, 목사는 성례(세례와 주의 성찬)를 인도할 수 있지만, 장로는 목사가 성례를 잘 인도할 수 있도록 돕는 역할만 할 수 있습니다. 또한 목사는 장로를 영적(하나님의 말씀)으로 가르칠 수 있지만, 장로는 목사를 영적(하나님의 말씀)으로 가르칠 수 없습니다. 또한 장로는 목사의 영적인 권위에 순종해야 하고, 목사는 장로를 겸손한 자세로 가르치고 이끌어야 합니다. 물론 교회의 모든 성도들(목사, 장로, 집사, 평신도 등)은 각자의 역할과 질서는 달라도, 하나님 안에서 모두 평등합니다.

3. 목사와 장로의 자격은 무엇일까요?

목사와 장로는 1) 사람들에게 존경받는 자로 2) 한 아내의 남편이고, 3) 가정을 잘 다스리며, 4) 절제하고, 5) ____로우며, 6) 남을 잘 대접하고, 7) 잘 가르치며, 8) __을 좋아하지 않고, 9) 다투거나 싸우지 않으며, 10) 너그럽고, 11) 돈을 사랑하지 않으며, 12) 믿은 지 오래 된 사람이어야 합니다(딤전 3:1-7, 5:17; 딛 1:5-9; 벧전 5:1-3 등).

목사와 장로는 예수 그리스도를 신실하게 믿고 예수 그리스도를 닮아가는 사람이며, 하나님을 경외하는 삶을 살고, 성령 충만하여 마귀의 시험과 유혹에 쉽게 넘어지지 않아야 하며, 하나님의 말씀을 잘 알고 하나님의 말씀에 맞게 살아가는 온전한 예배자여야 합니다. 그리고 목사와 장로는 이기적이지 않고, 사람들을 향한 사랑과 불쌍히 여기는 마음이 있으며, 자기의 욕심에 따라 살지 않고, 가정을 잘 돌보며, 하나님의 교회를 잘 세우고, 하나님의 나라를 확장해 가는데 열심이며, 교회의 성도들을 잘 가르치고, 다른 사람들에게 잘 베풀고 어려운 사람들을 잘 도우며, 주 안에서 언행이 일치하고, 사회에서는 선한 영향력을 미치며 살아야 합니다(참조. 딤전 4:6-16; 딛 2:1-8 등).

4. 교회에서 집사는 어떤 직분일까요?

집사는 목사와 장로를 도와 교회의 재정을 관리하고, ____하는 일을 주관하며, 교회의 예배와 행정에서 보조 역할을 하는 사람입니다(행 6:1-6; 딤전 3:8-13 등).

집사는 교회에서 목사들과 장로들을 돕는 직분으로, 재정을 관리하고 예배와 행정에서 보조 역할을 하는 직분이며, 찬양과 기도, 교육과 양육, 성도의 교제와 전도(선교), 구제와 나눔 등의 일에서 핵심적인 일꾼으로 실무를 담당하여 섬기는 직분입니다(참조. 행 6:8-15, 7:1-60, 8:4-13, 21:8 등). 집사는 각자의 은사에 맞게 교회를 섬기게 되는데, 교회와 교회의 부서들이 잘 운영될 수 있도록 가장 많은 곳에서 실무를 담당합니다. 물론 집사들을 비롯한 교회의 모든 직분자들은 하나님께 예배를 드리는 것을, 성도들을 위한 봉사와 섬김보다 우선순위에 두어야 합니다.

5. 집사의 자격은 무엇일까요?

집사는 1) 성령과 지혜가 충만하여 칭찬 받는 사람이고, 2) 신중하며, 3) 한 입으로 두 말을 하지 않고, 4) 술을 좋아하지 않으며, 5) 부정한 이득을 탐내지 않고, 6) 믿음대로 살며, 7) 한 아내의 남편이고, 8) 가정을 잘 다스리는 사람이며, 9) 그의 아내도 다른 이들의 존경을 받아야 하고, 10) 남의 흉을 보지 않으며, 11) ____하며 살고, 12) 하나님께서 맡기신 모든 일에 충성하는 사람이어야 합니다(행 6:1-6; 딤전 3:8-13 등).

집사들은 자신을 하나님께서 세워주셨음을 믿음으로 순종, 충성, 사랑, 겸손, 그리고 섬김의 삶을 살아야 합니다. 또한 집사들은 성령 충만하여 가정, 교회, 그리고 사회에서 하나님이 맡겨주신 일을 성실하게 잘 감당해야 합니다. 그 뿐만 아니라, 거룩한 삶, 예배드리는 삶, 예수 복음을 증거하는 삶, 하나님의 교회를 섬기는 삶, 가족들과 이웃들을 사랑으로 돌보는 삶, 믿음과 절제된 삶으로 세상에서 하나님의 선한 영향력을 미치며 살아야 합니다. 물론 집사들을 비롯한 교회의 모든 직분자들은 교회에서 뿐만 아니라, 가정과 사회에서도 하나님을 기쁘시게 하는 선한 삶을 살아야 합니다.

토론 및 적용 질문

1. 당신이 섬기는 교회의 직분자들의 가르침이나 요구가 성경과 다를 때, 당신은 어떻게 대처하는지 나눠봅시다.

2. 당신이 섬기던 교회에서 영적으로나 육체적으로 타락한 목사나 장로나 집사를 본 적이 있었다면 나눠봅시다.

3. 당신이 교회의 직분자들에게 마음의 상처를 받았었거나 그들에게서 큰 손해를 입은 적이 있었다면 나눠봅시다.

해답

1. 예배, 하나님의 말씀 2. 성도 3. 지혜, 술 4. 구제 5. 절제

47 천사

천사들은 하나님께 지음 받은 피조물입니다. 천사들도 다른 피조물들처럼 하나님의 영광과 찬양을 위해 지음 받았습니다(참조. 느 9:6; 시 148:1-5; 골 1:15-17). 천사들은 그 어떤 피조물들보다 하나님께 온전히 순종하는 존재입니다. 또한 천사들은 예수 그리스도께서 이 세상에 태어나실 때부터 시작하여 그분이 공적인 사역을 하실 때, 그분이 기도하실 때, 그분이 고난을 받으시고 십자가에서 죽으실 때, 그분이 부활하실 때, 그분이 승천하실 때, 그리고 그분이 언젠가 이 세상에 다시 오실 때까지 예수 그리스도를 수행하여 그분을 돕는 존재임을 성경을 통해 알 수 있습니다(마 1:20-21, 4:11, 28:2, 6; 눅 1:31, 2:8-14, 22:43; 행 1:10-11; 마 13:41-42, 24:31; 살후 1:7-8 등).

1 천사들은 어떻게 생겨났을까요?

천사들은 _____께서 만드셨습니다(느 9:6; 시 148:1-5; 요 1:1-3; 골 1:15-17 등).

성경은 눈에 보이는 것과 눈에 보이지 않는 모든 만물이 하나님에 의해, 그리고 하나님을 위해 지음을 받았다고 말씀합니다(골 1:15-17 등). 천사들도 눈에 보이지 않는 영적인 존재로, 하나님에 의해 지음을 받은 피조물입니다(히 1:14). 또한 천사들은 거룩하게 지음을 받았고, 그들도 사람들처럼 하나님의 영광과 찬양을 위해 존재합니다(참조. 느 9:6; 겔 28:14-15; 요 1:3; 골 1:15-17; 히 1:14 등). 천사들은 눈에 보이지 않는 영적인 존재이고 성경에 그들에 대한 기록이 제한되어 있기에, 그들이 어떤 형상을 가졌고, 어떤 생활방식을 가지고 사는지, 어디서 어떻게 지내는지 정확히 알 수는 없습니다. 그리스도인들은 천사에 대해 기록된 말씀인 성경의 '범위 안에서만 알아가고 이해해야 합니다(참조. 고전 4:6).

2 천사는 어떤 특징을 가지고 있을까요?

1) 천사는 인간의 모습으로 나타날 수 있고(창 18:1-16; 수 5:13-15; 마 28:1-8; 막 16:1-8 등), 2) 천사는 다양한 모습으로 나타날 수 있으며(사 6:1-2; 행 2:1-4; 히 1:7 등), 3) 천사는 숫자가 많고(욥 23:3; 시 68:17; 마 26:53; 히 12:22 등), 4) 천사는 ____을 하지 않으며(마 22:30. 참조. 눅 20:36), 5) 천사는 영원히 죽지 않고(눅 20:36), 6) 천사는 계급적인 질서가 있으며(유 1:9), 7) 천사는 ____와 논쟁 할 수 있는 존재입니다(유 1:9).

미가엘은 천사장이며, 하나님의 백성을 지키고 원수들을 대적하는 천사입니다(왕하 19:35; 단 10:13-20, 12:1; 유 1:9; 계 12:3-17). 그룹은 하나님의 영광을 나타내고, 에덴동산의 생명나무와 지성소의 법궤를 지킵니다(창 3:24; 출 25:17-22; 시 80:1; 겔 10:4-22; 히 9:5 등). 가브리엘 천사는 예수님의 잉태 소식을 마리아에게 알렸습니다(눅 1:11-38. 참조. 단 8:15-19). 이 외에도 성경에는 스랍(사 6:2-6)을 비롯한 다양한 천사들이 기록되어 있습니다(출 14:19; 왕하 6:16-17; 욥 1:6; 시 103:20-21; 계 1:20, 14:18, 16:5 등).

3 천사들은 어떤 일들을 할까요?

천사들은 하나님께 ____을 돌리고, 하나님을 찬양하며, 하나님을 섬기고, 하나님께서 시키시는 일들을 합니다(창 3:24; 시 103:20-21; 사 6:1-4; 행 12:21-23; 히 1:5-14 등).

성경에는 천사들이 했던 다양한 일들과 그들이 앞으로 행할 다양한 일들이 기록되어 있습니다. 예를 들어, 천사들은 아기 예수님께서 탄생하셨다는 소식을 사람들에게 전했고, 예수 그리스도께서 시험 받으실 때와 기도하실 때는 시중을 들었으며, 예수 그리스도께서 죽음에서 부활하셨음을 사람들에게 알렸고, 승천하신 예수 그리스도께서 다시 오실 것임을 사람들에게 알려주기도 했습니다(마 1:18-25, 4:1-11, 28:1-8; 눅 1:26-38, 2:8-21, 22:39-46; 행 1:6-11 등). 그리고 천사들은 오순절에 성령 하나님께서 하늘에서 내려오심을 불꽃으로 보여주었고(사 6:1-2; 행 2:1-4; 히 1:7 등), 이 세상의 마지막 날에는 악인과 의인을 구별하여 추수하는 일을 할 것이며(마 13:36-50), 예수 그리스도께서 최후의 심판을 행하실 때는 그분을 수행하여 섬길 것입니다(참조. 마 13:41-42, 24:31; 살후 1:7-8; 계 14:17-20 등).

4 천사들과 하나님의 자녀들은 어떤 관계일까요?

천사들은 하나님의 자녀들에게 _____을 전해 주고(창 22:1-19; 마 1:18-25, 2:12-23; 눅 1:5-38, 2:8-21; 행 5:17-20 등), 하나님의 자녀들을 도와주거나 보호해 주며(왕상 19:5-8; 시 91:11-12; 마 18:10 등), 하나님의 자녀들을 구해주거나 인도해 주고(출 32:34; 시 34:7; 단 6:22; 행 8:26-40, 10:1-33, 12:4-17, 16:16-40 등), 하나님의 자녀들을 섬기기도 합니다(마 18:10; 히 1:14). 또한 천사들은 하나님의 진노(심판)를 세상 사람들에게 행하기도 합니다(왕하 19:35; 행 12:20-23 등).

성경에는 하나님께서 하나님의 자녀들을 위해 천사들을 보내주시는 장면이 많이 기록되어 있습니다. 예를 들어, 하나님께서는 아브라함(창 18:1-16), 야곱(창 32:1-32), 롯의 가족(창 19:1-22), 모세(출 14:15-19), 엘리야(왕상 19:5-8), 히스기야와 이스라엘 백성들(왕하 19:1-35), 다니엘(단 6:1-28), 마리아와 요셉(마 1:18-25; 눅 1:26-38 등), 예수님(마 4:1-11; 눅 22:39-46 등), 빌립(행 8:26-40), 고넬료(행 10:1-22), 베드로(행 12:6-19), 바울과 실라(행 16:16-40, 27:23-26) 등을 비롯해 하나님의 사람들에게 천사들을 보내, 그들을 돕거나 인도해 주시는 모습이 기록되어 있습니다. 사실, 지금도 하나님께서는 하나님의 자녀들을 도와주시기 위해, 끊임없이 천사들을 보내주시고 계십니다. 그러기에 그리스도인들은 천사들을 눈으로 볼 수 없어도, 하나님께서 우리들에게 천사들을 보내서 도와주고 계심을 믿어야 합니다.

5 천사는 사람과 어떻게 다를까요?

1) 천사는 ____가 없는 영적인 존재이고(느 9:6; 요 1:3; 골 1:16; 히 1:14 등), 사람은 육체와 영혼을 동시에 가진 존재입니다(창 2:7; 마 10:28; 약 2:26 등).

2) 천사는 결혼을 하지 않기에 생육하고 번성하지 못하지만, 사람은 결혼하여 생육하고 번성하며 살 수 있습니다(창 1:28; 마 22:30).

3) 천사는 영원히 죽지 않지만, 사람은 누구나 한 번은 죽습니다(히 9:27; 눅 20:27-40).

4) 천사는 하나님의 자녀가 될 수 없기에 하나님의 ＿＿＿을 받을 수 없지만, 사람은 구원을 받은 후 하나님의 자녀가 되어 하나님을 아버지라고 부를 수 있고, 하나님께서 주시는 상속도 받습니다(요 1:12-13; 롬 8:1-18; 갈 4:4-7; 딤후 4:6-8; 히 1:5, 12:28 등).

5) 천사는 천국에서 다스리는 존재로 살 수 없지만, 구원을 받고 죽은 사람은 천국에서 그리스도와 함께 영원히 다스리는 존재로 살게 됩니다(히 2:5; 계 3:21, 22:5 등).

천사들은 사람들보다 지혜와 능력이 뛰어나지만, 사람들로부터 경배를 받을 수 있는 존재는 아닙니다(삼하 14:20; 벧후 2:11; 계 19:10, 22:9 등. 참조. 골 2:18). 왜냐하면 천사들은 하나님께 지음을 받은 피조물이기 때문입니다. 사람들이 천사를 하나님처럼 높이거나 경배하면, 그것은 우상숭배를 하는 것과 같습니다. 그런데 사람들 중에는 천사들이 보이지 않고 능력을 행하는 존재라는 이유로, 그들을 높이거나 경배하려는 경향이 많습니다. 그러나 그리스도인들은 하나님 외에는 천사를 포함한 그 어떤 존재에게도 영광과 경배를 드리는 우상숭배를 해서는 안 됩니다.

토론 및 적용 질문

1. 당신이 천사의 도움을 받은 적이 있었거나 천사의 도움을 받았다는 사람들을 본 적이 있었다면 나눠봅시다.

2. 당신이 모르는 사람에게 큰 도움을 받은 적이 있거나 당신이 수호천사처럼 누군가를 몰래 도운 적이 있었다면 나눠봅시다.

3. 하나님이 당신을 위해 보이는 천사를 보내주신다면, 그와 함께 가장 하고 싶은 일은 무엇인지 나눠봅시다.
또한 천사를 높이거나 경배해야 한다고 여기는 사람들이나 교회를 본 적이 있다면 나눠봅시다.

해답

1. 하나님   2. 혼인, 마귀   3. 영광   4. 하나님의 말씀   5. 육체, 상속

마귀

천사들 가운데 일부가 교만하여 하나님을 대적하고 죄를 지음으로 세상으로 쫓겨나 마귀가 되었습니다(사 14:12-15. 참조. 딤전 3:6). 마귀는 거짓말쟁이고, 거짓의 아버지이며, 살인자이고, 그 속에는 진리가 없습니다(요 8:44). 그래서 마귀는 사람들을 유혹하여 선과 악을 알게 하는 나무의 열매를 따먹고 타락하게 했습니다(창 3:1-7). 마귀는 처음부터 죄를 지었고, 하나님께 죄를 짓는 사람들은 마귀에 속하게 되었으며, 예수 그리스도께서 이 세상에 오신 목적 중에 하나도 마귀를 멸하기 위해서입니다(요일 3:1-10). 언젠가 예수 그리스도께서 이 세상에 다시 오시면, 마귀들은 멸망을 당해서 영원한 지옥에 떨어질 것입니다(참조. 마 25:41; 벧후 2:4; 유 1:6; 계 20:10 등).

1 마귀(사탄)는 어떻게 생겨났을까요?

천사들 중 일부가 하나님과 같이 되려는 교만과 ___를 지음으로 쫓겨나, 진리와 대적하는 _____의 아비인 마귀가 되었습니다(요 8:44; 벧후 2:4; 요일 3:8; 유 1:6-7; 계 12:7-9 등. 참조. 겔 28:11-19; 살후 2:9-10).

마귀와 사탄은 동일한 존재이고(욥 1:1-22; 마 4:1-11; 요 8:44; 벧전 5:8; 요일 3:8; 계 12:9, 20:2 등), 마귀를 따르며 악한 짓을 하는 존재는 귀신들입니다(마 9:32-34, 25:41; 막 1:21-28; 계 16:14 등). 그리고 마귀(사탄)는 용(계 12:3-17, 20:2), 뱀(창 3:1-15; 계 12:9), 벨리알(고후 6:15), 대적자(벧전 5:8), 바알세블(마 12:24-30), 공중의 권세 잡은 악한 영(엡 2:2, 6:12), 이 세상 신(고후 4:4), 이 세상 임금(요 12:31; 요일 5:19), 어둠의 세상 주관자(엡 6:12), 시험하는 자(마 4:3), 고소하는 자(계 12:10) 등으로 성경에 기록되어 있습니다. 마귀는 진리가 없는 거짓의 아비이고, 더러운 영이며, 살인자이고, 태초부터 지금까지 죄를 짓고 있는 존재입니다(눅 8:29, 9:39-42; 요 8:44; 벧전 5:8; 요일 3:8. 참조. 창 3:1-7 등).

2 천사나 마귀도 사람들처럼 하나님과 교제할 수 있을까요?

__. 천사나 마귀도 하나님과 교제할 수 있는 인격적인 존재입니다(욥 1:6-12, 2:1-6; 눅 15:10 등).

마귀는 하와에게 선과 악을 알게 하는 나무의 열매를 따먹게 하기 위해 뱀으로 변장하여 하와와 대화를 나누었고(창 3:1-7), 욥을 시험하기 위해 하나님께 찾아가 대화를 나누었으며(욥 1:6-22, 2:1-8), 모세의 시체에 대해 천사장인 미가엘과 다투었으며(유 1:9), 예수 그리스도를 시험하기 위해 그분과 대화를 나누었습니다(마 4:1-11; 막 1:12-13; 눅 4:1-13). 그리고 예수 그리스도께서 공적인 사역을 하실 때, 마귀를 따르는 귀신들과 대화를 하는 장면도 성경에 기록되어 있습니다(마 8:28-34 등. 참조. 슥 3:1-10). 그리스도인들은 마귀나 그를 따르는 존재들이 다양한 모습으로 자신에게 찾아올 수 있음을 알고, 자신의 신앙생활을 방해하거나 죄를 짓게 하는 모든 생각, 모든 사람, 모든 일이 마귀의 시험과 유혹임을 깨달아야 합니다.

3 마귀와 사람들은 어떤 관계일까요?

마귀는 사람들이 예수 그리스도를 믿지 못하게 방해하고, 사람들을 ____(유혹)하여 넘어지게 하며, 사람들에게 죄를 짓게 하여 하나님으로부터 멀어지게 합니다(마 16:21-23; 요 8:44; 행 5:1-11; 고후 4:4; 엡 2:2; 벧전 5:8; 요일 3:8-10 등. 참조. 살후 2:9-10).

마귀는 사람들이 예수 복음, 하나님, 그리고 하나님의 말씀인 성경을 믿지 못하도록 방해하고, 사람들에게 질병이나 장애를 주어 고통을 당하게 합니다(욥 2:1-10; 마 9:32-33, 12:22; 막 9:14-29; 눅 13:10-17; 요 8:44; 행 10:38; 고후 12:7 등). 그 분만 아니라, 마귀는 사람들이 자기 몸을 해하게 하기도 하고, 때론 엄청난 힘을 쓸 수 있게 하며, 자살하거나 살인을 저지르도록 유혹하고, 사람들이 죄를 지을 수 있도록 끊임없이 시험합니다(삼상 31:1-6; 삼하 1:1-10; 막 9:15-29; 눅 8:26-40; 벧전 5:8-9 등). 그러나 마귀는 하나님께서 허락하시는 범위 안에서만 활동할 수 있습니다(욥 1:6-2:10; 눅 22:31 등). 그리스도인들은 마귀(사탄)와 귀신들의 공격에 넘어지지 않도록 헛된 욕심과 죄를 버려야 하고, 영적인 분별력을 가져야 하며, 영적으로 깨어 기도하면서 마귀를 대적하며 살아야 합니다(행 5:1-11; 고전 7:5; 고후 2:10-14; 엡 4:26-27, 6:10-18; 살전 3:5; 약 4:7 등).

4 하나님의 자녀들은 마귀를 이길 수 있을까요?

예. 하나님의 자녀들은 _____의 도우심으로 마귀를 이길 수 있습니다(눅 10:17-20; 롬 16:20; 고전 10:13; 고후 2:14; 요일 2:13-14, 5:1-5 등).

마귀는 세상을 주관하는 영이지만(엡 6:12), 하나님처럼 생명을 살리거나 죽일 수 있는 능력은 없습니다(신 32:39; 삼상 2:6; 욥 1:12 등). 그리스도인들은 마귀를 두려워할 필요가 전혀 없습니다(참조. 마 10:26-31; 눅 12:4-7 등). 또한 마귀는 우는 사자와 같이 시험하거나 유혹하여 넘어지게 할 만한 사람들을 찾아다닙니다(벧전 5:8-9). 그 사실을 알고 있는 그리스도인들은 항상 깨어 성령 하나님께 기도하고, 그 어떤 것도 이길 수 있는 하나님의 말씀으로 무장하여, 마귀와의 영적인 싸움에서 날마다 승리해야 합니다(참조. 롬 8:37; 고전 15:57-58; 고후 2:14; 엡 6:10-18; 히 4:12-13; 벧전 5:8-9; 요일 2:14, 5:4-5 등).

5 마귀는 결국 어떻게 될까요?

마귀는 영원한 멸망, 즉 ____에서 영원히 고통을 당하게 될 것입니다(마 25:41; 벧후 2:4; 유 1:6; 계 20:10 등. 참조. 창 3:15).

마귀는 세상을 다스리는 통치자로 사납고 잔인하며, 거짓을 행하고, 살인과 죄악을 저지르고 있습니다(욥 1:6-12; 마 4:1-11; 눅 9:37-43; 요 8:44, 12:31; 벧전 5:8; 계 12:9-11 등). 그렇지만 예수 그리스도께서 재림하셔서 최후의 심판을 하시면, 마귀와 그를 따르는 자들은 멸망을 당하여 지옥에서 영원히 고통을 당할 것입니다(마 25:41; 벧후 2:4; 유 1:6; 계 20:10 등). 사실, 예수 그리스도를 믿지 않는 사람들은 자신들도 모르는 사이에 마귀의 지배를 받고 마귀가 원하는 대로 살고 있기에, 그들도 최후의 심판 때에 멸망을 당하여 지옥에서 영원히 고통을 당할 것입니다. 또한 바울은 하나님께서 마귀를 그리스도인들의 발 밑에 짓밟히게 하실 것이라고 말했습니다(롬 16:20. 참조. 창 3:15).

토론 및 적용 질문

1. 당신은 귀신을 보았거나 귀신들려 고통을 당한 적이 있습니까? 또한 귀신들린 사람을 본 적이 있었다면 나눠봅시다.

2. 요즘 당신의 신앙생활을 방해하는 사람들이나 일들이 있다면 무엇인지 나눠봅시다. 또한 마귀의 시험과 유혹에 넘어지지 않기 위한 당신만의 방법이 있다면 무엇인지 나눠봅시다.

3. 당신이 일상생활에서 마귀와의 영적인 싸움에서 승리하기 위해, 어떤 노력을 하는지 나눠봅시다.

해답: 1. 죄, 거짓 2. 예 3. 시험 4. 성령 하나님 5. 지옥

49 마지막 때

성경은 세상의 마지막 때에 어떤 일들이 일어날지 알려줍니다(마 24:1-51; 롬 11:11-32; 살후 2:1-12; 벧후 3:3-4; 요일 2:18 등). 그 때, 이미 죽은 사람들이 부활하고 살아있는 모든 사람들이 변화되어 하늘로 올라가, 예수 그리스도께서 심판장으로 계신 최후의 심판대 앞에 서게 됩니다. 마지막 때의 그리스도인들은 영적으로 깨어 있어야 하고(마 25:13; 살전 5:1-11 등), 하나님의 말씀에 맞게 살아야 하며(벧전 4:7-9 등), 예수 그리스도께서 다시 오심을 기다려야 하고(빌 3:20; 약 5:7-8; 벧후 3:3-18 등), 예수 그리스도 안에서 살아야 하며(요 15:1-17; 요일 2:27-28), 세상에 소금과 빛으로서 선을 행해야 하고(마 5:13-16; 약 4:17 등), 세상 사람들에게 적극적으로 복음을 전하며 살아야 합니다(마 28:18-20; 행 1:8; 고전 9:16-27 등).

1. 이 세상의 마지막 때가 무엇일까요?

이 세상의 마지막 때를 종말이라고 하는데, 이 때는 _____께서 하늘로 올라가신 그대로 이 세상에 다시 오시는 때입니다(마 24:1-51; 눅 21:5-33; 행 1:10-11; 살전 5:1-4; 살후 1:6-10; 벧후 3:3-18; 계 1:7 등). 물론 마지막 때를 넓게 보면 예수 그리스도께서 이 세상에 첫 번째 오셨을 때부터, 언젠가 이 세상에 다시 오실 때까지를 모두 포함합니다.

마지막 때의 사람들은 "사람들이 자기를 사랑하고 돈을 사랑하며 자랑하고 교만하며 비방하고 부모를 거역하며 감사하지 아니하고 거룩하지 아니하며 무정하고 원통함을 풀지 아니하며 모함하고 절제하지 못하며 사납고 선한 것을 좋아하지 아니하며 배신하고 조급하며 자만하고 쾌락을 사랑하기를 하나님 사랑하는 것보다 더하며 경건의 모양은 있으나 경건의 능력은 부인하니, 이 같은 사람들에게서 네가 돌아서라"(딤후 3:1-5. 참조. 롬 1:18-32; 벧후 3:3-18; 유 1:17-19 등)는 말씀처럼 살 것이라고 합니다. 그리스도인들은 절대 이런 모습으로 살면 안 될 뿐만 아니라, 그렇게 사는 사람들을 멀리해야 합니다. 그런데 요즘 사람들은 마지막 때의 사람들과 거의 흡사한 모습으로 살고 있기에, 그리스도인들은 그런 사람들에게 물들지 않도록 더 주의하며 살아야 합니다.

2. 예수 그리스도께서 재림하시기 직전에 일어날 일들은 무엇일까요?

1) 모든 나라와 민족에게 ____이 전파되고(마 24:14 등), 2) 이스라엘의 회심이 일어나며(롬 11:11-32), 3) 이방인들의 충만한 수가 돌아오고(롬 11:25-32; 계 7:9), 4) _____가 나타나며(마 24:23-26; 막 13:5-6, 21-22; 살후 2:1-12; 벧후 2:1-22; 요일 2:18-23, 4:1-6; 요이 1:7 등), 5) 많은 고난이 있을 것이고(딤후 3:1-9), 6) 사람들이 하나님을 떠나 죄를 지으며(딤후 3:1-9; 벧후 3:3-4; 유 1:18-19), 7) 전쟁과 기근, 그리고 자연재해가 많이 일어날 것입니다(마 24:1-28; 눅 21:5-33; 계 16:16-21 등).

예수 그리스도께서 재림하시기 직전에 이 세상과 세상 사람들에게 수많은 고난과 고통의 일들이 일어나지만, 그리스도인들은 하나님의 도우심으로 끝까지 견디고 이길 것입니다(참조. 마 24:3-31; 눅 21:5-38; 딤후 3:1-9; 계 16:13-15 등). 마지막 날이 가까워지면 마귀는 그를 따르는 귀신들과 마귀에게 속한 사람들을 통해, 더 적극적으로 그리스도인들의 신앙생활을 방해할 것이고, 믿지 않는 사람들이 예수 복음을 믿지 못하도록 방해할 것입니다. 그 뿐만 아니라, 마귀에게 속한 적그리스도나 거짓 선생들이 많아 나와서, 예수님 외에도 구원자가 있다고 말하거나 예수 그리스도의 신성이나 인성을 부인하거나 자신들의 교주가 재림 예수라고 속일 것입니다(참조. 요일 4:1-6; 요이 1:7 등). 그럴 때일수록, 그리스도인들은 하나님의 말씀으로 영적인 분별력을 가져야 하고, 항상 영적으로 깨어 기도해야 하며, 그들의 거짓된 말에 현혹되어 넘어지지 말아야 합니다(참조. 마 24:3-51; 벧전 4:7; 요일 2:18-29 등).

③ **예수 그리스도께서는 언제, 그리고 어떻게 이 세상에 다시 오실까요?**

예수 그리스도께서 이 세상에 다시 오시는 때는 _____ 외에 아무도 모르며(마 24:36-44; 막 13:32-37; 살전 5:1-2; 벧후 3:10; 계 16:15 등. 참조. 마 25:1-13), 예수 그리스도께서는 하늘로 올라가신 그대로 다시 오실 것입니다(마 24:30, 26:64; 막 13:26, 14:62; 눅 21:27; 행 1:9-11; 계 1:7).

이 세상에 다시 오시겠다고 약속하신 예수 그리스도께서는 지체됨 없이 정확한 때에 반드시 오실 것입니다(히 10:37). 물론 예수 그리스도께서 다시 오시는 때는 오직 하나님 아버지께서만 아시기에, 혹시 재림의 때를 안다고 말하는 지역 교회들이나 사람들이 있다면, 그들은 마귀를 따르는 거짓된 교회와 사람임을 알고 멀리해야 합니다(참조. 마 24:36; 막 13:32-36; 딤전 6:15-16; 벧후 3:10; 계 16:15 등). 그리스도인들은 예수 그리스도의 다시 오심을 사모하면서 기다리고, 영적으로 깨어 있으며, 영적인 분별력을 가지고 살면서, 예수 복음을 전하여 죄로 죽어가는 사람들을 구원하는 일에 힘써야 합니다(참조. 마 25:13, 28:18-20; 눅 21:34-36; 행 1:8; 살전 5:1-11; 벧전 4:7-9; 벧후 3:3-18 등). 그리스도인들은 예수 그리스도께서 반드시 하늘로 올라가신 모습 그대로 이 세상에 다시 오실 것이기에, 이 땅에서 태어난 사람들이 자신을 재림 예수라고 속이더라도 그 속임수에 넘어가지 말아야 합니다(행 1:11 등).

④ **예수 그리스도께서 이 세상에 다시 오시면 사람들에게 어떤 일이 일어날까요?**

예수 그리스도께서 이 세상에 다시 오시면 죽은 사람들과 살아있는 사람들, 의로운 사람들과 악한 사람들이 모두 _____하고 변화되어(요 5:28-29; 행 24:15; 고전 15:52-54; 살전 4:14-17 등), 최후의 심판대 앞에 설 것입니다(행 17:31; 롬 14:10; 고후 5:10 등).

예수 그리스도께서 이 세상에 다시 오실 때 이미 죽어 있는 사람들은 썩지 않을 몸을 입고 부활합니다. 다시 말해 이미 죽어 육체가 흙으로 돌아간 사람들은 예수 그리스도께서 이 세상에 다시 오실 때, 흙으로 돌아갔던 육체와 천국이나 지옥에 있던 영혼이 순간적으로 다시 만나 부활합니다. 그리고 예수 그리스도께서 이 세상에 오실 때, 세상에 살고 있는 사람들은 썩지 않을 몸을 입고 순간적으로 변화됩니다(참조. 시 16:1-11; 마 17:1-9; 눅 16:19-31, 23:39-43; 행 2:25-28; 빌 3:20-21 등). 이 세상에 살았던 모든 사람들은 공중에서 예수 그리스도를 만나고, 최후의 심판대 앞에 서게 될 것입니다(참조. 단 12:1-3; 막 13:27; 행 17:31; 롬 14:10; 고전 15:22-23, 52-54; 고후 5:10; 살전 4:13-18; 살후 2:1 등). 그 사실을 아는 그리스도인들은 예수 그리스도의 다시 오심을, 마음을 다해 사모하며 살아야 합니다(벧후 3:11-13; 계 22:20 등. 참조. 마 6:10; 눅 11:2; 고전 16:22).

5. 예수 그리스도께서 이 세상에 다시 오시는 목적은 무엇일까요?

예수 그리스도께서 이 세상에 다시 오시는 목적은, 이 세상을 심판하시기 위함입니다. 예수 그리스도께서는 심판하실 때에 _____에게는 상을, 악인들에게는 벌을 내리실 것입니다(마 25:31-46; 요 5:19-30; 행 17:31; 롬 2:1-16; 딤후 4:1-8 등).

예수 그리스도께서 다시 오시면 구원받은 의인들은 천국을 상급으로 받아 하나님과 함께 영원히 기쁨을 누리게 되고(마 13:43 등), 영원한 생명의 면류관을 받게 되며(딤후 4:1-8 등. 참조. 롬 8:18; 벧전 1:7, 5:4), 하나님께 영원히 예배와 섬김을 드리게 되고(계 7:15, 22:3 등), 항상 하나님의 얼굴을 보게 되며(고전 13:12; 고후 3:16-18; 계 22:4 등), 하나님과 함께 영원히 왕처럼 살 수 있는 복(눅 22:30; 계 22:5 등)을 누리며 살게 됩니다. 반면, 예수 그리스도를 믿지 않음으로 구원을 받지 못한 악인들은, 하나님께 벌을 받아 형벌의 장소인 지옥에서 영원히 고통을 당하게 됩니다(마 25:41-46; 눅 16:19-31; 계 19:20, 20:10-15 등).

토론 및 적용 질문

1. 당신이 어떤 사건이나 자연 현상을 보면서, 세상의 마지막이 가까워 왔다고 생각한 적이 있다면 나눠봅시다.

2. 당신은 언젠가 자신이 행한 행위(생각, 말, 행동)를 기준으로 최후의 심판대 앞에 설 것을 알고, 자신의 행위를 어떻게 조심하며 사는지 나눠봅시다.

3. 그리스도인들이 마지막 때에 나타날 징조들을 보게 된다면, 어떻게 반응해야 할지 나눠봅시다.

해답
1. 예수 그리스도 2. 복음, 적그리스도 3. 하나님 아버지 4. 부활 5. 의인들

50 최후의 심판

요즘 사람들은 세상을 보면서 세상의 종말이 가까운 것 같다는 말을 많이 합니다. 그 뿐만 아니라, 요즘 세상은 성경이 말씀하고 있는 마지막 때에 일어날 현상들과 비슷한 일들이 많이 일어나고 있습니다(참조. 마 24:1-28; 눅 21:5-33; 딤후 3:1-9; 유 1:17-19 등). 세상의 마지막 날이 가까이 다가올수록 마귀와 그를 따르는 존재들은 그리스도인들의 신앙생활을 적극적으로 방해할 것이고, 믿지 않는 사람들이 예수 그리스도를 믿지 못하도록 더 거짓과 속임수로 그들을 유혹할 것입니다. 또한 세상 사람들은 죽으면 모든 것이 다 끝날 것이라고 믿고, 세속적인 것과 헛된 욕심을 추구하며 살 것입니다. 그렇지만 그리스도인들은 죽음 이후에 반드시 하나님의 심판이 있음을 기억하여, 말과 행동을 조심할 뿐만 아니라 영적인 것을 우선하며 살아야 합니다(히 9:27 등).

1. 최후의 심판은 무엇이며, 심판의 대상은 누구일까요?

1) 최후의 심판은 예수 그리스도께서 이 세상이 끝나는 마지막 날에 이 세상에 다시 오셔서 행하시는 하나님의 심판을 말하며, 최후의 심판은 "심판의 날"(마 11:20-24, 12:33-37; 롬 2:16 등), "진노의 날"(롬 2:5 등), "공의로 심판할 날"(행 17:31. 참조. 사 11:1-5), "우리 주 예수 그리스도의 날"(고전 1:8; 고후 1:14; 빌 1:10; 1 살전 5:2), "심판과 멸망의 날"(벧후 3:7. 참조. 말 4:1), 주의 크고 영화로운 날(욜 2:30-31; 행 2:19-20) 등으로도 표현되어 있습니다(시 96:13; 전 12:14; 마 16:27, 25:31-46; 요 5:27-30, 12:44-50; 고후 5:10 등).

2) 최후의 심판의 대상은 아담을 비롯한 이 세상에 살았던 모든 사람들과 타락한 모든 _____(사탄과 그의 무리들) 입니다(마 25:31-46; 롬 14:10-12; 살후 2:1-12; 벧후 3:7; 유 1:4-16; 계 20:1-15 등).

예수 그리스도를 믿음으로 자신의 죄를 용서받아 구원을 받은 사람들은, 최후의 심판에서 상급을 받고 천국에서 영원히 살게 됩니다. 반면, 예수 그리스도를 믿지 않고 죽은 사람들은 자신들의 죗값을 해결하지 못해, 결국 하나님의 심판으로 지옥에서 영원히 형벌을 받게 됩니다(마 10:28, 25:46; 눅 16:19-31; 요 3:18; 롬 6:23; 계 20:11-15, 21:8 등). 물론 세상에 죄악을 가져온 마귀들과 그를 따르는 무리들도 지옥에 갇혀 영원히 고통을 당하게 됩니다. 다시 말해 하나님의 진리의 말씀과 진리이신 예수 그리스도를 믿지 않고 불의를 행하는 모든 존재들은, 하나님께 형벌의 심판을 받게 될 것입니다(참조. 요 1:1-14, 8:44-47, 14:6; 살후 2:1-12 등). 그래서 바울은 그리스도인들을 향해 현재 이 세상에 사는 동안 받는 고난은, 앞으로 하나님께로부터 받게 될 영광과 비교하면 아무것도 아니라고 말했습니다(롬 8:18). 그리스도인들은 그 말씀을 붙잡고, 날마다 오직 하나님 한 분만을 믿고 의지하며 살 뿐만 아니라, 성숙한 믿음으로 신앙생활을 해야 합니다(참조. 고전 13:11-12; 약 4:8 등).

② **최후의 심판을 하시는 이유와 심판의 기준은 무엇일까요?**

1) 최후의 심판을 하시는 이유는 의인들에게는 상을 주시고 악인들에게는 벌을 내리심으로, 하나님의 말씀이 진리임을 확인시키고 하나님께서 의로우시다는 사실을 보여주기 위해서입니다(전 3:17; 말 3:17-18; 마 25:31-46; 요 5:17-30; 롬 2:1-16; 살후 1:7-8, 2:1-12 등).

2) 최후의 심판의 기준은 예수 그리스도를 믿음으로 _____에 이름이 기록되어 있는지의 여부와 각 사람이 이 세상에서 행한 행위가 기준입니다(전 12:14; 말 3:16; 마 16:27; 롬 14:10-12; 고전 3:12-15; 고후 5:10; 계 20:12-15 등).

예수 그리스도께서 최후의 심판을 행하시는 이유는 하나님의 영광과 주권을 공적으로 나타내시기 위해서, 하나님께서 공의로운 분이심을 보여주시기 위해서, 의인들에게는 상을 주시고 악인들에게는 벌을 내리심으로 하나님의 말씀이 진리임을 확인시켜 주시기 위해서입니다(참조. 마 25:31-46; 롬 11:36; 딤후 4:7-8; 계 1:7 등). 예수 그리스도 안에 있는 그리스도인들은 죄와 사망의 법에서 이미 해방되었기에 정죄를 받지 않을 뿐만 아니라, 두려움과 부끄러움 없이 최후의 심판대 앞에 설 수 있습니다(참조. 롬 8:1-2; 살전 3:13; 요일 2:27-29, 4:7-21). 물론 그리스도인들은 언젠가 최후의 심판대 앞에 서야 한다는 사실을 기억하고, 항상 자신의 말과 행위를 조심하며 살아야 합니다.

③ **최후의 심판은 몇 번 진행되고, 최후의 심판의 장소는 어디일까요?**

1) 최후의 심판은 예수 그리스도께서 이 세상에 다시 오실 때, _____ 진행될 것입니다(참조. 딤후 4:1; 히 9:27; 벧전 4:5-6; 벧후 3:7; 계 20:11-15 등).

2) 최후의 심판의 장소는 크고 흰 보좌 앞이라고 말씀합니다(계 20:11-15 등).

최후의 심판은 하나님께서 공의로운 분임을 확실하게 보여주는 심판으로, 예수 그리스도께서 재림하실 때 단 한 번 진행됩니다. 성경은 모든 사람들이 한 번 죽는 것은 정해진 것이고, 그 후에는 하나님께 심판을 받을 것이라고 말씀합니다(전 12:1-14; 히 9:27 등). 사실, 사람들은 이 세상에 단 한 번 사는 동안, 자신이 영원히 살게 될 거처를 결정하게 됩니다. 다시 말해 어떤 사람들은 예수 그리스도를 믿음으로 자신의 죄를 용서받고 구원을 받아, 천국이 영원히 살 거처가 됩니다. 또한 어떤 사람들은 예수 그리스도를 믿지 않음으로 자신의 죄를 용서받지 못해, 지옥이 영원한 거처가 됩니다.

④ **최후의 심판에서 심판장은 누구시고, 그분이 심판장이신 이유는 무엇일까요?**

1) 예수 그리스도께서 최후의 심판의 심판장이십니다(마 25:31-46; 요 5:19-30; 행 10:42, 17:31; 롬 2:16; 고후 5:10; 딤후 4:1-8 등).

2) 예수 그리스도께서 최후의 심판에서 심판장이 되시는 이유는 예수 그리스도께서 ____되심(인간으로 이 세상에 오셔서 사람들을 구원하시기 위해 십자가에서 죽으심)에 대한 보상으로, 하나님 아버지께 산 자와 죽은 자를 심판하실 권한을 받으셨기 때문입니다(요 5:27; 벧전 4:1-6 등. 참조. 빌 2:6-11 등).

그리스도인들은 구원자요 최후의 심판장이신 예수 그리스도를 믿을 뿐만 아니라, 그분이 원하시는 삶을 살아야 합니다. 그리고 그리스도인들은 이 세상에 사는 동안에도 항상 최후의 심판을 마음에 기억해야 하고, 천국의 시민권자로서 하나님께서 주실 영원한 천국에 대한 소망을 가지고 하나님의 말씀에 맞게 살아야 합니다(참조. 빌 3:20; 벧전 4:7-11, 5:6-11; 벧후 3:3-18; 계 22:20 등). 예수 그리스도께서 최후의 심판을 행하실 때, 천사들이 그분을 수행하여 섬길 것입니다(참조. 마 13:41-42, 24:31; 고전 6:2-3; 살후 1:7-8; 계 14:17-20 등).

5. 최후의 심판에서 의인이 받게 될 상과 악인이 받게 될 형벌은 무엇일까요?

1) 예수 그리스도를 믿음으로 구원받은 의인들은 천국을 상급으로 받아 하나님과 함께 영원히 기쁨을 누리게 되고(마 13:43 등), 영원한 생명의 _____을 받게 되며(딤후 4:1-8 등. 참조. 롬 8:18; 벧전 1:7, 5:4), 하나님께 영원히 예배와 섬김을 드리게 되고(계 7:15, 22:3 등), 항상 하나님의 얼굴을 보게 되며(고전 13:12; 고후 3:16-18; 계 22:4 등), 하나님과 함께 영원히 왕처럼 살 수 있는 복을 누리며 사는 상(눅 22:30; 딤후 2:12; 계 22:5 등)을 받게 됩니다.

2) 예수 그리스도를 믿지 않음으로 구원을 받지 못한 악인들은, 형벌의 장소인 ____에서 영원히 고통을 당하는 벌을 받게 됩니다(마 25:41-46; 눅 16:19-31; 계 19:20-21, 20:10-15 등).

하나님께서는 예수 그리스도를 믿고 구원을 받은 사람들을 하나님의 자녀요, 의인으로 인정해 주십니다. 반면, 예수 그리스도를 믿지 않고 마귀의 자녀로 사는 사람들을 악인으로 정죄하십니다. 물론 그리스도인들은 앞으로 받게 될 상급을 소망하며 살 뿐만 아니라, 이미 받은 구원에 대한 감사와 하나님께서 맡겨주신 사명들을 이루기 위한 삶도 중요하게 여기며 살아야 합니다. 그 뿐만 아니라, 그리스도인들은 우는 사자와 같이 삼킬 만한 사람을 찾아다니는 마귀의 시험과 유혹에 넘어지지 않아야 하고, 죄악에 물든 삶을 살지 않아야 하며, 영적인 분별력을 가지고 성령이 요구하는 삶을 사는데 열심이어야 하고, 거룩한 행실과 경건한 삶을 살아야 하며, 늘 영적으로 깨어 성령 하나님께 기도해야 합니다(참조. 갈 5:16-26; 살전 3:13, 5:1-11; 딤전 6:11-16; 벧후 3:9-14 등).

토론 및 적용 질문

1. 그리스도인들이 이단이나 다른 종교의 유혹에 넘어지지 않기 위해서 어떤 노력을 해야 하는지 나눠봅시다.

2. 요즘 마지막 때와 비슷한 세상을 바라보며 사는 그리스도인들과 교회들이, 세상 사람들에게 적극적으로 예수 복음을 전하지 않는 이유는 무엇일까요?

3. 그리스도인들은 세상의 종말의 때를 정확히 안다고 말하거나 예수 그리스도께서 이미 재림했다고 말하는 사람들이나 이단들을 어떻게 대해야 할지 나눠봅시다.

해답
1. 천사들 2. 생명책 3. 단 한 번 4. 인자 5. 면류관, 지옥

51 천국

하나님께서 천국과 지옥을 만드셨으며, 두 장소는 영원히 존재합니다(계 19:20, 20:10-15, 21:1-22:5 등). 천국은 죽음과 슬픔이 없고, 고통과 눈물이 없으며, 배고픔과 굶주림이 없고, 어둠과 밤이 없으며, 죄와 죽음이 없습니다(계 7:16-17, 21:4, 22:1-5 등). 그리스도인들은 천국에서 하나님의 얼굴을 직접 볼 것이고, 그곳에서 하나님과 영원히 기쁨으로 살 것입니다(계 22:1-5 등). 세상 사람들이 천국이 실제로 있다는 것을 안다면 예수 그리스도를 믿고 구원을 얻으려고 할 것이지만, 마귀는 그들을 속여 예수 복음을 받아들이지 못하도록 더 강력하게 방해할 것입니다(눅 8:12; 요 8:43-45; 고후 4:4; 요일 3:8-10 등). 그리스도인들이 세상에서 고난과 고통을 당하는 삶을 살면서도 기쁨과 감사의 삶을 살 수 있는 것은, 영원한 천국에서의 삶을 소망하기 때문일 것입니다(참조. 롬 8:18; 계 2:1-5 등).

1 천국은 어떤 곳일까요?

1) 천국은 하나님께서 통치하시는 나라로, 구원받은 사람들과 천사들이 하나님과 함께 사는 곳입니다(시 103:19; 요 14:1-3; 히 12:22-24; 계 21:1-22:5 등).

2) 천국은 하나님의 영광으로 가득하고(계 22:5), 거룩하며(시 20:6), 영원한 생명이 있습니다(계 22:1-2).

3) 천국은 죄와 ____, ____과 슬픔, 저주와 눈물 등이 없고, 굶주림과 배고픔이 없으며, 마귀와 그의 무리들, 그리고 죄인들이 없는 곳입니다(계 7:16-17, 20:11-15, 21:4, 22:3 등).

천국(하나님의 나라)은 예수 그리스도를 믿음으로 구원을 받았을 뿐만 아니라, 영적으로 영원한 생명을 소유하고 하나님의 통치를 받으며 사는 그리스도인들이 속한 나라입니다(참조. 시 103:19; 사 9:6-7, 11:1-9; 눅 22:24-30; 계 21:1-4 등). 천국은 하나님께서 만드신 곳으로 영원하며, 성경에 기록된 천국의 모습만으로도 모든 사람들이 가고 싶을 만큼 좋고 아름다운 곳입니다(참조. 계 21:1-4, 22:1-5 등). 예수 그리스도를 믿어 구원받은 사람들은 천국에서 영원히 살고, 구원받지 못한 사람들은 지옥에서 영원히 고통을 당합니다. 그리스도인들은 천국을 만드시고 그곳에서 영원히 살게 하실 하나님께, 항상 감사와 찬양을 드리며 살아야 합니다. 또한 그리스도인들은 이 세상이나 세상의 헛된 것들에 소망을 두지 말고, 오직 천국에 소망을 두고 살아야 합니다(참조. 마 13:1-58 등). 물론 그리스도인들은 미래에 가게 될 천국만 소망하며 살면 안 되고, 천국이 이미 자신의 마음 안에 임했음을 알고 천국 백성답게 살아야 합니다(참조. 마 12:28; 눅 11:20, 17:20-21; 골 1:13-14 등). 그리스도인들이 천국 백성다운 모습으로 산다는 것은 하나님을 주인으로 모시고 그분의 통치를 받는 삶을 살고, 하나님의 자녀로서 하나님 아버지를 그 누구보다 잘 섬기며, 세상적인 기준이 아닌 하나님의 말씀에 기준을 두고 그 말씀을 지켜 행하는 삶을 살고, 하나님께 예배와 찬양을 드리고 선한 행실로 하나님께 영광을 돌릴 뿐만 아니라, 하나님께서 맡겨주신 사명(복음의 증인으로서의 사명 등)을 잘 행하며 사는 것입니다. 그리스도인들은 죄와 거짓에 물든 마귀의 자녀로서의 신분을 벗고, 이미 거룩하신 하나님의 자녀로서의 신분을 가졌음을 기억하고, 세속적인 삶의 방식이 아닌 천국 백성다운 삶의 방식에 맞게 살아야 합니다(참조. 마 22:23-33; 막 12:18-27; 눅 20:27-40 등).

2 천국에 대한 다른 표현들은 무엇일까요?

천국에 대한 다른 표현들은 하나님의 나라(막 4:10-12; 고전 15:50), _____의 집(요 14:2-3), 곳간(마 13:30), ____ (눅 23:43; 고후 12:1-4), 아브라함의 품(눅 16:22), 셋째 하늘(고후 12:2), 새 하늘과 새 땅(벧후 3:12-13; 계 21:1), 새 예루살렘(히 12:22-24; 계 3:12, 21:2), 거룩한 성(계 21:2, 22:18-19) 등입니다.

성경은 천국에 대해 다양하게 표현을 하고 있는데, 이는 천국이 실제로 있는 장소임을 가르쳐 주는 동시에, 천국을 좀 더 구체적으로 알려주시기 위한 하나님의 뜻이 담겨 있습니다. 왜냐하면 천국이 실제적인 장소라는 사실과 구체적인 천국의 모습을 알면 알수록, 사람들은 천국에 가기를 더 사모하게 될 것이기 때문입니다. 물론 예수 그리스도를 믿지 않는 사람들은 하나님의 말씀인 성경을 믿지 않습니다. 그러기에 그들은 천국에 대한 존재 사실도 부인하고, 그들이 상상할 수 없고 세상에서 경험할 수 없을 만큼 천국이 아름답고 좋은 곳이라는 사실도 믿지 않습니다. 그런 사실을 아는 그리스도인들은 천국에 대한 확실한 믿음과 소망을 가지고 살면서, 세상 사람들에게 복음을 전할 때 예수 그리스도와 천국에 대해 잘 알려주어야 합니다.

3 천국에서 누리게 될 축복들은 무엇일까요?

그리스도인들이 천국에서 누리게 될 축복들은 1) 항상 하나님의 얼굴을 볼 수 있는 축복(고전 13:12; 계 22:4), 2) 하나님께 영원히 예배와 섬김을 드릴 수 있는 축복(계 7:15, 22:3), 3) 하나님과 함께 영원히 __처럼 살 수 있는 축복(계 22:5) 등입니다.

그리스도인들은 새 하늘과 새 땅인 거룩한 천국에서 완전한 육체와 영혼을 가지고 영원히 살게 됩니다. 그리고 그리스도인들은 천국에서 영이신 하나님을 직접 보면서 교제하고, 하나님의 자녀로서 왕처럼 살게 되며, 하나님 안에서 영원토록 기쁨으로 살게 됩니다(참조. 벧후 3:3-18). 그리스도인들은 예수 그리스도처럼, 거룩하고 완전한 모습으로 천국에 가게 됩니다(고전 15:35-54; 골 3:4; 살전 3:13; 요일 3:2 등). 예수 그리스도께서는 하나님을 사랑하고, 자기 몸처럼 이웃을 사랑하며 사는 사람들을 향해, "하나님의 나라가 멀리 있지 않다"고 말씀해 주셨습니다(막 12:28-34. 참조. 마 22:34-40; 눅 10:25-37). 그러기에 그리스도인들은 세상에 사는 동안 마음과 몸을 다해 하나님을 사랑하고, 자기를 사랑하듯 이웃을 사랑하며 살아야 합니다.

4 천국은 누가 가는 곳일까요?

천국은 예수 그리스도를 믿음으로 구원받은 하나님의 자녀들(성령으로 거듭난 사람, 아버지의 __에 맞게 행하는 사람, 성령 받은 사람, 이긴 사람, 생명 책에 기록된 사람 등)이 갑니다(마 7:21; 요 1:12, 3:1-21; 롬 8:14-17; 계 2:1-3:22, 21:27 등).

그리스도인들이 죽으면 천국에 가게 됩니다. 예수 그리스도께서 이 세상에 다시 오시기 전에 죽은 그리스도인들은, 영혼만 천국에 가고 육체는 흙으로 돌아갑니다. 물론 예수 그리스도께서 이 세상에 다시 오시면, 그리스도인들의 영혼과 썩지 않을 완전한 육체가 만나 부활하고, 최후의 심판에서 상급을 받아 천국에서 영원히 살게 됩니다(참조. 시 16:1-11; 마 17:1-9; 눅 16:19-31, 23:39-43; 행 2:25-28; 빌 3:20-21 등). 성경은 예수 그리스도께 '주여, 주여' 하는 사람이 천국에 들어가는 것이 아니고, 하나님 아버지의 뜻대로 행하는 사람이 천국에 들어갈 수 있다고 말씀합니다(마 7:21). 또한 예수 그리스도께서는 서기관들이나 바리새인들보다 의로운 사람(마 5:20), 회개하고 어린 아이처럼 되는 사람(마 18:3 등), 복음을 믿는 사람(막 16:15-16 등), 그리고 거듭난 사람(요 3:1-21)이 천국에 들어갈 수 있다고 말씀하셨습니다.

5 천국에서도 세상에서처럼 결혼하여 가족관계를 맺고 살까요?

아니오. 천국에서는 결혼하지 않고, 오직 하나님의 자녀로 살며, 그곳에 있는 사람들은 모두 ____처럼 됩니다(마 22:23-33; 막 12:18-27; 눅 20:27-40 등).

천국에서는 하나님의 자녀로서 영적인 가족으로만 존재하기에, 육체적인 가족관계는 사라지게 됩니다. 성경은 그리스도인들이 부활 후에는 시집이나 장가를 가지 않고, 천사들처럼 될 것이라고 말씀합니다(마 22:30. 참조. 눅 20:36). 사실, 그리스도인들이 최후의 심판 후 천국에 가서 어떻게 살게 되는지에 대해서는, 성경에 약간의 기록만 있을 뿐 구체적으로 자세하게 기록되어 있지 않아 정확히 알 수는 없습니다. 그럼에도 불구하고 그리스도인들이 성경을 통해 확실히 알 수 있는 천국은, 이 세상과는 비교할 수 없이 아름답고 좋은 곳이라는 사실입니다.

토론 및 적용 질문

1. 하나님께서 당신을 오늘이라도 천국으로 부르시면, 기쁨으로 천국에 갈 믿음으로 살고 있습니까? 만약 당신이 오늘 천국에 가게 된다면, 가족들에게 어떤 유언을 남기고 싶은지 나눠봅시다.

2. 당신이 천국에 가기 전에 이 세상에서 꼭 하고 싶은 일이나 이루고 싶은 일은 무엇인지 나눠봅시다.

3. 당신 주변에 천국에 다녀왔다는 사람이나, 천국을 꿈이나 환상을 통해 보았다는 사람이 있다면 나눠봅시다.

해답

1. 죽음, 고통 2. 아버지, 낙원 3. 왕 4. 뜻 5. 천사

52 지옥

지옥은 멸망과 어둠, 그리고 고통으로 가득 차 있는 곳입니다. 지옥에 가는 사람들은 하나님을 마음에 두기 싫어한 사람들이기에(롬 1:28), 지옥에는 하나님을 기억하는 사람들도 없고, 하나님께 감사하는 사람들도 없습니다(시 6:5, 9:17 등). 성경은 사람들이 온 세상을 얻고도 자기의 생명을 잃는다면 아무런 유익이 없다고 말씀합니다(참조. 막 8:34-38 등). 왜냐하면 사람들이 이 세상에 사는 동안 아무리 많은 것(선한 행위, 물질, 능력, 지식, 명예 등)을 가져도, 예수 그리스도를 믿지 않아 구원을 받지 못하면 결국 지옥에 가기 때문입니다. 그리스도인들은 믿지 않는 사람들에게 예수 복음을 증거하여, 그들도 예수 그리스도를 믿고 구원을 받아 지옥이 아닌 영원한 천국에 가도록 도와주어야 합니다(마 28:18-20; 행 1:8; 고전 1:21 등).

1 지옥은 어떤 곳일까요?

지옥은 불꽃 가운데서 영원히 고통을 당하는 _____의 장소입니다(마 25:41-46; 막 9:42-50; 눅 16:19-31; 계 19:20, 20:7-15 등).

지옥은 사람들의 이성이나 지식으로는 정확히 이해할 수 없는 곳입니다. 왜냐하면 지옥에 있는 존재들은 영원히 고통을 느끼지만 영원히 죽은 곳이고, 영원히 꺼지지 않는 불 가운데 있지만 타서 없어지거나 그 고통에서 벗어날 수 없기 때문입니다(참조. 욥 17:13-16; 시 11:6; 암 5:18-20; 마 5:21-30, 10:28, 23:33; 약 3:6; 유 1:6-7 등). 사람들이 당할 수 있는 모든 고통 중에서 가장 큰 고통은 지옥에서 당하는 고통입니다(참조. 욥 17:13-16; 시 18:4-5; 마 5:21-30, 10:28, 25:41-46; 막 9:42-50; 눅 16:19-31; 계 19:20, 20:7 15 등). 믿지 않는 사람들은 이 세상에서 당하는 고난이나 고통과는 비교할 수 없을 만큼 더 심한 고통을 지옥에서 받게 될 것이고, 그리스도인들은 이 세상에서 당하는 고난이나 고통과는 비교할 수 없을 만큼 좋은 영광을 천국에서 받게 될 것입니다.

2 지옥에 대한 다른 표현들은 무엇일까요?

지옥에 대한 다른 표현들은 음부(시 9:17), 꺼지지 않는 불(사 33:14, 66:24; 마 3:12; 막 9:43-48; 눅 3:17 등), 바깥 어두운 곳(마 8:12, 22:13. 참조. 유 1:13), 풀무불(마 13:42), 영원한 __(마 25:41; 유 1:7), 영원한 형벌(마 25:46), 영원한 멸망(살후 1:9), 무덤(스올)(시 6:5, 9:17; 전 9:10 등), 고난의 장소(눅 16:19-31; 계 14:10), _____ 구덩이(계 20:1-3 등), 유황 불 못(계 19:20, 20:10, 21:8) 등입니다.

사람들이 이 세상에 살면서 지옥보다 더한 고통을 경험할 수 있는 장소나 방법은 없습니다(참조. 민 16:1-40; 사 14:3-23 등). 왜냐하면 이 세상에는 지옥처럼 물 한 방울 없이 완전히 메마른 곳이 없고, 영원히 꺼지지 않는 불이 타오르는 곳이 없으며, 빛으로 밝힐 수 없는 영원히 어두운 장소가 없고, 바닥이 없이 영원히 떨어지는 구덩이가 없으며, 영원히 멸망을 당하는 형벌의 고통을 받을 수 있는 장소나 방법이 없기 때문입니다(마 5:22; 막 9:42-50; 유 1:7 등). 또한 지옥에는 일도 없고 계획도 없으며, 지식도 없고 지혜도 없으며, 사랑도 없고 감사도 없으며, 기쁨도 없고 평안도 없으며, 오직 고통만 가득합니다(참조. 전 9:10 등).

③ 지옥은 누가 가는 곳일까요?

지옥은 예수 그리스도를 믿지 않음으로 _____을 받지 못한 사람들, 그리고 _____와 그의 무리들이 갑니다(시 9:17; 마 25:40-46; 살후 1:8-9; 벧후 2:4; 유 1:6; 계 20:10 등).

성경은 물과 성령으로 거듭나지 않은 사람들(요 3:1-12 등. 참조. 요일 5:1-12), 성령 하나님을 모독하는 사람들(마 12:31-32; 막 3:28-29; 눅 12:10), 죄를 회개하지 않는 사람들(마 11:20-24; 눅 13:1-5 등. 참조. 눅 10:1-16), 하나님의 뜻대로 행하지 않는 사람들(마 7:21-23. 참조. 마 25:31-46; 눅 12:35-48), 하나님보다 물질을 더 섬기고 사랑하는 사람들(마 19:16-30; 눅 18:18-30. 참조. 마 6:24; 눅 16:13; 딤전 6:9-10 등), 하나님의 나라보다 세상적인 것을 우선하는 사람들(눅 9:57-62 등. 참조. 마 8:18-22; 눅 14:26-33; 약 4:4 등), 그리고 개들과 점술가들과 음행하는 자들과 살인자들과 우상 숭배자들과 거짓말하는 자들(계 21:8, 27, 22:14-15 등. 참조. 롬 1:18-32; 고전 6:9-10; 갈 5:19-21; 엡 5:3-5) 등은 하나님의 나라에 들어갈 수 없다고 말씀합니다. 다시 말해 이런 사람들은 모두 지옥에 갑니다.

④ 천국과 지옥은 언제까지 존재할까요?

천국과 지옥은 _____ 존재합니다(고후 5:1; 벧후 1:10-11; 유 1:6-7; 계 20:10 등).

영원은 시작도 없고 끝도 없는 시간을 말하며, 하나님을 비롯해 하나님께서 영원하도록 정하신 것들은 모두 영원히 존재합니다(참조. 시 90:2, 93:2; 딤전 6:16; 히 13:8; 계 4:8-9 등). 다시 말해 하나님께서는 영원하시고, 예수 그리스도께서 이루신 구원도 영원하며, 그리스도인들이 예수 그리스도를 믿음으로 얻게 된 용서와 구원도 영원하고, 구원받은 사람들을 향한 하나님의 사랑도 영원합니다. 그리고 하나님께서 만드신 피조물들 중에 사람들, 천사들, 마귀들과 그 무리들도 영원하고, 천국과 지옥도 영원하며, 구원받은 사람들이 천국에서 받게 될 영광도 영원하고, 구원받지 못한 사람들과 마귀들과 그 무리들이 지옥에서 받게 될 고통도 영원합니다(마 25:46; 요 11:25-26, 17:3; 고후 5:1; 엡 3:9-11; 살후 1:9; 히 5:9, 9:12; 벧후 1:10-11; 계 22:5 등).

⑤ 천국에서 지옥으로, 지옥에서 천국으로 건너갈 수 있을까요?

_____. 천국과 지옥은 서로 건너갈 수 없습니다(눅 16:19-31).

예수 그리스도께서 공적인 사역을 하실 때 한 부자와 거지 나사로에 대한 말씀을 하셨습니다(눅 16:19-31). 그 말씀을 통해 알 수 있는 사실은, 천국과 지옥은 서로 건너 다닐 수 없다는 것과 천국에 간 사람들은 그곳에서 영원히 복을 누리며 살고, 지옥에 간 사람들은 그곳에서 영원히 고통을 당한다는 것입니다. 또한 한 번 천국이나 지옥에 간 사람은, 다시 이 세상에 되돌아 올 수 없습니다. 사람들은 이 세상에서 단 한 번의 인생으로, 자신의 영원한 모습이 결정된다는 것을 늘 명심하며 살아야 합니다. 그리스도인들은 천국이나 지옥을 다녀왔다거나 꿈이나 환상을 통해 천국이나 지옥을 보았다는 사람들의 말에 너무 현혹되지 말고, 성경이 말씀하는 범위 내에서 천국과 지옥을 이해해야 합니다.

토론 및 적용 질문

1. 요즘 당신이 천국이나 지옥을 실제 삶(가정, 교회, 직장(학교), 사회 등)에서 느낄 때가 있다면 나눠봅시다.

2. 하나님은 사랑이시기에 천국만 있고 지옥이 없다는 이단들이 있습니다. 그런데 그 이단들이 제대로 알지 못하고 있는 하나님의 속성은 무엇일까요?

3. 당신이 천국이나 지옥을 다녀왔다거나 보았다는 사람들의 말을 들어 본 적이 있다면, 그 때 느낀 점을 나눠봅시다.

해답: 1. 형벌 2. 불, 바닥없는 3. 구원, 마귀 4. 영원토록 5. 아니오

Preface

In Christian living, it is essential to properly know the foundational doctrines and basic understanding of the Bible, which is the Word of God, because understanding the basic Biblical knowledge (doctrine) helps us live correct lives of faith that place the Bible at the center without falling into the incorrect teachings of false teachers and heresies. If God's people do not have a thorough knowledge of the Bible, they cannot lead proper lives of faith (cf. Deut 6:1-9; Psa 119:1-176; Prov 22:6; Hos 4:6; Matt 28:18-20; John 8:43-47; 2 Tim 3:16-17; Heb 4:12-13; 2 Pet 1:20-21; Rev 1:1-3, 22:18-19, etc.).

When asked to identify the most unfortunate, people describe individuals in difficult situations from a human standpoint, such as the impoverished, hungry, sick, persecuted, orphans, etc. However, the most pitiful people in the world are not those who have nothing worldly or live worldly hardships, but those who cannot hear the word of God and those who do not believe in Jesus Christ and are heading toward eternal hell (cf. Amos 8:11; Mark 9:42-50, etc.). In addition, from a human standpoint, people consider the most foolish to be those who are ignorant, selfish, incompetent, and undiscerning and others who are either lacking in intellect or only acknowledge themselves. However, the most foolish people in the world say they are saved and know the Word of God but do not give thanks to God or do not keep and practice the word of God (Jam 1:22-27, 2:14-26, etc.).

This book is written to help the unfortunate who do not know or believe in Jesus Christ and the foolish who claim they have been saved through faith in Christ but live unchanged lives, continuing to chase after worldly things due to the lack of proper understanding of God's Word. Because without the knowledge of God's Word, which is vital for salvation through Jesus Christ, such people will inevitably fall into eternal destruction (Hos 4:6; 2 Tim 3:16-17, etc.). This book contains thirty essential Bible topics that one should know and is written in the study format of questions and answers aimed towards effective learning for those who attend church but do not have certainty of salvation, have recently believed in Jesus Christ and earned salvation, or have been attending church for a while after receiving salvation but are unfamiliar with basic Biblical knowledge (doctrines) for Christian living.

Studying the contents of this book for 52 weeks will help the family, church, and society lead lives of faith centered on the Bible, as it will help one learn the fundamentals of Biblical knowledge (doctrines) critical for Christian living. To properly understand and maximize the book's effectiveness, the reader must seek answers to the topics of each question from the Bible. If there are parts of the book that are difficult to understand, asking the pastors of the local church will help the reader easily find answers. I pray for all those studying this book to lead lives of faith that please God through practice and building a foundation for Christian living centered on the Bible, which is the Word of God.

Furthermore, I give thanks and glory to God, who has given me the faith and wisdom to write this book so that it can be used in the mission fields and ministries. In conclusion, I deeply appreciate the missionaries, pastors, and English ministry team for ideas and advice for writing this book, as well as everyone who has helped me publish it.

Doctrine for Christian Living

신앙생활 알아가기

English

Doctrine for Christian Living
신앙생활 알아가기

English Contents

Chapter 1	The Bible - 1	176
Chapter 2	The Bible - 2	179
Chapter 3	God - 1	182
Chapter 4	God - 2	185
Chapter 5	Jesus Christ - 1	188
Chapter 6	Jesus Christ - 2	191
Chapter 7	The Death of Jesus Christ - 1	194
Chapter 8	The Death of Jesus Christ - 2	197
Chapter 9	The Resurrection of Jesus Christ - 1	200
Chapter 10	The Resurrection of Jesus Christ - 2	203
Chapter 11	Holy Spirit - 1	206
Chapter 12	Holy Spirit - 2	209
Chapter 13	Man - 1	212
Chapter 14	Man - 2	215
Chapter 15	Sin - 1	218
Chapter 16	Sin - 2	221
Chapter 17	Salvation - 1	224
Chapter 18	Salvation - 2	227
Chapter 19	Repentance - 1	231
Chapter 20	Repentance - 2	234
Chapter 21	Children of God - 1	237
Chapter 22	Children of God - 2	240
Chapter 23	Church - 1	243
Chapter 24	Church - 2	246
Chapter 25	Worship - 1	250
Chapter 26	Worship - 2	253

Chapter 27	Praise - 1	256
Chapter 28	Praise - 2	259
Chapter 29	Prayer - 1	262
Chapter 30	Prayer - 2	265
Chapter 31	The Lord's Prayer	269
Chapter 32	Apostle's Creed	274
Chapter 33	The Ten Commandments - 1	280
Chapter 34	The Ten Commandments - 2	283
Chapter 35	Offering - 1	286
Chapter 36	Offering - 2	289
Chapter 37	The Gospel - 1	292
Chapter 38	The Gospel - 2	295
Chapter 39	Evangelism and Missions - 1	299
Chapter 40	Evangelism and Missions - 2	302
Chapter 41	Baptism - 1	305
Chapter 42	Baptism - 2	308
Chapter 43	Lord's Supper - 1	311
Chapter 44	Lord's Supper - 2	314
Chapter 45	Offices of the Church - 1	317
Chapter 46	Offices of the Church - 2	321
Chapter 47	Angels	324
Chapter 48	Demons	327
Chapter 49	The End Times	330
Chapter 50	The Final Judgment	334
Chapter 51	Heaven	338
Chapter 52	Hell	341

01 The Bible - 1

The Bible is God's Word (Revelation) with Jesus as the central theme and written by people who were inspired by God the Spirit (cf. Luke 24:27, 44; John 5:39, 20:30-31; 2 Tim 3:15-17; 2 Pet 1:20-21, etc.). The Bible contains details surrounding the creation of all things, salvation of humanity, God's eternal kingdom, the Holy Trinity, God's love and grace, salvation through faith in Jesus Christ, how one must live after salvation, the judgment after death, heaven, and hell. The Bible is every Christian's standard for life, and one must pray to the Holy Spirit to properly understand and discern what is written.

1 What kind of book is the Bible?

The Bible is God's Word and the eternal _____ (2 Sam 7:28; Psa 12:6-7, 119:160; John 17:17; 2 Tim 3:15-17; 2 Pet 1:20-21, etc. cf. John 1:1-18; Heb 1:1-3).

The Bible is a special revelation from God. As the Word of God, it is the Truth and the standard of life for those who have received salvation. Although the Bible is written by humans, it is perfect and possesses authority because every letter and word was written through the inspiration of the Holy Spirit (Verbal Plenary Inspiration. Jer 1:9; Ezek 3:4; John 10:35; 1 Cor 2:13; 2 Tim 3:16-17; 2 Pet 1:20-21). In other words, each book of the Bible was written by a human author, but its contents were written exactly as God the Holy Spirit intended (cf. 1 Pet 1:12; 2 Pet 1:20-21, etc.). In other words, as the Word of God, the Bible (in the original text) is perfect and without error. Furthermore, the Bible is the Truth and does not change because of time and circumstances. As God is eternal, His Word too is eternal (cf. Psa 119:89; 1 Pet 1:23-25, etc.).

2 The Bible has two main parts, what are they?

The Old Testament and _____ (cf. Jer 31:31-34; Luke 24:27, 44; Heb 1:1-2, 8:8-13, etc.).

Every word in the Old and New Testaments will be fulfilled (cf. Matt 5:18, etc.). The Old Testament is the old covenant recording the future coming of Jesus Christ in the human flesh. The New Testament is the new covenant recording Jesus and His birth, life, public ministry, death on the cross, resurrection, ascension to Heaven, the Second Coming, and the Final Judgement (Gen 1:1 to Rev 22:21). In addition, both the Old and New Testament are beneficial because it teaches and encourages every Christians to be holy and righteous in all areas of their lives (2 Tim 3:16-17).

176 Doctrine for Christian Living

3 What are the individual names of the book in Bible? How many are there?

1) There are total of 66 books – 39 the Old Testament and 27 the New Testament.

2) The 39 books of the Old Testament – Genesis, Exodus, Leviticus, Numbers, _____, Joshua, Judges, Ruth, 1&2 Samuel, 1&2 Kings, 1&2 Chronicles, Ezra, Nehemiah, Esther, Job, Psalms, Proverbs, Ecclesiastes, Song of Solomon, _____, Jeremiah, Lamentations, Ezekiel, Daniel, Hosea, Joel, Amos, Obadiah, Jonah, Micah, Nahum, Habakkuk, Zephaniah, Haggai, Zechariah, Malachi

3) The 27 books of the New Testament – Matthew, Mark, ____, John, Acts, Romans, 1&2 Corinthians, Galatians, Ephesians, Philippians, Colossians, 1&2 Thessalonians, 1&2 Timothy, Titus, Philemon, Hebrews, _____, 1&2 Peter, 1, 2&3 John, Jude, Revelations

The 66 books of the Bible are given by the grace of God and possess His authority. In addition, only the 66 books of the Bible are part of the Biblical canon, and other writings, such as the Apocrypha and pseudepigrapha, cannot be considered part of the Holy Scripture. Therefore, God's church and Christians must only accept and use the Bible as the Holy Scripture and must never consider any other writings to have equal authority as the Bible (cf. 2 Tim 3:15-17; 2 Pet 1:20-21). Furthermore, only when the Bible is interpreted using the Bible itself can it be interpreted with true meaning and without error. Also, Jesus Christ, His disciples, and the early church used the Old Testament as the canon since the New Testament was not canonized yet.

4 Who recorded the Bible? In what language was it recorded?

With the help of _____, the Bible was recorded by about 40 authors. The Old Testament was recorded in _____ and Aramaic. The New Testament was recorded in Koine Greek (cf. Ezr 4:8, 6:18, 7:12-26; Dan 2:4-7:28; Mark 5:41, 7:11, 34, 15:34; 2 Pet 1:20-21, etc.).

In the span of approximately 1,500 years, the Bible was written by about 40 authors whom the Holy Spirit inspired. The Old Testament was canonized by Ezra and the Great Assembly around the 4th and 5th century B.C. The New Testament was canonized by the Carthage assembly in 397 A.D. The Bible was separated into chapters by Langton, and then the verses were implemented by Stephanus. The first Bible with assigned chapters and verses in its entirety was Stephanus' Latinized Vulgate Bible, which was published in 1555.

5 **For what purpose was the Bible written?**

The Bible was written to testify who _____ is (Luke 24:27, 44-45; John 5:39, 20:30-31, etc.).

From Genesis to Revelation, the central theme and focus of the Bible is Jesus Christ (creation of the world through the Word, coming to earth as a woman's offspring, birth into the world in human flesh, public ministry and teachings, suffering and death on the cross, resurrection, ascension to Heaven, The Second Coming, and the Final Judgment). Therefore, the Bible is written from a redemptive-historical perspective where the entirety of the Bible points to Jesus Christ and His saving work. When Christians read or interpret the Bible, they must read and interpret it centered on Jesus Christ (from a redemptive-historical perspective) (cf. Luke 24:27, 44; John 5:39, etc.). In addition, the Bible is written to teach about the Triune God (God the Father, God the Son, God the Spirit), His plan and ministry, will and providence, and His love and grace.

Discussion & Applicable Questions

1. Do you believe the Bible is God's perfect word, without errors in its original text?

2. Do you use the Bible as your reference before taking an action or a decision? Also, please share whether you can biblically discern events in your life.

3. Describe how you enhance your knowledge and understanding of the Bible. In addition, share how you go about understanding parts of the Bible that are difficult to understand.

Answer

1. truth   2. The New Testament   3. Deuteronomy, Isaiah, Luke, James   4. Holy Spirit, Hebrew   5. Jesus Christ

02 The Bible - 2

Faith comes from reading and hearing the Word of God (cf. Rom 10:17; Rev 1:3, etc.). **However, faith does not grow from merely reading and hearing the Word. For faith to grow into mature Christian living, one must put the Word of God into practice rather than merely reading and hearing it** (cf. Matt 7:24-29; Jam 1:22-27, etc.). **By hearing and learning God's Word, Christians must discern good and evil and always work to do good** (cf. 2 Tim 3:16-17; Heb 5:12-14, etc.). **To properly know and understand the Bible (Word of God), Christians should always seek the help of God the Spirit when reading, hearing, and learning the Bible.**

1. What is the main essence of the Bible?

God's glory and His salvation for mankind through _____ (Luke 24:27, 44; John 5:39, 20:30-31; Eph 1:3-14; 1 John 5:20; Rev 4:11, etc.).

The Bible records who God is, how God created all things, including humans, through His word, how humans were made in the image and likeness of God, the covenant between God and humanity, the fall of humanity due to sin, God's plan of salvation for fallen humans, Jesus Christ and the kingdom of God, the salvation of those who believe in Jesus Christ, how those who are saved should live, the final judgment after death, and God's will and glory, including the eternal heaven and hell (cf. Gen 1:1 to Rev 22:21; John 1:1, 14; 1 John 1:1-2, etc.).

2. Why did God provide the Bible for man?

The purpose of God giving people the Bible is so that everyone can read the Word of God and come to know and understand His will, to believe in Jesus Christ and receive salvation, and for _____ people to learn how to live on this earth (Psa 19:7-11; John 20:30-31; Rom 15:4; 2 Tim 3:15-17; Rev 1:1-3, etc.).

People must believe in Jesus Christ through the Bible, and after receiving salvation through Him, they must live according to the requirements of the Bible, which is the Word of God (cf. John 5:39-47, 6:60-69; Acts 17:11-12; Phil 4:8-9; 3 John 1:4; Rev 1:1-3, etc.). To live in obedience to God's Word, it is essential to read, meditate on, and learn from the Bible every day and to live out its teachings in one's life (cf. Psa 19:7-11; 2 Tim 3:15-17, etc.). When Christians read or hear the Bible, they can seek the help of the Holy Spirit to understand the meaning of His Word (John 14:15-26. cf. Rom 16:25-27; 1 Cor 2:9-16; Eph 3:3-12; 2 Tim 3:15-17; Rev 1:1-3, etc.). However, the

Bible teaches that some people will listen to and follow false stories and useless tales instead of obeying the truth of the Bible, leading them away from a life of faith and obedience (cf. John 8:39-47; Rom 1:25; 1 Tim 6:5; 2 Tim 4:2-4; Jam 3:14-16; 1 John 4:5-6, etc.). Unfortunately, there are also Christians who merely hear God's word but do not act on it, deceiving themselves (cf. Jam 1:19-27).

3. What are the benefits of reading and obeying the Bible?

The reader will come to know _____, discern the will of God, obey God, and be _____ by God (Psa 19:7-11; Matt 4:4; Luke 11:28; 2 Tim 3:15-17; Heb 4:12-13; Rev 1:3, etc.).

Those who read and keep the Bible come to love God, become complete as God's people, acquire the ability to do good works, receive the new strength God provides, become wise, live with joy, grow in faith, and mature spiritually (Matt 4:4; John 14:21; 2 Tim 3:15-17; 1 John 5:3, etc.). Therefore, Christians must read and listen to the Bible, keep and live by its teachings (Psa 1:1-2; Matt 7:24-27; John 14:21; Rom 10:17; Rev 1:3, etc.). In other words, Christians should use the Bible as a standard for their worship and praise to God, prayer and evangelism, relationships with others, and in all their speech and conduct. They must believe and live according to the Bible. The reason Christians must correctly understand the essence of the Bible is that they should not only live according to its teachings but also accurately teach the Bible to their children and others, and properly present the gospel of Jesus to unbelievers.

4. Who can we rely on for proper understanding of the Bible?

We need _____'s help and guidance in order to properly understand the Bible (John 14:26, 16:13; 1 Cor 2:6-16, etc.).

The Bible is written through the inspiration of the Holy Spirit, and therefore, the ultimate interpreter of the Bible is God the Spirit Himself (cf. 1 John 2:27). To understand and interpret the Bible correctly, Christians must not only pray to God the Spirit, asking for precise understanding and insight into its essence but must also refer to other passages within the Bible that are more clear (cf. 2 Pet 1:20-21, 3:16, etc.). For Christians to read and understand the Bible properly, they must focus on discovering the essence of the Word, and they must not read it too subjectively or add their own desired thoughts, nor must they emphasize only the moral or ethical aspects (cf. Matt 5:1-7:29; 1 Cor 4:6). When Christians read the Bible with the help of God the Spirit, they come to accurately grasp the essence of God's Word, revive their souls through the Truth, grow in wisdom, increase their faith, and find the Word sweeter than honey, leading them to abandon sin and hold the Word in greater reverence, ultimately transforming the way they live (cf. Psa 19:7-11, 119:1-176; Prov 1:1-7; Acts 17:10-12; Rom 10:17; 1 Pet 2:1-3, etc.).

5 **Are we allowed to interpret the Bible in any way we can? Can we add to or delete anything from the Bible?**

___. The Bible can only be interpreted with the help of God the Spirit and no one can ever edit the Bible for any reason. Such actions will be _____ harshly by God (Deut 4:1-2, 12:32; Prov 30:5-6; Jer 26:2; Mark 7:1-13; 1 Cor 4:6; 2 Pet 1:20-21; Rev 22:18-19, etc.).

Christians must not live lives that go beyond the scope of the recorded Word of God in the Bible. This is because God has declared in the Bible that those who add to its contents will incur the plagues recorded in it, and those who take away from even a single word will have their privilege of entering the kingdom of heaven taken away. Furthermore, Christians must not attempt to force interpretations or make mistakes when encountering difficult aspects of understanding the Bible (cf. 2 Pet 3:16). Christians should never distort, add, or remove passages from the Bible like false teachers and cults. They should be aware that Satan, through cults and false teachers, seeks to hinder the proper understanding and interpretation of the Bible. Therefore, Christians should remain vigilant, pray to the Holy Spirit, read the Bible diligently, and earnestly learn from sound spiritual leaders.

Discussion & Applicable Questions

1. Share a method that helps you better understand and have fun reading the Bible (if any).

2. In detail, describe how you apply the Bible messages you have read and listened to in your daily lives. (Please share one or two Bible verses that come to mind, then share how you apply these verses.)

3. Share about a time when you or any of your family members have fallen into or been educated by a cult (if any).

Answer

1. Jesus Christ   2. the saved   3. the truth, blessed   4. Holy Spirit   5. No, judged

03 God - 1

God is Spirit, omnipotent, the creator, Lord of all things, and full of love and grace. Because God has given people the knowledge to know God within themselves, people who deny God or claim that they do not know God is merely an excuse which results from falling for the deceit of the devil (cf. Rom 1:18-32; 1 John 5:20, etc.). Of course, people cannot come to fully know the almighty and perfect God (cf. Deut 4:12; Job 11:7; Psa 139:6; 1 Tim 6:16; 1 John 4:12, etc.). When people believe in Jesus Christ and receive salvation, they become children of God, gaining confidence in the existence of God through the Bible and getting to know who God is better.

1. What are God's divine characteristics?

God is _____ (Gen 1:2; John 4:24; 2 Cor 3:17, etc.), **God is Self-sufficient** (Exo 3:13-15, etc.), **God is Perfect** (Psa 18:30, 19:7, etc.), God is _____ (Deut 33:27; 1 Chr 23:25; Psa 146:10; 1 Tim 1:17; Jud 1:25; Rev 1:8, etc.), **God is Omniscient** (1 Chr 28:9; Job 34:21; Psa 139:1-24; Matt 6:31-32; Heb 4:12-13; 1 John 3:20, etc.), **God is Omnipotent** (Gen 17:1; Psa 50:1-2; Isa 9:6; 2 Cor 6:18; Rev 1:8, etc.), **God is Immutable** (Num 23:19; Mal 3:6; Heb 6:17-18; Jam 1:17, etc.), **God is the Creator and Lord of all things** (Gen 1:1-31; Deut 10:14; Neh 9:6; Psa 146:6; John 1:1-3; Col 1:15-23, etc. cf. 1 Cor 8:6; Heb 1:2).

God is Spirit, omnipresent, and exists everywhere. He is eternally self-existent, possessing perfect personality and character. God is almighty, perfect, and is eternal. His perfection does not change (He does not lie or have regrets, and never alters His spoken word or promises), and He created all things through His spoken word. Furthermore, God currently governs and protects all of creation, having a plan of salvation for humanity and working to fulfill it (Gen 1:1-31; Num 23:19; Psa 90:2; Isa 57:15; Jer 10:10, 23:23-24; John 4:24; 2 Cor 3:17; Jam 1:17; 1 John 3:20, etc.).

2. What are God's moral characteristics?

God is ____ (Lev 11:44-45, 19:2; 1 Sam 2:2; 1 Pet 1:15-16; Rev 4:8, etc. cf. Isa 6:1-3, 12:6), **God is** ____ (Psa 136:1-26; 1 John 4:7-19, etc. cf. John 3:16; Rom 5:8), **God is Righteous** (Exo 9:27; Jer 9:23-24; John 17:25; Rom 3:26, etc.), **God is Truth** (Psa 146:6; Rom 3:4, 15:8, etc.), **God is Good** (Psa 25:8, 34:8; Mark 10:18, etc.).

God is perfect and holy and without sin. Everything He does is good (completely void of evil), is perfectly righteous (having nothing unrighteous), truthful (without falsehood), loving (loving within the truth), merciful, and compassionate (1 Sam 2:2; 2 Tim 2:13, etc.). Christians are called to live a life that reflects God's moral character, characterized by holiness (living a life separated from sin), love (loving God and one's neighbor as oneself), righteousness (living rightly according to the Scriptures), truthfulness (not living a false life like the children of the devil), goodness (doing good and avoiding evil according to the Scriptures), and obeying God's Word (the Bible).

3. Are there any other gods besides God?

No. There is only one true God. He is three Persons in One (The Father, The Son, The Spirit). This Triune God is also called, _____ (Gen 1:1-31; Num 6:24-26; Matt 3:13-17; John 1:1-18; 2 Cor 13:14; Gal 4:4-6; Eph 4:4-6; 1 Tim 2:5, etc.).

The Bible teaches that God has given everyone the knowledge to know Him, but foolish people may say there is no God or live as if there were none, each following their own desires (Psa 14:1; Rom 1:18-32. cf. Judg 17:6). Moreover, the Bible emphasizes that knowing God and obeying His word are more important than offering sacrifices (worship) (1 Sam 15:22; Hos 6:6). God is a triune God, meaning that He is one in essence, will, and existence (Mark 1:9-11, 9:2-9; John 14:1-31; Col 1:11-14, etc.). The Apostles' Creed is a brief summary that helps Christians confess their faith in the triune God. Christians must avoid idolatry under all circumstances and must never love or prioritize anything above God in their hearts and lives (Exo 20:3-6; Isa 42:8; Matt 6:24; 1 Tim 6:9-10; Jam 4:4; 1 John 5:21, etc.).

4. How long has God existed?

God is _____ and has always existed and always will (Exo 3:13-14; Psa 90:2, 93:2; 1 Tim 1:17; Heb 13:8; Rev 4:8-9, etc.).

God has existed eternally, transcending time from before the beginning, through the present, and into eternity (Psa 90:2, 102:12; Eph 3:21). All created beings, apart from God, exist only through God. God is self-existent in every aspect, including thought (Rom 11:33-34), will (Dan 4:35; Rom 9:19; Eph 1:5; Rev 4:11), power (Psa 115:3), and purpose (Psa 33:11). God depends on no other being for His existence. While all creatures, including humans, cannot exist independently apart from God and must rely on Him (Deut 10:20; Psa 71:16, etc.).

5. Where is God?

God is Omnipresent – He is _____ (Psa 139:7-10; Prov 15:3; Jer 23:23-24; Acts 17:27-28, etc.).

God is Spirit and, as such, transcends space, being able to exist simultaneously in all places (1 King 8:27; Isa 66:1; Psa 139:7-10; Jer 23:23-24; Acts 7:48-49, 17:27-28). In this world, there is no being that can hide from God or do anything in secret (Job 11:7-11; Jer 23:23-24; Heb 4:13, etc.). Furthermore, as a Spirit, God can manifest Himself to all people and creatures simultaneously and knows everything they do (Ezek 11:4, etc.). Therefore, Christians must worship God in spirit and truth wherever they are, live with the awareness of God's constant presence, and conduct themselves in a manner worthy of God's gaze, wherever they may be.

Discussion & Applicable Questions

1. Share how you meet the invisible Spirit of God in your daily lives.
2. Describe the most memorable time when you received God's love and grace.
3. Describe how you try to understand God's will and obey the Word of God.

Answer

1. Spirit, Eternal   2. Holy, Love   3. Trinity   4. eternal   5. everywhere

04 God - 2

Christians, who have the privilege of calling the Creator and Almighty God "Father," must live a life of faith that pleases God while living in this world as His children (John 1:12; Rom 8:14-17; Gal 4:1-7; Heb 11:6, etc.). Furthermore, Christians must be aware that they can draw near to God through Jesus Christ and must actively seek His presence (John 14:6; Heb 7:19, etc.). However, because God is holy, approaching Him requires turning away from sin and having a pure heart (Jam 4:8). Christians must remember the love and grace they have received from God, offering thanksgiving and praise and obediently following His Word.

1 Does God have any limits?

God is Omnipotent – God can do anything and everything He desires with the exception of ___. He cannot sin (Gen 18:14; Jer 32:17; Matt 19:26; Mark 14:36, etc.).

God is completely omnipotent, able to do all things, all-knowing, lacking nothing and being perfect, and He is infinitely perfect without end or limit (Exo 15:11; Deut 28:1-48; Job 34:21; Psa 96:4-6, 145:3, 147:5; Isa 57:15; Ezek 11:5; 1 Cor 1:25; Heb 4:13; 1 John 3:20, etc.). God, who accomplishes all things according to His will, is involved in everything happening in the world (Psa 127:1, 135:6; Prov 16:9; Eph 1:11, etc.). Although God may permit sin and wickedness to occur, ultimately, He punishes those who commit works of evil. Furthermore, God helps His children work together to accomplish good and always gives them good things (Rom 8:26-28; Jam 1:17, etc.).

2 Who is Lord and Master over this world and its occupants?

___ is Lord over all (Gen 1:1-2:25; Deut 10:14; John 1:3; Rom 11:36, 14:8; 1 Cor 3:21-23, 10:26; Col 1:15-17, etc.).

God created all things, including humanity, through His word, to manifest His glory and to receive glory and praise from them (cf. Gen 1:1-2:25; Psa 24:1-10; Isa 43:7, etc.). Furthermore, God currently preserves, governs, guides, and rules over all things (1 Chr 29:11; Psa 23:1-6, 121:1-8; Col 1:15-17, etc.). Christians must believe in and rely on God, their Lord, offering Him glory and praise, and they must obey His Word in all circumstances (cf. Exo 19:5; Psa 119:33-35; John 14:21; 1 Cor 6:19-20, 10:23-33; Gal 5:16-26; Jam 2:14-26, etc.).

3. How can man approach God?

We can go to God only through faith in _____ (John 14:6; Acts 4:11-12; Col 1:20-22; 1 Tim 2:5, etc.).

Jesus Christ said, "I am the way, and the truth, and the life. No one comes to the Father except through me" (John 14:6). Therefore, people can only approach God the Father through Jesus Christ (cf. John 1:18; 1 John 4:12-16, etc.). The reason that saved individuals can come to God is because of God's love and mercy (John 3:16, 14:6; Rom 5:6-8, 8:35-39; Eph 2:1-10; 1 John 4:8, etc.). Furthermore, the way Christians can know God is through the Holy Spirit, who is the Spirit of God (1 Cor 2:10-16, etc.). Christians must acknowledge that they did not attain salvation through their own deeds or abilities and must always live in gratitude for God's grace (1 Cor 12:3; Eph 2:8-9, etc.).

4. How did God show his love and grace towards condemned sinners?

He sacrificed his only Son to be crucified and die on the cross as propitiation for all sins. This grace of mercy allows sinners to be _____ through faith in Jesus Christ (John 3:14-17; Rom 5:6-8; Phil 2:6-8; Tit 2:11; 1 John 4:7-16, etc. cf. Eph 2:8-9).

When Adam and Eve were condemned to death after sinner, God showed them mercy and promised to same them through the descendant of the woman (Jesus Christ) (Gen 3:15; Gal 4:4-7; Heb 2:14, etc.). In God's appointed time, He sent His only begotten Son, Jesus Christ, into the world to die on the cross for those who were perishing in sin (John 3:14-17, etc.). God forgives the sins of all who repent of their sins and believe in Jesus Christ, granting them salvation and eternal life (John 3:14-21, 31-36, 5:24, 6:40; 1 John 2:23-25, etc.). In other words, God's sending of Jesus Christ to die on the cross for those perishing in sin is the most certain evidence of God's love, and the salvation of all who believe in Jesus Christ is a grace among graces (cf. Rom 5:1-11; Gal 2:20-21; 1 John 4:7-21, etc.).

5. Did God the Creator also create sin?

____. God is without sin and cannot sin because He is completely holy and righteous, and therefore can neither plan nor create sin or demand people to sin (Exo 15:11; Lev 11:44-45, 19:2, 20:26; Job 34:10; Hab 1:13; 1 Pet 1:15-16, etc.).

God, who is holy, detests sin the most (Hos 6:7; Rom 14:23; Jam 4:17; 1 John 3:4, 5:17, etc.). Jesus Christ, while being fully human and facing the same temptations as humans during His time on Earth, never sinned once (Heb 2:17-18, 4:15, 7:26; 1 Pet 2:21-22; 1 John 3:5, etc.). Because God is without sin and perfectly righteous, He rewards those who do good and punishes those who do evil (Psa 58:11, 99:4; Rom 1:18-32, 2:1-11; 2 Thess 1:8; Heb 11:26, etc.). Christians must not make excuses or say that they sinned because of God in any situation or claim that God created sin.

Discussion & Applicable Questions

1. Share how you utilize your time, wisdom, ability, and possessions for God.

2. When you have to make a decision, do you decide on your own? Or do you make a decision after asking God through prayer?

3. Share honestly if there is something you love or value more than God. (i.e., oneself, family, health, possessions, ability, physical appearance, career, knowledge, hobby, celebrity, athletes, ideology, etc.)

Answer

1. sin 2. God 3. Jesus Christ 4. saved 5. No

05 Jesus Christ - 1

Jesus Christ is the One who forgives the sins of people, which would otherwise lead to eternal death, and offers them salvation and eternal life. Although Jesus Christ is God, He came into this world as a sinless person to save sinners (Isa 9:6-7, 53:1-12; John 1:1; Rom 9:5; Gal 4:4-5; Phil 2:6-8; 1 Tim 2:5; Heb 4:15, etc.). Therefore, people can receive salvation through faith in Jesus Christ and restore their relationship with God, which was broken due to sin (cf. John 1:12, 14:6, etc.). In other words, Jesus Christ is the way, the truth, and the life, and people can only approach God the Father through Him (John 14:5-11. cf. Matt 11:27; Luke 10:21, etc.).

1 Who is Jesus Christ?

Jesus is fully ___ and fully _____. He is our Savior, the way, the truth, and the life (Matt 16:15-17; John 1:1-18, 3:16-17, 10:30, 14:6-7; Acts 4:11-12; Phil 2:6-11; Col 1:15-23, 2:9-10; Heb 1:3; 1 John 1:1-2, 5:20, etc.).

The Bible presents Jesus Christ as the perfect God, Immanuel (Isa 7:14; Matt 1:23), the Christ (Messiah) (Matt 1:1, 16:16; Luke 2:11; John 1:41, 4:25-26; Acts 2:14-36), God (John 1:1, 10:30; Rom 9:5; Tit 2:13; Heb 1:3), God's Son (Matt 11:27, 16:16; John 1:49, 3:16-17), the Creator (Gen 1:1-31; John 1:1-3; 1 Cor 8:6; Col 1:16; Heb 1:2, etc. cf. Ecc 12:1), the Son of Man (Dan 7:13-14; Matt 20:28; Luke 9:26; John 3:13-15, 5:25-27), Almighty God (Isa 9:6), the only-begotten (Mark 12:6; John 1:18, 3:16; 1 John 4:9), the King of kings and Lord of lords (1 Tim 6:15; Rev 17:14, 19:16), the Alpha and the Omega (Rev 1:8, 21:6, 22:13), the First and the Last (Rev 1:17), the Judge (John 5:27; Rev 20:11-15), the Head of the Church (Eph 1:22, 5:23; Col 1:18), the Morning Star (2 Pet 1:19; Rev 22:16), and more. The Bible also portrays Jesus Christ as a perfect human being, who was born as a human being, with a physical body and a soul. Jesus went through physical growth as a child, experienced hunger and thirst, expressed sorrow and pain, and experienced a physical death (cf. 1 Tim 3:16, etc.). However, Jesus Christ, despite being a perfect human, is without sin, serves as the mediator between God and humanity, and is eternal (2 Cor 5:21; 1 Tim 2:5; Heb 4:15, 7:24-28, 13:8; 1 John 3:5, etc.). Those who deny that Jesus came into this world as a human and those who deny that Jesus is the Christ are both false teachers, deceivers, and antichrists (1 John 2:22-23, 4:1-6, 5:5-12; 2 John 1:7-9, etc.).

2 How did Jesus Christ come into this world?

Through the Spirit, virgin _____ conceived and gave birth to Jesus Christ (Isa 7:14; Matt 1:18-2:11; Luke 2:1-7, etc. cf. Gen 3:15; Gal 4:4-5; Phil 2:6-8; 1 Tim 2:5). Incarnation refers to Jesus Christ coming to this earth as a human (John 1:14-18; Rom 8:3; Phil 2:6-8; Col 2:9; 1 Tim 3:16, etc.).

Jesus Christ came to this world as a human, in a method and time chosen by God, to fulfill the promise of the gospel (original gospel), which God had made after Adam and Eve committed the first sin (The sin of eating from the tree of the knowledge of good and evil) (Gen 3:15; Gal 4:4-5; 1 John 5:5-8. cf. Isa 53:1-12; Matt 1:18-25; Phil 2:6-8, etc.). Jesus Christ, though He was God, came to this world as a human to resolve the problem of sin and save those who were dying due to sin (cf. Isa 53:1-12; Matt 1:18-25; Phil 2:6-8, etc.). Even though Jesus Christ was fully human, He was still fully divine within His human body (John 1:1-14, 10:30; Phil 2:6; Col 1:19, 2:9, etc.). Furthermore, Jesus Christ came to this world as a descendant of Abraham, Isaac, Jacob, Judah, and David (Gen 12:1-3, 49:10; Num 24:17-19; Psa 89:19-37; Isa 9:6-7, 11:1-16; Matt 1:1-25; Luke 1:26-38, 2:1-7, 3:31-33; Acts 13:22-23; Gal 3:15-22, etc.).

3 When and where was Jesus Christ born?

Jesus Christ was born two thousand years ago around 4 B.C. in a small town called _____ (Mic 5:2; Matt 2:1-11).

Jesus Christ was born in Bethlehem in the land of Judah, during Herod's reign, as prophesied by the Prophet Micah (Mic 5:2; Matt 2:1; Luke 2:4). Joseph and Mary traveled to Joseph's hometown of Bethlehem, in accordance with Caesar Augustus' decree for a census (Bethlehem is David's hometown, and Joseph is a descendant of David). Since there was no vacancy at any inns in Bethlehem at the time, Mary gave birth to baby Jesus in a horse stable. Baby Jesus was not only worshipped by the wise men from the East, who offered Him gifts of gold, frankincense, and myrrh (Isa 60:1-9; Matt 2:1-11), but also received circumcision in accordance with Jewish law eight days after His birth (Matt 1:18-25; Luke 1:26-2:21. cf. Gen 17:1-14).

4 What is the meaning of Jesus' name?

It means, "The One Who will _____ His people" (Matt 1:21. cf. Matt 20:28; Mark 10:45; 1 Tim 2:5-6).

Jesus Christ is God who forgives our sins and gives us salvation. Jesus, as the Christ (Messiah, the Anointed One), fulfilled the roles of king, prophet, and priest (Deut 18:18; Isa 9:6-7; Matt 16:15-20, 24:3-35; Luke 13:33; John 8:21-38, 14:6; Acts 3:20-23; Eph 2:13-16; Phil 2:6-11; 1 Tim 2:5; Heb 4:14-15, etc.). Jesus Christ is also referred to as the Son of Man (Dan 7:13; Matt 16:27-28, 26:64; Phil 2:6-7, etc.), the Son of God (Matt 3:17, 11:27, 16:16, 27:54; Luke 1:35; John 3:16-18, etc.), the Lord (the Lord of the Church and the world) (Matt 8:2, 20:33, 21:3, 24:42-46; Acts 2:36; 1 Cor 12:3; Phil 2:11), and a descendant of David (cf. Matt 1:1, 21:1-11; Mark 10:46-52; Luke 19:28-40, 20:41; John 12:12-15, etc.).

5 Jesus Christ is also called Immanuel, what is the meaning of Immanuel?

It means, "___ with us" (Isa 7:14; Matt 1:23).

Jesus Christ is the God who came into this world, as prophesied through the prophet Isaiah as 'Immanuel' (Isa 7:14; Matt 1:23). Jesus Christ stated that He would be with the Christians who live on this earth, proclaiming the gospel until the end of the world (Matt 28:20). Christians are live with the knowledge that God is always with them, whether in joy or sorrow, in peace or distress, in prosperity or poverty, in youth or old age, whether engaged in spiritual or worldly matters. After God calls us and bestows upon us the grace of salvation, we should remember that He will never leave us, and there is not a single moment when He does not love us (cf. Rom 8:29-39, etc.).

Discussion & Applicable Questions

1. Describe what has changed the most in your heart and life after you personally met Jesus Christ.

2. Share who Jesus Christ is to you.

3. Share how you love and live for Jesus Christ.

Answer

1. God, human   2. Mary   3. Bethlehem   4. redeem   5. God

06 Jesus Christ - 2

Christians must do their utmost to understand who Jesus Christ is and to live a life that resembles Him (John 20:30-31; Eph 4:13-32; Col 3:1-17; 2 Tim 3:15-17; 2 Pet 3:18; 1 John 2:5-6, etc.). The reason Christians must know who Jesus Christ is lies in the fact that Jesus Christ is God, the Head of the Church, the Savior, and the Judge. Furthermore, Jesus Christ is full of grace and truth, and in Him are hidden all the treasures of wisdom and knowledge (John 1:1-17; Col 2:3, etc.). As Christians develop an intimate relationship with Jesus Christ while living in this world, they must become spiritually fulfilled and lead a life that overflows with joy and gratitude.

1 Why did Jesus Christ come down to Earth?

Jesus Christ came to this Earth to forgive sins and bring salvation to man (Matt 1:21; Mark 10:45; John 3:16-17, 12:44-50; Col 1:13-14; 1 Tim 1:15; 1 John 1:7, etc. cf. Heb 9:12, 26-28, 10:12, etc.). In other words, The purpose of Jesus Christ coming to this earth was to save those who believe in Him and give _____ (Matt 25:31-46; John 3:13-17, 6:35-58, 17:2-3, 20:31, etc.).

The reason Jesus Christ came into this world is to, through His death on the cross, bear the penalty of sin on behalf of those who were dying in sin, in order to forgive their sins (Isa 53:3-12; Matt 20:28; Mark 10:45; Gal 1:4; Eph 1:7; 1 Tim 1:15; 1 John 3:5; Rev 1:5, etc.). Furthermore, He came to save all who believe in Jesus Christ, granting them eternal life and resurrecting them on the last day (Matt 1:21; John 6:38-40, 12:47, etc.). Everything that Jesus Christ did in this world was to fulfill the will of God the Father (John 6:38-40, 19:30; Heb 10:10, etc.). Because God is love, He sent Jesus Christ into this world for the sake of those who were dying in sin, and even allowed Him to die on the cross to save them (John 3:16-17; Rom 5:6-8; 1 John 4:7-17, etc.).

2 What are some things Jesus Christ did while He was on Earth?

He taught _____; He proclaimed the gospel of Heaven; He healed the sick; He casted out _____ (Matt 4:17-25, 5:1-7:29, 9:35-38; Luke 4:16-21, 8:1, etc.).

The ministry performed by Jesus Christ in this world was a work of love to save those who were dying in sin, a work reflecting

God's heart to rescue them and enable them to live eternally in the kingdom of God (John 13:1, 34-35, 15:9-17. cf. Isa 61:1-2; Rom 5:8). Jesus Christ came into this world to save sinners, the lost, people wandering like sheep without a shepherd, the thirsty, those burdened and weary, the poor, the sick, the disabled, and all those marginalized in society (Matt 5:6, 9:35-38, 11:28-30, 18:10-14; Mark 2:16-17; Luke 5:32, 14:21-23, 19:10, etc. cf. 1 Cor 1:18-31). Christians, while living in this world, must actively proclaim the gospel to the weak, poor, and marginalized, pray for them, help and serve them, following the example of Jesus, and live in this manner (cf. Matt 25:31-46, etc.).

3. What did Jesus Christ have to go through for the purpose of saving those perishing from effects of sin?

He voluntarily put Himself to be tortured and crucified on the cross. Then by the power of God, He resurrected from the dead _____ later (Matt 27:1-28:20; Mark 15:1-16:18; Luke 23:1-24:50; John 19:1-20:29, etc. cf. Rom 6:5-10; 1 Cor 15:20; Heb 13:12, etc.).

Jesus Christ suffered until His death on the cross, bearing the penalty for the transgressions of sinners. Furthermore, by the power of God, Jesus Christ was raised from the dead in three days to give eternal life to all who believe in Him and also to resurrect believers on the last day (John 6:39-44; Acts 2:22-24, 3:15; Rom 8:11; 1 Cor 6:14; 2 Cor 13:4, etc.). The crucifixion and resurrection of Jesus Christ are at the core of the gospel, fulfilling God's love and righteousness toward people (cf. John 3:16-17; Rom 3:23-26, 5:6-8; 1 John 4:8-10, etc.). Christians are to live believing that they will one day be raised, like Jesus Christ, and are to live with Him, having died and risen with Him (cf. John 11:25-26; Gal 2:20; Col 2:12, etc.).

4. What did Jesus Christ commanded disciples to do before ascending to Heaven?

He commanded disciples to spread _____ of Jesus Christ throughout the world (Matt 28:18-20; Mark 16:15-16; Luke 24:44-48; Acts 1:8, etc.).

When Jesus Christ ascended, He instructed His disciples to be witnesses of the gospel of Jesus, making people of the world into disciples of Jesus Christ, baptizing them in the name of the Father, the Son, and the Holy Spirit, and teaching them to observe God's word (cf. 1 Cor 1:21, 9:16, etc.). Those who believe in the gospel of Jesus Christ, as preached by Christians, receive salvation, while those who do not believe stand condemned (Mark 16:15-16, etc. cf. John 1:12). After ascending to heaven, Jesus Christ now sits at the right hand of God, ruling over all angels, authorities, and powers (Heb 1:1-3, 8:1, 12:1-2; 1 Pet 3:22, etc.).

5. How can we show our love to Jesus Christ Who saved us?

Obey and live according to the Word of God, _____ (John 14:15, 28-31, 15:9-10; 1 John 2:5-6, 5:3-5, etc.).

We love Jesus Christ by believing in the Bible which is the Word of God and living in obedience to the Word (observing God's Word and putting it into practice in our lives). As Jesus Christ dwelled in God's love while on earth by obeying the Word of God the Father, people who have received salvation must also express their love towards Jesus Christ in the same way (cf. John 5:17-30, 8:38-47, 15:9-10, etc.). Sadly, there are many Christians these days who verbally confess their love for Jesus Christ but do not obey the Word of God.

Discussion & Applicable Questions

1. Describe how you try to learn more about Jesus Christ and have an intimate encounter with Him.

2. In your opinion, what are some aspects in which you resemble Jesus Christ the most? Describe what aspects of Jesus Christ you wish to follow.

3. If you experienced persecution or suffering for Jesus Christ or believing in Him, please share.

---

1. eternal life   2. the Word of God, demons   3. three days   4. the Gospel   5. the Bible

07 The Death of Jesus Christ - 1

To fulfill the justice of God, Jesus Christ carried the sins of the people and died on the Cross. Therefore, all who believe in Jesus Christ have been forgiven and redeemed (1 Cor 1:17; Gal 6:12; Eph 2:16; Col 1:12-23. cf. 1 Tim 2:4-6). The Cross is the symbol of salvation and victory through Jesus Christ (cf. 1 Cor 1:17-24; Gal 2:20-21, 6:14; Col 1:20, 2:13-15, etc.). Those who believe that Jesus Christ died on the Cross for their sins must not only deny themselves, carry their Cross, and follow Jesus Christ but also boast and preach about the Cross of Jesus Christ (Matt 10:38; Mark 8:34-38; Luke 9:23, 14:27; Gal 2:20, 6:14, etc.).

1. Why did Jesus Christ die on the cross?

Jesus Christ died on the cross to forgive the sins of people, give _____ through salvation, and purify them so they may become God's people who do good work (John 3:13-17, 6:37-40; Rom 5:1-21, 6:15-23; 1 Tim 2:5-6; Tit 2:14, etc.).

The death of Jesus Christ on the cross is a sure testament of God's love (Rom 5:6-8; Gal 2:20-21, etc.), a means of reconciliation with God (Eph 2:11-22; Col 1:20-23, etc.), a symbol of forgiveness and salvation (the power of God) (Rom 3:23-26; 1 Cor 1:17-24; Gal 6:14; 1 Tim 2:5-6. cf. Rev 1:5, etc.), and the true nature of spiritual victory (Col 2:13-15). What the cross of Jesus Christ represents may be foolishness to those who are perishing (unbelievers), but to those who have received salvation, it is the power of God (1 Cor 1:18. cf. Rom 1:16). The cross is the meeting place of God's justice in punishing sin and God's love in forgiving sinners.

2. For whose sins did Jesus Christ sacrifice Himself on the cross?

He carried _____ of all and took our place on the cross (John 1:29; Rom 4:25; 2 Cor 5:14-21; 1 Pet 2:24-25; 1 John 2:1-2, etc.).

Jesus Christ died on the Cross to pay for the sins of Adam and all who were born into this world after Adam (cf. Heb 13:12, etc.). Like the lamb of a sin offering, Jesus Christ became the sin offering and died on the cross carrying the sins of the world and the people (John 1:29, 36; Heb 9:11-14; 1 Pet 1:18-20. cf. Exo 12:30, etc.). Therefore, sins are forgiven with the price of His blood (atonement) and receive salvation for those who believe in Jesus Christ (cf. Matt 9:1-8; Mark 2:1-12; Luke 5:17-26; Col 1:13-14; 1 John 2:12, etc.). Believing in Jesus Christ means knowing who He is, wholeheartedly trusting Him by accepting Him into one's heart, and living in obedience

194 Doctrine for Christian Living

to His Word.

3. Whose plan was it to have Jesus Christ die on the cross?

It was ___'s plan (Gen 3:15; John 3:13-17; Rom 8:29-30; Eph 1:3-12; 1 Pet 1:18-21, etc.).

God had already planned, before creating this world, that when people sinned, He would send Jesus Christ to die on the cross to save them (Eph 1:3-12; 1 Pet 1:18-21). Furthermore, when the first man and woman, Adam and Eve, sinned, God promised to save them through the offspring of the woman (Gen 3:15). God, in His compassion and love for those dying in sin, not only sent Jesus Christ into this world but also accomplished His plan for them by having Him die on the cross, the place of curse and shame (cf. Deut 21:22-23; John 3:16-17; Rom 5:6-8; 1 John 4:9, etc.). God saves all those who believe in Jesus Christ, who died on the cross (cf. Isa 53:3-9; Luke 23:33-36; Rom 5:8; Gal 3:13; Phil 2:8, etc.).

4. Did the work of Jesus Christ on the cross completely resolve sin?

___, Jesus Christ reconciled the sins of all those who believe in Him (Rom 5:9-21; Heb 9:11-28, 10:10-14; 1 Pet 3:18; Rev 1:5, etc.).

Obeying Father God's plan for the souls dying from sin, Jesus Christ Himself came to earth as a human and died on the cross (Isa 53:12; John 10:7-18; Rom 5:12-21; Eph 5:2; Phil 2:6-8, etc.). Therefore, those who believe in Jesus Christ not only receive forgiveness of all sins but also receive salvation and everlasting life in Heaven (cf. Rom 5:1-11; Eph 1:7; Col 1:12-14; 2 Tim 4:17-18; Heb 13:12, etc.). By remembering the Jesus Christ who died on the Cross for their sins, Christians must endlessly pray and make efforts to not sin.

5. How many times Jesus Christ have to die in order to complete the salvation process?

_____. With His one perfect work on the cross, He completed God's plan of salvation (Rom 6:9-10; Heb 7:23-27, 9:11-28, 10:1-18; 1 Pet 3:18, etc.).

Jesus Christ completed salvation by dying only once as He is absolutely and eternally God. Jesus Christ must be fully God as only God can save mankind (Psa 3:8, 62:2; Isa 43:11; Jonah 2:9; Luke 3:6; Acts 4:11-12), rescue humans from the curse of the law (Rom 3:20-26, 5:12-21, 8:1-4; Gal 3:10-14, 4:4-5), and achieve a complete and everlasting atonement of sins (Heb 7:15-28, 9:11-28, 10:9-14. cf. John 19:30). Furthermore, only a human without sin could fully pay the price of the sins committed by humans (2 Cor 5:21; Phil 2:6-8; Heb 2:14-18, 7:15-28, 9:11-15; 1 John 3:5, etc.). Jesus Christ was conceived by the Holy Spirit came into this world as a sinless human being, and throughout His life, He never sinned, even though he was tempted by Satan many times (Matt 4:1-11; Mark 1:12-13; Luke 1:26-38, 4:1-13;

Heb 4:15, etc.).

Discussion & Applicable Questions

1. Describe how you live as witness of the Gospel of Jesus for the non-believers.

2. Share whether you lead a life of denying yourself, carrying your cross, and following Jesus Christ.

3. Is there anything you sacrifice or take a loss for Jesus Christ in your daily life? If so, please describe what they are.

Answer

1. eternal life   2. the sins   3. God   4. Yes   5. Once

08 The Death of Jesus Christ - 2

From the moment of entering the world in a human's body to dying on the Cross, Jesus Christ suffered tremendous suffering (Matt 27:1-50; Mark 15:1-37; Luke 23:1-46; John 19:1-30, etc.). **To save even one more soul to the very end, Jesus Christ evangelized the Gospel, taught the Word of God, performed the Lord's Holy Supper, prepared His death on the Cross through prayer, loved and forgave people, and fulfilled the will of God** (Matt 21:1–27:50; Mark 11:1–15:37; Luke 19:28–23:46; John 12:12–19:30). **To pay for the sins of people, Jesus Christ Himself received the curse of the Cross which is a symbol of pain and shame** (Matt 27:27-56; Mark 15:16-41; Luke 23:26-49; John 19:17-30. cf. Deut 21:22-23; Gal 3:13).

1 **What happened to the relationship between God and man when Jesus Christ died on the cross?**

The relationship between God and man has been fully _____ and those who believe in Jesus Christ no longer have to pay the price for their sins (Rom 5:6-11; 2 Cor 5:18-21; Eph 1:6-7; Col 1:13-23; 1 John 1:7-9, etc.).

By dying on the Cross, Jesus Christ reconciled the relationship between mankind and God which was severed by sin. Therefore, people who have received salvation through faith in Jesus Christ can come before God who is holy (cf. John 14:6; Rom 5:6-11, 8:1-2; Eph 1:7, 2:8-22; Col 1:19-22; 1 Tim 2:5-6; Heb 9:15). Since people who believe in Jesus Christ have been forgiven of their sins, received salvation, and reconciled with God, they no longer need to pay for the price of their sins (Matt 20:28; Mark 10:45; Acts 20:28; 1 Cor 5:18-19; 1 Tim 2:5-6; 1 John 1:7, etc.). When Christians commit sins, they must repent to God and turn from their sins in order to receive forgiveness (Matt 6:12; Luke 11:4; Acts 3:19, 8:22, etc.).

2 **What do Christians gain from Jesus Christ's death on the cross?**

Through Jesus Christ's death on the cross, Christians receive the following:

1) Salvation through the forgiveness of sins (cf. 1 John 2:2),
2) The special privilege of living as God's child (John 1:12; Rom 8:14-17; 2 Cor 6:17-18; Gal 4:4-7; 1 John 3:1-10, etc.),
3) Life as a new creation (righteous person) (2 Cor 5:17-21; Eph 4:17-32; Tit 2:14, etc. cf. John 3:1-21),
4) Life dwelling in God through _____ (John 14:15-21, 15:1-17; 1 Cor 6:19-20; Gal 2:20; 1 Thess 5:9-10; 1 John 4:9-16, etc.).

In faith, Christians must boast and preach of the cross as they crucified on the cross with Jesus Christ (Gal 2:20, 6:14, etc.). Rather than give meaning to the image of the cross or create and carry it as protection, Christians should frequently meditate upon and remember solely the meaning of Jesus Christ's death on the cross. Christians can reap the benefits of standing spiritually upright even just by frequently and deeply meditating upon the death of Jesus Christ on the cross and wholeheartedly giving thanks for His love and grace.

3. To live like Jesus Christ, what must Christians do?

Christians must deny themselves, take up their _____, follow Jesus Christ, and live in obedience to God's Word (Matt 16:24; Mark 8:34; Luke 9:23; Phil 2:5-8; 2 Tim 3:15-17; 1 Pet 2:21-24, etc.).

A life of becoming like Jesus Christ is the most important life for Christians (Eph 4:13-32; Col 3:1-17; 1 John 2:5-6, etc.). The life of becoming like Jesus Christ is not only denying oneself, carrying one's cross, and following Jesus Christ but is also believing in the Word of God and putting it into practice (Eph 4:13-15; Phil 1:20, 2:5; Col 2:9-10; 1 John 2:6). To carry one's cross and follow Jesus Christ, one must live in hope of eternal life and God's kingdom as Jesus had done. By faithfully looking towards the glory and joy promised by God, one must persevere and endure the suffering of carrying the cross as Jesus Christ endured death on the Cross for the joy set before Him (cf. Rom 8:14-18; Heb 3:1, 12:1-3; 1 Pet 2:23-24, etc.).

4. As Christians, what should we proclaim and boast in?

We have to proclaim _____ and boast in His work on _____ (1 Cor 1:18-31; Gal 6:14, etc. cf. Jer 9:23-24; Gal 2:20).

Christians are witnesses of the Gospel of Jesus. Living as a witness means to save those who are dying by preaching the Gospel to all nations and to the ends of the earth until the day the world ends (Matt 28:18-20; Mark 16:15-16; Luke 24:46-48; John 20:21; Acts 1:8; 1 Cor 2:2, 11:26, etc.). Since living as witnesses of the Gospel of Jesus to the non-believers while on earth is not a choice but an obligation, Christians must enthusiastically make efforts to evangelize the Gospel of Jesus regardless of timing (Matt 28:18-20; Acts 1:8, 20:24; 1 Cor 1:21, 9:16-17, etc.).

5. What did Jesus Christ accomplish on the cross?

Jesus Christ fulfilled God's plan; He demonstrated God's benevolence, glory and ____; He redeemed and freed believers from sin; defeated _____ (John 19:30; Rom 5:6-8; 2 Cor 5:21; Col 2:14-15; Heb 2:14-15; 1 John 3:8, etc.).

Jesus Christ came to earth with the purpose of dying on the Cross and by doing so, He wholly fulfilled this purpose (John 19:30. cf. Luke 22:41-45; Phil 2:6-8, etc.). God's justice towards all sins of the past, present, and future have been completely settled for those who believe in Jesus Christ through His death on the Cross (Isa 53:3-12; Rom 3:26, 6:10; Heb 7:27, 9:12, 26-28, 10:11-16; 1 Pet 3:18, etc.). Christians who believe in this truth must always trust, rely upon, and live for Jesus Christ rather than growing apart from Him by chasing after worldly or physical things or living a life that He does not desire.

Discussion & Applicable Questions

1. If you or a family member has a special instance related to the cross, please share.

2. If there was a time you forgave someone because you are a Christian, please share.

3. If there was a time you experienced and overcame pain or suffering by meditating upon Jesus Christ's death on the Cross, describe how you felt at the time.

Answer
1. reconciled   2. faith   3. cross   4. Jesus Christ, the cross   5. love, Satan

09 The Resurrection of Jesus Christ - 1

Death on the cross and the resurrection of Jesus Christ are at the core of the Gospel (John 6:38-40; Acts 1:21-22; Rom 10:9-10; 1 Cor 15:12-23, etc.). **Jesus Christ is the resurrection and the life** (John 11:25-26, etc.). **Although Jesus Christ suffered under Pontius Pilate and died on the Cross, He physically resurrected after three days through the power of God** (John 21:1-23; Acts 13:29-37; 1 Cor 15:1-58; 2 Cor 13:4; Eph 1:19-22, etc.). **Jesus Christ became the first fruit of resurrection** (Matt 28:1-10; Mark 16:1-13; Luke 24:1-35; John 20:1-23; 1 Cor 15:20-23; Col 1:18; Rev 1:5, etc.). **Through the resurrection of Jesus Christ, Christians live with the hope that they too will resurrect someday** (1 Pet 1:3-4, etc.).

❶ What is resurrection?

We will arise from death and never ___ again (John 11:25-26; Rom 6:9-10; 1 Cor 15:42-54, etc.).

The Resurrection of Jesus Christ is the core of the Gospel evangelized by Christians, as well as the core of the faith they believe in (Rom 10:9; 1 Cor 15:12-18, etc.). Furthermore, the resurrection of Jesus Christ is the hope of Christians (cf. 1 Pet 1:3-4). In the Bible, God prophesied how He will raise Jesus from the dead and not let Him decay (Psa 16:10. cf. Acts 13:33-35). Just like this prophecy, Jesus Christ did not decay and resurrected three days after He was crucified and buried (Matt 28:1-10; Mark 16:1-19; Luke 24:1-53; John 20:1-29, etc.).

❷ By whose power is resurrection possible?

Resurrection is possible only by the power of ___ (John 21:1-23; Acts 13:29-37; 1 Cor 15:1-58; 2 Cor 13:4; Eph 1:19-22, etc.).

Jesus Christ is the resurrection and the life (John 11:25). The resurrection of Jesus Christ was the work of God the Father through the power of God the Spirit (Acts 2:24, 3:15, 10:40; Rom 8:11; Eph 1:20; Col 2:12; 1 Pet 3:18). Through the power of God, Jesus Christ resurrected in a fully physical body that could be touched and seen by people and that did not decay (John 21:1-23; Acts 10:39-41, 13:29-37; 1 Cor 15:42-54; 2 Cor 13:4; Eph 1:19-22; Col 2:12, etc.). God brought Jesus Christ back to life as He could not allow the agony of death to keep hold of Him (Acts 2:24).

200 Doctrine for Christian Living

3. Who is the "First Resurrection"?

_____ is the first being to ever resurrect from death (Matt 28:1-20; Mark 16:1-18; Luke 24:1-50; John 20:1-29; 1 Cor 15:20-23; Col 1:18; Rev 1:5, etc.).

As the first to resurrect, Jesus Christ became the first fruit of those who have fallen asleep (cf. Luke 20:35-36; 1 Cor 15:20-23, etc.). While everyone will be resurrected at the return of Jesus Christ, those who belong to Jesus Christ will be resurrected first (of those who belong to Jesus Christ, the dead will be resurrected first, followed by the transformation of those who are living on earth), then the non-believers (John 5:28-29, 6:39-44, 11:24; 1 Cor 15:23; Phil 3:20-21; 1 Thess 4:15-17, etc.).

4. After how many days did Jesus Christ resurrect?

Jesus Christ resurrected _____ after dying on the cross (Matt 28:1-20; Mark 16:1-18; Luke 24:1-50; John 20:1-29; Acts 10:39-40; 1 Cor 15:3-4, etc.).

After death on the cross, Jesus Christ was buried in a new tomb next to the hill by Joseph and Nicodemus. The Roman soldiers guarded the tomb (Matt 27:62-66; Mark 15:42-47; Luke 23:50-56; John 19:38-42). However, Jesus Christ resurrected three days after He died on the cross and was buried and met the people who came near the tomb after He resurrected (Matt 27:1–28:20; Mark 15:1–16:18; Luke 23:1–24:50; John 19:1–20:29; Acts 10:39-40; 1 Cor 15:3-8, etc.).

5. Why did Jesus Christ have to resurrect?

Jesus Christ resurrected so that we too can be resurrected and to prove that He is indeed _____ of God (Rom 1:4, 4:24-25, 6:5-11; 1 Cor 15:1-58; Col 2:12; 1 Pet 1:3-4, etc.).

The reason for the resurrection of Jesus Christ is to make it clear that He is the Son of God, to demonstrate His complete victory over sin and death, to become the Lord of the living and the dead, to confirm the salvation of Christians, to instill hope in Christians for the resurrection, and to indicate that when Jesus Christ returns to this world, He will resurrect them. Additionally, it serves to confirm that God will judge the world through Jesus Christ (cf. Acts 17:31; Rom 1:4, 4:25, 6:4-5, 14:9; 1 Cor 15:12-22, 55-57; 2 Cor 4:14; 1 Pet 1:3, etc.).

Discussion & Applicable Questions

1. Do you live in firm belief that you will also come back to life when Jesus Christ returns to this world?

2. Describe how your heart and life benefit from your faith in resurrection.

3. Share what Christians must do to live with unshaken faith in resurrection.

Answer

1. die   2. God   3. Jesus Christ   4. three days   5. the Son

10 The Resurrection of Jesus Christ - 2

The Bible teaches that without the resurrection of Jesus Christ, our faith is in vain, and we would still be in our sins (1 Cor 15:14-17). The gospel without the resurrection is of no value. If people cannot be resurrected, then believing in Jesus Christ would be in vain, and when Christians die, they are ultimately perish forever. Furthermore, Christians would be the most pitiful of all people in this world (1 Cor 15:13-14). According to the Bible, all people living in this world will be resurrected when Jesus Christ returns to this world, and afterward, they will face judgment (Heb 9:27-28, etc.). Therefore, Christians must live with a certain faith and hope that they will be resurrected in the future.

1 Why is the resurrection of Jesus Christ so important?

We know that we will rise again after death, We hope in our own resurrection and _____ (John 11:25-26; Acts 17:31; Rom 6:1-14; 1 Cor 15:1-58; Eph 2:1-22; Col 2:12, etc.). Had Jesus Christ not resurrected, our faith and preaching the gospel would be in vain, as well as misrepresenting God. We would also still be in sin and those who have fallen asleep in Christ would perish. Christians would be the most pitiful people on earth (1 Cor 15:12-19. cf. Matt 22:23-33; Mark 12:18-27; Luke 20:27-40).

The resurrection of Jesus Christ proves to Christians that they will rise again even when they die, it gives hope that they can live eternally in God's kingdom, it offers great comfort and encouragement, it enables them to serve God with a good heart, it helps them endure pain and suffering in this world with joy, and they can enjoy the joy of resurrection while living in this world (cf. Matt 5:11-12; 1 Cor 15:29-32, 58; Phil 3:10-11, 20-21; 1 Pet 3:21, etc.). Christians, as those who died with Jesus Christ on the cross, should live believing that they will rise again with Him (Rom 8:11; 1 Cor 6:14; Gal 2:20; 2 Tim 2:11-13; 1 Pet 1:3-5, etc.).

2 Where and when did the ascension of Jesus Christ occur?

Jesus Christ resurrected and ministered for another forty days on earth. After the _____, He ascended into Heaven from Bethany, east of Mount Olives (Luke 24:50-51; Acts 1:3-12).

Jesus Christ, after His resurrection, appeared to many people, including His disciples, for forty days. During this time, He taught them God's Word, gave them the mission as witnesses of the Gospel, and spoke about the Kingdom of God (Matt 28:18-20; Mark 16:15-18; Luke 24:44-48; Acts 1:3-8; 1 Cor 15:3-8, etc.). Then, Jesus Christ ascended into heaven from the eastern slope of the Mount of Olives in Bethany, in the presence of His disciples and many people (Mark 16:19; Luke 24:50-51; Acts 1:3-12; 1 Cor 15:3-8). After His ascension, Jesus Christ fulfilled His promise by sending the Holy Spirit, the Spirit of God (cf. John 7:39, 14:15-26, 15:26, 16:5-15; Acts 2:1-4; 1 Pet 1:12, etc.).

3. Where is Jesus Christ now and what is He doing?

Jesus Christ ascended into heaven and sits at _____ of the throne of God the Father. From there Jesus rules over the Church and all creations, helps God's children, empowers them, and prays (_____) for them, prepares a place for them to dwell in, and waits for the day he will come back to this world (Psa 110:1; Dan 7:13-14; Matt 26:64; John 14:1-3, 12; Rom 8:34; 2 Thess 1:7-8; Heb 1:3, 10:12-13; 1 Pet 3:22; 2 Pet 3:9-10, etc.).

After His ascension, Jesus Christ, seated at the right hand of God, continues His work in the world through those who believe in and are saved by God the Spirit and Jesus Christ (John 14:15-26, 15:26-27, 16:5-15, etc.). Christians gather on the first day after the Sabbath, which is Sunday, to worship and celebrate the joy of the resurrection while eagerly awaiting the return of Jesus Christ to this world. They also actively engage in spreading the message of the risen Jesus Christ to people around the world (cf. Matt 28:18-20; Acts 20:7; 2 Tim 4:1-2, etc.).

4. When will Christians resurrect like Jesus Christ?

When Jesus Christ _____ to this Earth in the same way he ascended to Heaven (Acts 1:11; 1 Cor 15:42-54; 1 Thess 4:14-17; 1 John 3:2, etc.).

Only God the Father knows when Jesus Christ will come again to this world (Matt 24:36-44; Mark 13:32-37; 1 Thess 5:1-11; 2 Pet 3:9-10; Rev 16:15, etc.). Furthermore, Jesus Christ will come back to this world just as He ascended to heaven (Acts 1:6-11). When Jesus Christ returns to this world, the righteous will come out to the resurrection of life, and the wicked to the resurrection of judgment (John 5:28-29). Jesus Christ stated that it is the will of God the Father to raise up all the people He has given and will grant them eternal life on the last day (John 6:39-40). Christians must keep in mind that when Jesus Christ returns to this world, He will come just as He ascended to heaven. Since there are some cults claiming that their religious leader is the returned Christ, Christians must be careful not to fall for such lies.

5. In what form will Christians resurrect?

Like Jesus Christ, we will resurrect in glorified bodies that will never ___ or _____ (Luke 20:35-36; 1 Cor 15:42-54; Phil 3:20-21, etc.).

Jesus Christ not only rose with a body that does not decay and will never die but His resurrected body transcends time and space (John 20:19-29; Acts 2:23-24, etc.). Similarly, Christians, like Jesus Christ, will rise with bodies that do not decay and will never die, having perfect physical and spiritual bodies (Matt 28:9; Luke 20:35-36, 24:39; John 20:16-17, 27; 1 Cor 15:42-54; Phil 3:20-21, etc. cf. Isa 26:19; Dan 12:2).

Discussion & Applicable Questions

1. Share how you observe Sunday which commemorates the resurrection of Jesus Christ.

2. If there was a time you restored joy, gratitude, and hope in your hearts by meditating upon the resurrection of Jesus Christ, please share.

3. Describe what are some best ways in which Christians could commemorate the church's official holiday of Easter.

Answer

1. eternal life   2. forty days   3. the right hand, intercedes   4. returns   5. die, decay

11 Holy Spirit - 1

The Holy Spirit is God. The Holy Spirit, who is God, inspires people to write the Scriptures and assists in spreading and preserving the Bible throughout the world (2 Tim 3:16-17; 2 Pet 1:20-21). The Holy Spirit, as God, calls those whom God has chosen in His time, enabling them to believe in Jesus Christ for salvation (Rom 8:29-30; 1 Cor 12:3; Eph 2:8-9; 2 Thess 2:13-14; Tit 3:5-7, etc.). Moreover, the Holy Spirit, as God, uses the Spirit of Jesus Christ to make Christ's words known to Christians, helping them understand what Jesus Christ said (John 14:26, 15:26, etc. cf. Acts 2:16-18). In other words, the Holy Spirit, as God, enables Christians who read the Scriptures to understand the essence and meaning of His words (cf. John 15:26-27, 16:13-15; 1 Cor 12:1-11, etc.).

1 Who is Holy Spirit?

Holy Spirit is ___ and the Spirit of Jesus Christ (Matt 28:19; John 14:16-17, 16:13-15; Rom 8:9-17; 1 Cor 2:10-16, 12:3; 2 Cor 3:17-18; Gal 4:6, etc.).

The Holy Spirit is the Triune God, the Spirit of Jesus Christ, the Creator God, the source of all life, and the sustainer of all things (Gen 1:1-2:7; Job 26:13, 33:4; Psa 33:6, 104:29-30; Isa 11:2, 40:28; John 6:63; Acts 16:7; 1 Pet 1:11, etc.). Furthermore, the Holy Spirit is the Spirit of truth who inspires people to write the Scriptures (John 14:15-21, 15:26-27, 16:5-15; 2 Tim 3:16-17; 2 Pet 1:20-21; 1 John 5:7) and convicts people of sin, leading them to believe in Jesus Christ for salvation (John 16:7-14; 1 Cor 2:4-5, 12:3, 9; Eph 1:13-14; 2 Thess 2:13, etc.). Moreover, the Holy Spirit is the one who allows those who receive salvation to call God their Father as His children (cf. John 1:12; Rom 8:14-18; Gal 4:4-7, etc.).

2 What is the relationship between Holy Spirit and the Bible?

Holy Spirit inspired and _____ the Biblical authors in their recording of the Bible (2 Tim 3:16-17; 1 Pet 1:12; 2 Pet 1:20-21, etc.), He calls the children of God to Scripture (John 16:5-15, etc.), He helps us understand and discern the meaning of Scripture (1 Cor 2:9-16; 2 Tim 3:16-17, etc.).

The Holy Spirit is the ultimate author of the Scriptures and instructs Christians in God's will. Moreover, the Holy Spirit helps Christians remember and understand the words of Jesus Christ, guiding them to be conformed to His likeness (cf. Luke 12:8-12; John 14:15-31, 15:26-27, 16:5-15, etc.). Those speaking by the Spirit of God do not say, 'Jesus is accursed,' and no one can say, 'Jesus is Lord,' except by the Holy Spirit (1 Cor 12:3). Children of God must seek the assistance of the Holy Spirit, discerning the spiritual things with the wisdom and abilities given by Him, and living in accordance with God's Word as He requires (cf. Exo 4:6; 1 Cor 2:6-16, 12:1-31; Gal 5:16-26; Jam 1:5, etc.).

3. What does it mean to be baptized by the Spirit?

It is the process where _____ enters the heart of the believer (John 3:5-6; Acts 19:2; Rom 8:9-17; 1 Cor 6:19-20, 12:13; Gal 4:6-7; 1 John 3:24, 4:13, etc. cf. Acts 2:1-13; 1 Cor 12:3).

Being baptized by the Spirit is the response to the calling of the Holy Spirit God of repentance and turning to God by acknowledging one's sinful state, believing in Jesus Christ for salvation, and becoming a child of God. In other words, being baptized by the Spirit is the spiritual rebirth of individuals, making them children of God, indwelled by the Holy Spirit, owned by the Spirit, receiving spiritual life, and being spiritually renewed (cf. John 1:12, 3:1-8, 6:63; Acts 1:5; 1 Cor 3:16-17, 6:19-20, 12:13; Eph 1:13-14; Tit 3:5, etc.). Therefore, being baptized by the Spirit only occurs once, at the moment of believing in Jesus Christ for salvation (John 1:12, 3:16-18; Acts 2:38, 5:32, 8:12-17, 10:44-48, 19:2; Eph 4:3-5, etc.). Those who have been baptized by the Spirit must also undergo water baptism as a public testimony of their salvation.

4. What does it mean to be "filled with the Spirit?"

To be filled with the Spirit means that those who have been baptized by the Spirit (those who have been saved) live under the control of God the Spirit in every way (including thoughts, words, actions, and life) and according to _____ (requirements) (Luke 1:67, 4:1; Acts 2:1-13; Gal 5:16-26; Eph 5:18-20, etc.).

As the Holy Spirit dwells in them, Christians must always live in a holiness, following the requirements of the Holy Spirit, and living for the glory of God with their bodies (cf. Matt 5:13-16; Rom 8:1-17; 1 Cor 3:16-17, 6:19-20, 10:23-33; Gal 5:16-26; Col 3:17; 1 Pet 4:11, etc.). Therefore, Being filled with the Spirit is a recurring process in the lives of Christians as they are being sanctified, and as this continues, they become more like Jesus Christ. To live a Spirit-filled life, Christians must not grieve the Spirit by going against His guidance or disobeying His will, and they must not sin and cause distress (grief) to the Spirit. They should not quench the Spirit's activity and extinguish Him, but rather, they should repent of their sins and turn back to God, obey His Word, and live accordingly (cf. Isa 63:10; 1 Cor 3:16; Gal 5:16-26; Eph 4:30-32; 1 Thess 5:19, etc.). Furthermore, they should earnestly pray to be filled with the Spirit (cf. Luke 11:13; John 7:37-39; Acts 1:13-15, 4:1-31, 6:1-7, 7:54-60; Rom 8:13; 2 Pet 1:21, etc.).

5. How does the Holy Spirit help people?

People receive help from the Holy Spirit in the following ways: **1)** To believe in Jesus Christ for _____ **2)** To understand and know the Word of God **3)** To receive grace and love **4)** To be justified and made holy **5)** To grow in faith **6)** To triumph in the spiritual battle against the devil **7)** To be equipped with spiritual wisdom and discernment **8)** To serve the church with _____ **9)** To receive the help necessary for daily living **10)** To bear fruit of the Spirit **11)** To not commit sin **12)** To have a heart of repentance through convictions **13)** To evangelize **14)** To be led on the righteous path **15)** Furthermore, the Holy Spirit intercedes on their behalf (John 14:26, 15:26, 16:13-15; Acts 1:8, 16:6-10; Rom 8:1-17, 26-27; 1 Cor 2:9-16, 6:11, 12:1-31; 2 Cor 2:14; Gal 5:16-26; Eph 1:13-14, 2:8-9; 1 John 3:23-24, etc.).

The Holy Spirit God enables people to believe in Jesus Christ for salvation, setting them free from the law of sin and death (cf. Rom 8:1-2, etc.). The Holy Spirit sanctifies Christians, making them spiritually mature and holy, bestowing grace and gifts, helping them to pray and to evangelize. Moreover, the Holy Spirit God empowers, guides, enables them to love God and their neighbors, live with integrity and righteousness, trust in and rely on God alone, overcome trials, win the spiritual battle against the devil, and live a life of service and devotion (cf. Matt 28:18-20; Acts 1:8, 16:6-10; Rom 8:1-17; Gal 5:16-26; 2 Thess 2:13-14; 2 Tim 3:16-17; Tit 3:3-7, etc.).

Discussion & Applicable Questions

1. Each time you read the Bible, do you pray to God the Spirit to help you properly understand the meaning of the message?

2. If there is a Bible verse you recently grasped in a special way through the help of God the Spirit, please share.

3. Please share if you or a family member experienced healing, a miracle, a vision, or a dream through the help of the Holy Spirit.

Answer
1. God   2. guided   3. God the Spirit   4. His Word   5. salvation, spiritual gifts

12 Holy Spirit - 2

The Holy Spirit God intercedes in prayer for Christians (Rom 8:26-28). Moreover, the Holy Spirit God assists in the establishment of God's church, appoints its leaders, and empowers Christians to bear the fruit of eternal life when they proclaim the gospel of Jesus. When Christians are filled with the Spirit, they actively share the gospel of Jesus to the ends of the earth by the Spirit's enabling (cf. Acts 1:8, etc.). Therefore, Christians must cast off the sinful nature that is focused on fleshly and worldly things, living only in obedience to the Holy Spirit's leading (cf. Gal 5:16-26, etc.). Christians must remember that they are temples of the Holy Spirit and keep sin at bay, glorify God by doing good, and live holy lives (1 Cor 3:16-17, 6:19-20, etc.).

1. Why does Holy Spirit give spiritual gifts to Christians?

In order to know God's will and be able to minister to others, to _____ strengthen the church and its members, to benefit the church and its members as a whole (Rom 1:9-12; 1 Cor 12:1-31; Eph 4:11-12; 1 Pet 4:10-11, etc.).

Spiritual gift is not a condition for salvation but a gift of grace from the Holy Spirit, given to those who are already saved and have become God's children, so that they effectively do God's work. Christians are to use the spiritual gifts they have received not for their own benefit alone but as tools to help others build up the church (Rom 12:6-8; 1 Cor 12:4-10, 28; Eph 4:11-12). Furthermore, Christians must not use the spiritual gifts given by the Holy Spirit to exalt themselves or to belittle others.

2. What are the benefits of utilizing the spiritual gifts in our lives?

It brings Christians together in doing God's good work. It also helps us become _____ and sanctified as we seek to become more like Jesus (Eph 4:13, etc.).

While each gift given by God the Spirit may be different, all gifts are beneficial (Rom 12:6; 1 Cor 7:7, 12:4-7; 1 Pet 4:10, etc.). God the Spirit decides whether a gift will be given and what type of gift will be given (1 Cor 12:11). If Christians live according to the gift given by God the Spirit, God receives the honor and Christians spiritually mature (Eph 4:13; 1 Pet 4:11). Furthermore, the gift of the Holy Spirit is beneficial when used in love, but without love, the gift has nothing to gain (1 Cor 13:1-13, 14:1).

3. Who helps us discern whether or not we are in sin?

It is _____ who helps us discern when we are in sin (John 16:7-11; Rom 8:1-17, etc. cf. Acts 2:14-41).

God the Spirit not only helps people know whether they have sinned and become cognizant of their sins but also repent (the repentance to reach salvation and repentance for those who have already received salvation) and turn back toward God (John 16:7-11; Acts 11:17-18; Rom 2:4, 8:1-17; 2 Tim 2:25, etc. cf. Acts 5:1-11, etc.). Since God the Spirit who spiritually resides in the hearts of Christians is holy, Christians inevitably feel anxious and repent when they commit sin—eventually despising and distancing themselves from sin (John 14:16, etc.). If a Christian neither feels discomfort in his/her heart nor the need to repent, that individual most likely did not receive the spiritual baptism nor salvation.

4. What is the unforgivable sin of blaspheming against the Spirit?

Denying _____ and/or deliberately hindering someone from believing in _____ (Matt 12:31-32; Mark 3:28-29; Luke 12:10).

Blaspheming against the Holy Spirit s an act of sin that actively inhibits the pursuit of God the Spirit. This sin not only includes the sin of not believing in Jesus Christ but is also a sin that prevents one from believe in Jesus Christ. Therefore, one cannot enter the kingdom of God when blaspheming against the Holy Spirit as he/she cannot receive salvation (Matt 12:31-32; Mark 3:28-29; Luke 12:10, etc. cf. 1 Thess 5:19-22; Heb 10:26-31; 1 John 5:16-21, etc.). For example, one would consider the following groups to be committing blasphemy against the Holy Spirit: followers of non-Christian religious groups, pseudo-religious groups, heretical cult groups, false teachers, anti-Christs, those who persecute Christians, and all others who do not believe in Jesus Christ.

5. What is the Fruit of the Spirit?

The Fruit of the Spirit is ____, joy, peace, patience, kindness, goodness, faithfulness, gentleness and _____ (Gal 5:22-23).

For Christians who live according to the requirements of God the Spirit, the Holy Spirit allows them to bear the fruits of the Spirit (Gal 5:16-26). Christians bear the fruits of the Spirit so they may not only live for the glory of God but live a life to become like Jesus Christ and live as witnesses of the Jesus Gospel for the world (cf. Rom 8:1-17; 1 Cor 3:16-17, 6:19-20; Gal 5:16-26; Eph 4:13; Phil 2:5; Col 3:17; 1 John 2:6, etc.). For Christians who live according to God's Word, the Holy Spirit not only helps them bear the fruits of the Spirit but also spiritually good fruit (fruit of righteousness, fruit of light, fruit of goodness, fruit of repentance, fruit of Gospel, fruit of life, etc.) (Matt 3:8-12, 7:15-20; John 15:1-8; Gal 5:22-23; Phil 1:9-11; Heb 13:15; Jam 3:17-18, etc.).

Discussion & Applicable Questions

1. Share how you make efforts to live a life filled with the Holy Spirit (distancing oneself from sin and living in righteousness in accordance with God's Word).

2. If there was a time you felt the strong presence of God the Spirit while worshipping or sharing the Gospel, please share.

3. Lately, which fruit of Sprit do you love the most (love, joy, peace, patience, kindness, goodness, faithfulness, gentleness, self-control).

Answer

1. spiritually   2. mature   3. Holy Spirit   4. Jesus Christ, Jesus Christ   5. love, self-control

13 Man - 1

Humans were created by God in His image, possessing both soul and flesh (Gen 1:26-30, 2:7, 18-22, 5:1, 9:6; Col 3:10, etc.). **Furthermore, humans have been created to give honor and praise to God** (Psa 148:1-14; Isa 43:7, 21; 1 Cor 6:19-20, 10:31, etc.). **Humans are God's greatest creation, and therefore, must respond to God's saving grace and love by giving Him thanks and glory, worshipping in spirit and truth, exalting and praising God's name, obeying the Word of God, carrying out the commission, and living as the light and salt of the world** (cf. Matt 5:13-16, 28:18-20; John 4:20-24; 1 Cor 6:19-20, 10:23-33; Jam 2:14-26, etc.).

1. How did the first man come into this world?

____ created man and woman (Gen 1:26-27, 2:7, 18-22, 5:1-2, etc. cf. Luke 3:38; 1 Cor 15:45).

God spoke the entire universe and all things within it into existence out of nothing in six days when the world was void (Gen 1:1-31; Neh 9:6; Isa 45:7-8, 18; John 1:1-3, 10; 1 Cor 8:6; Col 1:15-17; Heb 11:3, etc.). God created human beings (Adam and Eve) in His image and likeness and blessed them with dominion over all things (cf. Gen 5:1-2; Psa 139:13-16, etc.). Furthermore, God created man and woman with distinct roles and order (Gen 3:16; 1 Cor 11:3-12; Eph 5:21-33; 1 Tim 2:9-15, etc.). Although man and woman have different roles and order, they are to treat each other with equality according to God's plan, love and honor each other, pray for and spiritually encourage one another, help and cooperate with each other in their lives (cf. Gen 1:26-31, 2:4-25, 3:1-24, etc.).

2. How did God create Adam and Eve?

1) God created Adam (man) from the dust of the ground, and Eve (woman) from the rib of Adam (Gen 2:7, 18-25, 3:19).

2) God gave flesh to Adam and Eve but also created them into living _____ (spiritual beings) by breathing the breath of life into their nostrils (Gen 2:7; Job 33:4, etc. cf. Ecc 12:7; 1 Cor 15:45).

People were created by God's word as personal beings with both a soul and a body and individual character (Gen 1:26-30, 2:7, 18-22, 5:1, 9:6; Col 3:10, etc.). Human beings were created with free will with the ability to reason, understand, judge and choose between good and evil. In other words, human beings have a unique ability to live a religious life of relating to God and a moral life of relating to other human beings. After creating Adam from the dust, God saw that it was not good for Adam to be alone, so He made Eve from Adam's rib (cf. Gen 1:26-31, 2:18-25; John 1:1-3, etc.). When Adam first met Eve, he confessed, 'This is now bone of my bones and flesh of my flesh' (Gen 2:18-25). Adam named his wife Eve, which means 'the mother of all the living' (Gen 3:20. cf. Gen 2:19). Adam and Eve lived as a couple within God, enjoying the blessing of God's grace, bearing children, and multiplying (Gen 1:28, 2:18-25, 4:1-5:32, etc.).

3. In whose image did God create Adam and Eve?

God created Adam and Eve in His Own _____, according to His _____ (Gen 1:26-27, 5:1; Jam 3:9; 2 Pet 1:4, etc.).

God created human beings (Adam and Eve) in His image and likeness, distinct from other creatures (Gen 1:26-27, 5:1-2, 9:6; 2 Pet 1:4, etc.). Here, the image and likeness of God refer to His nature and character, not his physical attributes (John 4:24, etc.). Therefore, when God later gave the Ten Commandments to the Israelites, He specifically commanded them not to make any idols or likeness of anything (Exo 20:4; Deut 5:8). Christians must understand the nature of their creation and strive to live to resemble the character of God.

4. Why did God create man?

God created us so that we can praise and _____ Him (1 Chr 16:28-29; Psa 148:1-14; Isa 43:1-7, 21; Rom 11:36, 15:4-6, etc. cf. Eph 1:11-12).

Due to sin, people were no longer able to offer glory and praise to God (cf. Isa 42:8, 43:1-7, etc.). However, after Adam and Eve sinned, God allowed them to atone for their sins through the offering of animal sacrifices, which included the shedding of blood (Gen 3:21. cf. Gen 4:3-15; Exo 12:1-30; Lev 4:1-35, etc.). Subsequently, Jesus Christ fulfilled God's plan and satisfied His righteousness by shedding His blood on the cross. He demonstrated God's love and forgave the sins of those who believe in Jesus Christ, setting them free from sin and defeating Satan (Rom 5:6-8; 2 Cor 5:21; Col 2:14-15; Heb 2:14-15; 1 John 3:8, etc. cf. John 19:30). Those who are saved, through Jesus Christ, are now able to offer glory and praise to God once again (cf. Matt 5:13-16; 1 Cor 6:12-20, 10:23-33; Eph 1:11-12, etc.).

5. How can man glorify God?

In order for people to give glory to God, they must not only acknowledge and believe in God, but also exalt His name, _____ Him only, and live in obedience to _____ (cf. Deut 6:4-5; Mic 6:8; Matt 5:13-16; John 1:12, 15:7-12; Rom 4:20, 15:7; Eph 1:4-7, 2:5-10, etc.).

Through God the Spirit, people can repent of their sins and believe in Jesus Christ for salvation. Those who are saved must live for the glory of God, whether they eat or drink, and, above all, they must live a life that prioritizes God's kingdom and His righteousness (Matt 5:13-16, 6:25-34; 1 Cor 6:19-20, 10:23-33; 1 Pet 4:11, etc.). Moreover, Christians, as the salt and light of the world, should live in accordance with God's Word, performing good deeds so that people in the world may see their example and give glory to God (Matt 5:13-16; 1 Pet 2:11-12, etc.).

Discussion & Applicable Questions

1. Recently, what have you been most thankful for to God? Please share.

2. Describe a time when you disobeyed God's Word due to your pride and useless greed.

3. What should Christians do in order to live only for the glory of God whether in eating, drinking, or anything they do?

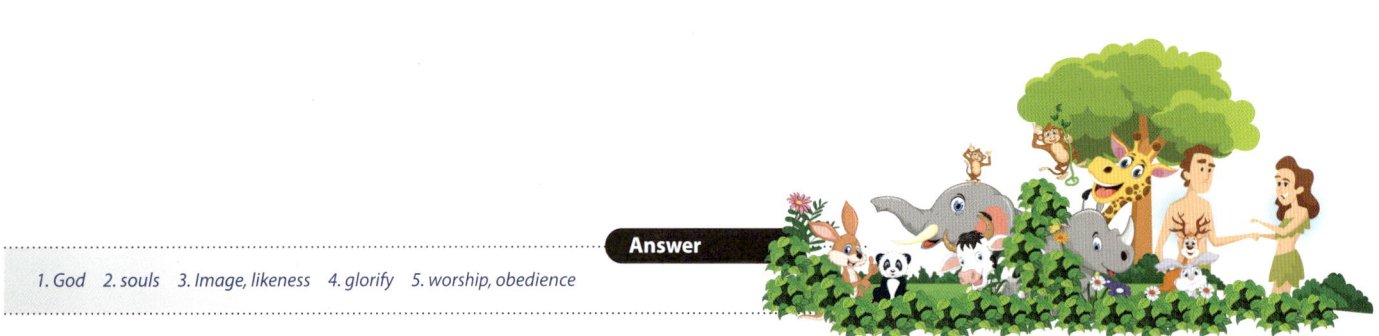

Answer

1. God   2. souls   3. Image, likeness   4. glorify   5. worship, obedience

 # Man - 2

God created Adam and Eve in His own likeness as personal beings (Eph 4:24; Col 3:10). **They were created as rational and moral beings, and spiritual beings** (Gen 2:7, 9:6; Job 33:4; 1 Cor 11:7, 15:49, etc.). **Therefore, before committing sin, humans had free will to choose what they desired and could live in communion with God, knowing who He is, and were holy enough to have a personal relationship with Him, living as beings cherished and loved by Him, and obedient to His will** (cf. Gen 2:15-25, 3:1-21, 5:21-24, 17:1-22; John 8:31-38; Rom 1:18-25; 1 Cor 1:9, etc.). **However, after the fall, the spiritual relationship between humans and God was broken, and instead, they became subject to Satan, living not according to God's Word and the demands of the Holy Spirit but following the desires of Satan and the sinful nature of the flesh** (John 8:39-47; Rom 8:1-13; 1 Cor 2:9-16, 15:40-50; Gal 5:16-26; 1 John 3:8-10, etc.).

1 How did God bless man after creating him?

God blessed man; "Be fruitful and _____, and fill the earth, and subdue it; and rule over the fish of the sea and over the birds of the sky, and over every living thing that moves on the earth." (Gen 1:28, 9:1-7; Psa 8:4-8, etc.).

God created people and bestowed upon them the blessing of knowing God and having communion with Him (Gen 2:7-19, 3:8-24, 5:21-24, 17:1-22; Rom 1:19-25; 1 Cor 1:9; Heb 11:1-40; Jam 4:8, etc.) and the blessing of eternal life (cf. Gen 2:17, 3:3, 5:5). However, due to sin, people were spiritually separated from God (cf. Gen 2:16-17; Ezek 18:1-32; Rom 3:23; Col 1:17-23, 2:13, etc.). Therefore, people lost the blessing of intimate communion with God, life in the Garden of Eden, and the ability to live eternally, becoming beings who could only face eternal death (Gen 3:22-24, etc.). Yet, by the grace of God, when such sinners believe in Jesus Christ and receive salvation, their spiritual relationship with God is fully restored (Matt 25:31-46; John 3:14-17; Rom 5:6-8; 1 John 5:6-12, etc.).

2 What was the first command God gave to Adam?

God commanded Adam not to eat from the Tree of the Knowledge of Good and Evil. The consequence of disobedience was _____ (Gen 2:15-17, 3:2-3).

God told Adam that if he were to eat from the tree of the knowledge of good and evil, he would surely die (cf. Gen 2:15-17; Rom 3:23, 5:12-21, etc.). In fact, this command is a promise that, by believing in and obeying God alone, one will receive everything in the Garden of Eden, which includes God's immense love and grace (cf. Exo 20:6; Rom 6:23, etc.). As Christians, with deep gratitude for the grace and love of God already received, we should strive to keep God's Word and fulfill the missions entrusted to us by God to the best of our abilities.

3) Did Adam obey God's first command?

___. Adam ate from the Tree of the Knowledge of Good and Evil. This was man's first sin (original sin) towards God (Gen 3:1-24; Rom 5:12-21, etc.).

The serpent (Satan) tempted Eve by suggesting that if she ate from the tree of the knowledge of good and evil, she would not die but rather become enlightened, like God. Eve, upon hearing the serpent's words, saw that the tree's fruit was appealing, delightful to the eyes, and desirable for gaining wisdom, so she took and ate its fruit. She also gave some to her husband (Adam), who was with her, and he ate it as well. Adam and Eve's disobedience, breaking God's command, was driven by spiritual pride, desiring to become like God, and falling into the temptation of Satan (cf. Gen 3:1-7; Rom 5:12-21). If Adam had lived in reverence of God and with gratitude for the grace bestowed upon him by God, he would not have succumbed easily to the temptation of Satan.

4) What punishment did Adam and Eve receive for breaking their first covenant with God?

1) Adam received the punishment of a lifelong toil where he could only eat the food that is earned through the sweat of his brow.
2) Eve was punished with immensely increased ____ in childbearing and childbirth, and with the punishment of being under the authority of her husband.
3) Both received the punishment of death and returning to dust.
4) Both were exiled from the Garden of Eden.
5) The land produced thorns and thistles as result of their sin, and Adam and Eve had to eat the plants of the field as punishment (Gen 3:16-24. cf. 1 Tim 2:12-14).

Adam and Eve, who sinned by eating from the tree of the knowledge of good and evil, not only received punishment from God but also brought about the consequence that all people born after them would be born with sin (original sin). Furthermore, people, instead of trusting and relying on God and living in obedience to His Word, became enslaved to Satan, serving the world and materialism. Due to sin, people were spiritually separated from God and could not obtain salvation on their own. Therefore, only after believing in Jesus Christ and receiving salvation can sinful humans draw near to God (cf. Gen 3:14-21; John 14:6; Acts 4:11-12; Heb 4:14-16; Jam 4:7-8, etc.).

5. How did God bestow grace and compassion to Adam and Eve who sinned?

1) God provided _____ so that Adam and Eve, and their descendants could be saved (Gen 3:15).

2) God clothed Adam and Eve with garments of skin as a symbol of atonement (Gen 3:21).

3) God bestowed the same standard grace He gave to Adam and Eve to their descendants (cf. Ezek 34:26-27; Joel 2:23-24; Matt 5:45; Acts 14:15-17, 17:22-30, etc.).

Despite Adam and Eve's sin, God, in His mercy, continues to bestow upon them and their descendants general blessings - common grace (such as the sun, moon, stars, early and late rains), dominion over other creatures, provisions of food and drink, health, material possessions, knowledge, culture, education, politics, time, etc. (cf. Ezek 34:26-27; Joel 2:23-24; Matt 5:45; Acts 14:15-17, 17:22-30, etc.). Furthermore, God restores to those who believe in Jesus Christ and receive salvation the spiritual blessings that they had lost due to sin (cf. Col 3:10; 2 Pet 1:4, etc.).

Discussion & Applicable Questions

1. Do you acknowledge that God is the owner of your life and everything you possess? If yes, do you live with the willingness to give Him what you have whenever He demands?

2. Do you treat your life and that of others preciously? If there was a time you thought of committing suicide or homicide, please share.

3. Discuss your thoughts on the way nowadays Christians who follow the worldly trend of treating their pet like their child, sibling, and/or heir to their inheritance by humanizing animals like dogs or cats.

Answer

1. multiply   2. death   3. No   4. pain   5. the Gospel

15 Sin - 1

Human sin (original sin) originated when Adam and Eve ate from the tree of the knowledge of good and evil (Gen 3:1-7). Adam's sin has an impact on all people born after him (Rom 5:12-21; Eph 2:1-3, etc.). Therefore, all people born after Adam (excluding Jesus Christ, who was born sinless through the virgin birth) are born with original sin, a spiritually dead state, as they inherit Adam's sin (Psa 51:5, 58:3; Ecc 7:20; Rom 3:10-12, etc.). God, who is holy, detests sin the most – sin involves breaking God's law and failing to do good when one knows what is right (Hos 6:7; Rom 14:23; Jam 4:17; 1 John 3:4, 5:17, etc.).

1 What is sin?

Sin is the infraction of God's _____ and the volitional choice not to do _____ (Hos 6:7; Rom 14:23; Jam 4:17; 1 John 3:4, 5:17, etc.).

When we examine the meaning of sin more closely, sin involves breaking God's law, not believing in God, disobeying God's Word, not living according to God's Word, worshiping idols, not loving God, and failing to do good even when knowing what is right (Exo 20:3-6; Deut 9:7; Ezek 20:15-16; John 14:24; Rom 3:23; Jam 4:17; 1 John 3:4, 5:17, etc.). People, due to the frailty of the flesh and vain desires of the heart, yield to Satan's temptations and fall into sin. When these sinful actions are repeated, they establish wicked character and habits and ultimately lead to spiritual death (Matt 12:33-37, 26:41; John 8:42-47; Rom 6:23; Jam 1:14-15, etc.).

2 What are the three types of sin as described in the Bible?

1) **Original Sin:** This is the first sin committed by mankind through Adam's disobedience against God by eating the fruit from the tree of the knowledge of good and evil (Gen 3:1-24; Psa 51:5; Hos 6:7; Rom 5:12-21, etc.).

2) **Sin committed by oneself:** This sin is committed by heart and action (thoughts, speech, and conduct), including but not limited to, pride, greed, hatred, jealousy, evil thoughts, adultery, murder, idolatry, materialism, living unrighteously, and/or other sins committed by heart and act (thoughts, speech, and action) (Rom 1:28-32; Col 1:21; Gal 5:19-21; Jam 1:14-15, etc.).

3) The sin of blasphemy against _____: This is a sin that cannot receive forgiveness from God and is committed by not believing in Jesus Christ and/or by preventing one from believing in Jesus Christ (Matt 12:31-32; Mark 3:28-29; Luke 12:10, etc. cf. Heb 10:26-29; 1 John 5:16-17).

When people's hearts are filled with vain desires, they commit sin, and this sin ultimately leads to death (Jam 1:14-15). Those with original sin are spiritually dead and, as a result, do not live according to God's Word but follow the desires of Satan (cf. Isa 6:9-10; Matt 13:13-17; Mark 4:12; Acts 28:26-28, etc.). Therefore, most people live in sin, such as vain desires, pride, greed, hatred, jealousy, evil thoughts, immorality, sexual sins, theft, robbery, assault, murder, idolatry, laziness, sloth, love for material and the world more than God, knowledge of good yet not doing it, lying, deceit, slander, judgment, discrimination, indifference, selfishness, and a pursuit of worldly desires over spiritual ones (cf. Rom 1:18-32; Eph 5:3-5; Heb 6:4-6, 10:26-31; Jam 4:4; 1 John 1:6-10; Rev 22:14-15, etc.). Those who resist and blaspheme the Holy Spirit not only do not believe in Jesus Christ but also deny their own sinfulness and do not repent for their sins.

3 Will everyone be impacted by the sin of Adam?

Yes. Everyone who is born after Adam, the representative of humankind, inherits _____ of Adam (original sin) (Gen 5:3; Psa 51:5; Rom 3:9-23, 5:12-21; Eph 2:1-3, etc.).

Humanity, under the effects of the original sin, cannot resolve the issue of their sin on their own without God's grace, and due to sin, they cannot approach the holy God by their own strength (cf. John 14:6; Rom 8:1-17; 1 Cor 12:3; Eph 2:7-10, etc.). People who do not believe in Jesus Christ often think that they are without sin just because they do many good deeds and live virtuously in the world. However, Adam's sin (original sin) affects them without exception. This original sin is resolved by receiving God's forgiveness when believing in Jesus Christ and receiving salvation.

4 What happens when human beings commit sin?

When man sins, God's _____ is no longer attainable, the spiritual relationship with God is severed, Satan and his demons are in control, and God's judgment and curse are in effect. Ultimately, the man is condemned to perish because of sin (Gen 2:17; Psa 89:30-32; John 8:39-47; Rom 3:23, 5:12, 6:23; 1 John 3:1-10, etc.).

Due to sin, people experience three types of death. The first is physical death, where the soul and the body are separated, with the soul going to either heaven or hell, and the body returning to the dust (Gen 3:19; Ecc 12:7; 2 Cor 5:1-10; Heb 9:27, etc.). The second is spiritual death, where the relationship between God and humanity is broken due to sin (Gen 2:16-17; Ezek 18:1-32; Rom 3:23; Col 2:13, etc.). Disobedience to God and sin lead to the spiritual death of being separated from the holy God and marks the beginning of death in people (cf. Col 1:17-23). The third is eternal death, where those who do not believe in Jesus Christ and do not receive salvation will be resurrected and face final judgment when Jesus Christ returns. Their soul and body will suffer eternal torment in hell (Matt 10:28; Luke 12:5; Rev 20:11-15, 21:8, etc.).

5. What must man do in order to receive forgiveness for sin?

_____, believe in Jesus Christ (2 Chr 7:14; Rom 3:22-25; Gal 2:16; Col 1:12-23; 1 John 1:5-2:2, etc.)**. When Christians commit sins, they must repent to God and turn from their sins in order to receive forgiveness** (Matt 6:12; Luke 11:4; Acts 3:19, 8:22, etc.)**.**

Only God can forgive the sins committed by people, and after God forgives the sins for which people have repented, He will not remember those sins anymore (cf. Isa 1:15-18, 38:17; 1 John 1:9, etc.). Of course, those who do not admit themselves as sinners cannot receive forgiveness from God, nor can they receive salvation (1 John 1:8-10). Christians must acknowledge themselves as sinners before God and make efforts not to sin, and if they happen to sin, they should immediately repent and turn back to God. If Christians always believe and remember that Jesus Christ suffered and died on the cross for their sake, they will make active efforts to keep away from sin and live righteously in any circumstance (cf. Rom 6:1-23; 1 Cor 15:34; 2 Cor 5:14-21; 1 Pet 4:1, etc.).

Discussion & Applicable Questions

1. If there is a sin you commit habitually or wish to quit but cannot, please share.
2. Describe what effort(s) you put in to not sin and do good.
3. If there was a time when you received a big punishment from God due to your sin, please share.

Answer

1. laws, good   2. the Holy Spirit   3. the original sin   4. glory   5. Repent

220 Doctrine for Christian Living

16 Sin - 2

People, because of their sins, cannot reach the glory of God, their spiritual relationship with God is severed, they live under the dominion of the devil, and they receive God's judgment (wrath and curse) and die (Gen 2:17; John 8:39-47; Rom 3:23, 5:12, 6:23; Gal 3:10, etc.). People cannot solve the problem of their sins on their own, and they can only resolve it by believing in Jesus Christ through God's grace and receiving salvation (John 1:12; Acts 4:11-12; 1 Cor 12:3; Eph 2:8-9, etc.). In order not to commit sins, Christians must fully observe the commandments from God, both the "do" and "do not" commandments that God has taught through the Bible. It is the simultaneous effort of doing best to avoid sin and performing good deeds (cf. Jam 4:17; Jud 1:22-23).

1 Is there anyone on Earth who is without sin?

No. Aside from _____ all human beings sin (Psa 14:1-3; Ecc 7:20; Luke 1:35; Rom 3:10-12; 2 Cor 5:21; Heb 4:15; 1 John 1:5-10, etc.).

Except for Jesus Christ who was born without sin and lived without sinning, everyone who was born in this world after Adam were born with sin and have lived in sin (cf. 1 King 8:46; Isa 53:9; Rom 3:23, 5:12-21; Heb 7:26; Jam 3:1-10, etc.). Those who claim they have no sin are deceivers and make God a liar, and they are the ones who do not accept the teaching of the truth given by God (1 John 1:5-10). The hearts of people with original sin are full of evil, and they express what is stored in their hearts through their words and actions. Christians should strive to discard evil in their hearts and accumulate the words of God and goodness in their hearts (cf. Matt 12:33-35; Mark 7:18-23, etc.).

2 Are people capable of resolving the problem of sin by themselves?

___. People cannot resolve the problem of sin on their own, and could only do so through Jesus Christ by the grace of God (Rom 3:22-30, 6:23; Col 1:12-23; Heb 9:22-28; 1 John 1:5-2:6, etc.).

Sinners cannot resolve the problem of their own sin as they are spiritually and utterly corrupted (cf. Eph 2:8-10, etc.). Through the repentance of their sins and receiving salvation through faith in Jesus Christ, people can receive not only the forgiveness for their original sin but also for their own sins and all sins of disobeying and mocking the Holy Spirit (Rom 4:25-5:11, 8:1-39; Col 1:12-14; 1 John

2:12, etc.). Those who do not believe in Jesus Christ are unaware of what sin they are committing and do not know how to resolve sin. However, Christians receive the forgiveness of sins and salvation through the grace of God. Of course, if Christians commit sins while living in the world, they will be rebuked and disciplined by God; therefore, they must repent and turn to God (cf. Heb 12:6-8; Rev 3:19, etc.).

3. What was God's plan for the sinners of the Earth?

God's plan was to send His one and only Son, Jesus Christ to die on the cross as a substitute for sinners so that they could believe in Him and be _____ (Gen 3:15; Matt 20:28; John 3:16-17; Rom 5:6-8; Gal 1:4; Phil 2:6-8; 1 Pet 1:18-23, etc.).

Because God is love, He has a plan of salvation for humanity who is dying because of sin, and this plan is to save those who believe in Jesus Christ and give them eternal life (Gen 3:15; John 6:47). God's plan of salvation originates solely from His love and is not influenced by the good deeds of people (John 3:14-17; Rom 5:6-8; Eph 2:8-9; 1 John 4:9-10, etc.). When God saw that the wickedness of people had filled the earth, He was grieved in His heart, but He did not give up on humanity and expressed His love through the plan of salvation (cf. Gen 6:5-6; Exo 32:1-14, etc.). Jesus Christ came into this world to save those who, due to their sins, could not reach the glory of God and were destined to die forever (Matt 9:13, 20:20; Mark 2:17, 10:45; Luke 5:32; Rom 5:6-8; 2 Cor 5:21, etc.).

4. Why must God go through such lengths to forgive the sins of man?

God cannot be associated with ___ because He is Holy and without ___ (Deut 32:4; Psa 99:4, 145:17; Rom 2:6-10, 3:23-26; 1 John 1:8-10, etc.).

God's righteous justice is God rewarding those who do good deeds and punishing those who commit evil (cf. Acts 28:4; 2 Thess 1:9; Jud 1:7, etc.). The justice of God is always fairly applied to all people. Christians must also live justly (Deut 16:20; Luke 11:42; John 7:24, etc.). One can assess the spiritual maturity and condition of Christians based on how actively they turn from sin, enthusiastically carries out good deeds, quickly realizes and repents of their sins to God and corrects themselves.

5. What attitude must Christians have towards sin?

Like God, Christians too, must _____ sin, turn away from sin, and commit it no more (Psa 97:10; Prov 6:16-19, 8:13; Eph 4:26-27; 1 Thess 5:19-22; Heb 12:1-11; Jud 1:23, etc. cf. 1 John 3:1-10).

God, being holy, hates sin and cannot sin or be associated with sin. Likewise, Christians must not sin, hate sin, and live a holy life (cf. Lev 11:44-45; Psa 5:4-6, 97:10-12; Rom 6:1-14; Heb 10:26-31; 1 Pet 1:15-16; 1 John 3:1-10, 5:16-21, etc.). While most Christians desire to live a life of righteousness and do good, they must continually seek the help of the Holy Spirit of God to overcome the constant temptations of Satan, which may lead them into sin (cf. Rom 7:14-25, 8:1-13; Gal 5:16-26; Eph 1:9-11; 1 Pet 5:8-9, etc.). Furthermore, Christians must not only know and respect God's Word to avoid sin deliberately but also diligently read, learn, and practice God's Word to avoid unintentional sins due to ignorance (cf. Lev 5:1-19; Num 15:22-31, 35:9-34; Heb 12:1-29, etc.).

Discussion & Applicable Questions

1. If there was a time you intentionally sinned or purposely did not repent after sinning, please share.

2. Describe biggest reason(s) that nowadays Christians and churches receive criticism(s) from people.

3. Discuss ways in which Christians and churches could make a positive impact on people.

Answer

1. Jesus Christ 2. No 3. saved 4. sin, sin 5. hate

17 Salvation - 1

Because God is love, He has a plan of salvation for humanity, and this plan is to save those who repent of their sins and believe in Jesus Christ, giving them eternal life (Gen 3:15; John 3:1-17; Rom 8:29-30, 10:9-13; Eph 1:3-14; 2 Thess 2:13-14; 2 Tim 2:4-6, etc.). **The greatest grace bestowed by God to people is salvation. Salvation is received by those whom God has chosen, called as children of God by the Holy Spirit, that is, those who repent of their sins and believe in Jesus Christ** (Rom 5:1-11, 8:1-39; 1 Cor 12:3; 2 Cor 5:17-21; Gal 3:2-5, etc.). **Christians must live in recognition of God's grace and love, offering boundless gratitude for His love and grace.**

1 What is salvation?

Salvation is when God gives _____ to those who were destined to die forever due to their sins by forgiving them and making them righteous (John 3:16-17, 5:24, 6:47, 20:31; Rom 3:21-26, 5:12-21, 6:23, 8:1-2; Eph 1:3-14, 2:5-10; 2 Tim 1:9-10; Tit 3:5-7; 1 John 5:10-20, etc.).

Salvation is a gift of God's love and grace, showing His compassion for those who were perishing due to sin (John 3:16-17; Rom 3:23-24, 5:8-11, 11:32; Eph 2:8-10, 4:8-10, etc.). Furthermore, salvation is the reconciliation of those who were living as children of the devil due to sin, where their sins are forgiven, and they become children of God, restoring their relationship with Him (Mark 9:38-41; John 1:12, 3:16-17, 8:39-47, 18:37; 1 Cor 2:9-16; Gal 3:29; Eph 2:8-9; 1 John 3:8-10, 4:1-6, etc.). In the Bible, salvation is expressed in ways such as being born again (John 3:5-6), receiving forgiveness of sins (Eph 1:7), being justified by faith (Rom 1:17, 10:9-10; Gal 2:15-21; Phil 3:9), obtaining eternal life (John 5:24), becoming children of God (John 1:12; Rom 8:16; Gal 3:26), receiving the baptism of the Holy Spirit (Rom 8:9-17; Gal 3:27, 4:6-7; 1 John 4:13, etc.), receiving Holy Spirit's seal of guarantee (2 Cor 1:22, 5:5; Eph 1:13-14, 4:30), becoming a temple of the Holy Spirit (1 Cor 3:16, 6:19-20), restoring the relationship with God (1 John 1:3), becoming a new creation (Eph 4:22-24; Col 3:9-10), becoming a new creature (2 Cor 5:17), becoming citizens of heaven (Phil 3:20), and obtaining the glory of Jesus Christ (2 Thess 2:14), etc.

2 How can we receive salvation?

Be reconciled from sin through _____ and _____ in Jesus Christ (John 1:12, 3:14-17; Acts 13:38-39, 16:31; Rom 1:16-17, 3:22-25, 10:9-10; 1 Cor 6:11; Eph 2:8-9; Col 1:12-14; Heb 10:38-39, etc. cf. John 10:1-18; Acts 10:36-43).

Repentance is a change of heart and life, admitting one's sinful state, turning back to God, and seeking transformation (Matt 3:2; Acts 2:36-38, 5:31, 9:1-9, 20:21; 2 Cor 7:10). When people repent to God, they receive forgiveness for the sins they have committed (Acts 3:19, etc.). Believing in Jesus Christ (faith that leads to righteousness, confessing with one's mouth, and believing in the heart for salvation) means recognizing who Jesus Christ is, welcoming Him into one's heart, listening to His word, obeying and living according to His word (cf. John 1:12, 6:47, 54-57, 7:37-38, 15:5; Acts 4:11-12; Rom 10:9-10, etc.). Even if someone identifies as a Christian, without genuine faith in Jesus Christ, active obedience to God's word, conviction of sin when sin is committed, and genuine repentance, one cannot truly be considered as having received salvation (cf. Jam 2:14-26, etc.).

3. Can there be another way to receive salvation other than believing in Jesus Christ?

___. We can receive salvation only through faith in Jesus Christ (Matt 1:21; John 14:6; Acts 4:11-12; Rom 3:21-31; Gal 2:16; Eph 2:8-9; 1 Tim 2:5-6; Tit 3:5-7; Heb 2:9-11, etc. cf. John 6:44; Acts 2:14-36; Rom 5:1-21).

Teachings from cults or other religions claiming there is a way to obtain salvation apart from Jesus Christ must be recognized as deceitful schemes of the devil (cf. Deut 10:12-22, 30:11-20; Isa 43:10-12; Rom 3:21-31; Gal 2:16, etc.). Furthermore, asserting that everyone will receive salvation unconditionally, or that no one will face God's judgment, or that sin will not lead to hell, and everyone will enter heaven, is not in line with the Bible and should be rejected (cf. Matt 7:13-14, 25:31-46; John 5:29; 2 Cor 5:10; Phil 3:18-21; 2 Thess 1:3-10; Heb 9:27; Rev 20:11-15, etc.). Salvation comes exclusively through faith in Jesus Christ (accompanied by repentance of one's sins), and those who receive salvation are said to be born again and receive the Holy Spirit at the moment of salvation (John 3:1-21; Acts 11:1-18; Rom 10:9-13; 2 Cor 7:10; Eph 1:13-14, 2:8-9; Tit 3:5; 1 Pet 3:9, etc.). Saved individuals are called to live a life of sanctification, where they leave behind the old self (the image of the false father, the devil's children) that lived according to the sinful nature and embrace the new self (God's children) who live according to the demands of the Holy Spirit (Rom 6:4-6, 8:1-17; Gal 2:20, 5:16-26; Phil 2:12-13; Col 3:1-2; 1 John 2:15-17, 3:6-10, etc.).

4. How can people come to believe in Jesus Christ?

People can believe in Jesus Christ through _____ and by hearing the Gospel preached by Christians (John 3:1-8; Rom 8:9-17; 1 Cor 12:3; 2 Cor 1:21-22; Eph 1:13-14, 4:30; 2 Thess 2:13-14; Tit 3:3-7, etc.).

God desires that all people receive salvation through faith in Jesus Christ and live in the truth (cf. Matt 18:12-14; Luke 15:3-10; 1 Tim 2:4-6; Tit 2:11-14, etc.). Regardless of their background, whether Jewish or Gentile, male or female, adult or child, disabled or able-bodied, wealthy or poor, there is no distinction in receiving salvation through faith in Jesus Christ (Acts 10:1-11:18, 15:7-11; Rom 3:21-31, 9:24-28, 10:1-21; 1 Cor 12:13; Col 3:11, etc.). Therefore, Christians should make every effort to share the Gospel of Jesus Christ with everyone, so that even one more person may hear the message of Jesus (Matt 28:18-20; Acts 1:8, 20:24; 1 Cor 1:21, 9:16-17, etc.). Christians are people who have been called and chosen by God, destined for salvation, and sent into the world to proclaim the Gospel (cf. Gen 1:1-31; Matt 28:18-20; Rom 8:28-30; 1 Cor 1:21, etc.).

---

5. What is the new relationship between God and those who are saved?

They become _____ of God (John 1:12; 2 Cor 6:15-18; Gal 3:26; Phil 3:9; 1 John 5:1, etc.). We are then able to call God our Father (Matt 6:9-15; Luke 11:1-13; Rom 8:14-17; Gal 4:6-7, etc.).

Those who have received salvation become children of God and are referred to as God's offspring. Even though people who were dead in sin and guilt were not qualified to become children of God, by God's grace, through the Holy Spirit, they believe in Jesus Christ and receive salvation to live as God's children (John 1:12; Rom 8:15-17; Gal 4:5-7; Eph 2:1-10, etc.). Therefore, God's children can call God their Father, pray to God as their Father, receive the blessings of being God's children, draw near to God, live according to God's Word and will, and place their hope in God (Matt 6:9-13; Luke 11:1-13; John 1:12; Rom 4:13-25, 8:17; Eph 3:6; Tit 3:7; Heb 4:14-16; Jam 4:7-8, etc.).

Discussion & Applicable Questions

1. Describe the time you received salvation through faith in Jesus Christ.

2. Describe how your mindset and life (thought, speech, conduct) changed after receiving salvation.

3. Describe how your relationships with others changed after you received salvation. If you were persecuted by your family member(s) or the people around you for believing in Jesus Christ, please share.

Answer

1. eternal life   2. repentance, faith   3. No   4. God the Spirit   5. children

18 Salvation - 2

During their time on this earth, the greatest grace that people can receive from God is salvation and eternal life through faith in Jesus Christ. When those who have received salvation live in God, the most natural emotions that manifest are joy and gratitude (cf. Psa 116:12; Luke 17:11-19; Phil 4:4-6, 11-12; Col 3:15-17; 1 Thess 3:9, 5:16-18; 1 Pet 1:6-9, etc.). People who do not thank God and lack joy in life cannot be considered Christians, and if they are Christians, they will live in joy while giving thanks to God. Therefore, the most common confession of mature Christians with strong faith is 'thanksgiving' (cf. Psa 69:30-31, 136:1-26; Hab 3:17-19; Col 2:6-7, etc.).

1 Can people earn salvation through good works?

____. Salvation cannot be earned by a person's good works, but only through faith in Jesus Christ who is the Grace of God (Psa 3:8, 37:39; Acts 15:11; Rom 3:1-5:2, 10:9-17; Gal 2:16; Eph 2:1-10; 2 Tim 1:9-10; Tit 3:3-7, etc. cf. 1 Pet 1:18-25).

Salvation cannot be obtained through the good deeds of people, physical lineage, human intentions, worldly knowledge or wisdom, abilities, or money. It can only be received through God's will and His grace (cf. Matt 19:16-30; Luke 18:18-30; John 1:11-13; Eph 2:1-10; 2 Tim 1:9-10, etc.). In other words, God sovereignly chooses those who will be saved, and the basis of this choice is not their good deeds but rather God's grace, love, and mercy (cf. Mal 1:2-3; Rom 8:1-9:33; Eph 2:8-10, etc.). Most of the world's vain religions teach that salvation can be attained through good deeds. However, fallen humanity, corrupted by sin, cannot become completely righteous through their own efforts, nor can they attain salvation through good works. Of course, Christians who have received salvation through faith in Jesus Christ by God's grace should live by demonstrating their faith through good deeds (Jam 2:14-26. cf. Heb 11:1-40, etc.). Christians should not boast as if they obtained salvation through their own efforts or good deeds but should live in gratitude for the grace and love of God, who saved them (Tit 2:11, 3:5-7, etc.).

2 What is the process of God saving people?

1) Calling: God calls those He had _____,

2) Regeneration: Those who are called are born again by God,

3) Repentance: God allows sinners to realize that their sins, then empowers them to repent and turn to God,

4) **Faith:** He empowers people to believe in Jesus Christ as their Savior,

5) **Justification:** He sees their faith and accepts them as righteous,

6) **Adoption:** God adopts them as His children,

7) **Sanctification:** He helps them to practice and obey God's Word and live holy lives,

8) **Perseverance:** He guides them until the end when salvation is complete,

9) **_____:** God allows them to enter Heaven and to live eternally with Him (John 1:12, 3:1-21, 6:35-40, 10:25-29; Rom 8:28-39; 1 Cor 1:8; Eph 1:3-14, 2:8-9; Phil 2:12-13; 2 Thess 2:13-14; 1 Pet 1:2-5, etc. cf. Rom 11:29; Phil 1:6; Jud 1:24-25).

Those chosen by God are called and receive salvation on God's time and through His way (such as through the proclamation of the gospel by Christians) (cf. John 6:44; Rom 8:28-30; 1 Cor 1:18-31; 2 Thess 2:13-14, etc.). When God saves people, calling, regeneration, repentance, faith, and justification all happen simultaneously. Sanctification is the lifelong process by which Christians, living in accordance with God's Word, turn from sin and transform into a holy image. Perseverance is God's unchanging preservation of the salvation received by Christians, ensuring it is never lost under any circumstances. Glorification is the moment when Christians enter heaven in a sanctified form (cf. John 1:12; Rom 8:29-39; Gal 2:16; Eph 1:4-5; 2 Tim 4:18; Jam 1:19-27, 2:14-26; 2 Pet 1:3-15, etc.). God ensures that those who believe in Jesus Christ and receive salvation will enter heaven because God is unchanging, infallible, never abandons them, and loves them eternally.

3 How should people who have received salvation live?

1) **People who are saved must live glorifying God, whether they eat or drink or whatever they do** (Isa 43:1-7; Matt 5:13-16; Rom 15:4-6; 1 Cor 6:12-20, 10:23-33, etc.).

2) **People who are saved must believe and obey God's Word and live a ____ life by putting His Word into practice – not committing sin, living a life that sets them apart from the world** (Gal 2:20, 5:16-26, 6:14; Eph 4:17-5:33; Col 3:1-25; 1 Pet 1:15-16; 1 John 2:15-17, 3:6-10, etc.).

3) **People who are saved must live by doing good works in and for Jesus Christ** (Rom 14:7-9; Gal 6:8-10; Eph 2:10; Heb 13:16; 3 John 1:11, etc. cf. Jam 4:17).

Those who have received salvation grow and mature spiritually through the process of sanctification which is living a holy life in accordance with God's Word. A life of sanctification for Christians is a life that is distinct from the people of the world, in accordance with God's Word, free from sin, doing good, and growing spiritually (Rom 6:4-6; Gal 2:20, 5:16-18, 24; Eph 4:22-24; Col 3:1-2; 1 Thess 5:22; 1 John 2:16, 3:6, 9-10, etc.). All Christians must continually strive to be sanctified throughout their lives in a manner consistent with

God's Word. Of course, those who have received salvation may also experience pain, suffering, sadness, loneliness, poverty, and failure while living in the world, but even in such times, they must seek and rely on God in faith (cf. Job 1:1-42:17; Rom 8:1-39; Heb 6:1-8, 11:1-40, etc.). Furthermore, those who have received salvation may at times blame God, complain to God, disobey God, or commit sins, but God will never forsake them (cf. Num 14:1-39; Deut 34:1-7; Judg 1:1-21:25; Jonah 1:1-4:11; Matt 16:13-23; Rom 8:28-39, etc.). Moreover, those who have received salvation should love God alone, not the world or material things, and should live for the Lord, not for themselves (Rom 14:8-9; 2 Cor 5:14-17; 1 Tim 6:10; Jam 4:4; 1 John 2:15-17, etc.).

4 Once we receive salvation through faith in Jesus, how long does it last?

Salvation through Jesus Christ lasts _____ and can never be lost (John 3:14-17, 5:24, 6:25-59; Rom 8:29-39; 1 John 5:10-13, etc.).

Salvation earned through faith in Jesus Christ continues forever because Jesus Christ's atonement of sins for salvation is eternal and God never forsakes His children (cf. John 1:12, 6:25-59; Rom 8:31-39; Eph 4:30; 2 Tim 4:18; Heb 9:15, 10:14, etc. cf. Rom 11:29, etc.). By giving the Holy Spirit to those who have received salvation, God guarantees salvation, eternal life, and identity as His Children (1 Cor 6:19-20; 2 Cor 1:21-22, 5:1-5; Eph 1:13-14. cf. Rom 8:9-17). Knowing this, Christians must neither question nor fear losing their salvation. Of course, Christians should never live as they please or commit sins carelessly simply because they have already been saved. As a saved person, they must stay away from sin and live by actively following the word of God (cf. Phil 2:12-18, etc.).

5 What happens when a saved person keeps sinning?

Because God loves His children, He _____ and _____ His children when they sin. A person who freely sins without any remorse cannot be considered a child of God (cf. Matt 3:7-12, 13:24-30; Heb 6:1-8, etc.). **God would certainly not just stand by and do nothing while His child sins. God is constantly working within His child to be sanctified and therefore, it is impossible for a child of God to continue to sin** (Prov 3:11-12; Rom 6:1-23; 1 Thess 5:22; 1 Tim 5:20; Heb 10:26-27, 12:4-11; 1 John 5:18-19; Rev 3:19, etc. cf. 1 John 3:4-10).

When God's children sin, He gives them punishment (wrath and discipline) to make them holy (Prov 3:11-12; Heb 12:4-11). When God punishes those who sin, His word is the benchmark (cf. Matt 15:1-9; Mark 7:1-13; Rom 1:18-32, 4:15, 7:7-13). While Christians repeatedly sin, they must strive to immediately repent to God when they sin, correct their wrong ways, and pray as to not sin (1 John 3:9-10, etc.). Because God the Spirit who dwells in the hearts of Christians is holy, making Christians feel anxious and the heart of repentance in immediate response to sin.

Discussion & Applicable Questions

1. Describe how you try to give thanks to God who gave you the blessing of salvation and try to live a holy life.

2. If you practiced a different religion before earning salvation, describe how your religious lifestyle was at that time.

3. Do you think that salvation could be obtained besides believing in Jesus Christ? In addition, what should be the biggest difference between Christians and non-believers?

Answer

1. No   2. chosen, Glorification   3. holy   4. forever   5. disciplines, punishes

19 Repentance - 1

Repentance is the acknowledgment of one's sinfulness, the remorse for that sin, and a turning of the heart and life back to God (Matt 3:2; Acts 2:36-38, 5:31, 9:1-9, 20:21; 2 Cor 7:10). After repentance, Christians are called to forsake their sinful ways and live a holy and righteous life (a transformed life that is characterized by goodness in thoughts, words, actions, and overall conduct) (cf. 2 Chr 7:14; Isa 55:7; Matt 3:8; Luke 3:8-14, etc.). There are two aspects of repentance: the repentance that leads to salvation (where individuals repent of their sins before God, seek forgiveness, and receive Jesus Christ as their Savior), and the ongoing daily repentance of saved individuals (where they continue to repent of their sins before God, seek forgiveness, and commit to obeying God's Word).

1 What is repentance?

Repentance is the act of turning away from ___, facing God in confession and asking for His _____, then committing to a life that is desired by God (2 Chr 7:14; Job 42:6; Psa 51:1-19; Isa 1:15-18; Ezek 18:30; Luke 22:61-62; Acts 8:22, 20:21, etc.).

Some Christians may think that merely confessing their sins with their lips is the entirety of repentance, and they may confess with their lips but not truly turn away from sin or abandon it, continuing to commit the same sins habitually. However, true repentance involves not only confessing one's sins verbally to God but also deep heart-felt remorse, turning completely away from the sins one has repented of, and living a life in accordance with God's desires (cf. Joel 2:12; Matt 3:8; Luke 22:61-62; Acts 26:20, etc.). In fact, when people hear the message of the Gospel of Jesus and God's Word (Neh 8:8-9; Matt 4:17; Luke 11:32; Acts 2:37-38; Heb 4:12-13, etc.), and experience God's power (cf. Matt 11:20-24; Luke 5:1-11; 2 Tim 2:25, etc.), they are pierced in their hearts and led to repentance.

2 To whom must Christians repent?

Because only ___ can forgive sins, Christians must repent to ___ (Exo 34:6-9; Isa 55:7; Jer 36:3; Matt 6:12-15; 1 John 1:5-10, etc.).

All sins committed by people involve disobedience to God's Word, as they go against His commandments. Since only God can forgive sins, when individuals repent of their sins, they must do so before God. God, being merciful and gracious, forgives people's sins when they repent (cf. Exo 34:6; Joel 1:5-10, etc.). Jesus Christ came into the world to call sinners to repentance (Luke 5:31-32. cf. Matt 9:13; Mark 2:17) and began His public ministry by proclaiming, 'Repent' (Matt 4:17; Mark 1:15, etc.). Christians should immediately repent and turn to God if they ever commit a sin.

3 What blessings do Christians receive from God through repentance?

By repenting to God, Christians: **1)** Are made holy through God's forgiveness of their sins, **2)** Receive the gift of _____, allowing them to live according to God's Word which is the Truth (Prov 1:23; John 14:26; Acts 2:37-38, 3:19; 2 Tim 2:25-26, etc.).

God is a just and righteous God, and He punishes those who commit sin. However, to those who acknowledge their sins, repent before God, and turn from their sins, God not only forgives their sins but also grants them the gift of the Holy Spirit, enabling them to live a holy life in the truth (cf. Isa 1:15-18; Jer 4:14; Ezek 18:25-32; Matt 12:31-37; Rom 5:12-21, 6:23, etc.). When people turn from their sins and repent before God, He withholds the death and calamity that would otherwise come because of their sins (1 King 9:1-9; 2 Chr 7:11-22; Jer 36:3; Joel 2:12-14; Jonah 3:10, etc.). Christians who have received forgiveness for their sins from God should not only give thanks to God but should also pray without ceasing, asking that they may not sin again, and should continuously strive to live according to His will (cf. Judg 2:1-23; Psa 106:1-48; Acts 7:2-53, etc.).

4 How does God respond to Christians repentance?

No matter the severity of the sin, He washes it clean upon our repentance and after _____ us, He never remembers our past sins (Isa 1:2-18, 38:17; Jer 31:34; Acts 3:19; Heb 8:10-13, 10:17-18; 1 John 1:8-10, etc.).

When Christians repent of their sins before God, they should hate sin itself (Psa 119:104; Ezek 20:43) and be deeply remorseful and sorrowful for having committed sin (Joel 2:12-13; Luke 22:61-62; 2 Cor 7:9-10, etc.). They should confess all their sins without leaving any behind (Psa 32:3, 62:8; Prov 28:13; 1 John 1:5-10, etc.) and turn away from sin to live a transformed life (cf. 2 Chr 7:14; Psa 51:10; Isa 55:7; Heb 12:12-17; Rev 2:20-23, etc.). However, it is a mistake for Christians to think that once they have repented to God for their wrongdoing, everything is resolved, and they don't need to seek forgiveness or make amends to those they have wronged (cf. Ezek 33:14-15; Phm 1:1-25, etc.). After Christians have repented of their sins before God and believed that He has forgiven their sins, they must not carry a burden of guilt for those sins but instead continuously strive to live in a manner that avoids committing the same sins repeatedly.

5 **How joyous is God when a person repents resulting in salvation?**

The Bible teaches that God finds more joy in one person being saved than in already saved _____ (Matt 18:10-14; Luke 15:1-32, etc.).

God values people's lives more than the entire world (cf. Matt 16:26; Mark 8:36-37; Luke 9:25, etc.). An individual's repentance that leads to salvation gives God the most joy as He values one person's life more than the entire world. Furthermore, Jesus Christ taught that if a person gains the whole world but loses their own life, it is of no benefit, and those who lose their lives for the sake of Jesus Christ will find life (Matt 16:24-28; Mark 8:34-38; Luke 9:23-27). Christians should recognize that leading one person to Jesus Christ for their salvation is far more valuable than acquiring wisdom, abilities, material wealth, or fame.

Discussion & Applicable Questions

1. What sin or sins did you repent the most for throughout your Christian living?

2. Describe a time where you repented in tears and what was the sin committed.

3. Please share about a time you repented, and in return, received His abundant blessings.

Answer

1. sin, forgiveness   2. God, Him   3. Holy Spirit   4. forgiving   5. ninety-nine

20 Repentance - 2

When people repent and turn to God, it means fully acknowledging that they are sinners and making a deliberate resolution not to sin again (1 John 1:8-10). When God calls sinners, their first response and confession should be repentance for their sins (Matt 4:17). Repentance is the initial step people take to draw near to the holy God and is an essential act for approaching God. In fact, those who do not believe in Jesus Christ are often blinded by the devil's influence and do not recognize themselves as sinners. They do not believe in Jesus Christ, the Savior. Therefore, they not only fail to repent of their sins before God, but they also often consider a life of sin as acceptable and even condone those who engage in wickedness (Rom 1:18-32, etc.).

1 How should a repentant person live?

A person who has repented should never live a life in sin but live a _____ (the right thing) life according to God's Word (Lev 11:44-45; Zec 1:3-4; Luke 3:8-14; Eph 4:17-32; Col 3:1-25; 1 Pet 1:15-16, etc. cf. Jam 4:17).

Those who repent to God, receive forgiveness for their sins, not only hate and despise sin but also make their best efforts not to sin again (Psa 97:10; Prov 8:13; Heb 6:1-4; Jam 2:15-17, 3:1-10, etc.). They strive to keep God's Word and bear fruits worthy of repentance to become more like the holy nature of God (Mal 3:6-18; Luke 3:8-14; Tit 3:8; Jam 4:17, etc.). Christians, understanding the great grace, love, and forgiveness they have received from God, should completely abandon their old way of life (a life lived according to the desires of the devil) and constantly strive to live a life that pleases God.

2 What happens to those who do not repent or falsely repent?

Because of God's goodness and righteousness, He _____ those who do not repent or falsely repent (1 Sam 15:24-31; Psa 7:11-12; Ezek 18:30-32; Matt 11:20-24; Luke 13:1-5; Rom 2:5-6; Rev 3:3, etc.)..

God punishes those who commit sins because of His righteousness and holy nature, as He cannot tolerate sin (cf. Psa 7:11-12, 95:7-11; Ezek 7:1-27; Nah 1:2-15; Rom 2:1-8, 3:5-6, etc.). Additionally, God punishes Christians who do not repent of their sins or falsely repent in order to lead them to repentance and live a holy life before Him (cf. Prov 3:11-12; Amos 5:1-17; Heb 12:4-11; 1 John 1:8-10). For those in the world who do not believe in Jesus Christ and do not repent of their sins, they will not only perish due to the sins they have committed but will also suffer eternal torment in death (Jer 4:1-4; Ezek 33:8-9; Luke 13:1-5, etc.).

3. Why hasn't God already pass judgement on those who continue to sin?

God's desire is for people to come to Him in _____ and receive His gift of _____ (Ezek 18:30-32, 33:1-20; Luke 15:1-32; 2 Pet 3:9, etc.).

The reason why God, who is not delaying His promised return, has not yet judged those who are currently committing sins is because He is patient, not wanting anyone to perish but for all to come to repentance. He waits with the hope that everyone, even a single person, will repent and turn to Him to receive salvation (2 Pet 3:9-14). However, it is true that many will still not repent of their sins and not believe in Jesus Christ, resulting in their perishing, until the return of Jesus Christ. Therefore, when Christians commit sins, they should immediately repent and turn back to God. This is because Christians, more than anyone else, understand how much God detests sin.

4. Are we allowed to exhort and encourage others to turn away from sin and repent?

___. It is our duty to help others turn from sin by exhorting and encourage them. We have to also intercede and pray on their behalf (Exo 32:31-32; 1 King 8:38-39; Luke 17:3-4; 2 Cor 7:1-16, etc.).

Jesus Christ rebuked and showed righteous anger towards the religious leaders who did not live according to God's word and people who defiled the God's holy temple (Matt 12:34-37, 21:12-13, 23:1-36; Mark 11:15-17; Luke 11:42-52, 19:45-48; John 2:13-16, etc.). Paul also sent a letter to the Corinthian church to point out their wrong doings and was joyful when they repented and returned to God (2 Cor 7:1-16). In the same manner, Christians must rebuke or encourage fellow believers when they sin as to help the counterpart could repent and turn to God. In addition, the church must not only teach (admonish) the members to not sin and live righteously according to the Word of God but encourage and discipline (educate and admonish) the members appropriately according to their sins (Psa 16:7; Matt 18:15-20; 1 Cor 5:1-13; 2 Cor 2:5-10; Eph 4:11-32; 2 Thess 3:6-15; 1 Tim 1:20; Tit 2:11-13, etc.).

5. If anyone who has sinned against us, returns for forgiveness after repenting their sins to God, should we forgive them?

Yes. We must forgive them in the same way God forgave us (Matt 6:14-15, 18:21-35; Luke 17:1-4, etc.) and we must do the same if the situation is reversed – This is true _____ (cf. Ezek 33:14-15; Phm 1:1-25, etc.).

Examples of forgiveness are God forgiving those who repent and believe in Jesus Christ and saving them from sin and death, God removing sin and flaws from His children when they repent, and Christians, instead of hatred and revenge, choosing to love those who wronged them (Matt 18:21-35; Luke 17:3-4; 2 Cor 2:10; Col 3:13; 1 John 1:9, etc.). Jesus Christ stated that God forgives our sins when we forgive others for their wrong doings, but that God does not forgive our sins when we do not forgive others (Matt 6:14-

15). Furthermore, Christians can receive Father God's forgiveness if they forgive their brothers, sisters, and enemies from their hearts (cf. Matt 18:23-35; Mark 11:25, etc.). When forgiving others, Jesus Christ instructed Christians to forgive not only "seven times, but seventy-seven times" (Matt 18:21-22).

Discussion & Applicable Questions

1. After repenting of your sin, are you the type to be free of that sin? Or do you continue to suffer from guilt?

2. Please share if there is a sin that continues to make you feel guilty even after repenting, or you repented to God but did not seek forgiveness from the person you have wronged.

3. In your opinion, what is a sin that today's local churches and Christians should repent of the most?

Answer

1. holy 2. punishes 3. repentance, salvation 4. Yes 5. repentance

21 Children of God - 1

Those who are saved and were born again through faith in Jesus Christ are called children of God and the almighty God becomes their spiritual father (John 1:12, 3:1-8; Rom 8:14-17, 10:9-17; Gal 3:26, 4:1-7; Eph 2:8-10; 1 Pet 1:23-25, etc.). **The children of God have eternal life** (John 5:24; 1 John 5:13), **God the Holy Spirit dwells in them** (cf. John 14:17; 1 Cor 6:19-20, 12:13; Col 1:27; 1 John 4:15, etc.), **and follows Jesus Christ by living holy in accordance with the Bible** (John 14:16; 1 Cor 3:16-17; Eph 4:13-15; Phil 2:5; Col 2:9-10; 1 John 2:6). God's children are called "Christians" which means they believe and follow Jesus Christ (cf. Acts 11:26). Therefore, God's children must learn and obey the Bible in terms of understanding who they are and how they must live.

1 What is God's purpose in choosing us?

1) To redeem and to adopt us as _____ who honor and praise Him,

2) To boast of God (including the Gospel of Jesus) to the world (Psa 44:8; Acts 9:5; Gal 4:1-7, 6:14; Eph 1:3-14; 1 Pet 2:4-10, etc. cf. Isa. 43:1-7, 21; 1 Cor 1:18-31; Gal 6:14).

To become a child of God, one must believe in Jesus Christ and receive salvation by God's grace (cf. John 1:12; Rom 8:29-30; Eph 1:4-7, 2:8-10, etc.). God chose His children before creation so they could live holy and blameless before God (Rom 8:29-30; Eph 1:4). In other words, Christians are people whom God has chosen to be called out of the darkness (sin) into God's amazing light so they could share God (power, character, and everything worthy of praise) to the world. With great confidence in being God's chosen people, Christians live in holiness and blamelessness while boasting to the world of what God has done.

2 How do we know that we are His children?

_____ shows us that we are God's children (Rom 8:1-17; 2 Cor 1:21-22; Gal 4:4-7; 1 John 3:23-24, etc. cf. John 1:12-13; 1 John 4:1-6).

For those who received salvation through faith in Jesus Christ, the Holy Spirit makes it possible for Christians to do the following: Address God as Father (cf. John 1:12; Rom 8:14-18; Gal 4:6-7; Eph 1:4-7; 1 John 3:1-2, etc.); Believe, understand, and practice God's word; Bear the fruits of the Spirit by transforming their hearts and lives; Make God the top priority in both their hearts and lives; Repent of their sins and help to not sin again; Live a life of goodness and righteousness by eliminating deceit and sin; Realize they are God's children and guide their lives so they may only live for the glory of God (cf. Isa 43:1-7; John 14:15-26; 1 Cor 6:19-20, 10:31; Gal 5:22-23; 1 Pet 4:11, etc.).

3. How must God's children live?

God's children must live in a way that brings ___ and glory to God (Isa 43:1-7; Matt 5:13-16; Rom 15:4-6; 1 Cor 6:12-20, 10:23-33; Phil 2:10-11; Heb 11:6, etc.).

Glorifying God not only means believing and acknowledging Him but also lifting Him up and honoring His name and obeying His words. God's children glorify God by doing the following (cf. Prov 8:13; Mark 5:13-16; John 4:23-24; Acts 10:34-35; 1 Cor 4:1-2; Eph 4:17-32; Col 3:1-25; 1 Pet 2:9-12, etc.): Respecting God; Obeying God's Word; Carrying out God's purpose; Properly worshipping God; Loving and praising God; Living as witnesses of the Gospel of Jesus; Distancing sin and practicing goodness; Living as the salt and light of the world; Committing to the duty commissioned by God; Dedicating best efforts to what God has allowed on earth; Believing and observing God's commands in life and all else.

4. What must be the foundation for the lives of God's children?

_____. God's Word must be the foundation for the lives of all God's children (Psa 19:7-11; Matt 4:4; John 5:39; 2 Tim 3:15-17; Jam 2:8-10; Rev 1:3, etc. cf. Matt 7:24-27; John 20:31; Jam 1:22-25).

Through God the Spirit's help, the children of God must properly understand the true nature of the Bible which is the word of God (cf. John 14:16-26, 16:7-15; 2 Tim 3:16-17; 2 Pet 1:20-21, etc.). In accordance with life's standards and direction set forth by the Bible, Christians must live in goodness (cf. Psa 119:1-176; Isa 59:21; 2 Tim 3:15-17; Rom 12:9-21, 13:11-14, etc.). If God's children do not follow God's worth despite claiming they have faith, this type of faith is a dead faith (Jam 2:14-26, etc.). Furthermore, one is deceiving oneself when he/she only hears God's word but does not put it into practice (Jam 1:22-27). If there is an individual who claims to be God's child but does not live according to His word, Christians should warn the person as a brother of faith but refrain from closely associating with that person (cf. 1 Cor 5:9-13; 2 Thess 3:14-15, etc.).

5 **What type of life does God command of His children?**

1) A life of believing and following Jesus Christ,

2) A holy and righteous life in obedience to the Word of God,

3) A life of _____ towards God, oneself, family, brothers of faith, neighbors, and even enemies,

4) A life as _____ for the Gospel of Jesus Christ (Deut 6:1-9; Matt 22:34-40, 28:18-20; Act 1:8, 20:24-28; 1 Cor 9:16, 15:58; 1 John 3:23-24, 4:7-21; 3 John 1:11, etc.).

In all circumstances, God's children must live accordingly to the following: obey God's commands and live righteously like Abel, Noah, Abraham, Job, Moses, Samuel, David, Daniel, and others of faith (cf. Heb 11:1-40, etc.); Always rejoice in God, pray without ceasing, and give thanks for everything (cf. 1 Thess 5:16-18, etc.); Love God and practice goodness (John 13:34-35; Phil 4:4-9; 1 John 3:11-24, 4:7-21, etc.); Set themselves apart from the world and live holy lives(cf. Lev 11:44-45; Psa 5:4-6; 1 Pet 1:15-17, 3:8-9; 1 John 3:1-10, etc.). God's children must obey all the "do's" and "do not's" of Bible because they are commands of God and His will.

Discussion & Applicable Questions

1. As a God's child, do you accurately know your identity and live worthy of that identity?

2. When are you greatly rejoicing in the fact that you are God's child? How do you express your joy and gratitude?

3. Are there instances when it is difficult and painful for you to live in the world as God's child? If yes, describe those instances.

Answer

1. God's children   2. Holy Spirit   3. joy   4. The Bible   5. love, witness

22 Children of God - 2

The children of God have become a new creation in righteousness and holiness of the truth. In other words, they are individuals restored to their original likeness, shaped in the image of God (Eph 4:24; Col 3:9-10, etc.). Therefore, the children of God not only learn through the Bible what their identity is within God but also should live in accordance with that identity (cf. Isa 43:1-7; John 1:12, 3:16; Rom 5:6-8, 8:1-39; Gal 2:20; 1 John 4:7-21, etc.). The children of God are called to live a life for the glory of God, whether in eating or drinking, to live a life that does not become a stumbling block to others or to the Church of God, and to live a life that leads souls dying in sin to redemption (1 Cor 6:12-20, 10:23-33, etc.).

1. What changes can come as a result of becoming God's children?

God's children's desire is to hate and turn away from ____ and live a sanctified life according to God's Word (Rom 12:9; Eph 4:17-32; 1 Thess 5:21-22; Tit 2:14; Jam 4:17; 1 John 2:15-17, 3:9-10; 3 John 1:11, etc.).

The children of God are people who belong to God, who belong to Christ, who belong to heaven (above), who belong to the Spirit, and who belong to the truth (Mark 9:38-41; John 18:36-37; 1 Cor 2:9-16; Gal 3:29; 1 John 4:1-6, etc.). The children of God are called to discard the old self tainted by sin, to live in accordance with God's Word, to live in holiness and righteousness. They are encouraged to prioritize a spiritual life focused on God over a carnal and worldly life (cf. Eph 4:17-32; Phil 4:5-9; Col 3:1-17; 1 Pet 2:9-10; 2 Pet 1:3-8; 1 John 2:29, 5:18, etc.). Furthermore, children of God must not live according to the sinful nature of the flesh or the deceitful ways of the devil, who is the father of lies. Instead, they are called to live in accordance with the demands of the Holy Spirit and according to the Word of God (cf. John 8:39-47; Rom 8:1-17; Gal 5:16-26; 1 John 3:1-10, etc.). Christians must live by doing good deeds so that others can recognize that they are children of God (cf. Matt 5:13-16; Phil 4:5; Jam 1:19-2:26; 1 Pet 2:12; 2 Pet 1:10-11, etc.).

2. How long will God's love for His children last?

God's children will live in God's love for _____ (Isa 54:10; Jer 32:40; John 13:1; Rom 8:38-39; 1 Pet 1:3-5, etc.).

Nothing can separate the children of God from the love of God in Christ Jesus. This includes death, life, angels, rulers, present things, future things, any powers, the highest things, the deepest things, and any other created things (Rom 8:31-39). The Bible states that those who love the world and worldly things do not have the love of God within them. It describes them as enemies of God (Jam 4:4; 1 John 2:15-17, etc.). Furthermore, the Bible teaches that the love of money is the root of all evil. Those who strive to gain wealth may depart from true faith and, as a result, experience great sorrow and suffering (1 Tim 6:9-10).

3. What are some privileges of being God's children?

Children of God have eternal lives, inherit the Kingdom of God, become heirs of God and _____, and much more (Rom 6:23, 8:9-18; 1 Cor 9:24-25; Gal 4:7; Eph 3:6; 2 Tim 4:6-8; Heb 12:28; Jam 1:12; 1 Pet 5:1-4, etc.).

The children of God have already received eternal life through salvation. Therefore, when they die, although their bodies return to the dust until the time of resurrection, their spirits go directly to heaven. (cf. Gen 3:19; Luke 23:43, etc.). Additionally, since the children of God have received the kingdom of God, they are to live as strangers in the world and as citizens of the kingdom of God. As children who can call God their Father, they inherit what God provides. Moreover, the children of God engage in the work of salvation by proclaiming the gospel of Jesus within God, living righteously by faith, and receiving the crown as a mark of having lived a righteous life. (cf. Phil 3:20, 4:1; Rev 2:10, 4:2-4, etc.).

4. Who must children of God become like?

Children of God must dedicate their lives to becoming more like _____ (Psa 37:3; Eph 4:12-16, 5:1; Phil 2:5; Col 2:6-10; 1 John 2:6; 2 John 1:9, etc.).

The children of God are not only created by Him and called to salvation from sin, but they are also called to resemble the triune God, who is the standard of faith and life. To be conformed to the triune God, the children of God must live according to God's Word, deny themselves, take up their cross and follow Jesus Christ, live as demanded by the Holy Spirit, and faithfully fulfill the missions entrusted by God (cf. Matt 16:24; Rom 8:1-17, 14:7-9; 1 Cor 3:1-7; Gal 5:16-26; Eph 4:13-15, etc.). Additionally, the children of God should live for the sake of the Lord to the extent that they can live for Him even in death (Rom 14:7-8; Gal 2:20, etc.). Furthermore, children of God who are not fully filled with God's grace and the Holy Spirit must be very careful not to become lazy in keeping and obeying God's Word. Otherwise, they may end up living a life in sin, like that of unbelievers (cf. Matt 7:13-29, 15:16-20; Luke 6:43-45; Rom 1:18-32, 8:1-9; Gal 5:16-26; Eph 4:17-32; 2 Tim 3:1-9, etc.).

5. **If children of God sin against the people of this world, who are these people going to blame?**

They will blame and look down on ___, the church and other children of God (2 Sam 12:13-14; Psa 44:15; Isa 52:5; Rom 2:23-24, etc.).

If the children of God live not according to God's Word but in the old ways of the person they used to be (immersed in sin and lies) as children of the devil, it brings disgrace upon God, the Church, and other children of God themselves (cf. Eph 2:1-10). Furthermore, if the children of God do not obey God's Word and lead lives tainted by sin, they can commit sins even more severely than before, making it difficult to escape the responsibility, especially when compared to the time when they did not know Jesus Christ and the truth, resembling false teachers (or false saints) (cf. Heb 10:26-27; 2 Pet 2:20-22, etc.). Through a life of goodness as the salt and light, God's children must help people glorify God (Matt 5:11-16; 1 Pet 2:9-12, 4:12-19, etc.). Unfortunately, nowadays, it is a sad reality that there is an increasing trend of Christians and local churches deviating from God's Word and adopting worldly behaviors.

Discussion & Applicable Questions

1. Do your family members and the people around you know and acknowledge the fact that you are a child of God? Also, do you frequently share that you are God's child to others?

2. Do you frequently share spiritual and intimate fellowship with God's children? If yes, what do you typically share or discuss when you meet them?

3. How do you live so that people could glorify God?

Answer

1. sin   2. eternity   3. the crown   4. Trinity God   5. God

23 Church - 1

The church is the gathering of people who have been called by God (cf. Matt 18:15-20; Acts 7:38, etc.) and a holy community that has been set apart from the world where those who have been called to church are united in Jesus Christ who is the head of the church (cf. 1 Cor 3:16-17, 10:17, 12:12, 27; 2 Cor 6:14-18; Eph 4:4-6, etc.). Glorifying God through worship and praise is the church's top priority. A church cannot exist without Jesus Christ as it is a community that dies and lives with Jesus Christ (1 Cor 10:16-17, 12:27; Eph 1:21-23, 5:23-30; Col 1:18-24, etc.). The church is a channel of God's blessing towards the world.

1. What is church?

Church is _____ of Jesus Christ and the gathering/community of the redeemed children of God (Matt 18:15-20; 1 Cor 1:1-3, 3:16-17, 12:27; Eph 1:19-23; Col 1:24, etc. cf. Acts 7:38).

The church is a spiritual community governed by God's Word, a holy community set apart from the world in faith, and a worshiping community offering praise and worship to God. The church is a fellowship community where Christians love one another, an educational community teaching God's Word, a collaborative community where Christians work together to do good, and an evangelizing (missions) community proclaiming the gospel of Jesus to the world. Additionally, the church is a community of salt and light, exerting a positive influence on the world; a praying community seeking God's will; a community of relief and sharing; and a community of hope, relying solely on and looking to God (cf. Matt 9:35, 28:19-20; Acts 2:1-47, 4:32-37; Rom 8:28; Eph 4:4-5; 1 Thess 5:16-18; Heb 10:25, etc.).

2. What was the basic foundation for the church?

The basic foundation for the church was _____ of Jesus Christ on the cross (Acts 20:28; 1 Cor 3:10-11; Eph 2:19-22; Col 1:18-23; 1 Pet 2:4-8, etc. cf. Matt 16:13-20, 18:18-20).

The church was established by God's eternal plan to make known His wisdom and purpose through Jesus Christ (Eph 3:9-11, etc.). It is founded on the confession of faith made by Peter, "You are the Christ, the Son of the living God," and on the words of Jesus Christ promising to be present wherever two or three are gathered in His name (cf. Matt 16:13-20, 18:18-20; Mark 8:27-30; Luke 9:18-21; John 20:22-23; 1 Cor 10:1-4, etc.). The foundation of the church is solely Jesus Christ (Acts 20:28; 1 Cor 3:10-11; Eph 2:20-22, etc.).

3) Who is the Lord and Master of all the churches in the world?

___ is the Lord and Master of all the churches in the world (Deut 10:14; 1 Cor 3:21-23; Eph 4:6; Col 1:15-20; Heb 3:4, etc.).

God established and gave the church to people, governs the church and the believers through His word as the owner of the church, and not only receives worship and praise through the church but also evangelizes the world through the church (cf. Eph 3:9-11, 21; 1 Thess 1:1; 2 Thess 1:1; 1 Tim 3:15-16, etc.). Furthermore, the church is the house of God. Therefore, it is wrong to utilize the church as a marketplace or for secular purposes as the church should be used as a spiritual place where God is worshipped and praised, God's word is taught, spiritual fellowship is shared amongst believers, the gospel of Jesus is shared, and of worshipping and praising God, teaching God's word, helping and sharing with neighbors, and so on (Matt 21:12-13; Mark 11:15-17; Luke 19:45-46; John 2:13-16; 1 Cor 10:32; Heb 3:6, etc.).

4) What is the relationship between Jesus Christ and the church?

1) Jesus Christ is _____ of the Church, the Church is the body of Christ, and Jesus Christ rules the Church through the Word and _____ (1 Cor 12:27; Eph 1:20-23, 5:21-33; Col 1:18-24, etc.).

2) Additionally, the relationship between the Church and Jesus Christ is like the relationship between a husband and wife. Finally, Jesus Christ is the savior to the Church which is also His body (John 3:29; 2 Cor 11:2; Eph 5:21-33; Rev 21:9-11, etc.).

With Jesus Christ as the head, the church must reveal the glory of Jesus Christ to the world as the church was made holy through the Word (cf. Eph 5:26-27, etc.). The relationship between the church and Jesus Christ is that of husband and wife (cf. John 3:29; 2 Cor 11:2; Rev 21:9-10, etc.). The church must submit to Jesus Christ who is the head of the church and unite in Him so they may work together for good (Rom 8:28; 1 Cor 12:1-31; Eph 4:1-16, 5:24). In other words, Christians should not only submit to Jesus Christ but also submit to the church's spiritual authority mandated by Jesus Christ.

5. What three missions/objectives did God give to the church?

1) Worship God; 2) _____ the Word; 3) Spread the Gospel of Jesus Christ throughout the world (Matt 28:19-20; John 4:21-24; Acts 1:8; Rom 12:1-2; 1 Cor 6:19-20, 9:16-17; Phil 1:20-21, etc.).

To fulfill the duties assigned by God, the church must always seek the help of God the Spirit (cf. Rom 8:26-27; 1 Cor 9:14-27; 2 Cor 12:9-10; 2 Tim 2:15-17; Heb 4:14-16, etc.). When the church fully carries out God's commission, God will be glorified, the believers will spiritually mature, and the world will experience the joy of salvation through the gospel of Jesus Christ (cf. Matt 5:13-16; 1 Thess 5:15; 1 Pet 2:11-12, etc.). Within the church there should be no discrimination based on generation, ethnicity, nationality, status, gender, age, nor region as the church must be one in Jesus Christ through faith and always working for good (Rom 8:28; 1 Cor 10:17, 12:1-31; Gal 3:26-29; Eph 4:1-6, etc.).

Discussion & Applicable Questions

1. What should your church do for its believers to be filled with the Holy Spirit like the early Christian church, make positive impact in the world, and stand as witness to the Jesus gospel?

2. If your church tries to share wealth amongst its members like the early Christian church, what portion (%) much of your possessions are you able to give?

3. Is there a church gathering that you especially enjoy participating in? If yes, describe the gathering.

Answer
1. the body 2. the sacrifice 3. God 4. the head, the Holy Spirit 5. Teach

24 Church - 2

Christians should not only gather in the church to worship God, learn His Word, fellowship with one another in the Lord, serve and minister together, and engage in spiritual training (John 4:20-24; Acts 2:42-47; Col 1:24-29; 2 Tim 3:15-17; Heb 10:25, etc.), but they should also live centered around the church. The reason for churches to love and cooperate with one another is to please God by living a holy and good life, showing the world the exemplary love of Jesus Christ's cross, overcoming the forces of the devil in spiritual warfare, effectively proclaiming the gospel of Jesus to the world, and having a positive influence on the world (cf. Matt 5:13-16; Rom 8:2; Eph 6:10-18; Jam 4:7-8; 1 John 5:4-5, etc.).

1 What are some duties of the church?

Worship, Praise and Pray, Missions and Evangelism, Baptism and _____, Education and Training, Fellowship of the believers, Ministering and Serving, Sharing, Hospitality and Care, Exhortation and Discipline (Deut 6:1-9; Matt 6:1-34, 28:18-20; John 4:21-24, 13:1-20; Acts 2:41-47; 1 Cor 5:1-13, 6:19-20, 11:17-34; 2 Tim 4:2, etc.).

The church should prioritize offering worship and praise to God, proclaiming and preaching the gospel of Jesus to all nations and to the ends of the earth, properly administering baptism and communion, teaching and training saints and children in the Word of God to equip them for spiritual victory in the world. The church should facilitate the fellowship of saints in love, serve and minister with the grace and love received from God, engage in sharing and relief efforts, and provide counsel and discipline for those who commit sins (cf. Mark 16:15; Luke 24:47; Acts 4:32-37, 5:1-11, 6:1-7; Rom 12:3-8; 1 Cor 5:1-13, 12:1-31, etc.).

2 In what other ways does the Bible describe the church?

God's house (Matt 21:12-13; John 2:13-16; Heb 3:6), God's people (Eph 2:19; 1 Pet 2:9-10), The Body of Christ (1 Cor 12:27; Eph 1:22-23, 5:30; Col 1:18, 24), _____ of God (1 Cor 3:16-17; Eph 2:19-22), The Pillar and Grounds for the truth (1 Tim 3:15), the temple of the Holy Spirit (1 Cor 6:19), and the new Jerusalem (Rev 3:12, 21:1-27).

The Bible uses various ways to describe the church, such as God's house (a meeting place with God where His children pray), God's people (a gathering of those who believe in Jesus Christ and have become citizens of God's kingdom), the body of Christ (a community of life united with Jesus Christ), God's temple (a place where God dwells), the dwelling place of the Holy Spirit (the hearts of Christians where the Holy Spirit resides), the foundation and pillar of truth (a community established on the truth of God's Word, obedient and following it), the new Jerusalem (a place where God reigns and a worshiping community) (cf. Gen 28:10-22; Matt 21:12-13; John 2:13-16; 1 Cor 6:19; Gal 4:26; Heb 12:22; Rev 3:12, 21:1-27, etc.).

3. How should all the churches of world treat one another?

All the churches should come together as one in God, ____ and cooperate with one another (John 13:34-35, 15:12-17; Rom 8:28; Phil 1:27-28; 1 Pet 1:22; 1 John 4:1-21, etc.).

All churches must work together in God to triumph in spiritual warfare against the forces of the devil, live towards the holy and good life that pleases God, and guide the non-believers towards the path of salvation by sharing the gospel of Jesus Christ (Matt 28:18-20; Acts 1:8; 1 Cor 1:21, 9:16-17; Eph 6:10-18; Jam 4:7-8, etc. cf. Eph 4:1-6; Phil 2:1-5). All churches and believers must love God, love their neighbors as they would love themselves, love fellow brothers and sisters of faith, and even love their enemies (Matt 5:43-44, 22:34-40; 1 John 4:7-21, etc.).

4. What is the role of the church as taught by Jesus Christ?

1) The role of _____ God in spirit and in truth (Mark 12:41-44; Luke 10:38-42; John 4:20-24, etc.).

2) The role of correctly teaching the Word of God (Matt 28:18-20; Luke 9:1-6, etc. cf. Luke 24:45-48; 2 Tim 4:2).

3) The role of sharing _____ (Jesus Christ and the kingdom of God) to the world (Matt 28:18-20; Mark 16:15-16; Luke 24:47-48; Acts 1:8, etc.).

4) The role of loving God, neighbors, brothers of faith, and even enemies (Matt 5:43-48, 22:34-40; John 4:20-24, 13:34-35, etc.).

5) The role of doing good work as the salt and the light of the earth (Matt 5:13-16, etc. cf. Jam 4:17; 1 Pet 2:11-12). This role of being a good neighbor by helping, sharing with, looking after, and serving the orphans, the widows, the starved, the sick, the imprisoned, and the marginalized (cf. Matt 6:1-4, 25:31-46; Luke 10:25-37, etc.).

The church and Christians must always treat the non-believers with kindness (Col 4:5-6; 1 Thess 5:15, etc.), love (Matt 5:43-44, 22:39; 1 Cor 16:14; Gal 5:14; Jam 2:8, etc.) and meekness (cf. Gal 6:1; 2 Tim 2:25). The church and Christians must help the non-believers earn salvation through faith in Jesus Christ by sharing the Jesus Gospel to the non-believers (Matt 28:18-20; Acts 1:8; 1 Cor 1:21, 9:16-18; Phil 1:16, etc.), and show grace with wisdom from God and kind words when sharing the gospel (Eph 4:29; Col 4:5-6). The church and Christians' act of sharing the gospel and saving people is precious work receives great praise and blessing from God and presents eternal joy as the Bible states (cf. Dan 12:3; Rom 1:13; 1 Cor 16:15; Col 1:6; 1 Thess 2:19-20, etc.). In fact, as the salt and the light, the Church must influence the world and become holy examples by doing good deeds towards those who are immersed in sin and imprisoned in spiritual darkness (cf. Lev 2:1-16; Num 18:1-32; Matt 5:13-16, etc.).

5. What spiritual authority did Jesus Christ grant God's church?

Jesus Christ gave the church the spiritual authority to share the Gospel of Jesus (the word of the Cross), and lead people to _____ and revived spiritual lives (Matt 16:18-19, 18:18-20, 28:18-20; John 20:22-23; Rev 2:26-28, etc.).

The spiritual authority of the church can be exercised through Jesus Christ and the Holy Spirit (cf. John 20:22-23; 1 Cor 5:4-5, etc.). In the early church, the apostles used their spiritual authority to establish the church and spread the message of Jesus Christ to the world (cf. Matt 16:18-19, 18:18-20; John 20:22-23; Acts 2:1-4:37, etc.). The authority given by Jesus Christ to the church enables it to be spiritually grounded, operate according to God's Word, live righteously, protect itself from the schemes of the devil, humbly serve those in need, and bear positive influence as salt and light in the world (cf. Matt 5:13-16, 20:25-28; 1 Cor 5:10-13; 1 Pet 5:1-3, etc.).

Discussion & Applicable Questions

1. Would you be willing to join as a volunteer if the church supports the local community the culture center, classes for the elderly, center for the disabled, after-school center, library, preschool, school, or other non-profit activities?

2. In what way(s) can the church and its members help or share to support the local community?

3. What is the church and Christians most criticized for? What change(s) could be made to address the criticism(s)?

Answer

1. Lord's Supper   2. The Temple   3. love
4. worshipping, the Gospel   5. salvation

25 Worship - 1

Worship is the greatest act for Christians to give glory to God. When Christians worship God, the Holy Spirit guides the worship, helping believers to offer genuine worship according to God's Word. Worship is not just a ritual or formality; it should be an expression of truth and meaning, offered with sincerity and a whole heart (2 King 17:35-39; Isa 43:21; John 4:20-24; Rom 12:1-2; Heb 13:15-16, etc.). Furthermore, God seeks those who worship in spirit and truth, emphasizing the importance of genuine worship in the lives of all Christians (John 4:23).

1 What is worship?

Worship is the act of Christians confessing their faith to God, promising their absolute obedience and service in the Word of God, and offering honor and praise in _____ of God's grace and love (Deut 10:12-22; 2 King 17:35-39; Psa 99:1-9; John 4:20-24; Rom 12:1-2; Heb 13:15-16, etc. cf. 2 Chr 7:1-10).

Through worship, Christians encounter God, hear His Word, receive His grace and power, and are led to live the life He desires (cf. Deut 6:13; Psa 99:1-9; Jer 32:38-40; Rev 1:1-3, etc.). In the Old Testament, worship involved offering sacrifices, but after the abolition of the sacrificial system through the death of Jesus Christ on the cross, Christians are called to worship in spirit and truth within the framework of Jesus Christ (Heb 10:1-26. cf. John 4:19-24). When Christians worship, they should avoid worshiping in a worldly manner, borrowing practices from other religions, or resorting to secular methods that do not align with the principles of worship in spirit and truth.

2 What is the importance of worship?

The most important thing in worship is to _____ God (Psa 96:8; Isa 43:7; Mark 6:33; 1 Cor 6:19-20, 10:31, etc.).

Worship must be an act where Christians lay down everything before God, exalting and praising Him alone (cf. Psa 96:1-13; Rom 12:1, etc.). When worshiping, Christians must focus not on what they will receive in terms of grace and benefit, but solely on bringing glory to God. Additionally, Christians must recognize that God is a Spirit who is present everywhere, and they must not be constrained by physical locations in their worship (cf. Gen 28:10-22; Jer 23:23-24; John 4:20-24, etc.). To offer true worship, Christians must prepare through repentance and prayer. When praying for the worship, Christians must ask that on God receives all the glory, that the worship is offered in spirit and truth, that they respond with 'Amen' to God's Word, and that no force hinders the worship.

3 To Whom should the worship be given?

Only _____ God is worthy of worship (Exo 20:5; Deut 6:13; 2 King 17:35-39; John 4:20-24, etc.).

Apart from the Triune God, no being is worthy of worship and praise. Furthermore, Christians must not place anything above the Triune God when offering worship. Focusing on people's favor and enjoyment rather than glorifying God is a sin since it goes against the true nature of worship. Christians must never offer worship and praise to any being other than God. They should be vigilant to ensure that the glory and worship meant for God are not diverted to idols or people (cf. Isa 42:8; 1 Cor 5:10-11, 6:9-10, 10:1-7; Gal 5:19-21; 1 John 5:21, etc.). Even if powerful or famous individuals participate in worship, the focus should always remain on giving glory to God, ensuring that praise is not misdirected towards them.

4 Why do we worship?

We worship because God _____ us to do so and because it is the best way to bring joy to God (Exo 20:3-7; Deut 5:7-11; Rom 12:1, etc.).

The reason why Christians must worship God is that God has commanded it, and it is the highest way to please Him. Worship is the means by which God preserves their souls, extends His grace to them, and seeks true worshipers who worship in spirit and truth (cf. Psa 16:8-9; John 4:23-24; 1 Thess 5:12, etc.). Because God is always seeking true worshippers, all Christians must live their lives as true worshipers throughout their lifetime.

5 How should we worship God?

We must worship in spirit and truth; that is, We must worship God according to the Word of God and by the guidance of _____ (John 4:23-24; Rom 12:1; Phil 3:3; Heb 12:28, etc.).

Worship must be offered in spirit, meaning under the guidance of the Holy Spirit (the Holy Spirit leads worship and helps in offering true worship, and worship is meant to bring glory to God). It must also be in truth, meaning in alignment with God's Word (worship must be offered in accordance with God's Word, not in a false or formal manner, but with a sincere heart (cf. Matt 23:1-39, 26:6-13; Mark 14:3-9; 2 Tim 3:2-5; Rom 12:1; Heb 13:15-16, etc.). Christians must not engage in worship that lacks a sincere heart towards God or follows traditions while ignoring God's Word (cf. Matt 15:1-9; Mark 7:1-13, etc.). Worship that is not offered in spirit and truth or does not align with God's Word is not genuine worship.

Discussion & Applicable Questions

1. How do you prepare for worship? How do you apply the message you have received from God through worship into your life?

2. Was there a time when you receive special grace through worship? If yes, please describe.

3. What distracts you from worshipping God?

Answer
1. gratitude   2. glorify   3. the Trinitarian
4. commanded   5. the Holy Spirit

26 Worship - 2

Christians must offer two types of worship: Official worship by gathering at church (2 King 17:35-37; Psa 96:8-9, 99:5; John 4:20-24, etc.); Worship of service by living in obedience to God's word within one's family and society (Mark 26:6-13; Luke 10:25-37; Rom 12:1; Phil 2:17; Heb 13:15-16, etc.). While public worship takes precedence, those who do not properly engage in worship of service cannot offer genuine public worship, and those who do not offer proper public worship cannot engage in worship of service. Therefore, both public worship and worship of service are important (cf. Matt 15:8-9; Luke 10:38-42; John 12:1-8, etc.). Christians must live worshipping God with joy and gratitude by understanding what an amazing grace and special privilege it is to worship God.

1. What are the different types of worship?

_____ of God (2 King 17:35-37; Psa 96:8-9, 99:5; John 4:20-24, etc.), Worship by serving God (Deut 10:12; Matt 26:6-13; Luke 10:25-37; Rom 12:1; Phil 2:17; Heb 13:15-16, etc.). Public worship of God takes precedence over serving (Luke 10:38-42).

Official worship is when Christians gather at church to worship God and the worship of service is when they put God's word into practice in their daily lives within their families and society (cf. Psa 99:5; Matt 26:6-13; Mark 14:3-9; Luke 7:36-50, 10:25-42; Acts 2:43-47, 4:32-37, 10:1-2, etc.). While public worship takes precedence, a person who does not offer public worship cannot offer a proper worship of service (cf. Matt 15:1-9; Mark 7:1-13; Luke 10:38-42, etc.). Engaging in public worship involves not only participating in worship but also listening to God's Word and living it out in daily life. Those who offer public worship well can also engage in worship of service in homes and society, and those who excel in worship of service can properly offer public worship. Therefore, Christians must maintain a balanced approach to both public worship and the worship of service. Some churchgoers mistakenly believe that merely attending Sunday public worship fulfills their worship obligations. Consequently, they attend Sunday worship but fail to make efforts to live out God's Word in their daily lives, living secularly or committing sins without remorse. Such individuals cannot be considered true worshipers.

2 Who can worship God?

Anyone who has received _____ can worship God (John 4:21-24; Rom 12:1; Heb 13:15-16, etc.).

Those who do not believe in Jesus Christ can engage in religious practices, but they cannot offer true worship that pleases God. This is because those who do not believe in God cannot receive the guidance of the Holy Spirit and cannot comprehend God's Word. Without the guidance of the Holy Spirit and the truth of God's Word, no one can offer true worship to God (cf. John 5:42-47; Rom 1:28; 2 Thess 2:9-12; 1 Pet 2:6-8; 1 John 5:10, etc.). In fact, Christians are privileged individuals who can worship the Almighty God. However, even for Christians, to offer true worship, they must make efforts to live according to God's Word through faith. This involves turning away from sin, doing good, living a godly life, caring for their families, living in peace with others, helping those in need, serving the church well, and spreading the gospel (cf. Isa 1:10-17; Matt 5:23-24; Luke 10:25-42; Acts 2:44-47; Gal 6:2; 1 Tim 5:8; Heb 12:14, etc.).

3 What must be part of all public worship?

Confession of Faith (Apostle Creed), **The proclamation of God's Word** (2 Tim 4:2, etc.), **Praise** (Eph 5:19, etc.), **Prayer** (John 16:23-24; 1 Thess 5:17, etc.), _____ (Deut 14:22-29; Matt 23:23; 2 Cor 9:5-7, etc.), **Baptism** (Matt 28:19-20; Mark 16:15-16, etc.), **Lord's Supper** (1 Cor 11:20-34, etc.), _____ – **Prayer of blessing** (Num 6:22-27; 2 Cor 13:14).

Worship encompasses the proclamation of God's Word (delivering God's message to His children through pastors), praise (offering thanks and glory to God through songs and music), confession of faith (declaring one's faith in God using a concise statement of faith like the Apostles' Creed), prayer (expressing gratitude for God's grace, repenting of sins, and seeking God's will), offering (presenting material offerings to God as an expression of faith), sacraments (observing baptism and communion, the sacred ceremonies instituted by Jesus Christ), and benediction (pronouncing a blessing in the name of the Triune God upon those participating in worship). While the order or format of public worship may vary among local churches, the essence of worship, centered on glorifying God in spirit and truth, remains consistent.

4 With what type of heart should Christians worship?

Christians should worship God with _____ hearts. They should also fear the Lord and trust in the Word, with the willingness to obey His commands (Psa 51:17, 95:1-7, 96:8-9; Ecc 5:1, etc.).

In order for Christians to offer true worship, they must worship God with absolute faith (cf. Gen 4:1-5; Heb 11:4). In other words, Christians must not offer true worship to God with dead faith, which is mere words without corresponding actions (cf. Heb 11:6; Jam 2:14-26). Christians must diligently listen to God's Word, strive to understand its meaning accurately, firmly believe in it, and practice it in their lives with faith (cf. Matt 13:9-17; Mark 4:21-25; Rom 10:17; Heb 11:6; Jam 1:22-25, 4:17, etc.). Even if Christians have specific professions (police officers, soldiers, fire fighters, doctors, nurses, etc.), they must make their best efforts to attend public worship in the church on Sundays. If, for some reason, they cannot regularly attend public worship in the church, they must strive to lead family worship at home and exert efforts to be a blessed influencer in their workplaces as worshipers in service.

5. Who did God say He will be seeking in the End Times?

God is always seeking true worshipers who worship Him in _____ and _____ (John 4:23; Rom 12:1; Phil 3:3, etc.).

Christians must offer public worship and worship through service with true faith to become genuine worshipers sought by God. Moreover, Christians must live giving glory to God with gratitude for His grace (cf. Psa 136:1-26; 1 Cor 6:20, 10:23-33, etc.). Christians must make their best efforts to observe God's message they have received from worship by frequently reflecting upon God's love and grace, reading and deeply meditating upon God's word, placing worship as top priority in life, and withdrawing from all factors that interfere with worship (sinful heart, relationships with people who are not spiritual, work, and other worldly things). Nowadays, some believers, even when not facing obstacles like persecution or illness, choose to attend worship online or conduct family worship instead of gathering at the church for public worship on Sundays. It is crucial to recognize that this is an act of taking worship too lightly and it is wrong. Christians must strive to gather with fellow believers in the church to offer worship (John 4:21-24, 12:20-26; Acts 2:44-47; Heb 10:25, etc.).

Discussion & Applicable Questions

1. How do you try to offer both official worship (church-centric) and worship of service (family and society)?
2. Are there Christians like the Good Samaritan or the woman who broke the alabaster flask who are good at offering worship of service?
3. In official worships given in today's churches, what are some things that usurp the glory of God?

Answer
1. Public worship 2. salvation
3. Offering, Benediction 4. thankful 5. spirit, truth

27 Praise - 1

Christians are people who God has called to glorify and praise Him (cf. Psa 150:1-6; Isa 43:7, 21, etc.). Through praise, Christians not only exalt and glorify God but also bear witness to Him in the world. **Praise is a spiritual act that all creatures, including humans, must inevitably offer to God, their Creator** (cf. Psa 8:1-9, 96:1-13, 148:1-14; Luke 2:13, 19:28-40; Rev 5:13, etc.). **Since all creations are designed to praise God, they must praise Him** (Psa 33:1, 69:34; Isa 43:7, 21; Col 3:16-17; Jam 5:13, etc.). **Only God deserves to receive praise, and Christians must praise God through various means available to them** (such as psalms, songs, instruments, etc.).

1 What is praise?

Praise is act of giving God glory and _____ through song and music (Psa 66:1-20, 148:1-14; Rom 15:11; Eph 5:19-20; Col 3:16-17; Heb 13:15, etc.).

When Christians are filled with the Holy Spirit, overflowing with gratitude for God's grace and love, and when they honor God and exalt His name, they naturally offer praise to God with joy overflowing from their hearts (cf. 2 Sam 6:1-23; Acts 2:44-47, etc.). Jesus Christ Himself mentioned that if people don't praise, even the stones would cry out in praise (cf. Luke 19:28-40). The commonly used word in the church to praise God, "Hallelujah," means to praise the Lord.

2 Who can receive praise from us?

Only _____ can receive praise from us (Psa 146:1-10, 150:1-6; Isa 42:8-12, 43:21; Mark 14:61-62; Rom 9:5; Heb 13:15; Rev 5:12, etc.).

The praise can only be worthy when directed towards the triune God, and only God has the qualification to receive praise (cf. Psa 69:34, 113:1-9, 117:1-2, 148:1-14; Isa 42:8; 1 Cor 10:31, etc.). It is wrong for Christians to praise for self-satisfaction or to showcase their singing abilities to boast before others. Christians must give glory only to God, exalting Him alone, and not elevate or glorify those who are singing. Additionally, Christians should never exalt pastors, famous individuals, or authorities as if they were God.

3. Why must Christians praise God?

One of the key reasons why God created us is so that He can receive praise from us (Psa 33:1; Isa 43:21, etc.), God _____ us to do so (Psa 148:1-14, 150:1-6, etc.), praise is a great way to show our gratitude for God's grace of salvation (Luke 1:68-69; Eph 1:3-14, etc.).

Christians must praise God for several reasons. Firstly, humans are created beings designed to offer praise to God. Secondly, gratitude for God's salvation, daily grace, and love motivates Christians to praise Him. Thirdly, Christians are commanded to praise God by His explicit instructions. Lastly, the desire to exalt and honor God through songs and hymns naturally flows from the heart (cf. Isa 43:21; Rom 9:5, etc.). Christians are called to live in continual worship and praise, aligning their lives with the purpose for which God created and redeemed them (Isa 43:7, 21; Hos 14:2; 1 Cor 10:23-33; Heb 13:5; 1 Pet 2:9, etc.).

4. What is the most important purpose behind Christians offering praises to God?

Christians praise God to exalt, give thanks to, and to _____ Him (Isa 42:8, etc. cf. Isa 43:7; 1 Cor 6:19-20).

The following are additional reasons for Christians to praise God: To wholly prove God's existence to the world (Deut 31:19; Heb 13:15); To participate in the glory of God (Psa 61:8, 89:52; Rom 1:25; Rev 5:13, 7:12); To voluntarily obey God's word (Psa 148:1-5, 150:6, etc.). Christians should always lead lives filled with the Holy Spirit and the Word, so they do not commit the wrongdoing of corrupting or cursing others with the lips they use to praise God (cf. Matt 15:10-20; Jam 3:1-12, etc.). When Christians praise God with joy and gratitude, it reflects their faith and love towards God, spiritual energy, and life under God's grace.

5. Who convicts our hearts to praise God?

_____ convicts and moves our hearts to praise God (Eph 1:3-14, etc.).

The Holy Spirit opens the hearts of Christians so they may praise God and allows them to praise God with joy and gratitude. Christians must always live praising God as God the Spirit always dwells in their hearts. For Christians to live always praising God, they must follow the Holy Spirit's guidance and desires in their lives (cf. Luke 1:39-55, 67-79, 2:25-35; Gal 5:16-18, 22-23; Eph 5:15-20, etc.). Christians who are filled with the Holy Spirit could experience their lips and lives flowing with joy and gratitude.

Discussion & Applicable Questions

1. What is your favorite praise song? What are some praise songs that would be good to sing with your family?

2. Was there a time when you felt that God was receiving your praise while you were praising? If yes, please share.

3. Was there a time when your heart and life was suffering, and you praised God with tears and prayer? If yes, please share.

Answer

1. thanksgiving   2. Trinitarian God   3. commanded   4. glorify   5. Holy Spirit

28 Praise - 2

The life of praising God is an obligation for Christians, and Christians who are thankful for God's grace always live by exalting and praising God (Psa 113:1-9, 146:1-10, 148:1-14, 150:1-6, etc.). Christians must pay close attention and carefully select the praise songs used at church during public worship. Moreover, during public worship, it is not appropriate to sing songs to stimulate the emotions of the saints or deliberately sing fast songs repeatedly to indulge in one's own excitement. Christians must prioritize exalting and praising God over listening to and singing worldly songs (Psa 146:1-2; Jam 3:9-12, etc.). Occasionally, writing one's own song or poem dedicated to God can help engrave one's faith in God in their hearts.

1 How should Christians praise?

With all our spirit (Psa 103:1; 1 Cor 14:15), with joy and happiness (Psa 9:2), with our lives (Psa 71:6), with a _____ (Psa 40:3), all day long (Psa 35:28), and with thanksgiving (Psa 100:4).

Christians must praise God with the faith and wisdom given by God, with the spirit of God and full hearts towards God, with a personal desire to praise Him, and with the overwhelming joy of salvation (cf. Psa 47:7, etc.). Through poetry, songs, instruments, and life, Christians must praise God with the happiness of living as God's children and with gratitude towards God's grace and love (cf. 2 Chr 3:12, 23:13; Psa 9:2, 100:1, 147:7; Jer 31:7; Rom 15:9; 1 Cor 14:15; Eph 5:19; Col 3:16, etc.). Also, Christians must live by praising God with new songs, continually praising God who saves us and gives us spiritual victory (Psa 33:1-22, 96:1-13, 98:1-9, 149:1-9; Isa 42:10; Rev 14:1-3, etc.).

2 When should Christians praise God?

When Christians are _____ (Exo 15:2; Psa 98:1; Luke 1:68), when we receive grace (Psa 13:6), when we are at the temple (Psa 100:2, 150:1), when we triumph against our enemies (2 Sam 22:4), when a new king is succeeded (1 King 1:48), when we are thankful (2 Chr 7:6), when we are healed from sickness (Acts 3:8), when we are at war (Josh 6:16; 2 Chr 20:22), when we are in turmoil (Psa 42:5-6), when we are poor (Psa 74:21), when we are imprisoned (Acts 16:25), when we are happy (Jam 5:13), when saints are together (1 Cor 14:26), from morning to night (1 Chr 23:30; Psa 92:1-2), always (Psa 34:1, 71:8), our whole lives (Psa 104:33), and _____ (Psa 61:8).

From the moment of birth to the moment of death, Christians must praise the Lord with diligence. Whether in joy or sorrow, in times of thanksgiving or suffering, in poverty or wealth, day or night, in health or weakness, and throughout their lives, Christians must always be able to praise God regardless of the time and situation (cf. Psa 104:33, 146:1-10; Acts 2:46-47, etc.). Additionally, Christians must remember that they are people who praise God forever and always find joy in praising Him (cf. 1 Chr 16:36; Psa 113:1-3, etc.). It is impossible for Christians to imagine a life where there is no praise offered God. Christians must always remain spiritually awake so they can live a life where praise does not leave their lips throughout their lifetime.

3. In what ways can Christians praise God?

With our voice (2 Chr 20:19; Luke 19:37-38; Eph 5:19, etc.), **with our ____ raised** (Psa 134:2, etc.), **by clapping our hands** (Psa 47:1, etc.), **with instruments** (2 Sam 6:5; Psa 150:3-5, etc.), **and by moving our bodies - dancing and other movements** (2 Sam 6:14-15; Psa 95:2, 149:3, 150:4; Acts 3:8, etc.).

Christians must praise God using a proper posture, utilizing their voices, bodies, instruments, or tools that they have available. Those who are ill can praise laying down and if someone is unable to speak or move, they must praise God with their hearts (cf. 2 Sam 6:14-16; 1 Chr 13:8; Psa 32:11, 34:1, 47:1, 63:4, 92:1-4, 98:1-9, 149:1, 150:1-6, etc.). The crucial aspect is the heart's desire to praise God with gratitude and joy. For instance, a baby's coo and gurgle, or the groans of a sick person can be a praise that pleases God.

4. There are three different types that are considered as praise. What are they?

_____, praise songs, and divine music can be considered as praise and all of these are composed by the inspiration of _____ (Eph 5:19; Col 3:16, etc.).

Christians must praise God with the heart given by the Holy Spirit. When praising, Christians must offer their praise to God through psalms, focusing on the Book of Psalms and other books of wisdom. Additionally, they must praise God through biblical lyrics and songs composed with a heart given by God. Given the abundance of various types of praise songs available today, Christians must enthusiastically praise God with these songs. Furthermore, Christians must live their lives praising God without being constrained by time and place (cf. 1 Chr 23:30; 2 Chr 20:21; Psa 57:9, 92:1-2, 149:5, 150:1; Acts 16:25; Heb 2:12, etc.).

5. What are the benefits for Christians in praising God?

Christians will gain many benefits by praising God. Such as: Bring glory to God (Job 1:21); spiritual joy and satisfaction (Psa 15:11-13, 63:5); ____ is taken away (Psa 56:3-4; Acts 16:25); experience miracles (Acts 16:25-26); experience victory against spiritual warfare (1 Sam 16:23; 2 Chr 20:29; Psa 8:2; Isa 42:10-13, etc.); bring fear and trembling to unbelievers (Psa 40:3); grow in faith (Isa 38:18-20); worrying and anxiety will be taken away (Isa 61:1-3).

Christians must obey God's command to praise Him, and in doing so, they receive abundant grace from God. God delights in those who praise Him with joy, and Christians are to live their lives praising God with joy throughout their lives (cf. Psa 7:2, 28:7; Joel 2:26; Acts 16:25-26; Jam 5:13, etc.). It is essential for Christians to offer praise with gratitude for the grace and love received from God, not seeking grace for the purpose of praising God. Those who praise with such genuine hearts receive grace from God.

Discussion & Applicable Questions

1. Have you ever served as a member of the choir or praise team at your church? If yes, was there a time when you tried to make yourself superior or boast while praising as part of the choir or praise team? If yes, please share.

2. If lyrics praising God was added onto a pop or secular song, do you think it could be a praise song? If you were to write the lyrics of a praise song, write 3-4 sentences on what you would write about.

3. What are your thoughts on Christians singing mainstream or secular music?

Answer

1. new song   2. saved, forever   3. hand   4. Poetry, Holy Spirit   5. fear

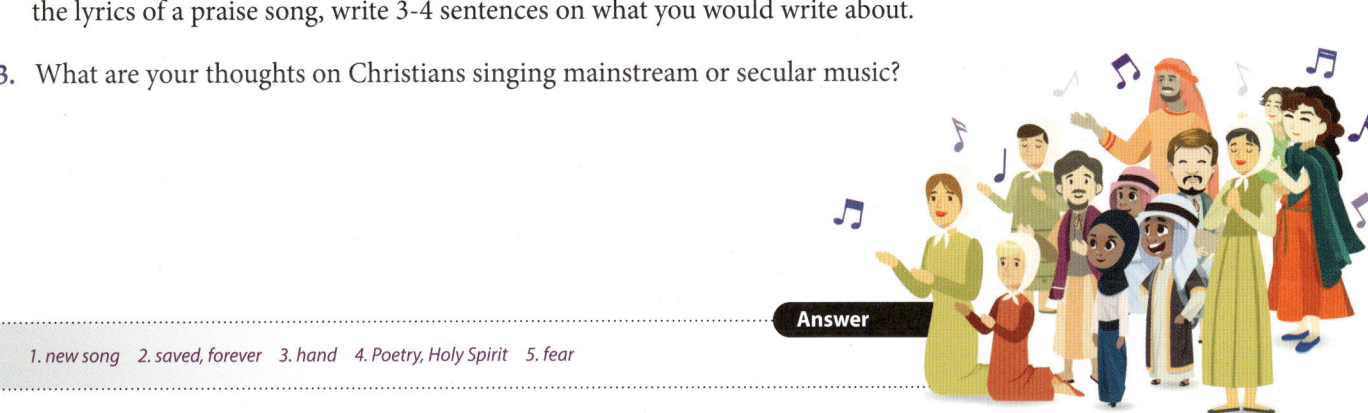

29 Prayer - 1

Prayer means 'to plead' or 'to supplicate,' but it is not a one-sided monologue or a meaningless repetition of phrases. Prayer is a dialogue and fellowship between God and His children. For Christians, the opportunity to meet God personally through prayer is a tremendous grace. Through the command to pray without ceasing, God desires to constantly meet and engage in deep spiritual fellowship with believers (cf. Matt 6:5-13; Luke 11:1-13; John 16:23-24; Phil 4:6; 1 Thess 5:17, etc.). When Christians pray, it is important to always be thankful and vigilant (Col 4:2, etc.). Through prayer, Christians draw near to God, repent of their sins, and fulfill God's will in their lives.

1 What is prayer?

Prayer is the act of speaking with God giving _____ for His grace, _____ and seeking His forgiveness, and making requests in faith that is in accordance with His will (Matt 6:5-13, 7:7-11; Luke 11:1-13; John 16:23-24; Phil 4:6; 1 Thess 5:17; Jam 5:13-18; 1 John 5:14-15, etc.).

The correct Christian prayer is one that seeks in alignment with God's will (cf. Matt 6:5-13; Luke 11:1-13; 1 John 5:14, etc.). In other words, prayer is the act of changing one's own will to fit God's will and the earnest request for only the will of God to be fulfilled (cf. Matt 26:39-42; Mark 14:35-36; Luke 22:41-42). To pray correctly, Christians must pray in God the Spirit (Rom 8:26-27; Eph 6:18; Jud 1:20). Furthermore, a proper prayer is one where the prayer topics are fully put into practice in real life rather than simply being spoken words (cf. Matt 6:5-13, etc.). For example, those who ask for faith should read the Bible relying upon the Holy Spirit and put the Word into practice. Those who pray for a good spouse must first try to be a good partner themselves. Those who pray to be accepted into a good university should study with diligence.

2 To Whom should Christians pray?

Christians must pray to the one and only _____ (Psa 62:8; Jer 33:1-3; Matt 6:9; Luke 11:9-13; John 16:23; Eph 3:14-21, etc.).

262 Doctrine for Christian Living

Christians must pray to the Triune God for the following reasons (cf. Matt 7:7-11; Luke 11:9-13, etc.): Christians are the children of God; Only God can hear and answer prayers; Only God can bestow grace and love on His children; Only God can help and solve the problems His children encounter. Christians are to pray for everything they need, both spiritually and worldly, while living in this world. Furthermore, those who do not pray to God are not God's children, and God's children must always live in a state of prayer, seeking God's guidance and help. There is never a moment or situation in which Christians, living in this world, do not need to pray to God.

3. In Whose Name must Christians pray?

Christians must pray in the Name of _____ (John 14:13-14, 15:16, 16:23-27, etc.).

The reason why Christians pray in the name of Jesus is because Jesus Christ Himself instructed them to pray in His name (John 16:23-24). As Christians can approach God the Father only through Jesus Christ, when praying to God, it is essential to pray in the name of Jesus (cf. John 14:6, Col 3:17; Heb 7:25, etc.). Of course, not ending a prayer with "I pray in Jesus' name, Amen" doesn't mean that God won't accept that prayer. Praying in the name of Jesus signifies praying with faith in the belief that Jesus Christ, by shedding His blood on the cross, took on our sins. It involves praying with a heart that believes in Him as our Savior.

4. Why must Christians pray?

___ **commanded Christians and Jesus Christ taught us to pray** (Matt 6:9-13; Luke 11:1-4, 18:1, 21:36; 1 Thess 5:17, etc.), **It is a great way for us to receive _____ of strength and encouragement** (Isa 40:31; Mark 9:29; Heb 4:16; Jam 5:16, etc.), **To confess and receive forgiveness for sins** (2 Chr 7:14; 1 John 1:9, etc.).

Jesus Christ not only taught His disciples how to pray but also prayed with them (cf. Matt 6:9-13, 26:36-44; Mark 14:32-42; Luke 11:1-4, 22:39-46, etc.). During His time on Earth, Jesus lived a life of prayer (cf. Mark 1:35; Luke 5:16; Heb 5:7, etc.), and even now, He intercedes in prayer for God's children (cf. Rom 8:26-34; Heb 7:25; 1 John 2:1-2, etc.). Through prayer, Christians can receive God's help and grace, find forgiveness for their sins through repentance, accomplish tasks through the power of God, be filled with the Holy Spirit through prayer (Luke 11:13; Acts 21:1-4), open the storehouses of heaven (1 King 3:12; Phil 4:19), triumph in spiritual battles, and resist the trials and temptations of the devil (Matt 26:41; Luke 22:40. cf. 1 Pet 4:7, 5:8).

5. What did Jesus Christ promise if Christians pray?

Jesus Christ promised Christians that He would give us everything we wished for if we prayed in _____ and according to God's will (Matt 21:21-22; Mark 11:22-24; John 14:13-14; Jam 1:6-7; 1 John 3:21-22, 5:14-15, etc.).

The Bible states that when God's children pray (ask, seek, and knock), God the Father promises to give good things, specifically the Holy Spirit (cf. Matt 7:7-11; Luke 11:9-13, etc. cf. Isa 40:27-31; Heb 11:6). Christians not receiving anything from God is a result of not seeking (cf. John 16:23-24; Jam 4:1-3, etc.). However, it's crucial to note that not every prayer is answered simply by believing and asking for everything one desires. Prayers must align with God's Word and be in accordance with His will (cf. Jam 4:2-3; 1 John 5:14-15, etc.). In other words, while all Christians can pray to God, not all prayers are the right prayers aligned with God's will. Christians must reflect on whether their prayers are in line with God's will or if they are merely seeking their own desires, selfish interests, and worldly things. They must strive to pray in a manner that aligns with God's will.

Discussion & Applicable Questions

1. Describe your prayer style (time, place, posture, topics, etc.). Do you tend to pray in tongues? Or do you pray in comprehensible words?

2. These days, what is your most common prayer topic when you pray for yourself or your family members?

3. These days, what are your prayer topics when you pray for others, church, society, or country?

Answer

1. thanks, repenting   2. Trinitarian God   3. Jesus   4. God, the grace   5. faith

30 Prayer - 2

No matter how earnestly people pray, prayers that deviate from God's Word are incorrect, and someone who, despite outward appearances of fervent prayer, does not live in accordance with God's Word is praying falsely. When Christians pray to God, He responds in various ways at His appointed time (Psa 65:24; 2 Cor 12:7-10; Heb 4:16; Jam 4:3; 1 John 3:22, etc.). The timing and manner of God's response to Christians' prayers are determined by Him. Therefore, Christians must entrust the results of their prayers to God and wait after praying. If Christians pray according to God's will, He responds with what is best for them (cf. Matt 7:7-12; Luke 11:9-13, etc.).

1 How should Christians pray?

1) **All the time** (Psa 62:8), **without ceasing** (1 Thess 5:17), **with the intercession of Holy Spirit** (Rom 8:26-27; Eph 6:18), **with** _____ (Phil 4:6; Col 4:2, etc.), **according to the will of God** (1 John 5:14), **with faith** (Matt 21:22; Mark 11:22-24; Jam 1:6-8, etc.), **and together with one heart** (Matt 18:19).

2) Also, **Pour out our hearts** (Psa 62:8), **moved to weeping at times** (1 Sam 1:10), **by crying out to God** (Judg 3:9; Jer 33:3, etc.), **with Earnest** (Luke 22:44; Heb 5:7), **and by fasting** (Dan 9:3; Acts 13:2-3).

3) Christians can pray while **sitting** (1 Chr 17:16-27), **kneeling** (1 King 8:54; Ezr 9:5; Luke 22:41; Acts 9:40), **bowing** (Exo 34:8; Josh 7:6; Psa 72:11; Matt 26:39; Mark 14:35), **standing** (Neh 9:5; Mark 11:25; Luke 18:13), **lifting their hands** (2 Chr 6:12-13; Psa 63:4; 1 Tim 2:8), **and walking** (2 King 4:35). In addition, Christians who are sick may pray while lying down.

Jesus Christ, before His crucifixion, fervently prayed the same prayer three times in the Garden of Gethsemane, and Paul, asking for his ailment to be healed, prayed earnestly three times as well. Therefore, Christians can repeat the same prayer to God (Matt 26:36-46; Mark 14:32-42; Luke 22:39-45; 2 Cor 12:7-10, etc.). However, Christians must not repeat prayers mechanically, similar to the rituals of idol worshippers, just to receive good things from God (cf. 1 King 18:20-46, etc.). Additionally, Christians who have the gift of tongues can pray in tongues, but it is more beneficial to pray in understandable words. If they pray only in tongues, they should be aware that there might be a lack of fruit in their hearts (1 Cor 14:14-19). Christians must gather together and pray with one heart (cf. Matt 18:19-20; Acts 2:44-47; Heb 10:24-25, etc.).

2 What must Christians prayers consist of?

1) Glorifying God the Father (Matt 6:9),

2) Thanksgiving to God for His grace and love (Phil 4:6),

3) Repentance of sin (Psa 51:1-19, 66:18; Isa 1:15; Luke 18:9-14; 1 John 1:8-10, etc.),

4) Making requests in faith (Matt 7:7-12; Luke 11:9-13; John 15:7; 1 Tim 2:1-3; Jam 1:13-18, etc.),

5) Pray in the name of Jesus (John 14:13-14, 15:16, 16:23-27. cf. John 14:6; Col 3:17; Heb 7:25),

6) Close the prayer with an "____" (2 Cor 1:20).

When Christians pray, they begin by exalting and praising the name of God, giving thanks for the grace and love received from Him. Following that, they must repent of all sins committed to maintain a holy and spiritually intimate relationship with God. After repentance, they are to earnestly seek, in faith, what they desire within God's will. Once their petitions are made, they acknowledge that all their prayers are presented to God through the strength of Jesus Christ. To affirm that every prayer offered is in alignment with God's will and truth, they conclude their prayers in the name of Jesus, followed by "Amen," believing that God will respond. However, in urgent situations, Christians can seek God with a sincere heart without adhering strictly to this prayer structure, and their heartfelt seeking will still be heard by God.

3 What should Christians pray for?

Christians should pray for: 1) _____ of God and His ____ to fill this earth, 2) Oneself and one's family, 3) The church of God and those who serve the church, 4) Those who preach the Gospel of Jesus, 5) Other people (neighbors, those who are suffering from illnesses, those who are undergoing suffering and persecution, the impoverished, the marginalized, those who are under difficult circumstances, one's enemies and those who are persecuting them, etc.), 6) The wellbeing and peace of the nation, the people, and its leaders, 7) The expansion of God's kingdom through the Gospel of Jesus and for the salvation of non-believers (cf. Jer 29:7; Matt 5:43-48, 7:7-11; Luke 11:9-13; Col 1:3-10; 1 Thess 5:25; 2 Thess 1:11-12; 1 Tim 2:1-3; Jam 5:13-18; 1 John 5:14-17, etc.).

While living on earth, Christians must pray for both spiritual and physical things such as daily bread and worldly things (cf. Matt 5:13-16, 6:9-13; Eph 5:1-33, etc.). However, Christians must pray for spiritual things more so than worldly and physical things. Additionally, Christians should pray not only to avoid falling into the temptations of the devil but also to gain victory in the spiritual battle against the forces of evil (cf. Matt 7:7-11, 26:41; Mark 14:38; Luke 11:9-13, 22:46, etc.). Christians will realize that there are more and diverse things to pray for as they mature in faith. Nevertheless, Nevertheless, it is not necessary to pray for those who deliberately resist and blaspheme the Holy Spirit (e.g., antichrists, false teachers, apostates, etc.) and those who commit sins leading to death (cf. 1 John 5:16-17).

4 How must Christians pray for God to answer them?

1) Christians must pray with _____'s guidance and in accordance with His will (Rom 8:26-27; 1 John 5:14-15, etc. cf. Matt 26:39).

2) Christians must pray in faith and without _____ (Matt 21:18-22; Mark 11:22-24; Jam 5:13-18, etc.).

3) Christians must pray in the name of Jesus (John 14:13-14, 15:16, 16:23-27. cf. John 14:6; Col 3:17; Heb 7:25).

4) Christians must pray while remaining in Jesus Christ and His Word (John 15:7, etc.).

5) Christians must live holy lives according to the Word of God (1 Pet 3:12; 1 John 3:21-24, etc.).

When praying, Christians should pray to God alone (Matt 6:6-9), pray according to God's will (1 John 5:14-15), hold onto the promises of God's Word in prayer (Psa 119:105-112; John 15:7), pray with faith in what has been received (Mark 11:24; 1 John 5:14-15), pray with a humble spirit (Psa 51:17; Luke 18:13-14), pray after forgiving others (Matt 6:12; Mark 11:25), pray earnestly (Je 33:3; Luke 11:5-8, etc.), persevere in prayer (Gen 32:24-28; Luke 18:7-8), pray without ceasing (1 Sam 12:23; Psa 62:8; 1 Thess 5:17), and pray with specific content (Gen 24:12-14; Matt 7:7; Col 1:9-12). While it is important for Christians to pray fervently, the crucial aspect is to pray fervently in accordance with God's will. Otherwise, even if they pray fervently, their prayers might become repetitive and meaningless (repeating words without understanding or repeating the same words to appear as if praying more). Such prayers do not align with what God desires (Matt 6:7-8, etc.). To pray with faith according to God's will, Christians need to not only study the Bible but also seek God's guidance to understand what His will is and what they should pray for.

5 What prayers will not be answered by God?

1) Faithless prayers with doubt (Matt 21:21; Mark 9:14-29, 11:23-24; Jam 1:6-8).

2) Prayers that only serve self interests and not God's Will (Jam 4:2-3).

3) Prayers without _____ of sins that only glorifies the self (Psa 66:18; Isa 1:15-16, 59:1-3; Luke 18:9-14).

4) Prayers of one who disobeys and ignores the Word of God (Prov 28:9; 1 John 3:21-22).

5) Prayers of one who disrespects and mistreats the spouse (1 Pet 3:7).

The primary reasons why individuals do not receive answers to their prayers from God are because of their lack of faith or not praying according to God's will. Other reasons include seeking unscriptural things, requesting to fulfill personal desires or to exalt oneself, praying for only physical and worldly needs without seeking spiritual blessings, prayers aimed at pleasing God to receive a blessing (prosperity gospel), praying while having relationship issues with spouses or others, being filled with worry and anxiety, and praying with words only without aligning one's life with the prayer (cf. Matt 5:23-24, 6:27; Jam 4:2-3; 1 Pet 3:7, etc.). Christians must recognize that receiving material and physical blessings after prayer does not necessarily mean that all those blessings are from God. To determine whether the blessings received—material, health, etc.—are truly from God, Christians must not only acknowledge them as blessings from God but also diligently use them for God's glory and purposes, ultimately pleasing God. If the blessings lead them away from God, foster spiritual pride, or are used solely for personal gain without consideration for others, then those blessings may be temptations or trials from the devil rather than blessings from God. God does not unconditionally respond to the content of Christians' prayers but answers in the way that is best for them (cf. Matt 7:7-11; Luke 11:9-13; 1 John 5:14-15, etc.).

Discussion & Applicable Questions

1. What is your most memorable prayer that God has answered?

2. What is a prayer you have been praying for a long time, believing that it is God's will but has not yet been answered?

3. What are some things that disrupt your prayer these days? If you are currently not living a life of prayer, what do you think might be the reason?

Answer

1. thanksgiving   2. Amen   3. The glory, will   4. Holy Spirit, doubting   5. repentance

31 The Lord's Prayer

The Lord's Prayer is the prayer taught by Jesus Christ to His disciples (Matt 6:9-13; Luke 11:1-4). It holds a central place in the Sermon on the Mount, which Jesus delivered (Matt 5-7). In other words, the Lord's Prayer serves as a model and standard for Christians to pray in accordance with God's will. It outlines the content of the prayer when Christians pray to God the Father. The Lord's Prayer consists of a prayer that glorifies and praises the name of God the Father, a prayer for God's will to be done, a supplication for one's essential needs, and a request for forgiveness of sins. It also emphasizes the importance of concluding the prayer by exalting and praising the name of God.

1 What is the Lord's Prayer?

As a prayer _____ taught to his disciples, the Lord's Prayer is the exemplary model and the standard for prayer that allows Christians to correctly pray accordingly to the will of God (Matt 6:9-13; Luke 11:1-4).

The Lord's Prayer serves as the standard for the prayers that Christians offer to God and can be considered a summary of the Gospel and the Christian life. Christians must not merely memorize the Lord's Prayer as a set of words but must live a life that aligns with the meaning it teaches. This involves praising and glorifying God, living a life that accomplishes God's will, seeking God's help daily through His grace, and living a life of forgiveness and holiness. Additionally, by referring to the content and structure of the Lord's Prayer, Christians can ensure that the content and structure of their own prayers align with it, allowing them to consistently offer righteous prayers to God.

2 What is the meaning of "Our Father in Heaven?"

This is a prayer of _____ for allowing us to call our Heavenly God, "Father" (John 1:12; Rom 8:14-17; Gal 4:6-7; 1 John 5:1-21, etc.).

"Our Father in Heaven" expresses a prayer that praises the exalted and glorious nature of God, who is omnipotent and worthy of worship. "Our Father" is a prayer of gratitude for the privilege of being able to call God our Father through His grace. It also teaches that as children of God, we can approach God intimately as our Father (Rom 8:14-17; Gal 4:4-7). For example, just as a young child approaches their father, calling him "Dad" and asking for what they need with familiarity, Christians can approach their

Heavenly Father with intimacy, seeking what they need in prayer.

③ What part of the Lord's Prayer acknowledges God?

1) "Hallowed be Your name" is not only a prayer that acknowledges God as the Holy One, but also expresses our desires to give Him _____ He deserves (Exo 20:7; 1 Chr 16:29; Psa 145:1-13; Isa 57:15; Mal 1:11; Rom 11:36, etc.).

"Your name" refers to the very personhood of God, signifying His existence deserving of glory and honor. Christians are instructed not to misuse or blaspheme the name of God, so when praying and calling upon His name, it must include absolute faith and reverence for Him (Exo 20:7; Lev 24:11, 16; Deut 5:11, etc. cf. Dan 16:29). Additionally, "hallowed be Your name" is a prayer that acknowledges the complete holiness of God and offers glory to the holy God (Exo 15:11; 1 Sam 2:2; Job 34:10; Hos 11:9, etc.). When Christians pray or seek God in challenging times, they can call upon God as their Heavenly Father, but they should avoid casually using His name or using it as a tool for self-elevation or boasting.

2) "Your Kingdom come" is a prayer of expressing our desire for God and glorified to come to Earth and save (cf. Psa 67:1-7; Matt 24:13-14; Rom 10:1, 14:17-18; Rev 22:20, etc.).

"Your kingdom" refers to the kingdom over which God sovereignly reigns. This prayer expresses the hope for the complete expulsion of the ruler of this world, namely the evil forces that control the world, including the prince of the power of the air (Eph 2:2), the ruler of this world (John 12:31; 1 John 5:19), and the rulers of the darkness of this age (Eph 6:12), along with the evil powers that follow them. It is a prayer for the swift coming of God's kingdom, where God alone reigns. Additionally, it includes the desire of Christians to submit fully to God the Father's rule as the people of His kingdom.

3) "Your will be done on Earth as it is in heaven" is a prayer of expressing our desire for this world to be ruled and guided by God's will and _____ (Matt 7:21, 18:10-14, 26:39; Acts 21:8-14; Gal 1:4; 1 John 2:15-17, etc. cf. John 6:39-40, 19:30).

This prayer expresses the hope for the fulfillment of all the plans and purposes established by God, both in the heavenly kingdom of God and on earth, in accordance with the essence of God's Word (Matt 7:21, 12:50; Luke 10:21, 22:42; John 6:40; Rom 12:2; 1 Cor 1:27-29; Gal 1:4; 1 Tim 2:4, etc.). Furthermore, this prayer includes the desire that the futile intentions of people and the evil intentions of the devil, apart from God's will, will never be fulfilled. Christians are encouraged to pray fervently that God's will, and not their own, be accomplished in their lives (Matt 26:36-44; Mark 14:32-39; Luke 22:39-45, etc.).

4 What part of the Lord's Prayer is for us (humans)?

1) **"Give us today our daily bread" is a prayer that asks God to provide us with the food we need for the day** (Deut 8:17-18; Psa 107:9, 145:15; Prov 30:8-9; 1 Tim 6:6-10; Heb 13:21, etc. cf. Matt 7:9-11; Luke 11:11-13). **In other words, this is an earnest and desperate prayer of confessing that we live our daily lives relying only on God, and without God's provisions, we cannot sustain life.**

It is a prayer asking God to provide daily food for us to sustain life, just as God provided daily manna in the wilderness (cf. Exo 16:1-36). This prayer is not a prayer for vain desires such as material abundance but for providing the food necessary to sustain life (cf. Matt 6:25-34; 1 Tim 6:10; Jam 1:26-27, 2:14-17, 4:3, etc.). Not only that, this prayer is also a prayer of faith that we, as children of God, will believe that God will provide us with food, drink, and clothing and that we will live without worrying about tomorrow (cf. Matt 6:25-34, etc.).

2) **"Forgive our sins as we forgive those who sin against us" is a prayer of confessing our sins and asking for forgiveness. It is also a prayer of commitment to remember this forgiving grace and forgive those who do wrong against us** (Psa 51:1-19; Matt 6:12-15, 18:21-35; Luke 11:4; Rom 3:24-25; Eph 4:32, etc.).

Christians must live a life of forgiveness because: They have received the forgiveness of their sins from God (Isa 1:15-18; Eph 1:7, 4:31-32; Col 3:13; 1 John 1:9, etc.); They must obey God's command to forgive others (Matt 18:21-35; Luke 17:3-4, etc.); They can receive forgiveness from God if they lead lives of forgiveness and cannot receive forgiveness from God if they fail to lead lives of forgiveness (Matt 6:14-15, 18:35; Mark 11:25-26; Luke 6:37; 2 Cor 2:10, etc.); They cannot fulfill God's righteousness if they do not forgive and show anger or wrath (includes revenge or retaliation) (Jam 1:19-20, etc.); They can be used by Satan and commit the sin of anger, revenge, retaliation, etc. (2 Cor 2:5-11, etc. cf. 1 Pet 5:8, etc.).

3) **"Lead us not into temptation but deliver us from evil" is a prayer of supplication that God would protect us from _____'s temptation, preventing us from falling into sin** (Psa 19:12-13; Matt 26:41; 1 Cor 10:13; Gal 5:16-18; Eph 6:10-18; Jam 1:12-16; 1 Pet 5:8-9, etc.).

This prayer requests safe protection from the devil and evil things that is like a roaring lion trying to make us stumble and harm us. This prayer is also asking God to lead us to victory in the spiritual warfare against the devil that test and tempts. In a larger sense, this is prayer asking for guidance to not sin due to the weakness of faith causing Christians to fall into devil's temptation and the deceitful greed of their hearts (cf. Mark 9:14-29; John 8:39-47; Rom 7:23-24; 1 Thess 3:5; Jam 1:14-15; 1 John 4:1-6, etc.).

5. What is the meaning of the prayer, "Yours is the kingdom, and the power, and the glory"?

1) "For Yours is the Kingdom, and the Power, and the Glory" is a prayer acknowledging that God is the Almighty, Sovereign God that _____, rules all nations and only One worthy of all glory (2 Chr 20:6-9; Psa 103:19, 145:1-21; Eph 1:19-23; 1 Pet 1:5, etc.).

This is prayer of praising God as not only the master of His kingdom, but also the Ruler who redeems those who were dying to sin, made them citizens of His kingdom, and rules His people through His word (cf. 1 Tim 1:16-17; Rev 4:11, etc.). In other words, all Christians must give thanks for God's grace that saved them, submit to God's reign as His people, and doe everything they can to live glorifying God.

2) "Forever and ever" is a prayer of acknowledging that He is the Lord, Master and Ruler over _____, all power, all glory and only One worthy of praise for all eternity (1 Chr 29:10-13; Psa 72:18-19, 89:52; Rom 1:25; 1 Cor 14:15-16, etc.).

While Jesus Christ uses "Father" to refer to God the Father, Christians must understand that it is referring to the Triune God that is receiving the prayer. Therefore, "for yours… forever" is a prayer of lifting high and praising the Triune God as God who is to receive eternal glory through God's kingdom and the people of God's kingdom who have been redeemed through God's power (cf. Deut 6:13-15; Isa 43:7, 21; Matt 4:10, etc.). Christians should never forget that they must lift high and praise God nor show laziness in doing so, because Christians have been called by God so they praise Him throughout and must live praising God not only on earth but also eternally in heaven (Psa 115:18, etc.).

Discussion & Applicable Questions

1. Of your recent prayer topics, what is a spiritual request that you are most urgently hoping for an answer? What is a physical request that you are most urgently seeking?

2. If there is someone you have not been able to forgive in your hearts, why are you unable to forgive?

3. If there was a time you prayed to fill your physical greed, what was the greed?

Answer

1. Jesus Christ   2. thanksgiving   3. the glory, His Word
4. Satan   5. saves, all nations

32 Apostle's Creed

The Apostles' Creed was made for Christians to confess their faith in the Triune God (God the Father, Jesus Christ, God the Spirit) with ease and facilitates the confession of faith in God's control of everything from creation which is the beginning of the world to salvation and the last days when eternal life will be given. Furthermore, Christians must be able to confess the Apostles' Creed with faith as its message is a confession about what is most critical in Christian faith—the belief in the Triune God. Therefore, the Apostles' Creed is used as a confession of faith during public worship in churches and by believers.

1 What is the Apostles' Creed?

The Apostles' Creed is the basic Christian declaration of faith in each persons of _____ (God the Father, Jesus Christ, God the Spirit) in accordance with the Bible which all Christian can confess at any time especially during public worship and meetings (cf. Gen 1:1-31; Num 6:24-26; Matt 3:13-17; John 1:1-18; 1 Cor 8:5-6; 2 Cor 13:14; Gal 4:4-6; 1 Tim 2:5, etc.).

Originally, the early church used the Apostles' Creed to teach the basics of Christian living and confirm faith in the Triune God before baptizing those who received salvation through faith in Jesus Christ. While the Apostles' Creed was not written by the apostles themselves, it is was created by summarizing the key doctrines of the Bible to ensure proper faith and prevent the Bible from being distorted by heresies and false teachers. Since A.D. 10th century, followed by Rufinus' reorganization (A.D. 404), the Apostles' Creed started to be used and went through multiple edits into the content and form that is most similar to what churches use today. Apart from the Apostles' Creed, there certainly are other written confessions of faith based on Biblical standards that one can use to confess his/her confession of faith such as the Nicene Creed (A.D. 325) or Chalcedonian Creed (A.D. 451); however, the Apostles' Creed is most widely used by today's churches.

2 How is the Apostles' Creed organized?

The Apostles' Creed is divided into _____ parts (God the Father, Jesus Christ, God the Spirit) which is further broken down into twelve detailed clauses (one clause about God the Father, six clauses about Jesus Christ, and 5 clauses about God the Spirit).

The Apostles' Creed has been regarded as the standard of faith, the standard of the church, the standard of truth, the core of doctrine, and the core of the faith of Christians. Therefore, it is the first thing taught and memorized for those who confess belief in Jesus Christ and have received salvation. When educating them for baptism in the church, the content of the Apostles' Creed is repeatedly taught to ensure a clear understanding and belief in the triune God. Christians should not doubt the content of the triune God in the Apostles' Creed but must believe and confess it from their hearts. Additionally, Christians should recognize that the Apostles' Creed provides foundational content about the triune God and, therefore, should delve deeper into understanding the triune God through the Scriptures.

3 What are Christians confessing to Father God through the Apostles' Creed?

When Christians confess, "I believe in God, the Father Almighty, the Creator of heaven and earth," they are expressing their faith in ___ as the Father, the Almighty, and the Creator of the universe and everything in it (Gen 1:1-2:25, 17:1; Psa 148:1-14; John 1:1-3; Rom 8:14-16; 1 Cor 8:6; Gal 4:4-6; Rev 1:8, etc.).

This confession of faith acknowledges God as the spiritual Father of His children. Therefore, God's children refer to Him as their Father (Rom 8:14-16; Gal 4:4-6; cf. John 1:12). This confession of faith expresses belief in God the Father, who saves, protects, leads into His kingdom, and grants eternal life. It also affirms faith in God the Father as the Almighty Creator who spoke all things into existence and reigns eternally (cf. Gen 1:1-31; John 1:12). Christians confess their belief in God, who created them, saved them through grace and love, and express gratitude, glory, and praise to God with their hearts and lives (cf. John 3:16; Rom 5:6-10, 8:28-39; 1 Cor 10:23-33; 1 John 4:7-21).

4 What are Christians confessing to Jesus Christ through the Apostles' Creed?

1) "Jesus Christ, His only Son, our Lord" is the confession of faith in Jesus Christ as the only Son of God, our Lord, and our _____ (Gen 3:5; Matt 1:21, 3:17, 16:16; John 1:1-18, 3:16, 20:28; Acts 4:11-12, etc.).

This confession of faith acknowledges Jesus Christ as God, the Creator and Lord of all creation, and confesses belief in Christ as the Savior who saves people from sin by His death. Christians, through the confession of faith in Jesus Christ, declare that they have received salvation from God (cf. John 1:12, 3:16, etc.). Additionally, this confession of faith among Christians includes the belief that Jesus Christ is the only Savior, and apart from Him, no other being can be a Savior (cf. Acts 4:11-12).

2) "Who was conceived of the Holy Spirit, born of the Virgin Mary" is the confession of faith in the miraculous conception of Jesus Christ by the Holy Spirit through the Virgin Mary (Gen 3:15; Isa 7:14; Matt 1:18-25; Luke 1:35; Gal 4:4-5, etc. cf. Phil 2:6-8).

This confession of faith acknowledges the belief that Jesus Christ came into this world as a sinless and perfect human through the Holy Spirit, in accordance with God's timing and method. In other words, Jesus was conceived in the womb of the Virgin Mary by the power of the Holy Spirit and, therefore, did not inherit the original sin of Adam (Luke 1:35; Heb 4:15, etc. cf. Gen 3:1-24; Psa 51:5; Rom 5:12-21, etc.). The incarnation of Jesus Christ into this world was accomplished not by human effort or means but solely by the power of God. God, in His compassion for people who were perishing in sin, determined to save them, and out of His love, He sent Jesus Christ into this world (cf. Gen 3:15; John 3:16-17; Rom 5:6-8; Gal 4:4-5, etc.).

3) "Suffered under Pontius Pilate, was crucified, dead, and buried" is the confession of faith that Jesus suffered and was crucified under the ruling of Pontius Pilate (Matt 27:11-51; Mark 15:1-47; Luke 23:1-56; John 19:1-42; Gal 2:20; Col 1:20-22, etc.).

This confession of faith acknowledges belief in Jesus Christ's suffering and death on the cross. Jesus Christ suffered under Pontius Pilate, was crucified, and died for the sins of mankind although He was without sin (cf. John 1:29; Heb 4:15; 1 Pet 2:21-24, etc.). Furthermore, by dying on the cross, Jesus Christ saved all who believe in Him (cf. Matt 20:17-19; John 3:14-15, 12:32-33, 18:28-32; Gal 3:13-14, etc.). Christians are people who not only believe all this but also deny themselves and live following Jesus Christ while bearing their own cross (Matt 16:24; Mark 8:34; Luke 9:23; Gal 2:20, etc.).

4) "The third day He rose again from the dead" is the confession of faith that by _____, Jesus Christ resurrected from the dead three days after His crucifixion (Matt 28:1-20; Mark 16:1-18; Luke 24:1-49; John 11:25-26, 20:1-29; Acts 1:3; Rom 1:4; 1 Cor 15:1-58, etc.).

This confession of faith states that Jesus Christ was buried by Joseph and Nicodemus in a new grave next to the hill after He physically died on the cross. It also confesses that three days after His burial, Jesus became the first fruit of those who are sleeping by resurrecting in complete flesh without decay after claiming victory through the power of God against sin and the power of death (cf. Acts 2:23-24; 1 Cor 15:1-58; 2 Cor 13:4; Eph 1:20-22; Col 2:12, etc.). If Jesus Christ did not resurrect (1 Cor 15:12-19. cf. Matt 22:23-33; Mark 12:18-27; Luke 20:27-40): The gospel we preach would be in vain; Our faith would be futile; We would be God's false witnesses; We would still be in our sins; Those who have fallen asleep in Christ would have perished; We are of all people most to be pitied.

5) "He ascended into heaven, and sits on the right hand of God the Father Almighty" is the confession of faith in Jesus Christ ascending to heaven, restoring the power of God, and is with God the Father right now (Mark 16:19; Luke 24:50-51; John 14:2-4; Acts 1:9-11; Eph 1:19-20, 4:9-10; 1 Tim 3:16, etc.).

This confession of faith acknowledges that Jesus Christ: Ascended to heaven after promising His return to the disciples and people; Upon restoring His power as the omnipotent God, rules the church and all creation with God the Father, helps us, gives us power, prays for us, and is waiting for the day of His return to earth (cf. Matt 25:13; Rom 8:34; Eph 1:20-23; Col 3:1-25; 1 Thess 5:1-11; Heb 4:14-16; 1 Pet 3:22, 4:7-9; 2 Pet 3:9-14; 1 John 2:1, etc.). After ascending, Jesus Christ ministers to the world through the Holy Spirit and those who are saved by faith in Jesus Christ (John 14:15-26, 15:26-27, 16:5-15; 2 Cor 3:1-18; 1 Pet 1:11-12, etc. cf. Matt 28:18-20; Rom 1:1-6, 8:26-27).

6) **"From thence He shall come to judge the quick and the dead" is the confession of faith in Jesus Christ returning to judge (the Final Judgment) the living and the dead** (Matt 25:31-46; John 5:22-30; Rom 2:16; 2 Cor 5:10; Phil 2:6-11; Rev 1:7, etc.).

This confession of faith acknowledges that: Someday, Jesus Christ shall return to earth from God's kingdom of heaven according to God's appointed time (cf. Matt 24:36-44; Mark 13:32-37; 1 Thess 5:1-11; 2 Pet 3:9-10; Rev 16:15, etc.); The dead will be brought back to life and the living will be transformed to complete bodies, and both will be judged before Jesus Christ who is the Judge. Jesus Christ is the Son of God and through His death on the cross, He earned the right to judge both the living and the dead (John 5:27; 1 Pet 4:1-6, etc. cf. Phil 2:6-11). Through the Final Judgement, the righteous will be rewarded (live eternally in heaven) and the wicked will be punished (suffer eternally in hell) (cf. Matt 25:31-46; Rom 11:36; 2 Tim 4:7-8; Rev 1:7, etc.).

5 What do Christians confess to the Holy Spirit through the Apostles' Creed?

1) **"I believe in the Holy Spirit" is the confession of faith in the Holy Spirit as ___** (Gen 1:26-27; Matt 28:19; John 14:16-17; Acts 1:8, 5:1-11; 1 Cor 2:10-16; 2 Cor 13:14, etc.).

This confession of faith acknowledges that God the Spirit (cf. Job 33:4; Psa 104:29-30; John 16:7-15; 1 Cor 12:3; 2 Cor 1:21-22; Gal 4:6; Eph 1:13-24; Phil 1:19-21; 2 Tim 3:16-17; 2 Pet 1:20-21, etc.): Is the Triune God; Is God the Creator; Is the source of life; Protects all creation; Is the Spirit of Truth who inspired people to write the Bible; Makes the Word of Jesus Christ to be realized; Helps salvation to be earned through faith in Jesus Christ; Allows sin to be recognized. Through the Holy Spirit, Christians believe in Jesus Christ, earn salvation, correctly understand the true meaning of God's Word, and put His Word into practice in their daily lives. In addition, the Holy Spirit makes it possible for Christians to receive God's answers to their prayers and live enjoying God's grace and love (cf. John 14:26, 16:13-14; Rom 8:19-27; 1 Cor 2:1-16, 12:1-11; Gal 5:16-26; Eph 4:11-13; 1 Thess 1:6; 2 Thess 2:13-14; 1 Pet 1:11-12, etc.).

2) **"The Holy Universal Church, the communion of Saints" is the confession of faith in Holy Spirit as the One who established the church and allows believers to share fellowship** (John 14:16-17; Acts 9:31, 20:28; 1 Cor 3:16, 12:1-31; 2 Cor 13:14; Eph 1:13-14, etc.).

This confession of faith acknowledges that the Holy Spirit: Built the holy church of God which has Jesus Christ as the head of the church; Leads the church towards goodness (cf. 1 Cor 12:1-31; Eph 1:22-23, 4:3-32, 5:21-33; Col 1:18-24, etc.); Not only helps the believers of God's church to share spiritual fellowship in God, but also helps them live for the glory of God with joy and love. For the church to be properly established and managed, Christians must constantly seek the help of God the Spirit and act in accordance with His demands (cf. Rom 8:14-17, 28-30; 1 Cor 15:57-58; 2 Cor 2:14; Gal 5:16-26; Phil 4:11-13; 1 John 5:1-5, etc.).

3) "The forgiveness of sins" is the confession of faith in the Holy Spirit as not only the One who helps us to realize and repent of our sins, but also the One who _____ the sins we repent of (John 16:7-15; Rom 8:13; 2 Thess 2:13; Tit 3:5-7; 1 Pet 1:2; 1 John 1:9, etc.).

This confession of faith acknowledges that God the Spirit makes us holy through forgiveness by helping us realize our sins towards repentance and allows us to establish a spiritually upright relationship with the holy God (cf. Acts 10:44; Eph 2:11-22; 1 John 3:23-24, etc.). Christians were able to come closer to the holy God because the problem of sin was solved with the help of God the Spirit (cf. John 16:7-15; 1 Cor 12:3; Jam 4:8, etc.). One who does not admit his/her sin not only fails to solve the problem of sin and cannot come closer to the holy God, but is also one who deceives himself/herself, does not have truth in his/her heart, and makes God into a liar (1 John 1:8-10).

4) "The resurrection of the body" is the confession of faith in our resurrection through the Holy Spirit when Jesus Christ returns to earth (John 6:38-40, 11:25-26; 1 Cor 15:42-44; Phil 3:21, etc.).

This confession of faith acknowledges that God the Spirit will bring the dead back to life and transform the living when Jesus Christ returns to earth. At that time, the Bible states that those who carried out good will receive the resurrection of life and those who carried out evil will receive the resurrection of judgement (John 5:29; Acts 24:15, etc.). Like Jesus Christ, Christians will resurrect in glorified bodies that will never die or decay (Luke 20:35-36; John 5:28-29; 1 Cor 15:42-54; Phil 3:10-11, 21, etc. cf. Isa 26:19; Dan 12:2). Christians must live with firm belief in their own resurrection upon Jesus Christ's return to earth.

5) "The life everlasting" is the confession of faith that our eternal life through faith in Jesus Christ is secured by the Holy Spirit (John 14:16-17; Rom 6:23, 8:1-39; 1 John 2:23-25, etc. cf. Matt 25:46; John 6:38-40, 10:27-30).

This confession of faith acknowledges that God the Spirit will not only guide the Christians who have been saved through faith in Jesus Christ to heaven, but also allow them to eternally live in heaven where there is no death (cf. Rev 21:3-4). Christians can live eternally as the eternal God the Spirit dwell in them (John 14:16-17; 1 Cor 3:16-17, 6:19-20, etc.). While those who sinned fell short from the glory of God and were forever condemned, God took pity upon them and not only gave salvation but also the gift of eternal life (John 3:16-21, 5:24, 6:47; Rom 3:23-24, 6:23; Eph 2:8-9, etc.).

Discussion & Applicable Questions

1. Do you confess the Apostles' Creed with definite faith in the Triune God?

2. In your daily life, how do you meet the Triune God?

3. Today, the number of churches that do not include the Apostles' Creed in their public worship is growing. Why do you think this is happening?

Answer

1. the Triune God   2. three   3. God   4. Savior, the power of God   5. God, forgives

33. The Ten Commandments - 1

As the summary of commandments, the Ten Commandments is the most basic law that must be observed by God's children. Through the Ten Commandments, God teaches His people that He is God and Savior. He also teaches the duties of God's people (cf. Gen 26:1-5; Exo 20:1-40:38; Josh 1:7-8; Gal 3:21-26, etc.). **The Ten Commandment is comprised of commandments surrounding God** (Commandments 1-4) **and people** (Commandments 5-10). **Loving only God with all of one's heart, life, strength, and purpose is at the core of the commandments regarding God. Loving one's neighbors as one would love himself/herself is the key focus of the commandments surrounding people** (Exo 20:1-17; Deut 5:1-33; Matt 22:34-40; Mark 12:28-34; Luke 10:25-37, etc.).

1. What is the First Commandment and its meaning?

"You shall have no other gods before Me" (Exo 20:3; Deut 5:7). God commands us to serve and _____ Him and only Him (Deut 4:32-40, 6:1-25; 1 Chr 28:9; Isa 42:8; Matt 4:10, 22:37, etc.).

Being the most important commandment, the Fist Commandment (cf. Isa 42:8, 43:1-7; Matt 6:31-33, 22:37-38; 1 Cor 6:19-20, etc.): Prohibits the glory, worship, praise, and anything else that is for God to be offered to idols; Requires glory, worship, praise, love, and service from His people. Those who serve other gods (idols) besides God, deny God's existence, and/or reject God are committing the sin of disobeying the First Commandment (cf. Psa 10:3-4, 14:1-7, 53:1-6, etc.). According to the New Testament, all who do not believe in Jesus Christ are disobeying this commandment.

2. What is the Second Commandment and its meaning?

"You shall not make idols…You shall not bow down to them nor serve them" (Exo 20:4-6; Deut 5:8-10). God commands us to never worship or serve anything like we worship ___ (Exo 20:22-26, 34:12-17; Lev 19:4; Deut 6:13-15; John 4:21-24; Rom 12:1; 1 Cor 10:7-22; 1 John 5:21, etc.).

The Second Commandment prohibits: Worshipping and serving of another being apart from God; Creating an image and treating it like God. God describes himself as a jealous God (Exo 20:5; Deut 5:9; Psa 78:58; 1 Cor 10:22, etc.); therefore, God states that He will show love to thousand generations of those who love Him and follow His commands while punishing to the third and fourth generation of those who hate Him (idol worshippers, non-believers, etc.) (Exo 20:4-6, 34:7; Deut 5:8-10). Christians should only love

God and live worshipping and obeying Him with joy and gratitude (cf. Deut 6:4-5, 26:17; 1 Chr 28:9; Matt 4:10, 22:37-38; Heb 13:15-16, etc.).

 ## What is the Third Commandment and its meaning?

"You shall not take the name of the Lord your God in vain" (Exo 20:7; Deut 5:11). God commands us to use His name in a proper and ____ manner (Lev 21:6; Psa 29:2; Isa 48:11; Mal 1:6-14; Matt 6:9, etc. cf. Isa 52:5-6; Rom 2:23-24).

The Third Commandment prohibits using the Lord's name in vain could include the following: Being ashamed of God's name; Using God's name as means of making oneself superior; Using God's name to hide one's own deceit (includes false oath) or rationalize false doctrine; Joking or cursing others with God's name; Criticizing God; Using God's name as profanity, Calling God's name falsely, carelessly, lightly, or thoughtlessly. Using the God's name in vain is a great sin (cf. Jer 5:1-2; Hos 10:1-4; Zec 8:17; Mal 3:5; Matt 12:30-32, etc.).

 ## What is the Fourth Commandment and its meaning?

The Fourth Commandment is, "Remember the Sabbath day by keeping it holy" (Exo 20:8-11; Deut 5:12-15). As God rested on the seventh day after six days of creating the universe, this commandment not only requires people to rest in the Lord on the seventh day (Sabbath day) after six days of hard ____, He also commands people to keep the Sabbath ____ by worshipping and praising Him (Gen 2:2-3; Exo 16:25-30; Lev 23:1-3; Isa 58:13-14; Jer 17:21-22; Matt 12:1-13; Mark 2:27-28; Luke 4:16; Acts 15:21; Heb 4:1-11, etc.).

On Sabbath day (today's Sunday), Christians, their families, and coworkers must refrain from work and distance themselves from their worldly lives (Gen 2:2-3; Exo 31:12-17; Neh 13:15-22; Isa 58:13-14; Ezek 44:15-18, etc.). Instead, on the Sabbath, Christians must do the following (cf. Isa 58:13-14; Mark 3:1-5; Luke 4:16-32, 6:1-10; Acts 2:41-47, 4:32-37, 16:13-15, etc.): Gather at church and wholly worship God; Rejoice in the resurrection of Jesus Christ; Learn the Word of God; Share spiritual fellowship with fellow believers; Share the Gospel of Jesus to the world; Find and look after those who are alienated; Peacefully rest in the Lord with family members. Truthfully, the Sabbath (today's Sunday) is a day for Christians to: Gather at church to offer worship and praise to God; Spiritually recharge through the Word and prayer; Prepare and train themselves to go out into the world with spiritual strength and be triumphant in the spiritual battles; Receive comfort and counseling through their deep spiritual fellowship with fellow believers; Renew the necessary strength through physical rest so they can diligently work for the upcoming week.

5. What is the Fifth Commandment and its meaning?

"Honor your father and mother" (Exo 20:12; Deut 5:16). God commands us to serve our parents and elders while _____ and respecting them (Lev 19:3; Prov 23:25; Mark 7:1-13; Rom 13:1-7; Eph 6:1-3, etc.).

The Fifth Commandment guarantees God's promise (Eph 6:1-3). God promises prosperity and longevity for those who honor their parents. Furthermore, God states that obeying one's parents pleases Him (Col 3:20). Therefore, must live receiving God's blessings by obeying and honoring their parents and elders (cf. Mark 7:1-13; 1 Tim 5:1-4, etc.). Christians parents not only teach God's word to their children but also teach them to grow into children who honor and obey their parents so they may live a life of blessing from God (cf. Prov 4:1-4; Matt 15:3-6; Mark 7:9-13; Eph 6:1-3, etc.).

Discussion & Applicable Questions

1. Is there something you believe in other than God? If there something or someone you love more than God? Also, please share if there is someone or something that prevents you from believing and obeying God.

2. Have you ever swore falsely using God's name or to claim your innocence? Also, have you ever used God's name to curse another person?

3. Do you have a family member or know someone who received a great blessing from God through sincere faith?

Answer

1. worship   2. God   3. holy   4. work, holy   5. obeying

Doctrine for Christian Living

34 The Ten Commandments - 2

The Ten Commandments are the core of the law. After God rescued the Israelites from slavery in Egypt, He gave them the Ten Commandments to keep and obey (Exo 20:1-2; Deut 5:4-6). Christians must understand and trust the essence of the Law ("Ten Commandments") and apply them in their lives (Matt 5:1-7:29, 12:1-14; John 14:15-21; Rom 3:31, 8:1-11, 13:8-10; Gal 3:15-29, 4:1-7, 5:1-26; Eph 2:11-22; 1 John 2:1-6, etc.). Like some legalistic people, Christians must not live hypocritically by only pretending to obey God's Word (Matt 6:1-18, 23:1-36; Luke 11:37-54; 2 Tim 3:1-9; 1 Pet 2:1, etc.).

1 What is the Sixth Commandment and its meaning?

"You shall not murder" (Exo 20:13; Deut 5:17). God commands us to never commit murder of self or others and regard ____ as precious (Gen 9:1-7; Matt 5:21-26, 16:25-26; Acts 16:27-28; 1 John 3:15, etc.).

Christians must not: Harbor hatred or anger towards others (Matt 5:21-26, etc.); Threaten another person's life or act in violence (includes verbal and sexual violence) (cf. Gen 4:8-15, 23-24, 34:1-31; 2 Sam 13:1-39, etc.); Live a lifestyle that harms their own health; Aid and abet another person's suicidal attempt or suicide (cf. 1 Sam 31:3-13; 2 Sam 1:1-15). Christians must dedicate their efforts towards saving others (spiritual and physical life) (cf. Rom 8:1-2, etc.).

2 What is the Seventh Commandment and its meaning?

"You shall not commit adultery" (Exo 20:14; Deut 5:18). God commands us to not commit sexual sins. We must keep our thoughts and actions ____ and clean at all times (Lev 18:1-30; Deut 22:13-30; Matt 5:27-32; Rom 1:21-32; 1 Cor 6:18; Gal 5:16-21; Eph 5:3-5; Heb 13:4, etc.).

The commandment prohibiting adultery means to value marriage, and to eradicate all sexual immorality—adultery, homosexuality, sex trafficking, premarital sex—and all sexual sins resulting from thought, speech, and conduct (cf. Gen 19:1-38; 2 Sam 11:1-12:23; Mal 2:15-16; Matt 19:3-12; Rom 1:24-27, etc.). The Bible states that every other sin a person commits is outside the body, but that sexual immorality is committed against one's own body (1 Cor 6:18). This also means that Christians must not plan sexually immoral actions, watch sexually immoral things (pornography, pornographic footage, etc.), nor sexually seduce and cause another person to stumble (cf. Gen 38:1-30, 39:1-23, etc.). It also means for Christians to practice self-control and maintain a pure life in God's word (cf. Prov 6:32, 7:1-27; Gal 5:16-26; Eph 4:17-20; 1 Thess 4:5; 1 Pet 3:1-7, etc.).

3. What is the Eighth Commandment and its meaning?

"You shall not steal" (Exo 20:15; Deut 5:19). God commands us to never be _____ and/or steal from other but work hard for a living (Exo 22:1-15; Lev 6:1-7; Eph 4:28; 2 Thess 3:6-12; Jam 5:4, etc. cf. Mal 3:6-12; Mark 7:17-23; Tit 2:9-10).

Under any circumstance, Christians must not: Steal nor forcefully take another person's possession(s) (cf. 1 King 21:1-29, etc.); Commit the sin of dishonest scales, fraud, or unfair gains such as exploitation, waste, etc. (cf. Eph 5:16-18, etc.). Using the wisdom and ability from God, Christians must work diligently and earn money through righteous means without being greedy (cf. Prov 16:8, 24:30-34, 30:8-9; 2 Thess 3:6-12, etc.). This also means that Christians must correctly present offerings, tithe, and share with the poor as to avoid stealing what belongs to God (cf. Lev 25:1-55; Prov 3:27-28; Mal 3:6-12; Gal 6:10; Jam 2:15-16, etc.). It also requires everyone to stop stealing and to work diligently so they could carry out good deeds such as helping the poor (Eph 4:28, etc.).

4. What is the Ninth Commandment and its meaning?

"You shall not bear false witness against your neighbor" (Exo 20:16; Deut 5:20). God commands us not to become a child of _____, who is the Father of Lies, but rather act like _____ children of God that we are (Lev 19:11-12; Prov 30:6-8; Zec 8:16-17; John 8:44; Col 3:9-10; Jam 3:14, etc. cf. 1 John 3:6-10).

God not only commanded to love one another but also to live as a good neighbor (cf. Matt 22:34-40; Luke 10:25-37, etc.). Christians must not testify falsely, swear falsely, witness falsely, lie, nor use dishonest scales (cf. Prov 11:1-3; Matt 5:33-37; Jam 5:12, etc.). Instead, Christians must speak and act according fair and honest judgement, honest defense, honest testimony, and the truth which is God's word (cf. Lev 19:11-15; Prov 14:5, 25, 19:5, 31:8-9, etc.). Furthermore, Christians must not join their neighbors in deceitful acts nor lie to slander their neighbors. Christians must withdraw from the deceitful life given by the devil who is the father of lies and instead, must live building relationships with others by living honestly and truthfully as God's children (cf. Psa 15:2-4; John 8:44; 2 Cor 1:17-20, etc.).

5. What is the Tenth Commandment and its meaning?

"You shall not covet" (Exo 20:17; Deut 5:21). God commands us not to covet our neighbor's possessions but be _____ and thankful for what God has already given us (Lev 19:13; Phil 4:11-12; Col 3:5; 1 Tim 6:6-10; Heb 13:5, etc.).

Someone who is thankful for the grace and love he/she received from God does not covet and lives in satisfaction. When a person fails to be thankful and content with what he/she has and becomes greedy, they commit sin (Jam 1:14-15). A person can commit the sin of going into someone else's house and seducing a woman due to greed (2 Tim 3:6-7). By being thankful and satisfied with the grace and love received from God, Christians must not covet a single possession of their neighbors (cf. Job 1:21; Luke 12:15; Phil 4:11-13; 1 Thess 5:18; 1 Tim 6:6-8, etc.).

Discussion & Applicable Questions

1. Did you ever receive God's blessing for honoring your parents? Or do you know anyone received God's blessing for honoring his/her parents?

2. Do you know anyone who is addicted to pornography or sexually immoral life, or has committed adultery or a sexual crime? How should Christians respond of there is such a person around them?

3. How should Christians help if there is a victim of crime (fraud, theft, robbery, sexual violence, etc.) or is attempting suicide around them?

Answer

1. life   2. pure   3. greedy   4. Satan, the honest   5. content

35 Offering - 1

Offering is the act of Christians expressing their faith by giving material offerings to God in gratitude for the grace and love they have received. The act of Christians giving offerings is an expression of thanksgiving, joy, faith, and a natural obligation in their lives. In fact, Christians must have the faith to offer everything they have, even their lives, to God. Christians are also stewards entrusted with the possessions of God, who is the owner of all things (cf. Matt 25:14-30; Luke 16:1-13, etc.). Material possessions are important to Christians, and the act of joyfully giving offerings, including the tithe, can be a measure of the person's level of faith (cf. Matt 6:24, 23:23; Mark 10:17-31, 12:41-44; Luke 7:36-50, 12:34, etc.).

1 What is offering?

It is an act of giving to God in thanksgiving for all _____ received (Deut 14:22-29; Matt 23:23; Mark 12:13-17; Luke 21:1-4; 2 Cor 9:1-15, etc.).

Christians' life of presenting offering to God is the same as confessing their faith to God. The act of giving offerings is a way of expressing gratitude to God by offering a portion of what has already been received. God loves those who give willingly and joyfully, not out of compulsion or reluctance (cf. 2 Cor 9:5-7). The promise that God gives to those who offer offerings is that He will generously repay, allowing them to reap what they sow (in terms of giving to God and sharing with neighbors), and ensuring that they have an abundance with no lack (cf. Mal 3:10-12; Luke 6:38; Acts 20:35; 2 Cor 9:6).

2 Why must Christians give offering?

God commanded us to do so (Deut 12:5-7, 16:9-17; 1 Chr 16:29, etc.), to demonstrate our gratitude towards God (2 Cor 9:11-13, etc.), and to demonstrate our _____ in God (Prov 3:9-10; Matt 6:19-21; Phil 4:15-20, etc.).

The act of Christians joyfully giving offerings to God is a natural obligation for those who have believed in and received salvation through the grace of God in Jesus Christ. It involves acknowledging that everything one possesses is a gift from God, obeying the practical aspects of God's Word in daily life, and seeking balance in life through sharing with fellow Christians (cf. Prov 3:9-10; Acts 2:44-47, 4:32-37; 2 Cor 8:13-14, 9:13, etc.). Furthermore, Christians give offerings to God to give Him glory, establish and operate God's church, worship and praise, teach God's Word, proclaim the gospel of Jesus, engage in fellowship with other believers, care for souls with love, and share with the poor.

3. Who must Christians give our offerings to?

Christians must give our offerings to ___ (Prov 3:9-10, 19:17; Phil 4:15-20; Jam 2:15-16, etc.).

Christians have various ways to present offerings to God. They can do so through the church they attend, supporting missions and missionaries, and contributing to communities or ministries involved in God's work. In some cases, individuals may directly help the poor with a heart of giving to God. Among these options, the most preferable method of offering to God is through the church one serves in, channeling contributions for missions and relief efforts. Churches often use the act of giving to assess the spiritual commitment of their members, and contributing through the church is considered an excellent practice for believers.

4. What is the correct attitude in giving?

Give according to _____ (2 Cor 8:5), **prepare offerings in advance** (1 Cor 16:2; 2 Cor 9:5, etc.), **give out of ___ and not out of exaction** (2 Cor 9:5-7. cf. Exo 25:1-2), **give sufficiently and plentifully** (2 Cor 8:2-5, 9:9-13, etc.), **and give as if offering up self** (Mark 12:41-44; Luke 21:1-4, etc.).

Christians can present their offerings to God according to the level of their faith (2 Cor 8:2). When offering to God, Christians must neither give out of pressure from others nor hold regret or grudge after they have presented the offering. As their faith grows and matures, Christians will increase their efforts to present more offerings for the expansion of God's church and kingdom. In addition, offering must be presented in acknowledging that even one's life belongs to God and with the feeling of giving everything one has to God (1 Chr 29:10-14). Christians must not argue with their family regarding offering, act proudly for presenting a large offering, nor brag to others.

5. What are some different ways Christians can bring offerings to God?

There are many different ways Christians can bring offerings to God. Such as: **_____, Sunday worship offering, Thanksgiving offering, offerings for missions, offerings for construction or renovating the church, offerings for relief** (cf. Gen 14:17-24; Exo 36:1-6; Lev 27:30; Deut 12:5-7, 16:9-17; 2 Chr 31:1-21; Matt 23:23; 2 Cor 8:1-15, 9:1-15, etc.).

When using the offerings presented to God through the church, the tithe is to be used for the operation of the church and to pay the staff and pastors, the Sunday worship offerings are for the public worship of the church, the mission offerings are used for evangelism, missionary work, and supporting missionaries, the building fund is for construction, renovation, or repairs of the church, and the mercy fund is used to assist and care for those in need, including the poor and the sick (cf. Num 18:21-24; Duet 14:22-29, 26:12; Neh 10:32-39; Matt 6:11; 1 Cor 9:1-15; 2 Cor 9:1-15, etc.). Of course, the church must use the offerings given by the saints according to God's will and not for secular purposes. It should be distributed wisely to essential areas after sufficient prayer.

Discussion & Applicable Questions

1. Do you admit that everything you have belongs to God and willing to joyfully give to God whenever He wants? Also, do you present your offering to God with hearts of gratitude for the grace you received from Him?

2. Was there a time when you did not present offering or neglected the poor because you felt it was a waste of money?

3. Do you or a family member have a special event surrounding offering? Also, did you ever experience conflict with your spouse or family members due to offering?

Answer

1. grace   2. faith   3. God   4. God's will, joy   5. Tithing

36 Offering - 2

In order for Christians to offer their offerings to God correctly, they must love God, practice justice, show mercy to others, and live by faith according to the Word of God (Matt 23:23; Luke 11:42, etc.). In addition, Christians should joyfully present their offerings with hearts that love God more than anything else, thank God for the love and grace He has given, the desire to fully build up God's church, and the determination to expand God's kingdom through evangelism of the Gospel of Jesus (cf. Matt 6:19-34; 2 Cor 8:1-15; 1 John 3:11-19, etc.). If Christians are offering to God with the goal of receiving God's blessings like believers of the Prosperity Gospel and of immature faith, they must get rid of such mindsets.

1. What is tithing that Bible teaches?

Tithing is act of giving _____ of our income. By doing so, we are declaring that everything we have first belongs to God (Gen 14:17-24; Deut 12:5-7; Matt 23:23; Luke 11:42, etc.).

Many Christians perceive tithing as simply giving 1/10 of their income to God. However, for Christians, tithing is more about having faith in giving than just offering material possessions to God. It is crucial for Christians to live a life in obedience to the Word of God, obeying His commands and having a faithful attitude towards tithing (cf. Gen 28:20-22; Mal 3:7-12; Matt 23:23; 1 Cor 3:21-23, etc.). Merely giving a tithe as a material offering to God while not living in accordance with God's Word is hypocritical. Additionally, in the Old Testament era, the tithe belonged to God, and failure to give it to God required paying an additional 1/5 of its value and offering a guilt sacrifice for forgiveness (Lev 5:15-16, 27:30).

2. How should offerings given to God be used?

The offerings given to God should be used for: Church workers such as volunteers and pastors (Num 18:21-24; 1 Cor 9:9-14; Phil 4:15-20, etc.); Church operational expenses such as _____ service and mission (Deut 14:23-27, etc.); To help others in need-help poor people or other churches who are in need (Deut 26:1-15; Prov 19:17; Acts 11:27-30; Gal 2:10; Jam 2:15-16, etc.).

The proper distribution and use of the offerings presented to God require wisdom and discernment aligned with His will. While the spiritual leaders of a church play a crucial role in teaching the Word and conducting worship, they also need much prayer and discernment to effectively manage and distribute the offerings given to God. Unfortunately, the current reality is that many churches face significant issues due to improper use of offerings, creating various challenges within the church community. It is essential for Christians and all of God's churches to collaborate in unity, sharing with one another and ensuring that there is a balance among the church communities so that none are excessively rich or poor (cf. Deut 15:7-11; Matt 6:1-4, 22:34-40; Acts 2:42-47, 4:32-37; 2 Cor 9:9-11; Heb 13:16, etc.).

3 Are Christians allowed to use everything they own according to their hearts' desires?

No. Christians cannot use everything they possess according to their own desires, but only according to God's desires because everything Christians own belongs to God and Christians are _____ who have been entrusted with what belongs to God (Gen 1:28, 2:15, 9:1-2; 1 Chr 29:10-14; Psa 24:1, 89:11; 1 Cor 3:21-23, 4:1-2; 1 Pet 4:10, etc.).

Christians must manage well and live as stewards of what God, the Lord, has entrusted to them. Christians must use everything they have or enjoy, including their lives, health, possessions, wisdom and abilities, and time, in accordance with the will of God, who is their Master. In other words, Christians must offer everything God has given them for the glory of God, not only for their own benefit but also by sharing good things with many people in the name of God (cf. Gen 1:28; Matt 25:14-30; Luke 16:1-13; 1 Cor 10:23-33; Eph 5:1-20, etc). Additionally, Christians must always remember that they don't acquire material possessions through their own abilities; rather, everything they possess is a gift from God (Deut 8:17-18; 1 Sam 2:7; 1 Chr 29:11-12; Job 1:21; Psa 49:1-20; Prov 10:22, 30:8-9; Ecc 5:19; Hos 12:6-9; 2 Cor 9:10; 1 Tim 6:17).

4 What can happen if we do not give offering?

Refusing to offer to God is not only an act of stealing but will result in Refusing to offer to God is not only an act of stealing but will result in _____ by God (Mal 3:7-9, etc.).

When we present our offerings, God focuses more on our hearts than the materials that is offered (cf. 2 Cor 8:12, 19). Those who do not present offerings to God are people who do not have faith in God, do not acknowledge that everything they have belongs to God, do not love God, do not thank God for His grace and love, disobey God's word, do not wish to build up God's church, do not wish for the expansion of God's kingdom, and do not serve God.

5. Can we love money while we use it as a form of offering to God?

No. The Bible teaches that love of money can lead to ___ and can even lead a person to leave the Christian _____ (1 Tim 6:5-10).

The Bible states that one cannot serve both God and money at the same time (Matt 6:24; Luke 16:13). It also warns that if Christians love money, it can become a root of many evils, leading them to sin and depart from faith (1 Tim 6:5-10, etc.). Furthermore, being content with what Christians have is beneficial for godliness, but pursuing more money can lead to departing from true faith, bringing about great worry and suffering (Ecc 5:11-20; 1 Tim 6:6-10; Heb 13:5, etc.). Therefore, Christians must not love, serve, excessively desire, or be attached to material possessions. Instead, they must seek and live a spiritual life by prioritizing the kingdom of God and His righteousness over the pursuit of material things (Matt 6:25-33; Luke 12:22-34, etc.).

Discussion & Applicable Questions

1. How would you like for the church to use the offering you present to God?

2. How do you give to God and share with others your time, wealth, wisdom, and power?

3. Do you or have you directly given the offering you prepared for God to a mission organization or missionary, to a struggling church or pastor, and/or to the poor?

Answer

1. one-tenth (1/10) 2. worship 3. stewards 4. judgement 5. sin, faith

37 The Gospel - 1

The Gospel is the good news of sinners earning eternal life by receiving salvation through faith in Jesus Christ. In other words, the Gospel is God's blessed invitation to a holy life for the sinners. The Gospel is about Jesus Christ (birth, public ministry, suffering and death on the cross, resurrection, ascension to heaven, return to earth, Final Judgement, etc.) and the kingdom of God (cf. Gen 3:15; Mark 1:1; John 3:14-17; Gal 1:6-9; Phil 1:27, etc.). When people accept the Gospel with faith, they receive forgiveness for their sins and live eternally in heaven by receiving salvation. The Gospel is the beginning of faith for all people, it strengthens Christians spiritually, and it provides the power to help them maintain unwavering faith in God until the end.

1 What is the gospel?

The Gospel is _____ of Jesus Christ, The core of the gospel is that by God's grace, sinners believe in Jesus Christ and receive salvation and everlasting life (John 3:14-17; Acts 8:35; Rom 1:1-4, 16-17, 6:1-23; 1 Cor 15:1-11; Gal 1:6-9, etc. cf. John 20:30-31).

The Gospel is something that everyone living in this world must hear, and those who accept the Gospel through faith receive the grace of salvation without discrimination (cf. Rom 3:22; 1 Cor 1:23-24; Gal 3:26-29; Eph 3:6; Col 3:11-12; 2 Thess 2:13-14, etc.). Jesus Christ stated that those who are saved by believing the gospel will be baptized, while those who do not believe will be condemned (Mark 16:15-16). The Bible states that the law brings awareness of sin but cannot make a person righteous through its works. However, the Gospel makes those who believe righteous (Rom 1:16-17, 3:20, etc.). Christians who have heard and believed in the Gospel of Jesus, shared by someone else, must also actively proclaim the Gospel to unbelievers, leading them to salvation (Matt 28:18-20; Luke 10:1-20; 1 Cor 1:21, 9:16, etc.).

2 Who is the one that gave us the gospel?

God gave us the gospel for the purpose of _____ us (Gen 3:15; Acts 26:23; Rom 1:2; Gal 1:11-12; 2 Thess 2:14, etc.). The gospel is also the power of God that saves those who believe in Jesus Christ (cf. Mark 16:15-16; Rom 1:16-17, 10:9-13; 1 Cor 1:18, etc.).

Doctrine for Christian Living

If God had not given people the Gospel, they would not have been able to reach the glory of God due to their sins, and after death, they would have suffered eternal torment in hell (cf. Rom 6:23, etc.). In fact, people who do not know the gospel neither know who they are nor how to receive salvation. They might think that life ends when they physically die or be misled by false religions, believing in wrong paths as truth. However, out of compassion for those perishing in sin, God has revealed to them through the Gospel how to obtain salvation (cf. John 3:16-17; Rom 1:16-17, etc.). The Gospel given by God is the message that through faith in Jesus Christ, one can receive forgiveness of their sins, salvation, and eternal life as a gift (cf. Rom 3:23-24, 6:23; Eph 2:8-9, etc.).

3. When did God give man the gospel?

God gave man the gospel immediately following ____'s sin (Gen 3:15, etc. cf. Gal 4:4-7).

God first gave the Gospel immediately after Adam and Eve committed the sin of eating the fruit of the tree of knowledge of good and evil (cf. Gen 3:1-21). After eating the fruit, Adam and Eve realized their nakedness, felt ashamed, and covered themselves with fig leaves. When God called out to them, they heard His voice but hid among the trees of the Garden of Eden (Gen 3:1-8). God immediately gave the Gospel after Adam and Eve sinned because of His compassion for the people created in His image and likeness. It was an expression of God's love and grace towards them (cf. John 3:16-18; Rom 5:6-8, 1 John 4:7-19, etc.).

4. How many different gospels did God give man?

One. He only gave us only one gospel: The Gospel of _____ (John 1:9-13, 3:14-18, 14:6; Acts 4:11-12; 1 Cor 3:11; Gal 1:6-9, etc. cf. 1 Pet 1:23-25, 2:4-10).

Christians must not consider any other gospel apart from the Gospel of Jesus as the Bible states that God did not give Christians any other gospel (cf. Acts 4:11-12; 2 Cor 11:1-15; Gal 1:6-9, etc.). If anyone claims that there is a way to obtain salvation other than through Jesus Christ, they are not truly of God. declared that anyone proclaiming a different gospel (leading to destruction and eternal death) other than the Gospel of Jesus Christ (leading to salvation and eternal life) would be accursed by God (Gal 1:7-9). The Bible has consistently recorded from Genesis to Revelation a redemptive perspective through Jesus Christ. In today's world, with various false religions and sects claiming alternative paths to salvation apart from Jesus Christ, Christians must not be deceived by such false teachings and remain firm in their commitment to the true Gospel.

5. What is given to people who believe and accept the Gospel?

People who believe and accept the Gospel: 1) become _____ by receiving salvation (Mark 16:15-16; John 1:12; Rom 1:16-17, 8:14-17; Gal 4:4-7; Eph 2:8-9, etc.), **2)** become righteous through the forgiveness of sins (Rom 1:16-17, 10:9-10; Eph 1:7, etc.), **3)** restore their spiritual relationship with God (Rom 3:21-25, 5:6-11; 2 Cor 5:11-21; Col 1:13-23; Heb 9:15, etc.), **4)** earn _____ (Matt 25:31-46; John 3:16, 5:24, 6:47; 2 Tim 1:10, etc.), **5)** able to spiritually stand firm (Rom 16:25-27; 2 Tim 1:8, etc.).

The Holy Spirit of God calls those whom He has predestined, and the method He uses for this calling is through the proclamation of the Gospel by those who have already received salvation (cf. Matt 28:18-20; Acts 1:8; Rom 8:29-30; 1 Cor 1:21, etc.). Those who believe and accept the Gospel, receiving salvation and becoming children of God, not only participate in the glory of God but also share in the sufferings experienced by Jesus Christ (cf. Rom 8:18; Phil 1:29, etc.). Moreover, God's children are required to live according to the guidance of the Holy Spirit and His demands (cf. Rom 8:14-17, 28-30; Gal 5:16-26, etc.). Those who have accepted the Gospel must not become legalistic, merely observing God's word in a formalistic manner. Instead, they must believe God's word at its core and live in a way that joyfully obeys and practices His word (cf. Matt 5:1-7:29, 23:1-36; Gal 4:21-31; 2 Tim 3:1-5, etc.).

Discussion & Applicable Questions

1. When and from whom did you first hear the Gospel? How did you feel when you first heard it?

2. Is there someone you are sincerely preaching the Gospel to so that they could earn salvation?

3. Are you prepared to accurately share the Gospel to non-believers at any time? How do you share the Gospel to the non-believers?

Answer

1. the good news 2. saving 3. Adam 4. Jesus Christ 5. the children of God, everlasting life

38 The Gospel - 2

The Gospel is the most important news for everyone in the world to hear because the gift of grace is equally given to all who hear and accept the Gospel with faith (Rom 3:22-24, 10:11-13; 1 Cor 1:18-31; Gal 3:26-29; Eph 3:6, etc.). One of the important reasons Christians live on earth is to fulfill Jesus Christ's command to proclaim the Gospel (Matt 28:18-20; Acts 1:8; 1 Cor 1:21, 9:16-18, etc.). Christians must remember that they received salvation from hearing the Gospel someone shared with them and therefore must dedicate their efforts towards preaching the Gospel to others.

1 What is the relationship between the Gospel and Christians?

1) Christians are called to be witnesses of the Gospel by going out and evangelizing the Gospel to the world (Matt 28:18-20; Mark 16:15-18; Luke 24:45-48; 1 Cor 9:16-18, etc.).

2) Christians live to spread the gospel to _____ of the Earth (Matt 28:18-20; Acts 1:8, 20:24; 1 Cor 1:17-21, 9:16-23, 11:26, etc.).

3) Christians must have a lifestyle that exemplifies the life in the gospel (cf. 1 Cor 10:23-33; Eph 4:1-3; Phil 1:27; 2 Tim 1:8, etc.).

To properly testify to the Gospel while living in the world, Christians must understand the Gospel message accurately. They must be prepared to proclaim the Gospel whenever, wherever, and to whomever. When sharing the Gospel with people, Christians must pray to the Holy Spirit for guidance and follow His leading (cf. Acts 10:1-48, 16:6-10, etc.). Furthermore, it is crucial that Christians not only share the Gospel but also live in a manner that is consistent with the message they are proclaiming (cf. Acts 20:23-24; 1 Cor 9:16-27; Eph 4:1-3; 2 Tim 4:7-8, etc.). Christians must not be ashamed of the Gospel, which is the power of God that leads to salvation, but proudly live out and proclaim the Gospel (cf. Rom 1:16-25; 1 Cor 1:17-31; 2 Tim 1:8-12).

2. What blessings are received by people who live for Jesus Christ and for the Gospel?

People who live for Jesus Christ and for the Gospel receive grace and power from God, _____, and the ability to bear good spiritual fruits. Jesus also promised to be with them always (Matt 19:27-30, 28:18-20; Mark 8:34-35, 10:29-31; Acts 20:24; 1 Cor 9:14; Eph 3:7-8; Col 1:6, etc.).

The Gospel has the power to overthrow the power of Satan, bring spiritual victory, make demons surrender, raise the dead to eternal life, and expand the kingdom of God (Luke 10:1-21; Rom 1:16-17, etc. cf. Isa 14:4-21; Matt 12:28; 1 Thess 1:5, etc.). Christians receive blessings from God when diligently engaged in proclaiming the Gospel to unbelievers (cf. Matt 28:18-20; Acts 20:24; Col 1:6, etc.). Furthermore, when Christians share the Gospel with unbelievers and lead them to salvation, those individuals become the spiritual fruit of the Christians (Rom 1:13; 1 Cor 16:15; 1 Thess 2:19-20, etc. cf. John 12:24, 15:16). Since one soul is more valuable than the whole world, and God rejoices greatly when souls turn to Him, Christians should diligently proclaim the Gospel to bring joy to God and guide people on the path to eternal life.

3. What happens to people who neither believe nor obey the Gospel of Jesus Christ?

People who neither believe nor obey the Gospel of Jesus Christ cannot receive salvation and are subject to God's condemnation and _____ and will suffer eternally in hell (2 Thess 1:8-9; Heb 4:6; 1 Pet 4:17-18, etc. cf. Mark 16:15-16).

Christians must be more active and zealous in sharing the Gospel to those who have not yet heard the message of Jesus Christ and to those who do not believe in Him (cf. Acts 1:8, 20:17-27; 1 Cor 1:21, 9:14-27; 2 Tim 4:1-8, etc.). This urgency stems from the fact that if people do not believe in Jesus Christ until they die, they will face eternal suffering in hell. However, it is important to note that investing too much time and effort in sharing the Gospel with those who outright reject or ignore it, persecute those proclaiming the Gospel, or seriously hinder the message (such as heretics, idolaters, etc.) may not be wise (cf. Matt 7:6, 10:1-23; Mark 6:10-11; Luke 10:1-12; Acts 18:1-6, etc.). It may be more prudent to use time and effort to share the Gospel with those who are more receptive and open to it (cf. 1 John 5:16).

4. What is relationship between the gospel and end times?

When the gospel has reached every nation and people group, _____ will return and the end of _____ will come (Matt 24:14; Mark 13:10; 2 Pet 3:9-10, etc.).

The world will end once the Gospel of Jesus Christ has been shared with the entire world (all nations and peoples) because of God's love in wanting to give everyone a chance for salvation. The apparent delay in the return of Jesus Christ is due to God's patience and love, hoping that even one more person might repent and turn to Him (2 Pet 3:9-10. cf. Rom 11:25-32; 2 Thess 1:7-10; 1 Tim 2:4-6). At God the Father's appointed time, Jesus Christ will return to earth in the same way he ascended to heaven (cf. Matt 24:36-44; Mark 13:32-37; 1 Thess 5:1-2; Heb 10:37; 2 Pet 3:10; Rev 16:15, etc.). At God the Father's appointed time, Jesus Christ will return to earth in the same way he ascended to heaven (cf. Matt 24:36-44; Mark 13:32-37; 1 Thess 5:1-2; Heb 10:37; 2 Pet 3:10; Rev 16:15, etc.). Therefore, Christians are called to eagerly await the return of Jesus Christ, remain vigilant in prayer, abstain from drunkenness and sinful living, distance themselves from sin, and diligently proclaim the Gospel to lead more people to salvation (Matt 28:18-20; Acts 1:8; Phil 3:20; 1 Thess 5:1-11; Jam 5:7-8; 1 Pet 4:7-9; 2 Pet 3:9-14; Rev 22:20, etc.).

5 How come some people refuse to believe in the gospel?

1) They do not believe in God's existence (Psa 10:4, 14:1, 53:1. cf. 1 John 3:1).

2) They do not ____ God, because they do not believe in God (Psa 36:1. cf. Matt 10:26-31).

3) Instead of belonging to God, they belong to the devil (John 8:39-47; 1 John 3:8-10).

4) They do not believe in God or His Words (John 5:42-47; 2 Thess 2:9-12; 1 Pet 2:1-10; 1 John 5:10, etc.).

5) They are not able to discern spiritual matters and enjoy the darkness more than the light (Matt 13:1-15; Acts 26:17-18; Eph 4:17-19, etc.).

6) They are not chosen by God (Matt 22:14; John 10:25-26; Eph 1:11; 2 Tim 2:10; 2 Pet 1:10, etc.).

7) _____ prevents them from believing in Jesus Christ (Luke 8:12; John 8:43-45; 2 Cor 4:4; 1 John 3:8-10, etc.).

8) They think it's foolish to believe in the sacrifice and resurrection of Jesus Christ (1 Cor 1:18-24).

9) Jews and false Christians prevent them from believing in Jesus Christ (Matt 18:6-7; 1 Thess 2:15-16, etc.).

10) They do not want to keep God or His Words in their hearts and believe that life in sin is normal and acceptable (Rom 1:18-32; Eph 4:19, etc.).

The devil darkens the hearts of people, continuously deceiving them and leading them to follow falsehood, ultimately hindering them from accepting the Gospel of Jesus (cf. Prov 4:26-27; Luke 8:4-15; John 8:43-45; 1 John 3:8-10, etc.). In fact, those who do not believe in Jesus Christ are unaware that they are living under the captivity of the devil and equally unaware that their rejection of the Gospel is a hindrance caused by the devil. They remain oblivious to the fact that their spiritual eyes are blinded, pursuing only worldly desires without realizing it. Moreover, they believe that they are captured by the devil and may think that there is no afterlife beyond death or that everything ends when they die. Furthermore, some among them, entangled in false religions (non-Christian religious groups), live with the futile belief that salvation can be obtained through means other than Jesus (cf. Acts 4:10-12, etc.).

Discussion & Applicable Questions

1. Did you ever meet someone special or receive a special blessing while preaching the Gospel of Jesus?

2. Do you tend to eagerly share the Gospel of Jesus when you meet a non-believer? If you had share the Gospel to someone, how would you share it?

3. What are some things Christians should prepare so they could effectively share the Gospel with the world?

Answer

1. the ends   2. everlasting life   3. destruction   4. Jesus Christ, world   5. fear, The devil

39 Evangelism and Missions - 1

Evangelism is the method of presenting the Gospel (the message of Jesus Christ and the Kingdom of God) to those who do not believe in Jesus Christ, inviting them to the salvation desired by God (Matt 10:1-15; Luke 10:1-20; Acts 1:8; Rom 10:13-15; 1 Cor 1:21, etc.). Missions is crossing cultural boundaries to proclaim the Gospel to those who do not believe in Jesus Christ. Both evangelism and missions are obligations and duties that Christians should carry out with joy (cf. Acts 20:24; 1 Cor 1:21, 9:6, etc.). Since evangelism and missions are ways in which God calls to salvation those who are dying in sin, Christians have already received salvation in Christ must make every effort to lead unbelievers onto the path of salvation through evangelism and missions. In fact, Jesus Christ Himself preached the Gospel during His life on earth, and before His ascension, He commanded His disciples to be witnesses of the Gospel (Matt 4:23, 9:35, 28:18-20; Mark 1:38-39, 16:15-16; Acts 1:8, etc.).

1 What is evangelism and missions?

Evangelism is sharing _____ (Jesus Christ and the Kingdom of God) with an unbeliever (Matt 4:23-25, 9:35-38, 28:18-20; Mark 1:14-15; Luke 8:1; Acts 10:36-43, etc.). Missions is sharing the gospel of Jesus Christ with an unbeliever while breaking down _____ differences (Mark 16:15-16; Acts 1:8, 8:1-8, 15:22-35; Gal 2:7, etc.).

Christians are called to evangelize (engage in missions), sharing the Gospel with people in the world who are perishing due to sin. They are to make them disciples of Jesus Christ, baptize them, and teach them to obey God's Word (cf. Matt 3:1-17, 9:35-38, 28:18-20; Mark 16:15-16; Luke 24:46-48; Acts 1:8, 11:19-21, etc.). If Christians cannot personally engage in evangelism (missions), they are to pray for those who have been sent (evangelists, missionaries, mission organizations, etc.) and participate through various forms of support, including material support (cf. 3 John 1:5-8, etc.). In fact, for Christians, evangelism (missions) is one of the most crucial purposes in this world.

2 Why should Christians be actively involved in evangelism and missions?

Christians should be actively involved in evangelize and missions for the following reasons: **1)** Jesus Christ lived by evangelizing the Gospel, **2)** evangelism was commanded by Jesus Christ, **3)** God planned to _____ the people of this world through evangelism, and **4)** God the Sprit empowers Christians to live as witnesses of the Gospel of Jesus Christ (Matt 28:18-20; Mark 16:15-20; Acts 1:8; Rom 10:14-15; 1 Cor 1:21; 2 Thess 2:13-14; Tit 1:3, etc. cf. Luke 24:46-48; 1 Cor 9:16-18).

All Christians must diligently proclaim the Gospel of Jesus to the world as God's wrath will result if they do not (cf. Acts 20:24; 1 Cor 9:16-18, etc.). Christians are motivated to live a life actively proclaiming the Gospel through evangelism (missions) to those who do not believe because they come to understand the enormity of God's love and grace in their own salvation, the preciousness of life, the importance of ministry that saves souls, the dreadfulness of eternal death due to sin, and the futile state of those who do not believe in Jesus Christ.

3 What is the purpose of evangelism and missions?

The purpose is to save those who are dead in ___ (Mark 8:35-38; Rom 1:16-17; 1 Cor 1:21, etc. cf. Matt 22:1-14; Luke 14:16-24; John 14:6; 2 Thess 1:8-10; Jam 5:19-20).

Evangelism (missions) serves not only the purpose of saving those perishing in sin but also the purpose of enabling saved individuals to establish God's church, worship and praise God, learn and teach God's Word, cultivate disciples of Jesus Christ, and transforming and empowering those who were dying in sin into evangelists and missionaries to fulfill the mission of proclaiming the Gospel (cf. Rom 14:7-9; 1 Cor 9:16-18; Phil 1:20-30; Col 1:28-29; Jam 5:19-20, etc.). Christians are called to evangelize with great passion during their time on earth because they are aware that they can only reach people living in this world, that death may swiftly approach, and that those who die without believing in Jesus Christ will endure the eternal torment of hell, a suffering greater than any other.

4 To whom do we evangelize and send out missions?

To all those who do not believe in _____ (Matt 24:14, 28:19-20; Mark 16:15-16; Luke 24:46-48; Acts 1:8; Col 1:23, etc.).

The target of evangelism (missions) is all people who are perishing due to their own sins, meaning everyone born and living in this world who does not believe in Jesus Christ (cf. Mark 13:10; Rom 11:11-32, etc.). Christians are called to make special efforts to evangelize their family and close neighbors before anyone else (John 1:35-42; Acts 10:1-48, 16:24-34; 1 Tim 5:8, etc.). Christians must share the message of Jesus with their unbelieving family members because the thought of their beloved family members not receiving salvation and suffering eternal torment in hell must be unbearable. Moreover, Christians who have experienced significant suffering in this world may share the Gospel with understanding and compassion towards unbelievers who will undoubtedly suffer eternal torment in hell.

5. Until when do we evangelize and send out missions?

Until Jesus Christ comes back to Earth, which is until _____ of the world (Matt 24:3-14; Mark 13:3-10, etc. cf. Matt 28:19-20; 1 Cor 11:26).

Christians are called to carry out their duties of evangelism (missions) throughout their lifetime until they die (cf. Acts 20:24). The Bible mandates Christians to evangelism (missions) until the Gospel is proclaimed to all nations and peoples, until there is a turning of Israel, meaning the chosen people among the Jews, and until a great number of Gentiles receive salvation (cf. Zec 12:10, 13:1; Matt 24:14, 28:19; Mark 13:10; Rom 11:11-32; 2 Cor 3:15-16; Rev 6:11, etc.). Therefore, Christians are called to diligently proclaim the Gospel of Jesus from the moment of their salvation until they die.

Discussion & Applicable Questions

1. Did anyone receive salvation after you share the Gospel with them?
2. If you are helping or sponsoring those who evangelizing (mission work), how do you help or sponsor them?
3. Have you ever shared the Gospel of Jesus through an overseas mission trip or to foreigners?

Answer

1. the gospel, cultural   2. save   3. sin   4. Jesus Christ   5. the end

40 Evangelism and Missions - 2

Evangelism and missions stem from God's eternal plan to save and redeem souls perishing in sin (see Gen 3:15; John 3:16-17; Rom 5:6-8, 8:29-30; Eph 1:3-14; 2 Thess 2:13-14, etc.). **When Christians or local churches engage in evangelism and missions, the most crucial factor is the help of the Holy Spirit. While Christians and local churches can lead unbelievers to Jesus Christ, the actual act of salvation is accomplished through the power of the Holy Spirit** (Rom 8:1-17; 1 Cor 6:19-20, 12:3; Gal 4:6-7; Eph 1:13-14, 2:8-9, etc.). **When Christians lead people to God for salvation through evangelism and missions, they become a source of joy and a crown for fellow believers** (1 Thess 2:19-20. cf. Jam 5:19-20).

1. What was the center of Jesus Christ' evangelism and missions?

Evangelism and missions of Jesus Christ was the "_____" (Matt 4:17, 9:35, 13:1-58, 24:14; Luke 16:16; Acts 1:3, etc.).

When Jesus Christ began his public ministry, he proclaimed that the kingdom of God was near and called for repentance (Matt 4:17; Mark 1:14-15). Throughout His three years of public ministry, Jesus focused on preaching and spreading the message of the kingdom of God (Matt 4:23, 9:35, 11:2-6, 24:14; Luke 8:1, 16:16, etc.). Even after His resurrection and during the forty days He remained on earth before ascending, He was engaged in evangelism (missions) as He proclaimed the kingdom of God (Acts 1:3, etc.). The core of the gospel that Jesus Christ proclaimed when preaching about the kingdom of God was none other than Jesus Christ Himself (Matt 16:21; Mark 8:31; Luke 9:22, 24:13-48; John 14:6, etc.).

2. What is the relationship between Evangelism/Missions and God the Spirit?

Evangelism and Missions start with God the Spirit and it is through his _____ a person comes to believe in the gospel of Jesus Christ (Acts 1:8; 1 Cor 2:1-5, 12:3; 2 Thess 2:13-14; 1 Pet 1:12, etc.).

Evangelism (missions) is impossible without the help of the Holy Spirit because it is the Holy Spirit who enables people to believe in Jesus Christ when they hear the Gospel (Rom 8:1-17; 1 Cor 6:19-20, 12:3; Gal 4:6-7; Eph 1:13-14, 2:8-9, etc.). In other words, the Holy Spirit gives the desire to proclaim the Gospel (evangelize) to the hearts of Christians and opens the hearts of those hearing the Gospel, enabling them to receive and believe in the Gospel for salvation. Since the help and guidance of the Holy Spirit are essential when engaging in evangelism (missions), Christians must acknowledge their inability to do it in their own strength. They must fervently pray for the help of the Holy Spirit every time they engage in evangelism (cf. Acts 8:4-20, 10:1-48, 16:6-10; 2 Cor 3:4-7, etc.).

3 What is the significance of evangelism and missions to a Christians?

Evangelism and Missions are _____ of Christians and one of the most important things they can do in their Christian lives (Rom 10:11-15; 1 Cor 1:21, 9:16-18; 2 Tim 4:1-5, etc.).

Jesus will return to this world and the world will end when the Gospel of Jesus is preached to the entire world and all people (Matt 24:14; Rom 11:11-32, etc.). Spirit-filled Christians live fervently engaged in evangelism (missions), proclaiming the Gospel, with the hope that Jesus Christ will come again soon (cf. Matt 24:14; Mark 13:10; Acts 1:8; Rom 10:14-15; 1 Cor 1:21, etc.). However, Christians must not use the act of evangelism (missions) to justify sin or marrying unbelievers (cf. 2 Cor 6:14-18; Phil 1:12-18, etc.). When engaging in evangelism (missions), Christians must obey and follow God's guidance only, avoiding the temptation to disobey God's Word and resort to their own judgment or worldly methods in the process.

4 What do evangelists and missionaries must do on the field?

When opportunities arise with the help of ____, evangelists and missionaries must deliver the gospel with certainty and precision (1 Cor 12:3; 2 Cor 2:12; Eph 1:13-14; Col 4:3-4, etc.).

When Christians engage in evangelism (missions) to transfer people from death to life, they must pray that the Holy Spirit will provide wisdom and power to evangelize and for the door of evangelisms to open. Christians must share the Gospel with a compassionate heart for each soul, patiently guiding them to the path of salvation (cf. Matt 9:37-38; Luke 10:2, 24:44-48; 2 Tim 4:2; Jud 1:22-23, etc.). To effectively share the Gospel to unbelievers, Christians must always approach them with kindness (Col 4:5-6; 1 Thess 5:15. cf. 1 Thess 4:1-12), love (Matt 5:43-44, 22:39; 1 Cor 16:14; Gal 5:14; Jam 2:8), and gentleness (Gal 6:1; 2 Tim 2:25).

5 How should Christians share the Gospel through evangelism and missions?

1) When sharing the gospel, Christians must not rely merely in words, but proclaim the Gospel with great faith and confidence by relying on _____ given by God and His Spirit (Acts 4:31, 14:1-7, 18:9-10; Rom 1:16; 1 Thess 1:5, etc. cf. Matt 10:1-15; Acts 20:21-24).

2) Christians must share the Gospel by becoming the salt and light of the world, serving as the model for righteousness (speech and conduct) (Matt 5:13-16; 1 Pet 2:11-12, etc. cf. Jud 1:22-23).

To engage in evangelism (missions), Christians must gather at church to learn what the Gospel is and research and train on how to share the Gospel. After sharing the Gospel to others in real life, Christians must gather again at church to share their experiences and continuously upgrade and improve their evangelistic methods. Also, when Christians evangelize to the people of the world, they must focus on spreading the gospel of Jesus Christ. Emphasizing and highlighting worldly things (even emphasizing the pastors or the church) that have nothing to do with the gospel of Jesus cannot be called biblical evangelism (cf. Gal 1:6-10). Christians engaging in evangelism (missions) must not only gather for prayer to seek the help of the Holy Spirit but also actively engage in conversations and collaborate with one another.

Discussion & Applicable Questions

1. What are some effective ways to evangelize to people who do not believe in Jesus Christ?

2. Which group does your church dedicate the most evangelistic effort? Specifically, how does your church preach the Gospel to them?

3. What should be done for the people who accepted Jesus Christ through evangelism (mission work) to be continuously educated and nurtured with God's word?

Answer

1. Kingdom of God   2. power   3. the duty   4. God   5. the power

41 Baptism - 1

Baptism is a ceremony where those who have believed in Jesus Christ for salvation publicly confirm that their sins have been washed away, and they have become children of God in covenant union with Jesus Christ (Matt 28:19; Eph 5:26; Tit 3:5; Heb 10:21-22, etc. cf. Psa 51:1-12). Circumcision, on the other hand, is a ceremony where those chosen by God publicly confirm that they have cut off their sins and become the people of God in covenant (Gen 17:1-14; Col 2:11-15, etc.). Baptism carries the same meaning as circumcision in the Old Testament and is based on God's covenant of redemption given to the people of Israel. It's important to note that both baptism and circumcision are symbolic ceremonies confirming that individuals have become holy people of God; they are not conditions for people to receive salvation (cf. John 1:12; Gal 5:2-12; Eph 1:13-14, 2:8-9, etc.).

1. What are the two Holy Sacraments recorded in the Bible?

Baptism and _____ (Matt 26:26-29; 28:18-20; Acts 2:38-41; Rom 6:1-10; 1 Cor 11:17-31; Col 2:11-15, etc.).

The holy sacraments that Christians are to observe are means through which God bestows His grace (cf. Matt 28:19-20; Acts 10:47-48, etc.). There are two sacraments Christians must observe: the Lord's Supper (Communion), instituted by Jesus Christ during the Passover meal on the night He was betrayed, and Baptism, which Jesus Christ commanded to be administered to those who accepted the Gospel and became His disciples after His resurrection. Baptism is meant for those who have received salvation through faith in Jesus Christ (Acts 2:14-42, 8:26-39, 16:11-15, etc.). Those who have received Baptism are called to live a life that reflects the holiness of God, avoiding a sinful lifestyle. Additionally, partaking in the Lord's Supper is desirable for those who have received Baptism and understand the meaning of the Lord's Supper, as it is an outward expression of one's faith. Those who partake in the Lord's Supper must do so by repenting of their sins and with a clear understanding of its significance (cf. 1 Cor 11:27-32).

2. What is baptism?

Baptism is a ceremony where we are cleansed with water in the name of _____, Son and Holy Spirit (Matt 28:19; Eph 5:26; Tit 3:5; Heb 10:21-22, etc. cf. Matt 3:16-17; 1 John 5:6-8).

Baptism is the act of being immersed or washed with water (2 King 5:14; Psa 68:23; Tit 3:5, etc.). Before being baptized, Christians must repent and give thanks by reflecting upon their lives through prayer and committed to live only relying on Jesus Christ (cf.

Num 19:13; Ezek 36:22-28; Luke 3:7, etc.). Therefore, all Christians must receive and enjoy God's grace through baptism. Circumcision has been practiced since Abraham's time. Baptism, which is administered in the name of God the Father, God the Son, and God the Spirit was practiced since the time of the early Christian church (Gen 17:1-14; Matt 28:18-20; Acts 2:14-41, etc.). The flood of Noah's time has the same meaning as the baptism of salvation (baptism of the Spirit), and water baptism has the same meaning as circumcision (Col 2:11-12; 1 Pet 3:20-21, etc.).

3. What is the meaning behind baptism?

Baptism symbolizes the forgiveness of sin and becoming ___ with Jesus Christ, dying with Him and living again with Him. It is also a public declaration of becoming a child of God (Acts 2:38-39, 22:16; Rom 6:1-14; Gal 3:26-27; Eph 5:26; Col 2:11-15, etc. cf. Gal 2:20).

Baptism carries several significant meanings for Christians. It symbolizes the washing away of sins through the atoning blood of Jesus Christ (Acts 2:38, 22:16). It signifies being united with Jesus Christ as children of God (2 Cor 1:22; Gal 3:26-27; Eph 1:13; Phil 3:20, etc.). It represents a commitment to living solely for Jesus Christ, having died and risen with Him (Rom 6:3-5, 12-13; Gal 2:20, 6:14). Additionally, it marks a public declaration of joining the community of God's church as saints (believers) (Acts 2:41). Those who have received baptism must take pride in this fact, not being ashamed of Jesus Christ and His teachings in any circumstance. Instead, they are encouraged to boldly proclaim and live for Jesus Christ without shame (Mark 8:38; Luke 9:26, etc.).

4. Why do we get baptized?

Because _____ commanded us to do so (Matt 28:19; Mark 16:15-16. cf. Acts 2:38, 10:47-48, etc.).

The reason why churches and Christians perform baptism is because Jesus Christ, before ascending, commanded His disciples to bear witness to the gospel of Jesus to all nations, making disciples and baptizing them in the name of the Father, the Son, and the Holy Spirit. As such, churches and Christians are called to make every effort to proclaim the gospel to all nations, to make disciples, and to baptize those who believe in Jesus Christ for salvation. Furthermore, those who receive baptism should be taught and guided in the Word of God to live according to His teachings, and they should be trained to share the gospel with others who do not believe.

5. Who can receive baptism?

Anyone who has received _____ through faith in Jesus Christ and has committed themselves to follow Him (Acts 2:38-41, 8:9-13, 35-38, 10:44-48, 16:24-34, 18:4-8, etc.).

Since only those who have been saved through faith in Jesus Christ could be baptized, it is wrong to view baptism as a condition for salvation, and it is equally wrong to be baptized without genuine faith in Jesus Christ or without the willingness to obey God's Word (cf. Matt 3:11; John 1:33, etc.). After publicly confessing their faith in Jesus Chris in front of others, those who can be baptized must live more eagerly for Jesus Christ and actively set an example for their family and others as those who have been baptized (cf. Rom 14:7-9).

Discussion & Applicable Questions

1. If you have been baptized, please share when, from whom, and how you were baptized.

2. After you received baptism, what was the biggest change in your heart and life?

3. When you or your family member received baptism, was there anyone who experienced the abundance of the Holy Spirit?

Answer

1. Lord's Supper   2. the Father   3. one   4. Jesus Christ   5. salvation

42 Baptism - 2

Baptism is only an outward ceremony that confirms one's existing salvation through faith in Jesus Christ. It is not a condition that directly washes away sins or grants salvation (Acts 2:14-42, 8:26-39, 16:11-15; 1 Cor 12:13, etc.). In contemporary Christianity, many believers hear the gospel, believe in it, and then receive baptism, leading to a relatively peaceful life of faith. However, for those living in countries where Christians face persecution or hostility, believing in Jesus and receiving baptism can be a matter of risking their lives. Therefore, all baptized Christians must take baptism seriously and live with a mindset that, whether in life or death, they glorify God alone, obey His Word, and joyfully dedicate their lives for the sake of Jesus Christ (cf. Rom 2:17-29, 14:8).

1 Until when do we carry-out baptism?

We carry out baptism until _____ of the world (Matt 24:14, 28:18-20, etc.).

Baptism is to be administered until the end of the world, meaning until the gospel of Jesus is preached to the entire world and until the return of Jesus Christ. Baptism is considered a sacred ceremony, and those seeking baptism should value it highly. To receive baptism, one must repent of their sins, commit to living a holy life by turning away from sin, and prepare through prayer to experience God's grace through baptism (cf. Rom 6:1-11; Col 2:12, etc). It is essential for individuals, even those attending church, to have a firm faith in Jesus Christ and obedience to God's Word before receiving baptism (cf. Heb 6:4-8, etc.).

2 What is the method of baptism?

Baptism may be carried out by sprinkling of water on the head or full water immersion. All baptisms must be done in the name of the Father, _____, and the Holy Spirit (Matt 28:19-20. cf. Matt 3:16-17; John 1:29-34).

Baptism can be administered through immersion, where the entire body is submerged in water, or by pouring water over the head. The method of baptism may vary among denominations and could also be adapted based on the circumstances of individuals, especially patients. However, the crucial aspect is that baptism is administered in the name of the Father, the Son, and the Holy Spirit. Baptism is typically performed publicly, by an ordained pastor or missionary, in the presence of family members or fellow believers. In most cases, Christians undergo basic biblical education within the church before receiving baptism. The ceremony often involves prayer and fellowship, where those who have already been baptized pray for and bless the individuals receiving baptism.

3. How many times should Christians receive baptism during their lifetime?

Christians only need to receive baptism _____ in their lifetime because: **1)** the baptism is received in the name of God the Father, God the Son, and God the Spirit, **2)** God the Spirit who cleanses us dwells in our hearts, and **3)** the power of the baptism received in the name of the everlasting God does not change (Matt 28:19; 1 Cor 12:3, 13; Tit 3:5, etc. cf. John 14:16; Eph 1:13-14).

In the Old Testament era, circumcision was received only once during one's lifetime and the circumcised became God's covenant people (Gen 17:9-14, 21:4; Luke 1:59, 2:21; Phil 3:5, etc.). In most churches, baptism is received only once after the age of 13 (or 14). Depending on the denomination, there are instances where infants or toddlers (age 2 or younger) are baptized, drawing support from the Old Testament practice of circumcising infants within the covenant community (cf. Gen 17:1-14; Exo 4:25-26; Lev 12:3; Mark 10:13-16; Acts 2:38-41, 16:14-34; Rom 11:16; 1 Cor 1:16, 7:14; Gal 3:15-29; Col 2:11-12). Those who receive infant baptism typically undergo a public confirmation ceremony (declaring personal faith in Jesus Christ and receiving salvation) around the age of 13 (or 14), marking their official recognition as members of the church through baptism.

4. How long will the effects of baptism last?

The effects of baptism last forever. Since Jesus Christ is _____ and we have been united with Jesus Christ, the effects of baptism is also _____ (cf. John 15:1-17; Rom 6:3-5, 8:35-39; 1 Cor 3:16; Gal 3:27, etc.).

Baptism is a sacrament administered by ordained pastors in the name of the Father, Son, and Holy Spirit, and its effect remains unchanged in accordance with the unchanging nature of God. Christians who have received baptism must not doubt its effects or succumb to the temptation of seeking rebaptism. The church must be cautious not to administer baptism again to those who lack a firm belief in Jesus Christ or to individuals who have already received baptism.

5. How should the baptized Christian live?

Because the baptized ones are united with Jesus Christ, they must live a life that is consistent with someone becoming _____ Jesus Christ – a life without sin. Their public lives should also reflect that of children of God (Rom 8:13-14; Eph 4:22-32; Col 2:11-15; 1 John 2:6, 3:9, etc.).

Baptized Christians are children of God who have been united with Jesus Christ and belonging to the kingdom of God. They are called to believe in God's word, practice it in their lives, and live as obedient children of God. Additionally, they must obey God's word and the authority of the church, living as devoted worshipers and evangelists. They are expected to handle the responsibilities and duties of service in the church effectively. Furthermore, they must live a good life as salt and light in the world, fulfilling their role as witnesses of the gospel and faithfully carrying out the tasks and missions entrusted to them by God (cf. Matt 5:13-16; John 3:1-8, etc.).

Discussion & Applicable Questions

1. Do you know anyone who received the baptism of water despite not having certainty of his/her salvation?

2. Do you know anyone who received the baptism of water multiple times? Do you know any churches that teach that baptism is a condition for salvation?

3. Do you know anyone who hides the fact that he/she is a Christian despite being baptized?

Answer

1. the end   2. the Son   3. once   4. eternal, eternal   5. like

43 Lord's Supper - 1

The Lord's Supper is a sacrament instituted by Jesus Christ Himself during the Passover meal, representing a gracious act of God. Through this sacrament, Christians can have spiritual communion with Jesus Christ (cf. Matt 26:26-30; Mark 14:22-26; Luke 22:14-20; John 6:45-59; 1 Cor 10:16-17, 11:17-34, etc.). As Christians partake in the Lord's Supper, symbolized by the bread (representing the body of Jesus torn in the agony of the cross) and the cup (symbolizing the blood shed by Jesus on the cross), they must remember not only the crucifixion but also participate with joy and gratitude in the resurrection. Christians participating in the Lord's Supper must prepare with repentance and prayer, aiming to receive grace without committing sin.

1 What is the Lord's Supper?

It is one of two Holy Sacraments where the ceremony symbolizes the following: remember and commemorate _____ of Jesus Christ on the cross, spiritual fellowship with Jesus Christ, and engrave in the heart the joy and hope of resurrection (Matt 26:26-30; Mark 14:22-26; Luke 22:14-20; John 6:45-59; 1 Cor 11:17-34, etc.).

The Lord's Supper is a sacrament that Jesus Christ instituted on the night He was betrayed, during the Passover meal. It is a significant occasion for Christians to intimately commune with Jesus Christ. This sacrament serves as a remembrance of Jesus Christ being the mediator of the new covenant through His death on the cross (cf. Jer 31:31-34; John 19:30; Heb 6:17-20, 8:1-13, 10:5-10, etc.). During the Lord's Supper, Christians partake of the bread and cup (wine), symbolizing the body and blood of Jesus Christ. In this act, Jesus spiritually nourishes them. Through the Lord's Supper, Christians become spiritually one with Jesus Christ, and those participating in the sacrament become one body in Christ (cf. Acts 2:42-47; 1 Cor 10:16-17, etc.).

2 What does the bread symbolize?

As the bread of life, the bread symbolizes _____ of Jesus Christ that was tortured and nailed to the cross (Matt 26:26-28; Mark 14:22-25; Luke 22:17-20; John 6:55; 1 Cor 11:24, etc. cf. 1 Cor 5:6-8, 10:16-17).

The death of Jesus Christ on the cross is the means by which the sins of all who believe in Him are forgiven, and they receive new life. The statement "Truly, truly, I say to you, unless you eat the flesh of the Son of Man and drink his blood, you have no life in you" (John 6:53) holds significance not only for the communion, symbolizing spiritual communion with Jesus Christ but also carries the meaning of salvation and eternal life for those who believe in Jesus Christ (cf. John 6:45-59). Christians partaking in the Lord's Supper and receiving the bread, are reminded to express gratitude to Jesus Christ, who suffered on the cross and shed His blood out of love and grace for them. They must commit to sharing the gospel so that those who are perishing can be saved, just as Jesus Christ did for them. After participating in the Lord's Supper, Christians must now carry out their commitment by actively sharing the gospel with others to bring life to those who are perishing.

3. What does the wine symbolize?

As a _____ that gives life, the wine symbolizes the blood of Jesus Christ that was shed on the cross for our salvation. It is the blood of the covenant (Matt 26:26-28; Mark 14:22-25; Luke 22:17-20; John 6:55; 1 Cor 11:25, etc. cf. 1 Cor 10:16; 1 Pet 1:19).

The blood shed by Jesus Christ on the cross holds the meaning of forgiving the sins of all who believe in Him. When Christians participate in the Lord's Supper and receive the wine, they express gratitude to Jesus Christ, who shed His blood on the cross to forgive their sins. They commit to distancing themselves from sin, promptly repenting and turning away if they happen to sin. Moreover, they pledge to live a holy and righteous life. After participating in the Lord's Supper, Christians are called to live in accordance with their commitment, actively doing good deeds that please God.

4. When did the Lord's Supper begin?

It started the night before the crucifixion when Jesus Christ sat with the Disciples to have _____ meal (Matt 26:26-30; Luke 22:19-20; 1 Cor 11:23-29, etc.).

Jesus Christ, even in the face of His imminent death, shared the Last Supper with His disciples, commemorating the Passover. During this event, Jesus Christ spoke to His disciples, indicating that His death was for their sake. He symbolically shared with them the bread, representing His body, and the wine, representing His blood. Jesus Christ instructed them to remember and commemorate the Lord's Supper. In essence, the Lord's Supper serves as a profound spiritual encounter for Christians, providing strength, comfort, joy, and gratitude through a deep connection with Jesus Christ. It is a ceremony that represents the care and gift of Jesus Christ bestowed upon believers.

5. Until when should we carry out the Lord's Supper?

We must commemorate and carry out the Lord's Supper until Jesus Christ _____ (1 Cor 11:26).

If Christians do not have an intimate relationship with Jesus Christ, they may become spiritually powerless and fall for the temptations and trials of the devil. They might easily fall into sin, pursue worldly lifestyles, and decline rapidly in spirituality. In this sense, the Lord's Supper becomes a time for Christians to deeply encounter Jesus Christ spiritually and receive God's grace through Him. Therefore, Christians should continue to commemorate and partake in the Lord's Supper throughout their lives. During the Lord's Supper, believers should reflect more deeply on the death and resurrection of Jesus Christ, express gratitude for His grace and love, and commit to living in accordance with the testimony of Jesus Christ and His gospel.

Discussion & Applicable Questions

1. How do you specifically prepare yourself before participating in the Lord's Holy Communion?

2. Was there a time where you spiritually received enormous grace while participating in the Lord's Holy Communion?

3. Is there a Lord's Holy Communion and a specific method that is most memorable to you?

Answer

1. the sacrifice   2. the body   3. beverage   4. the Passover   5. returns

44 Lord's Supper - 2

Through the Lord's Supper, God graciously nourishes His children spiritually, prompting them to reflect on their faith and lives. He provides comfort in the face of various trials and hardships, reinforcing their identity as children of God. The Lord's Supper helps believers realize their full participation in the salvation of Jesus Christ, deepening their contemplation of His death and resurrection. Those who partake in the Lord's Supper in a worthy manner will not only experience resurrection on the day of Jesus Christ's return but will also bear better witness to God's grace and love to the people of the world (cf. Matt 26:26-29; Mark 14:22-25; Luke 22:17-20; John 6:53-56; 1 Cor 10:16-17, 11:23-28, etc.).

1. What are the benefits of those who participate in the Lord's Supper?

The participants of the Lord's Supper abide in Jesus Christ, receive eternal life and _____ during the end times (John 6:53-58. cf. John 6:22-59).

Those who partake in the Lord's Supper in a worthy manner receive the abundant grace from God and will have a profound encounter with Jesus Christ. As such, those who have experienced such encounters through the Lord's Supper will be well aware of the countless blessings it brings. Therefore, Christians yearn for the Lord's Supper, approaching it with repentance for their sins and earnestly seeking God's grace. After partaking in the Lord's Supper, they make every effort to distance themselves from sin and strive to live a righteous life that pleases God.

2. Who can participate in the Lord's Supper?

To participate in the Lord's Communion, one must: **1)** have received salvation through faith in Jesus Christ, **2)** received _____ in the name of God the Father, God the Son, and God the Spirit, **3)** reflect on oneself and repent, **4)** clearly understand the meaning of the Lord's Holy Supper, **5)** understand the meaning of the body of Jesus Christ, and **6)** live in obedience with faith and love towards Jesus Christ (1 Cor 11:27-30. cf. Phil 3:7-9; 1 John 5:1-14, etc.).

In most churches today, baptized believers aged 13 (or 14) and above, including those who received infant baptism and confirmed, can participate in the Lord's Supper. Churches commonly instruct the congregation to prepare themselves for the Lord's Supper by repenting of their sins and praying for God's grace before the sacrament. Additionally, just before the Lord's Supper ceremony begins, churches often provide time for the congregation to engage in prayer, repent of their sins, and seek God's grace. Even if Christians cannot live a perfect life according to the Bible, they must sincerely repent of their sins, and actively partake in the Lord's Supper and receive grace from God.

3. Who cannot participate in the Lord's Supper?

People who cannot participate in the Lord's Communion are ones who: 1) did not receive _____ because they do not believe in Jesus Christ, 2) do not _____ of their sins despite receiving salvation, 3) have not been baptized, 4) do not properly understand the meaning of the Lord's Holy Supper, and 5) committed a sin that humiliates the church (1 Cor 11:27-30. cf. Matt 7:6; 1 Cor 5:1-13; 2 Cor 13:5, etc.).

In most churches today, there is a regulation that children under the age of 13 (or 14), those who have not received salvation, and individuals who cannot fully confess their faith in Jesus Christ are not allowed to participate in the Lord's Supper. Furthermore, if Christians have committed serious sins, morally and ethically compromised, or if they have committed sins that bring dishonor to God and the church, they are advised to repent of their wrongdoing instead of participating in the Lord's Supper. Additionally, if a Christian does not feel emotionally prepared to partake in the Lord's Supper, even though they are believers, they may be encouraged not to force themselves to participate until they are ready.

4. What happens if one participates in the Lord's Supper in an unworthy manner?

The participant will be sinning against the body and _____ of Jesus Christ (1 Cor 11:27-28), If the participant drinks and eats without knowing that they are the body of Jesus Christ, he or she is eating and drinking his or her own sin and judgement (1 Cor 11:29-32).

Participating in the Lord's Supper or partaking of the bread and cup in an inappropriate manner is a sin and results in God's judgement (discipline). Christians must examine their lives, repent of any sins, and turn back to God before participating in the Lord's Supper. It is essential for all Christians to understand the significance of the Lord's Supper after receiving salvation and to prepare for it with repentance and prayer. Additionally, Christians must never take the observance of the Lord's Supper lightly, as it is a solemn remembrance of Jesus Christ's sacrifice on the cross (cf. 1 Cor 10:21, 11:17-22).

5. What is the duty of the participants of the Lord's Supper?

The participants of the Lord's Supper must share _____ of Jesus with the world until Jesus Christ returns (1 Cor 11:26, etc.).

Jesus Christ commanded Christians to testify to the Gospel of Jesus until the end of the world, making disciples of all nations (cf. Matt 28:18-20; Luke 24:46-49; 1 Cor 1:21, 9:16, etc.). Christians are not only to actively participate in the Lord's Supper during their time in this world but also to passionately bear witness to the Gospel of Jesus, living more zealously than anyone else (cf. Acts 20:24; 1 Cor 9:16, etc.). If Christians actively participate in the Lord's Supper while being lazy in the task of proclaiming the Gospel of Jesus, they must realize that they are living a hypocritical life.

Discussion & Applicable Questions

1. How frequently and through what method does your church carry out the Lord's Holy Communion?

2. What are the benefits of frequently partaking in the Lord's Holy Communion? What is a benefit you earned from joining the Lord's Holy Communion?

3. If you have witnessed the Lord's Holy Communion carried out in the wrong manner or have seen someone who should not have participated (a child who does not understand the doctrine, someone who is not certain of salvation, non-believer, etc.) in the Communion join, please share your experience.

Answer

1. resurrect   2. baptism   3. salvation, repent   4. blood   5. the gospel

45 Offices of the Church - 1

In the church of God, there are various offices established by God (apostles, prophets, pastors, elders, deacons, teachers, etc.) (1 Cor 12:28-30; Eph 4:11-13; 2 Tim 1:11, etc.). Through these offices, the church and the saints are served, and these offices are used to strengthen and build up body of Christ, which is the church (cf. Eph 4:11-13, etc.). Those who are holding positions in these offices must faithfully and loyally fulfill their assigned duties, exerting efforts to ensure that the church and the saints are edified according to God's plan (cf. 1 Cor 4:1-21; 2 Tim 2:20-21). Additionally, these officials must be filled with the Holy Spirit, refrain from being prideful while exercising the authority given to them by God, and humbly serve with hearts of gratitude towards God (cf. Acts 6:1-7; Eph 4:11-13; 1 Pet 5:1-5, etc.). If officials become too authoritative or arrogant, it can lead to conflicts, disputes, or even the destruction of the church.

1. Who appoints the officials of the church?

Only ____ can (Acts 1:20-26, 6:1-6; 1 Cor 12:28-29; Eph 3:7, 4:7-13, etc.).

God appointed twelve disciples of Jesus as apostles, selected seven Spirit-filled and wise individuals as deacons in the early church, and appointed Paul as an apostle to preach the Gospel to the Gentiles. Moreover, God appoints some as apostles, some as prophets, some as evangelists, some as pastors to teach the Word, and some as teachers to care for the saints (Acts 11:27-28, 13:1, 15:32, 21:8; Eph 2:20, 3:5, 4:11; 2 Tim 4:5, etc.). God not only appoints officials in the church but also provides them with wisdom, abilities, and authority to serve and lead the church and the saints. God's church is comprised saints such as pastors, elders, deacons, and the lay.

2. What is the purpose behind appointing leaders of the church?

Leaders are appointed within the church to: help the spiritual growth of believers, _____ the church, and properly preach the gospel and build up the church which is the body of Christ (Eph 4:11-13, etc.).

Church officials must be able to discern God's will well to establish and serve the church (the body of Christ) effectively. To achieve this, church officials need to regularly examine their spiritual state, staying vigilant through scripture and prayer to ensure that they are Spirit-filled. Additionally, they must teach, serve, and guide the saints through the Word to aid in their spiritual growth, ensuring they become upright saints. Furthermore, church officials must be aware that they have been appointed to serve the church with joy and enthusiasm. They must diligently fulfill their roles and responsibilities in the service of the church, always seeking to contribute to the spiritual well-being of the community.

3. How should church officials be appointed?

Leaders of the church must be appointed and _____ in the name of God the Father, God the Son, and God the Spirit. This appointment must be done publically in the presence of church members (Acts 13:1-3; 1 Tim 4:14, 5:17-22, etc. cf. Num 27:12-23; Acts 6:1-6).

The officials in the church include apostles, prophets, evangelists, pastors, elders, deacons, teachers, and more (Acts 6:2-4; Eph 4:11-13; 1 Tim 3:1, 5:17; 1 Pet 5:1-5). God appoints individuals who are holy, filled with the Holy Spirit, and spiritually upright as leaders in the church, to firmly establish His church (cf. Eph 2:19-22; 2 Tim 2:20-21; Rev 3:12, etc.). The church must carefully assess the spiritual and personal characteristics of those being considered for roles in the offices. It is important to examine whether they have a positive influence in their families and communities, confirm that they are not new believers in the faith, and ensure that they are individuals capable of teaching God's word in the church or serving others faithfully in various capacities. Unfortunately, some churches today are experiencing problems because they appointed the wrong individuals as church officials.

4. What is the requirement for the church officials?

Know that they are working for Jesus Christ, know that they have the burden of teaching God's Word and the truths of the Gospel, must be _____ to the work and try their best, must serve with a joyful heart, must not do it for _____ or self-gain, must not do it to abuse power, and must serve as an example and model Christian for others to follow (1 Cor 4:1-21; Eph 4:13-16; 1 Pet 5:1-3, etc.).

Church officials must remember that they are workers appointed by God and serve according to God's desires. Despite their weaknesses and inadequacies, church officials must recognize the precious responsibility entrusted to them by God, avoiding pride and boasting but rather serving with a heart of gratitude to God. Rather than asserting their authority, church officials must humbly serve the church and the saints (cf. 1 Tim 4:9-16, etc.). Moreover, church officials must prioritize serving the church and the saints according to the will of the Holy Spirit, not their own desires. Regardless of the nature of the tasks entrusted to them by God, all church officials must approach their responsibilities with a heart dedicated to serving God.

5) Who were the Apostles?

1) The Apostles are those who were with Jesus Christ since His _____ from John and until His ascension to Heaven and specifically sent out by Jesus Christ to preach the Gospel and teach the Word of God to the world (Matt 10:1-4; Mark 3:13-19; Luke 6:12-16; Acts 1:13-26; 1 Cor 9:1-27; Eph 4:11-12, etc.). Of course, Paul was appointed as an apostle according to God's will and sent out as an apostle to the Gentiles (1 Cor 1:1; Gal 1:1; Eph 1:1; Col 1:1; 2 Tim 1:1, etc.).

2) The apostles testified of the gospel of Jesus Christ to the people of the world according to the power and gifts given by God. Apostles also baptized those who were saved by hearing and believing in the gospel, and taught them to obey God's Word and become disciples of Jesus Christ. In addition, Apostles casted out demons and healed diseases, established _____ of God where the gospel was preached, and ordained church officials. Some of Apostles took part in writing the New Testament under the inspiration of the Holy Spirit (Matt 10:1-15, 28:18-20; Mark 3:13-19; Acts 2:14-47, 6:1-7, 20:1-38; Rom 1:1; 1 Cor 9:16-17, 12:1-31; Eph 4:11-13, etc.).

The apostles were individuals who directly heard and learned from the words of Jesus Christ. They witnessed His death and resurrection, and they were with Him until His ascension into heaven. Additionally, after the ascension of Jesus, God replaced Judas Iscariot with Matthias as an Apostle, and later, Paul was appointed as an Apostle to the Gentiles (Mark 3:14; Acts 1:21-26; Gal 1:1, Eph 4:11, etc.). God granted the Apostles the ability to record the Scriptures, teach God's word, perform miracles as needed, lay hands on people to receive the Holy Spirit, bear fruit in their preaching to expand the Kingdom of God, and establish churches in various regions (Matt 10:1-15; Acts 2:14-47, 8:4-17, 9:32-43, 20:7-12; 1 Cor 3:10-15, etc.). While the specific role of apostles in local churches is no longer present today, God continues to empower and bestow gifts upon the saints in local churches (pastors, elders, deacons, and lay members), enabling them to carry out many of the functions that were entrusted to the Apostles, excluding the unique ministry of recording Scriptures.

Discussion & Applicable Questions

1. Who has made the most positive impact on your faith?

2. If there is a church official you wish to take after the most, please share the reason.

3. "Obedience, devotion, love, humility, servitude, are some of the basic traits church officials must embody. What should you do to become this type of church official?

Answer

1. God   2. serve   3. ordained   4. committed, money   5. baptism, the church

46 Offices of the Church - 2

When appointing leaders in the church, it is crucial for the entire congregation to pray together, asking God to appoint individuals who are fitting in His sight. Church officials must express gratitude for God's appointment and consider it a precious responsibility to serve in His work. Furthermore, they must live in a manner that reflects the glory of God and pray for the ability to fulfill their roles in accordance with God's will. In some modern churches, additional support roles (evangelists, teachers, etc.) may be appointed among lay members who have not undergone formal ordination to streamline church operations. When the saints and the officials in the church are filled with God's grace, they exhibit characteristics that is worthy of a saint and as leaders of the church. Therefore, it is essential to constantly seek God's grace and strive to live in accordance with it.

1. What are the duties of the pastor in the church?

1) Lead _____ by trusting and following God,
2) Proclaim and teach _____,
3) Share the gospel of Jesus Christ and the Kingdom of God,
4) Raise up and empower leaders that will build up the church,
5) Serve as an example of excellence for the members of the church while caring and nurturing them (Acts 20:28; Eph 4:11-12; 1 Tim 3:1-7, 4:12-16, 5:17; Tit 1:5-9; 1 Pet 5:1-4, etc.).

Pastors are referred to as overseers (Acts 20:28), servants of Christ (1 Cor 4:1), elders (1 Tim 5:17; Tit 1:5-9; 1 Pet 5:1-3), angels of the churches (Rev 1:20, 2:1), ambassadors for Christ (2 Cor 5:20), teachers (Eph 4:11), and stewards of God's mysteries (1 Cor 4:1). Pastors are called to devote themselves to reading the Bible, prayer, teaching the Word, and admonishing (1 Tim 4:13; cf. Acts 6:1-7). Moreover, pastors serve as worship leaders in the church, preparing and conducting services so that the congregation can worship in spirit and truth. As teachers, they instruct the saints in God's Word, as preachers, they proclaim the gospel to the world, as comforters, they care for the saints, as rulers, they govern the church and its members, and as exemplary figures, they live in a way that earns respect and admiration from the saints (cf. Matt 28:18-20; 1 Tim 3:1, 5:17; 1 Pet 5:1-5, etc.).

2. What are the duties of the elder in the church?

Elder must take responsibilities in administration of the church, assist the pastor in overseeing the church, and help in the overall spiritual growth of _____ (Acts 20:28; 1 Tim 3:1-7, 4:12-16, 5:17; Tit 1:5-9; 1 Pet 5:1-3, etc.).

In the church, there is a slight difference between pastors and elders. In public worship services, only pastors can deliver sermons and addresses. Pastors can also lead sacraments (baptism and the Lord's Supper), while elders can only assist pastors in ensuring the proper administration of sacraments. Additionally, pastors can instruct elders spiritually (in God's Word), but elders cannot instruct pastors spiritually. However, elders are required to submit to the spiritual authority of pastors, while pastors teach and lead elders with a humble attitude. Furthermore, all saints in the church (pastors, elders, deacons, lay members, etc.) are equal in God's eyes, even though they may have different roles and orders.

3. What are the qualifications of the pastor and elder?

The pastor and elder must be above reproach (respected in the community), husband of one wife, good manager of his household, self-controlled, _____ and sober-minded, hospitable, teach well, not a _____, not quarrelsome, gentle, not a lover of money, and not a recent convert (1 Tim 3:1-7, 5:17; Tit 1:5-9; 1 Pet 5:1-3, etc.).

Pastors and elders are to faithfully believe in Jesus Christ, strive to resemble Him, live in awe of God, and lead lives filled with the Holy Spirit, resisting the trials and temptations of the devil. They must have a deep understanding of God's Word and live as devoted worshipers in accordance with it. Additionally, pastors and elders must exhibit selflessness, love toward people, compassion, avoid living according to their own desires, care for their families, establish and nurture God's church, expand the kingdom of God, teach the saints in the church, show generosity to others, help the needy, maintain integrity within the church, and have a positive influence in society (cf. 1 Tim 4:6-16; Tit 2:1-8, etc.).

4. What are the duties of a deacon?

Deacons assist the pastor and elder of the church in worship, administration, _____, and other church operational efforts (Acts 6:1-6; 1 Tim 3:8-13, etc.).

Deacons serve in the church by assisting pastors and elders, managing finances, and playing a supporting role in worship and administration. They are essential workers in practical tasks such as praise, prayer, education, nurturing, fellowship, evangelism (missions), relief, and sharing (cf. Acts 6:8-15, 7:1-60, 8:4-13, 21:8, etc.). Deacons use their individual gifts to serve the church, taking on practical responsibilities in various areas to ensure the smooth operation of the church and its departments. Of course, all church officials, including deacons, prioritize worshiping God over serving and ministering to the saints.

5. What are the qualifications of the deacon?

Deacons must be wise and dignified, has a good standing with others, careful, not double-tongued, not addicted to wine, not greedy for dishonest gain, faithful believer, husband of one wife, manage their household well, their wives must also have good standings with others, not slanderers, _____ and faithful in all things (Acts 6:1-6; 1 Tim 3:8-13, etc.).

Deacons must live a life of obedience, loyalty, love, humility, and service, believing that they have been appointed by God. Additionally, deacons must be filled with the Holy Spirit, faithfully handling the responsibilities entrusted to them by God in their homes, the church, and society. They must lead a life of holiness, worship, bearing witness to the gospel of Jesus, serving the church, caring for family and neighbors with love, and influencing the world positively with faith and self-control. Of course, all church officials, including deacons, must strive to live a righteous life that pleases God not only within the church but also in their homes and in society.

Discussion & Applicable Questions

1. How do you respond when the teaching or demand of your church official is different from that of the Bible?
2. If you have witnessed a spiritually or physically corrupt pastor, elder, and/or deacon at your church, please share.
3. If you were ever hurt or suffered damage from your church official, please share.

Answer
1. worship, the Word of God   2. the members   3. wise, drunkard   4. mercy ministries   5. self-controlled

47 Angels

Angels are God's creation. Like other creations, angels were created for God's glory and praise (cf. Neh 9:6; Psa 148:1-5; Col 1:15-17). Angels are characterized by their utmost obedience to God, surpassing other created beings. Throughout the Bible, we find instances where angels assisted and ministered to Jesus Christ. They were present during His birth, supported Him during His public ministry, were with Him in times of prayer, witnessed His suffering and crucifixion, announced His resurrection, witnessed His ascension, and are expected to be part of His return to the world (Matt 1:20-21, 4:11, 28:2, 6; Luke 1:31, 2:8-14, 22:43; Acts 1:10-11; Matt 13:41-42, 24:31; 2 Thess 1:7-8, etc.).

1 How did angels come to existence?

___ created the angels (Neh 9:6; Psa 148:1-5; John 1:1-3; Col 1:15-17, etc.).

The Bible states that everything visible and invisible, all creation, is made by God and for God (Col 1:15-17, etc.). Angels, being invisible spiritual beings, are also created by God for His purposes (Heb 1:14). They are created in holiness, and like humans, they exist for the glory and praise of God (cf. Neh 9:6; Ezek 28:14-15; John 1:3; Col 1:15-17; Heb 1:14, etc.). Since angels are invisible spiritual beings, and the Bible's records about them are limited, we can't precisely know their appearance, lifestyle, or whereabouts. Christians are encouraged to understand and learn about angels within the scope of the Scriptures, which are the recorded words about them (cf. 1 Cor 4:6).

2 What are some characteristics of angels?

1) Angels can appear in the form of a human being (Gen 18:1-16; Josh 5:13-15; Matt 28:1-8; Mark 16:1-8, etc.), **2)** angels can appear in various appearances (Isa 6:1-2; Acts 2:1-4; Heb 1:7, etc.), **3)** angels are large in number (Job 23:3; Psa 68:17; Matt 26:53; Heb 12:22, etc.), **4)** angels do not _____ (Matt 22:30. cf. Luke 20:36), **5)** angels never die (Luke 20:36), **6)** angels have a hierarchical order (Jud 1:9), and **7)** angels have the ability to argue and fight with _____ (Jud 1:9).

324 Doctrine for Christian Living

Michael is an archangel who guards God's people and opposes enemies (2 King 19:35; Dan 10:13-20, 12:1; Jud 1:9; Rev 12:3-17). The cherubim represent God's glory and guard the tree of life in Eden and the ark of the covenant in the Holy of Holies (Gen 3:24; Exo 25:17-22; Psa 80:1; Ezek 10:4-22; Heb 9:5, etc.). Gabriel, an angel, announced the news of Jesus' conception to Mary (Luke 1:11-38. cf. Dan 8:15-19). The Bible records various angels, including seraphim (Isa 6:2-6) and others (Exo 14:19; 2 King 6:16-17; Job 1:6; Psa 103:20-21; Rev 1:20, 14:18, 16:5, etc.).

3. What kinds of work do angels engage in?

Angels praise and _____ God and carry out duties that God gives them (Gen 3:24; Psa 103:20-21; Isa 6:1-4; Acts 12:21-23; Heb 1:5-14, etc.).

The Bible records various tasks that angels have performed and will perform in the future. For example, angels announced the news of the birth of baby Jesus, listened to Him during times of testing and prayer, proclaimed His resurrection from the dead, and informed people about the future return of Jesus Christ return (Matt 1:18-25, 4:1-11, 28:1-8; Luke 1:26-28, 2:8-21, 22:39-46; Acts 1:6-11, etc.). Angels also showed the descent of the Holy Spirit on Pentecost as flames (Isa 6:1-2; Acts 2:1-4; Heb 1:7, etc.). Additionally, angels will be involved in the final judgment, distinguishing between the wicked and the righteous during the last days (Matt 13:36-50), and serving Christ during His final judgment (cf. Matt 13:41-42, 24:31; 1 Thess 1:7-8; Rev 14:17-20, etc.).

4. What is the relationship between angels and the children of God?

Angels do the following for the children of God: deliver _____ of God (Gen 22:1-19; Matt 1:18-25, 2:12-23; Luke 1:5-38, 2:8-21; Acts 5:17-20, etc.), **help and protect** (1 King 19:5-8; Psa 91:11-12; Matt 18:10, etc.), **rescue and guide** (Exo 32:34; Psa 34:7; Dan 6:22; Acts 8:26-40, 10:1-33, 12:4-17, 16:16-40, etc.), **and serve** (Matt 18:10; Heb 1:14). Angels also carry out God's wrath (judgment) on the people of the world (2 King 19:35; Acts 12:20-23, etc.).

The Bible records many instances where God sends angels to assist His children. For example, God sent angels to Abraham (Gen 18:1-16), Jacob (Gen 32:1-32), Lot's family (Gen 19:1-22), Moses (Exo 14:15-19), Elijah (1 King 19:5-8), Hezekiah and the people of Israel (2 King 19:1-35), Daniel (Dan 6:1-28), Mary and Joseph (Matt 1:18-25; Luke 1:26-38, etc.), Jesus (Matt 4:1-11; Luke 22:39-46, etc.), Philip (Acts 8:26-40), Cornelius (Acts 10:1-22), Peter (Acts 12:6-19), Paul and Silas (Acts 16:16-40, 27:23-26), and others. God continues to send angels today to assist His children. Therefore, Christians must believe that, although they cannot see angels with their eyes, God sends angels to help and support them.

5. How are angels different from people?

1) While people possess both _____ and spirit (Gen 2:7; Matt 10:28; Jam 2:26, etc.), **angels are spiritual beings without the flesh** (Neh 9:6; John 1:3; Col 1:16; Heb 1:14, etc.).

2) **While people multiply through marriage, angels do not multiply through marriage** (Gen 1:28; Matt 22:30).

3) **While people die once in their human life, angels never die** (Heb 9:27; Luke 20:27-40).

4) While people can become children of God through salvation and call Him, "God" and receive His _____, angels cannot become children of God and are not able to receive God's inheritance (John 1:12-13; Rom 8:1-18; Gal 4:4-7; 2 Tim 4:6-8; Heb 1:5, 12:28, etc.).

5) While those who have been saved will live forever and reign with Christ in Heaven, angels cannot reign in Heaven (Heb 2:5; Rev 3:21, 22:5, etc.).

Angels are beings with superior wisdom and abilities compared to humans, but they are not beings to be worshipped or adored by humans (2 Sam 14:20; 2 Pet 2:11; Rev 19:10, 22:9, etc. cf. Col 2:18). This is because angels are creatures created by God. If humans elevate or worship angels as if they were God, it is considered to be idolatry. Some people may have a tendency to exalt or worship angels due to their invisible nature and miraculous abilities. However, Christians are warned not to engage in idolatry by offering glory and worship to any being, including angels, other than God.

Discussion & Applicable Questions

1. Have you or someone you know received the help of an angel?

2. If you have received great help from a stranger or you helped someone like a guardian angel without their knowing, please share.

3. If God sends an angel you can see, what would you like to do the most with the angel? Also, have you encountered people or a church that exalts and worships angels?

Answer
1. God 2. marry, demons 3. glorify 4. the message 5. flesh, inheritance

48 Demons

Some angels became proud, opposed God, and sinned, leading to their exile, becoming demons (Isa 14:12-15. cf. 1 Tim 3:6). Demons are known as liars, the father of lies, murderers, and void of truth (John 8:44). The devil tempted humanity, leading them to eat the forbidden fruit from the tree of the knowledge of good and evil, resulting in their corruption (Gen 3:1-7). The devil has been sinning from the beginning, and those who sin belong to him. One of the purposes of Jesus Christ coming into the world is to destroy the works of the devil (1 John 3:1-10). When Jesus Christ returns, the devil and demons will face destruction and be cast into eternal hell (Matt 25:41; 2 Pet 2:4; Jud 1:6; Rev 20:10, etc.).

1 How did the devil (Satan) and demons come to existence?

The devil (Satan) and demons were angels at first but fell into ___ due to their arrogant desires to become like God. They were casted out of Heaven and the devil, becoming the father of ____, continues to fight the truth along with other demons (John 8:44; 2 Pet 2:4; 1 John 3:8; Jud 1:6-7; Rev 12:7-9, etc. cf. Ezek 28:11-19; 2 Thess 2:9-10).

The devil and Satan are the same being (Job 1:1-22; Matt 4:1-11; John 8:44; 1 Pet 5:8; 1 John 3:8; Rev 12:9, 20:2, etc.), and the beings that follow the Devil and do evil are demons (Matt 9:32-34, 25:41; Mark 1:21-28; Rev 16:14, etc.). The devil (Satan) is described in various ways in the Bible, including a dragon (Rev 12:3-17, 20:2), a serpent (Gen 3:1-15; Rev 12:9), Beelzebul (2 Cor 6:15), an adversary (1 Pet 5:8), Baal-zebub (Matt 12:24-30), the ruler of the power of the air, the evil spirit at work in the sons of disobedience (Eph 2:2, 6:12), the god of this world (2 Cor 4:4), the ruler of this world (John 12:31; 1 John 5:19), the prince of darkness (Eph 6:12), the tempter (Matt 4:3), the accuser (Rev 12:10), etc. The devil is characterized as a liar, the father of lies, a filthy spirit, murderer, and continually involved in sin from the beginning (Luke 8:29, 9:39-42; John 8:44; 1 Pet 5:8; 1 John 3:8. cf. Gen 3:1-7, etc.).

2 Can angels and demons associate with God like we can?

___. Both angels and demons can associate and communicate with God (Job 1:6-12, 2:1-6; Luke 15:10, etc.).

The devil disguised himself as a serpent to deceive Eve into eating the fruit of the tree of the knowledge of good and evil (Gen 3:1-7). He engaged in a conversation with God to test Job (Job 1:6-22, 2:1-8). The devil contended with the archangel Michael over the body of Moses (Jud 1:9). Additionally, the devil had a conversation with Jesus Christ to tempt Him during His time of fasting in the wilderness (Matt 4:1-11; Mark 1:12-13; Luke 4:1-13). When Jesus was carrying out His public ministry, there are instances recorded in the Bible where He engaged in conversations with demons following the devil (Matt 8:28-34, etc. cf. Luke 3:1-10). Christians must be aware that the devil or demons who follow him can manifest in various ways to hinder their lives in faith. They need to recognize that any thoughts, people, or events that obstruct their spiritual journey or tempt them to sin are part of the devil's temptations.

3 What is the relationship between human beings and demons?

Demons hinder human beings from believing in Jesus Christ. Their objective is to separate human beings from God by endlessly _____ and causing them to stumble and sin (Matt 16:21-23; John 8:44; Acts 5:1-11; 2 Cor 4:4; Eph 2:2; 1 Pet 5:8; 1 John 3:8-10, etc. cf. 2 Thess 2:9-10).

The devil hinders people from believing in the gospel of Jesus, God, and the Scriptures, and he inflicts diseases or disabilities to cause suffering (Job 2:1-10; Matt 9:32-33, 12:22; Mark 9:14-29; Luke 13:10-17; John 8:44; Acts 10:38; 2 Cor 12:7, etc.). Moreover, the devil induces self-harm, grants extraordinary powers at times, tempts individuals to commit suicide or murder, and continually tempts people to sin (1 Sam 31:1-6; 2 Sam 1:1-10; Mark 9:15-29; Luke 8:26-40; 1 Pet 5:8-9, etc.). However, the devil can only operate within the limits permitted by God (Job 1:6-2:10; Luke 22:31, etc.). Christians must resist falling into the attacks of the devil (Satan) and demons by rejecting fleshly desires and sin, exercising spiritual discernment, praying with vigilance, and living in opposition to the devil (Acts 5:1-11; 1 Cor 7:5; 2 Cor 2:10-14; Eph 4:26-27, 6:10-18; 1 Thess 3:5; Jam 4:7, etc.).

4 Can children of God overcome the devil?

Yes. Through the help of _____, God's children can overcome the devil (Luke 10:17-20; Rom 16:20; 1 Cor 10:13; 2 Cor 2:14; 1 John 2:13-14, 5:1-5, etc.).

While the devil is a spirit ruling the world (Eph 6:12), he lacks the ability to give life or take life like God (Deut 32:39; 1 Sam 2:6; Job 1:12, etc.). Christians have no need to fear the devil at all (Matt 10:26-31; Luke 12:4-7, etc.). Moreover, the devil roams around like a roaring lion, seeking someone to devour through trials or temptations (1 Pet 5:8-9). In light of this knowledge, Christians must always pray, be armed with the Word of God that can overcome anything, and daily achieve victory in the spiritual battle against the devil (Rom 8:37; 1 Cor 15:57-58; 2 Cor 2:14; Eph 6:10-18; Heb 4:12-13; 1 Pet 5:8-9; 1 John 2:14, 5:4-5, etc.).

5. What will eventually happen to the devil?

Trapped in ____, demons will forever suffer in eternal destruction (Matt 25:41; 2 Pet 2:4; Jud 1:6; Rev 20:10, etc. cf. Gen 3:15).

The devil is a ruler of the world, characterized as fierce, cruel, engaging in falsehood, committing murder and wickedness (Job 1:6-12; Matt 4:1-11; Luke 9:37-43; John 8:44, 12:31; 1 Pet 5:8; Rev 12:9-11, etc.). However, when Jesus Christ returns for the final judgment, the devil and those who follow him will face destruction and eternal torment in hell (Matt 25:41; 2 Pet 2:4; Jud 1:6; Rev 20:10, etc.). In fact, those who do not believe in Jesus Christ may unknowingly be under the rule of the devil, living according to his desires. Consequently, they too will face destruction and eternal torment in hell at the final judgment. Additionally, the apostle Paul mentioned that God will crush the devil under the feet of Christians (Rom 16:20. cf. Gen 3:15).

Discussion & Applicable Questions

1. Have you seen a demon or suffered from demon possession? Have you seen someone who was demon-possessed?

2. If there are people or events that is distracting your Christian living these days, please share. Is there a personal method you use to not fall into Satan's test and temptation?

3. What type(s) effort do you make in your daily life to win spiritual battles against the devil?

Answer

1. sin, lies 2. Yes 3. tempting 4. God the Spirit 5. hell

49 The End Times

The Bible reveals what will happen in the last days of the world (Matt 24:1-51; Rom 11:11-32; 2 Thess 2:1-12; 2 Pet 3:3-4; 1 John 2:18, etc.). During that time, the dead will be resurrected, and all living people will be transformed, ascending to heaven to stand before Jesus Christ at the final judgment. Christians in the last days are to be **spiritually vigilant** (Matt 25:13; 1 Thess 5:1-11), **live in accordance with God's Word** (1 Pet 4:7-9), **await the return of Jesus Christ** (Phil 3:20; Jam 5:7-8; 2 Pet 3:3-18), **abide in Jesus Christ** (John 15:1-17; 1 John 2:27-28), **act as salt and light in the world by doing good deeds** (Matt 5:13-16; Jam 4:17), **and actively proclaim the gospel to people** (Matt 28:18-20; Acts 1:8; 1 Cor 9:16-27).

❶ What is the "End Times?"

The End Times is when _____ returns to Earth in the same way He ascended to Heaven. The "End Times" is also called Eschatology (Matt 24:1-51; Luke 21:5-33; Acts 1:10-11; 1 Thess 5:1-4; 2 Thess 1:6-10; 2 Pet 3:3-18; Rev 1:7, etc.). However, from a wider perspective, the End Times began when Jesus Christ first came to earth and will continue until He returns to earth.

The people in the last days will live in a manner described as "lovers of themselves, lovers of money, boastful, proud, abusive, disobedient to their parents, ungrateful, unholy, without love, unforgiving, slanderous, without self-control, brutal, not lovers of the good, treacherous, rash, conceited, lovers of pleasure rather than lovers of God, having a form of godliness but denying its power. Have nothing to do with such people" (2 Tim 3:1-5. cf. Rom 1:18-32; 2 Pet 3:3-18; Jud 1:17-19, etc.). Christians are not only instructed not to live in such a manner but also to distance themselves from those who do. Given the similarity of contemporary behavior to the characteristics described for the people in the last days, Christians must exercise extra caution to avoid being influenced by such individuals.

❷ What are some signs that will precede the return of Jesus Christ?

1) _____ will reach all nations and all people groups (Matt 24:14, etc.), 2) reconciliation or conversion of Israel (Rom 11:11-32), 3) fullness of Gentiles will come (Rom 11:25-32; Rev 7:9), 4) _____ (false Christs), false prophets (false teachers), and the son of destruction (man of sin) will emerge (Matt 24:23-26; Mark 13:5-6,

21-22; 2 Thess 2:1-12; 2 Pet 2:1-22; 1 John 2:18-23, 4:1-6; 2 John 1:7, etc.), **5) there will be a great tribulation** (2 Tim 3:1-9), **6) many will leave God and follow ungodly passions** (2 Tim 3:1-9; 2 Pet 3:3-4; Jud 1:18-19), and **7) there will be many wars, famine and natural disasters** (Matt 24:1-28; Luke 21:5-33; Rev 16:16-21, etc.).

As the second coming of Jesus Christ approaches, numerous trials and tribulations will unfold for the world and its inhabitants. However, Christians will endure and overcome all these challenges with the help of God (cf. Matt 24:3-31; Luke 21:5-38; 2 Tim 3:1-9; Rev 16:13-15). As the last days draw near, the devil will actively seek to disrupt the lives of Christians and hinder their spiritual journey through demons and those under his influence. The unbelievers will also face obstacles to prevent them from believing in the gospel of Jesus. Additionally, the anti-christ and deceitful teachers, influenced by the devil, will emerge, making claims about alternative saviors or denying the divinity and humanity of Jesus Christ (cf. 1 John 4:1-6; 2 John 1:7). In such times, Christians must possess spiritual discernment through God's Word, maintain constant vigilance through prayer, and avoid being deceived by false teachings (cf. Matt 24:3-51; 1 Pet 4:7; 1 John 2:18-29).

3 When and how will Jesus Christ return to Earth?

Nobody knows when except for _____ (Matt 24:36-44; Mark 13:32-37; 1 Thess 5:1-2; 2 Pet 3:10; Rev 16:15, etc. cf. Matt 25:1-13), **and He will return just like the way He ascended to Heaven** (Matt 24:30, 26:64; Mark 13:26, 14:62; Luke 21:27; Acts 1:9-11; Rev 1:7).

Jesus Christ, who promised to come again to this world, will indeed come at the appointed time without delay (Heb 10:37). However, the specific timing of Jesus Christ's second coming is known only to God the Father. Therefore, anyone or any church claiming to know the exact time of the Second Coming is misled and must be avoided as they are a false church and false teachers who are followers of the devil (cf. Matt 24:36; Mark 13:32-36; 1 Tim 6:15-16; 2 Pet 3:10; Rev 16:15). Christians are called to eagerly await the return of Jesus Christ, stay spiritually vigilant, exercise discernment, and actively engage in sharing the gospel to save those perishing in sin (cf. Matt 25:13, 28:18-20; Luke 21:34-36; Acts 1:8; 1 Thess 5:1-11; 1 Pet 4:7-9; 2 Pet 3:3-18). Since Jesus Christ will return in the same manner as He ascended to heaven, Christians must not be deceived even if someone claims to be the returned Jesus while still on earth (Acts 1:11).

4 What will happen when Jesus Christ returns to Earth?

Dead or alive, good or evil, Everyone will be _____ and be Changed (John 5:28-29; Acts 24:15; 1 Cor 15:52-54; 1 Thess 4:14-17, etc.) **and stand before the final judgment** (Acts 17:31; Rom 14:10; 2 Cor 5:10, etc.).

When Jesus Christ returns, those who have already died will be resurrected and receive incorruptible bodies. In other words, those whose physical bodies have returned to dust after death will, at the return of Jesus Christ to this world, be resurrected with bodies that do not decay. The bodies that had turned to dust and the souls that were in heaven or hell will reunite instantly through resurrection. Additionally, those who are alive at the time of Jesus Christ's return will be transformed, receiving bodies that do not decay (cf. Psa 16:1-11; Matt 17:1-9; Luke 16:19-31, 23:39-43; Acts 2:25-28; Phil 3:20-21, etc.). All people who lived in this world will encounter Jesus Christ in the air and stand before the final judgment (cf. Dan 12:1-3; Mark 13:27; Acts 17:31; Rom 14:10; 1 Cor 15:22-23, 52-54; 2 Cor 5:10; 1 Thess 4:13-18; 2 Thess 2:1, etc.). Knowing this truth, Christians are called to eagerly await and live in anticipation of the return of Jesus Christ (cf. 2 Pet 3:11-13; Rev 22:20, etc.).

5 What is the purpose of Jesus Christ returning to Earth?

He is returning to bring final judgment on this world. He will reward _____ and punish the evil (Matt 25:31-46; John 5:19-30; Acts 17:31; Rom 2:1-16; 2 Tim 4:1-8, etc.).

When Jesus Christ returns, the righteous who received salvation will receive a superior reward of entering into eternal joy in the presence of God (Matt 13:43). They will receive the crown of eternal life (2 Tim 4:1-8; cf. Rom 8:18; 1 Pet 1:7, 5:4). They will engage in eternal worship and service to God (Rev 7:15, 22:3) and continually behold the face of God (1 Cor 13:12; 2 Cor 3:16-18; Rev 22:4). They will share in the blessedness of reigning with God forever (Luke 22:30; Rev 22:5). On the contrary, the wicked individuals who have not received salvation through faith in Jesus Christ will face divine judgment and endure eternal suffering in hell, which is the place of punishment (Matt 25:41-46; Luke 16:19-31; Rev 19:20, 20:10-15, etc.).

Discussion & Applicable Questions

1. These days, what events or natural phenomenon causes you to think that the end of the world is near?

2. Knowing that at some point, your actions (thoughts, speech, conduct) will be used as reference when you stand before the Final Judgement, how are you careful with your actions?

3. If Christians see signs of the last days, how should they react?

Answer

1. Jesus Christ   2. The gospel, the Antichrist   3. God the Father   4. resurrected   5. the good

50 The Final Judgment

People these days often say that the end of the world seems near when they observe the current state of the world. Furthermore, many of the phenomena and events the Bible states will happen during the last days are currently taking (cf. Matt 24:1-28; Luke 21:5-33; 2 Tim 3:1-9; Jud 1:17-19, etc.). As the final day approaches, the devil and those following him will actively disrupt the lives of Christians, and tempt unbelievers with lies and deceit to prevent them from believing in Jesus Christ. Additionally, worldly people believe that everything will end when they die and pursue worldly desires and vain ambitions in their lives. However, Christians must remember that God's judgement will certainly take place after death and not only be careful with their speech and conduct but also live prioritizing spiritual things (Heb 9:27, etc.).

1 What is the Final Judgment? Who will receive this judgment?

1) The Final Judgment is when Jesus Christ returns to this earth to execute final judgement on earth. This "Final Judgment" is also express in the following ways: "The Day of the Judgment" (Matt 11:20-24, 12:33-37; Rom 2:16, etc.), "The Day of Wrath" (Rom 2:5, etc.), "The day that righteous judgment will be given" (Acts 17:31. cf. Isa 11:1-5), "The day of our Lord Jesus Christ" (1 Cor 1:8; 2 Cor 1:14; Phil 1:10; 1 Thess 5:2), "Day of Judgment and Destruction" (2 Pet 3:7. cf. Mal 4:1), "The great and glorious day of the Lord" (Joel 2:30-31; Acts 2:19-20), and others (Psa 96:13; Ecc 12:14; Matt 16:27, 25:31-46; John 5:27-30, 12:44-50; 2 Cor 5:10, etc.).

2) All those who have lived on earth and all the fallen _____ (Satan and other demons) will stand before God in judgment (Matt 25:31-46; Rom 14:10-12; 2 Thess 2:1-12; 2 Pet 3:7; Jud 1:4-16; Rev 20:1-15, etc.).

Those who have received salvation by believing in Jesus Christ, trusting in His forgiveness for their sins, will receive a reward in the final judgment and will live eternally in heaven. On the contrary, those who do not believe in Jesus Christ and die without resolving their sins will ultimately face eternal punishment in hell through God's judgment (Matt 10:28, 25:46; Luke 16:19-31; John 3:18; Rom 6:23; Rev 20:11-15, 21:8, etc.). Of course, the devil and his followers, who have brought wickedness into the world, will also be imprisoned in hell and suffer eternal torment. In other words, all beings who do not believe in God's truthful word and the true Jesus Christ, and instead engage in unrighteousness, will face God's judgment and punishment (cf. John 1:1-14, 8:44-47, 14:6; 2 Thess 2:1-12, etc.). Therefore, Paul said to the Christians that the sufferings they experience in this present world are nothing when compared to the glory they will receive from God in the future (Rom 8:18). Christians must hold onto this truth and live each day trusting and believing in God alone, matured in their faith (cf. 1 Cor 13:11-12; Jam 4:8, etc.).

334 Doctrine for Christian Living

2. What is the purpose of the Final Judgement? What is the criteria of the Final Judgement?

1) The righteous will be rewarded and the evil will be punished. This is done so that the truth of the Word of God and the righteousness of God is confirmed (Ecc 3:17; Mal 3:17-18; Matt 25:31-46; John 5:17-30; Rom 2:1-16; 2 Thess 1:7-8, 2:1-12, etc.).

2) The standard of the Final Judgment is to examine the named written in _____ and to discern the deeds of every individual (Ecc 12:14; Mal 3:16; Matt 16:27; Rom 14:10-12; 1 Cor 3:12-15; 2 Cor 5:10; Rev 20:12-15, etc.).

The reason why Jesus Christ will conduct the final judgment is to publicly manifest God's glory and sovereignty, to demonstrate that God is righteous, to reward the righteous, and to punish the wicked, thus confirming the truth of God's Word (cf. Matt 25:31-46; Rom 11:36; 2 Tim 4:7-8; Rev 1:7, etc.). Those who are in Christ Jesus have already been liberated from the law of sin and death, and as a result, they will not face condemnation but can stand before God in judgment without fear or shame (cf. Rom 8:1-2; 1 Thess 3:13; 1 John 2:27-29, 4:7-21). However, Christians must always remember the fact that they will stand before God in judgment someday and live carefully, being cautious about their words and actions.

3. Where and how many times will the Final Judgement take place?

1) The Final Judgment will take place only _____ when Jesus Christ returns to earth (cf. 2 Tim 4:1; Heb 9:27; 1 Pet 4:5-6; 2 Pet 3:7; Rev 20:11-15, etc.).

2) According to Scriptures, the Final Judgment will take place at the White Throne (Rev 20:11-15, etc.).

The Final Judgment is a judgment that definitively demonstrates God's righteousness, and it will occur only once when Jesus Christ returns. The Bible states that everyone is appointed to die once, and after that, they will face judgment before God (Ecc 12:1-14; Heb 9:27, etc.). In fact, during their one lifetime in this world, people determine their eternal dwelling place. In other words, some individuals, through faith in Jesus Christ, receive forgiveness for their sins and salvation, making heaven their eternal dwelling place. On the other hand, those who do not believe in Jesus Christ, failing to receive forgiveness for their sins, will have hell as their eternal dwelling place.

④ Who is the Judge of the Final Judgement? What is the reason?

1) Jesus Christ will preside over the Final Judgment as the Judge (Matt 25:31-46; John 5:19-30; Acts 10:42, 17:31; Rom 2:16; 2 Cor 5:10; 2 Tim 4:1-8, etc.).

2) Jesus Christ is _____ and through His death on the cross, He earned the right to judge both the living and the dead (John 5:27; 1 Pet 4:1-6, etc. cf. Phil 2:6-11).

Christians are not only to believe in Jesus Christ as their Savior and the ultimate Judge but also to live the life that He desires. Throughout their lives in this world, Christians must always keep the Final Judgment in mind, maintaining hope for the eternal citizenship in the Kingdom of Heaven that God will grant them. They are to live according to God's Word (Phil 3:20; 1 Pet 4:7-11, 5:6-11; 2 Pet 3:3-18; Rev 22:20, etc.). When Jesus Christ executes the Final Judgment, angels will serve and worship Him (Matt 13:41-42, 24:31; 1 Cor 6:2-3; 2 Thess 1:7-8; Rev 14:17-20, etc.).

⑤ What reward will the righteous receive during the Final Judgment? What punishment will the wicked receive?

1) The righteous who are saved through faith in Jesus Christ, will inherit the Kingdom of God and live eternally in complete joy (Matt 13:43, etc.). They will receive _____ of eternal life and righteousness (2 Tim 4:1-8, etc. cf. Rom 8:18; 1 Pet 1:7, 5:4). They will worship God and serve Him eternally (Rev 7:15, 22:3, etc.). They will see the face of God and live like kings with God for eternity (Luke 22:30; 2 Tim 2:12; Rev 22:5, etc.).

2) The unrighteous, who are not saved because they do not believe in Jesus Christ, will suffer in ____ for eternity (Matt 25:41-46; Luke 16:19-31; Rev 19:20-21, 20:10-15, etc.).

God recognizes those who believe in Jesus Christ and receive salvation as His righteous children. On the other hand, those who do not believe in Jesus Christ and live as children of the devil are condemned as evildoers. Christians are not only to live in hope for the future reward but also to value their present salvation with gratitude and fulfill the missions entrusted to them by God. They must resist the temptations and trials of the devil, avoid living a life tainted by sin, possess spiritual discernment, earnestly pursue a life led by the Holy Spirit, maintain holy conduct and a devout life, and always be spiritually vigilant in prayer to the Holy Spirit (cf. Gal 5:16-26; 1 Thess 3:13, 5:1-11; 1 Tim 6:11-16; 2 Pet 3:9-14, etc.).

Discussion & Applicable Questions

1. What efforts should Christians dedicate to not fall into the temptations of heretical cults or other religions?

2. Living as witnesses to a world that resembles that of the last days, why are Christians and churches not zealously preaching the Gospel of Jesus to the world?

3. How should Christians treat people are cults that claim to know the exact time of the world's end or that Jesus Christ has already returned?

Answer

1. angels   2. the Book of Life   3. once   4. the Son of Man   5. the crown, hell

 # Heaven

God created Heaven and Hell, and these two places exist eternally (Rev 19:20, 20:10-15, 21:1-22:5, etc.). **In heaven, there is no death, sorrow, pain, tears, hunger, thirst, darkness, or night. Additionally, there is no sin or death** (Rev 7:16-17, 21:4, 22:1-5, etc.). **Christians will see God's face directly in heaven and will live in eternal joy with God** (Rev 22:1-5, etc.). **If people recognize the reality of heaven, they must believe in Jesus Christ and seek salvation. However, the devil will work more vigorously to deceive them and prevent them from accepting the gospel of Jesus** (Luke 8:12; John 8:43-45; 2 Cor 4:4; 1 John 3:8-10, etc.). **The ability of Christians to live a life of joy and gratitude amid suffering and hardship in this world is due to the hope of life in eternal Heaven** (Rom 8:18; Rev 2:1-5, etc.).

1 What is Heaven like?

Heaven is a place where God rules and where the redeemed and angels live together with God (Psa 103:19; John 14:1-3; Heb 12:22-24; Rev 21:1-22:5, etc.), **heaven is filled with God's glory** (Rev 22:5), **heaven is a holy place** (Psa 20:6), **heaven is a place where there is eternal life** (Rev 22:1-2), heaven is a place where there is no sin, _____, _____, curse, sorrow, or tears, heaven is a place where there is no hunger, and heaven is a place where there is no Satan, demons, or sinners (Rev 7:16-17, 20:11-15, 21:4, 22:3, etc.).

Heaven is a place created by God, and it is eternal. The description of heaven in the Bible alone makes it a place so good and beautiful that everyone would want to go (cf. Rev 21:1-4, 22:1-5, etc.). Those who believe in Jesus Christ and receive salvation will live eternally in heaven, while those who are not saved will endure eternal suffering in hell. Christians must live a life of thanksgiving and praise to God, who created heaven and allowed them to live there forever. Moreover, Christians must not place their hope in this world or its vain things but must live with hope focused on heaven (cf. Matt 13:1-58, etc.). Additionally, Christians must live as citizens of heaven by obeying the Word of God while living in this world.

2 What are some different names of Heaven in the Bible?

Kingdom of God (Mark 4:10-12; 1 Cor 15:50), **_____'s House** (John 14:2-3), **Barn/Storeroom** (Matt 13:30), **_____** (Luke 23:43; 2 Cor 12:1-4), **Abraham's Bosom** (Luke 16:22), **The Third Heavens** (2 Cor 12:2), **New Heavens and New Earth** (2 Pet 3:12-13; Rev 21:1), **New Jerusalem** (Heb 12:22-24; Rev 3:12, 21:2), **and The Holy City** (Rev 21:2, 22:18-19).

The Bible provides various expressions about heaven. This serves the purpose of not only teaching that heaven is indeed a real place but also conveying God's intention to provide a more concrete understanding of what heaven is like. The more people know about the factual existence of heaven and its specific characteristics, the more they will yearn to go there. However, those who do not believe in Jesus Christ also reject the Bible as the Word of God. Consequently, they deny the existence of heaven and refuse to believe that it is as beautiful and wonderful a place as the Bible describes, something unimaginable and beyond their worldly experiences.

3 What are some privileges we are blessed with in Heaven?

We get to always see God's face (1 Cor 13:12; Rev 22:4), **we get to worship and serve God forever** (Rev 7:15, 22:3), **and we can live like _____ forever with God** (Rev 22:5).

Christians will live forever with perfect bodies and souls in the holy heaven—the new heaven and earth. In heaven, Christians will have direct communion with the eternal God and live as kings, rejoicing in God forever as His children (cf. 2 Pet 3:3-18). Those who enter heaven will be transformed into a holy and perfect likeness, much like Jesus Christ (1 Cor 15:35-54; Col 3:4; 1 Thess 3:13; 1 John 3:2). Jesus Christ himself stated, "The kingdom of God is not far from us" as he emphasized the importance of loving God and neighbors with all one's heart and mind (Mark 12:28-34. cf. Matt 22:34-40; Luke 10:25-37). Therefore, Christians are called to love God with all their heart and mind during their time on earth, and to love their neighbors as themselves.

4 Who goes to Heaven?

Children of God (who are born again by the Spirit, followers of God's ____, who has received the Spirit, the triumphant, whose names are on the Book of Life), **who are saved through faith in Jesus Christ can go to Heaven** (Matt 7:21; John 1:12, 3:1-21; Rom 8:14-17; Rev 2:1-3:22, 21:27, etc.).

Christians will go to heaven when they die. When Christians who have died before the second coming of Jesus Christ, their souls go to heaven, and their bodies return to dust. However, when Jesus Christ returns to this world, the souls of Christians and their imperishable bodies will reunite, and they will receive their reward in the final judgment to dwell in heaven for (cf. Psa 16:1-11; Matt 17:1-9; Luke 16:19-31, 23:39-43; Acts 2:25-28; Phil 3:20-21, etc.). The Bible emphasizes that entering the kingdom of heaven is not merely by calling Jesus 'Lord, Lord' but by doing the will of God the Father (Matt 7:21). Jesus Christ said those who are more righteous than the teachers of the law and Pharisees (Matt 5:20), those who repent and become like children (Matt 18:3, etc.), those who believe in the Gospel (Mark 16:15-16, etc.), and those who are born again (John 3:1-21) can enter heaven.

5. Will our marriage and family from Earth continue in Heaven?

No. There is no marriage or family in Heaven. We all become like _____ and all together live as children of God (Matt 22:23-33; Mark 12:18-27; Luke 20:27-40, etc.).

In heaven, Christians exist as spiritual family members of God, and earthly family relationships cease to exist. The Bible states that in the resurrection, Christians will neither marry nor be given in marriage but will be like the angels in heaven (Matt 22:30. cf. Luke 20:36). Regarding the specific details of how Christians will live in heaven after the final judgment, the Bible provides only limited information, and there is no detailed account available. Nevertheless, what Christians can be certain of through the Scriptures is that heaven is described as a place incomparably beautiful and good, far beyond comparison with this world.

Discussion & Applicable Questions

1. If God calls you to heaven today, are you living with faith to joyfully go to heaven? If you go to heaven today, what last words would you like to say to your family?
2. Before you go to heaven, what is something you absolutely wish to fulfill on earth?
3. Is there anyone around you who claims to have been to heaven or seen heaven through dream or vision?

Answer: 1. death, suffering 2. Father, Paradise 3. kings 4. will 5. angels

52 Hell

Hell is described as a place filled with destruction, darkness, and suffering. Those who go to hell are individuals who choose not to have God in their hearts (Rom 1:28). In hell, there will be no remembrance of God, and no one will be thanking or praising Him (Psa 6:5, 9:17). The Bible emphasizes that gaining the whole world and losing one's own soul is of no profit (Mark 8:34-38). People who accumulate many things in this world but do not believe in Jesus Christ for salvation ultimately face the reality of going to hell. Christians are called to testify to the Gospel of Jesus Christ to unbelievers, helping them believe and receive salvation for eternal life in heaven (Matt 28:18-20; Acts 1:8; 1 Cor 1:21).

1 What is Hell like?

Hell is a fiery place of eternal _____ and torment (Matt 25:41-46; Mark 9:42-50; Luke 16:19-31; Rev 19:20, 20:7-15, etc.).

Hell is a place that cannot be accurately understood by human reason or knowledge. The beings in hell experience eternal suffering but are eternally dead. They are in the midst of unquenchable fire, yet they do not burn away or escape from that torment (cf. Job 17:13-16; Psa 11:6; Amos 5:18-20; Matt 5:21-30, 10:28, 23:33; Jam 3:6; Jud 1:6-7). The greatest suffering one can endure is the torment in hell (cf. Job 17:13-16; Psa 18:4-5; Matt 5:21-30, 10:28, 25:41-46; Mark 9:42-50; Luke 16:19-31; Rev 19:20, 20:7-15). Unbelievers will experience a pain in hell that surpasses any suffering or agony in this world, and Christians will receive an incomparable glory in heaven, surpassing any hardship or suffering in this world.

2 What are some different names of Hell in the Bible?

Sheol/Hades (Psa 9:17), **Unquenchable Fire** (Isa 33:14, 66:24; Matt 3:12; Mark 9:43-48; Luke 3:17, etc.), **Outer Darkness** (Matt 8:12, 22:13. cf. Jud 1:13), **Fiery Furnace** (Matt 13:42), **Eternal _____** (Matt 25:41; Jud 1:7), **Eternal Punishment** (Matt 25:46), **Eternal Destruction** (2 Thess 1:9), **the grave (Sheol)** (Psa 6:5, 9:17; Ecc 9:10, etc.), **Place of Torment** (Luke 16:19-31; Rev 14:10), **_____ pit** (Rev 20:1-3, etc.), and **Lake of Fire that burns with sulfur** (Rev 19:20, 20:10, 21:8).

There is no place or method in this world where people can experience greater suffering than hell (cf. Num 16:1-40; Isa 14:3-23, etc.). This is because in this world, there is no completely dry place without a single drop of water like hell, no place where an unquenchable fire burns eternally, no perpetually dark place that cannot be illuminated by light, no bottomless pit where one falls forever, and no place or method to experience the eternal punishment of destruction (Matt 5:22; Mark 9:42-50; Jud 1:7, etc.). Furthermore, hell lacks any purpose, plan, knowledge, wisdom, love, gratitude, joy, peace, and is solely filled with suffering (cf. Ecc 9:10, etc.).

3 Who goes to Hell?

All those who are not _____ because they did not believe in Jesus Christ go to hell along with _____ and his demons (Psa 9:17; Matt 25:40-46; 2 Thess 1:8-9; 2 Pet 2:4; Jud 1:6; Rev 20:10, etc.).

The Bible states that those who are not born again through water and the Spirit (John 3:1-12, etc. cf. 1 John 5:1-12), those who blaspheme the Holy Spirit (Matt 12:31-32; Mark 3:28-29; Luke 12:10), those who do not repent of their sins (Matt 11:20-24; Luke 13:1-5, Luke 10:1-16), those who do not do the will of God (Matt 7:21-23; cf. Matt 25:31-46; Luke 12:35-48), those who serve and love material possessions more than God (Matt 19:16-30; Luke 18:18-30. cf. Matt 6:24; Luke 16:13; 1 Tim 6:9-10, etc.), those who prioritize worldly things over the kingdom of God (Luke 9:57-62, etc. cf. Matt 8:18-22; Luke 14:26-33; Jam 4:4, etc.), like filthy unclean dogs roaming outside the holy city, sorcerers, sexually immoral, murderers, idolaters, and liars (Rev 21:8, 27, 22:14-15, etc. cf. Rom 1:18-32; 1 Cor 6:9-10; Gal 5:19-21; Eph 5:3-5) cannot enter the kingdom of God. In other words, such individuals will go to hell.

4 How long does heaven and hell exist?

Heaven and Hell exist _____ (2 Cor 5:1; 2 Pet 1:10-11; Jud 1:6-7; Rev 20:10, etc.).

Eternity refers to a timeless existence without a beginning or end, and everything that God has ordained to be eternal, including God Himself, will exist forever (cf. Psa 90:2, 93:2; 1 Tim 6:16; Heb 13:8; Rev 4:8-9, etc.). In other words, God is eternal, the salvation accomplished by Jesus Christ is eternal, the forgiveness and salvation obtained by believers through faith in Jesus Christ are eternal, and God's love towards those who are saved is eternal. Likewise, among the created beings by God, humans, angels, demons, and their hosts are eternal, heaven and hell are eternal, the glory that saved individuals will receive in heaven is eternal, and the suffering that unsaved individuals, demons, and their hosts will experience in hell is also eternal (Matt 25:46; John 11:25-26, 17:3; 2 Cor 5:1; Eph 3:9-11; 2 Thess 1:9; Heb 5:9, 9:12; 2 Pet 1:10-11; Rev 22:5 etc.).

5. Can anyone cross over from Hell to Heaven and vise-versa?

___. It is impossible for anyone to crossover between Heaven and Hell (Luke 16:19-31).

When Jesus Christ engaged in public ministry, He spoke about a rich man and a beggar named Lazarus (Luke 16:19-31). Through this message, we can understand that heaven and hell are separated, and those who go to heaven will experience eternal blessings, while those in hell will endure eternal suffering. Furthermore, once a person goes to heaven or hell, they cannot return to this world. People must live with the awareness that they have only one life in this world, and their eternal destiny is determined by how they live it. Christians must be cautious not to be misled by claims of individuals who say they have visited heaven or hell or have seen them in dreams or visions. Instead, they must understand heaven and hell within the scope defined by the Bible.

Discussion & Applicable Questions

1. These days, do you feel heaven or hell in real life (family, church, work (school), society, etc.)?

2. There are religious cults claiming that there is only but no hell because God is love. What character of God are these cults not properly understanding?

3. If you have heard someone who claims to have been to or seen heaven or hell, how did you feel when you heard that?

Answer

1. punishment   2. Fire, Bottomless   3. saved, Satan   4. forever   5. No

신앙생활 알아가기 (Doctrine for Christian Living)

2024년 4월 14일 초판 발행

지은이 | 김환동
편집과 디자인 | Kay Jung
펴낸곳 | (사)기독교문서선교회
등록 | 제16-25호(1980.1.18)
주소 | 서울특별시 서초구 방배로 68
전화 | 02-586-8761~3(본사) 031-942-8761(영업부)
팩스 | 02-523-0131(본사) 031-942-8763(영업부)
이메일 | clckor@gmail.com
홈페이지 | www.clcbook.com
송금계좌 | 기업은행 073-000308-04-020 (사)기독교문서선교회

ISBN 978-89-341-2674-4

이 도서의 국립중앙도서관 출판예정도서목록(CIP)은 서지정보유통지원시스템 홈페이지(http://seoji.nl.go.kr)와 국가자료종합목록 구축시스템(http://kolis-net.nl.go.kr)에서 이용하실 수 있습니다.
(CIP제어번호 : CIP2020053324)

※ 낙장. 파본은 교환해 드립니다.(The damaged (tears, missing pages, etc.) book will be replaced.)
※ 신저작권법에 의하여 보호를 받는 저작물이므로 무단복제를 금합니다.
    (Copying without prior autorization is strictly prohibited.)

이 책의 저작권은 김환동 목사와 L.G.E.S.가 소유합니다.
Copyright © 2024, by Hwan Dong Kim & L.G.E.S. All rights reserved.